우리 시대를 위한 그리스도교 플라톤주의

우리가 정말로 믿는 것과 이해하는 것에 대하여

IMPRIMATUR
† Petrus Chung
Archiepiscopus Seoulensis
Seoul, die 8 Mar. 2023

Returning to Reality
Christian Platonism for our times

by
Paul Tyson

Korean tr. by Rev. Kim, Hyoung-Soo

Printed in THE CATHOLIC UNIVERSITY OF KOREA PRESS
296-12 Changgyeonggungro, Jongno-gu, Seoul, 03083, Korea

우리 시대를 위한 그리스도교 플라톤주의

우리가 정말로 믿는 것과 이해하는 것에 대하여

Returning to Reality: Christian Platonism for Our Times

폴 타이슨 지음 · 김형수 옮김

가톨릭대학교출판부

이 책을 나의 부친인 그레엄 롤란드 타이슨과 나의 세 자녀인 더블렐라 타이슨, 루시 타이슨, 프랜시스 타이슨에게 헌정한다. 마찬가지로 모든 위대한 영혼에게도.

나는 죽은 영혼들의 기억에 헌정한다고 말하는 것이 아니다. 왜냐하면 이들은 모두 죽었는데도, 교회가 옹호하는 실재의 관점은 이들이 승리의 교회에서 우리를 둘러싸고 있는 많은 위대한 목격자들 가운데서 살아 있음을 발견하기 때문이다. 이러한 관점에서 보자면 오직 하나의 교회만 존재하지, 살아 있는 이들의 교회와 죽은 이들의 교회가 따로 분리되어 있는 것이 아니다. 교회 안의 모든 이는 그리스도의 죽음에서 죽었고, 그분의 부활에서 영원히 다시 살아났기 때문이다. 이와 같은 통일성은 사랑의 유대가 투쟁하는 교회에서 어설픈 여행자들인 우리와 하느님의 영원한 평화를 통해 승리의 교회라 불리는 기쁨의 왕국에 도달한 사람들 사이에 틀림없이 존재한다는 것을 의미한다. 여기에는 참으로 사랑의 유대만이 있으며, 이러한 유대는 지나가고 다가오는 것들과 우리가 보잘것없는 방식으로 현재라고 부르는 아주 잠깐 동안 여기에 있는 것들 사이에서 우리가 일반적으로 경험하는 시공간적인 경계에 의해 갈라지지 않는다. 하느님의 사랑 안에서 우리 모두는 영원한 존재로 있으며, 하느님의 지금은 항상 함께 있다.

실재를 그리스도교적으로 이해하는 이러한 점은 네 사람에게 헌정하는 이 책에 가장 적합할 것이다. 신앙의 지식은 이 네 사람이 감각적인 증거를 넘어서, 그리고 개념적인 통달을 넘어서 그리스도의 생명 안에서 살고 있다고 나에게 말해 준다. 하지만 우리 시대에 공통적인 실재의 관점에서 보자면, 이미 죽은 성인들은 더 이상 이 세상에는 존재하지 않고, 다른 사람들에게서 지금 현재적인 것으로 발견되는 기억으로서만 살아 있는 것으로 여겨지지만, 오히려 이들은 진정한 참된 영역에 남아 있는 것으로 생각된다.

바오로 사도는 우리가 정신을 새롭게 함으로써 변화되어야 한다는 것을 가르친다. 아마도 그는 우리에게 드러나는 대로 우리가 실재를 보게 될 때 변화되며, 여기서 그리고 지금 하늘나라의 진리 안에서 산다는 것을 의미하는 것 같다. 그 진리들이 현 시대의 지혜와 활동에는 비실재적인 상상의 산물로 보일 수밖에 없을지라도 말이다. 내 가족인 이 네 성인들은 자신들의 삶의 증언에서 이 하늘나라를 제대로 보도록 만들었고, 여기에서도, 지금도 희미하게 실재를 보고 비틀거리면서라도 실재 안에서 살려고 시도하도록 영감을 불어넣어 주었다. 내 가족들에게 이 책을 헌정하는 바이다.

서문

모든 사람은 형이상학을 한다. 실재(reality)의 본성이 무엇인가를 이해하려고 애쓸 때마다, 우리는 형이상학을 하고 있다. 이러한 시도는 추상적인 정신의 놀이가 아니다. 오히려 실재를 실제로 작용하는 것으로 이해하는 것보다 더 현세적이며 더 실천적인 것은 있을 수 없다. 그렇다고 실재를 이렇게 작용적으로 이해하는 것이 단순히 실용적인 것을 의미하는 것은 아니다. 우리가 실질적인 방식으로 여기는 것에서 어떤 활동을 계획하거나 수행할 때마다, 우리는 실재 자체의 본성에 대해서 확고하게 자리잡은 확신을 신뢰함으로써 그렇게 하는 것이다.

형이상학적 확신에 따라서 실질적인 행위를 하는 것이 필수적이기는 하지만, 우리는 대부분의 시간을 형이상학에 대해서 분명하게 생각하지는 않는다. 오히려 우리는 자신의 삶의 방식을 통해 드러나는 실재에 대한 관점을 단순하게 받아들인다. 사회학자들이 훌륭하게 지적하듯이, 이는 실재에 대해서 우리가 의심 없이 믿고 있다고 생각하는 것이, 명료하고 변하지 않는 개념적인 진술보다 우리가 살고 있는 현실의 인간 사회에서 발생하는, 유기적으로 작용하는 반성에 더 가깝기 때문이다. 이 점을 유념한다면, 우리가 정말로 실재적이라고 믿는 바에 대해서 분명하게 생각하려고 애쓸 때, 우리의 형이상학적 확신을 일차적으로 설명하는 것에 대해서 많은 경우에 맥락에 얽매이지 않고 굳이 신경을 쓰지 않으려는 태도가 심심찮게 드러난다는 것은 놀랍지 않다. 형이상학은 악명 높은 지적인 정신의 영역인 셈이다.

체험적인 것을 기계적으로 분석하는 것에 대해 형이상학이 조직적으로 반대한다는 것은 의심의 여지가 없다. 그럼에도 우리가 안고 있는 문제들이 있는데, 그것은 실재의 타당성에 대한 가정들을 그냥 받아들일 것인가 하는 것이다. 첫 번째 문제는 권력과 관련된다. 우리는 사회적 존재이기 때문에, 우리 주변의 사람들에 의해 수용된 일반적인 관례들, 관념들, 가치들로부터 실재에 영향을 미치는 추정들을 물려받는다. 이는 상호 인격적이고 문화적인 환경을 지배하는 규범들이며, 대중적인 환경을 형성하고 실제적인 행위를 취하는 우리의 행동반경을 규정하고 제한하는 정치적, 법적, 경제적 규범들이다. 이렇게 작용하는 규범들과 이와 함께하는 실재의 본성에 대한 추정들은 적어도 부분적으로는 우리를 통치하는 기존 권력의 관심사에 의해 만들어진다. 따라서 공유되는 실재에 대한 믿음은 직접적으로 살아가면서 우리가 가지고 있는 기존의 모든 관심사와 더불어 필수적인 권력 구조와 얽혀 있다. 이는 결코 본질적으로 나쁜 것은 아니어서, 이러한 권력 구조가 우리의 참된 번영, 자유, 존엄성을 용이하게도 하지만, 다른 한편 실재에 대해서 우리가 추정하는 이해 안에서 억압을 숨기는 가상의 영역을 촉진시키는 데 관심을 가지게 될 수도 있다. 더욱이 권력 구조가 드러내는 실재들에 의문을 품지 않는 사람들은 어떤 특정한 사회에서 권력 구조를 만들고 영향력을 행사하는 사람들에 의해 쉽게 통제된다. 더욱이 '실재 자체'가 사회-문화적인 발전에서 인간적으로 구성되고 종종 일관성이 없는 층들보다 "더 포괄적인" 방식으로 의미 있고 타당하다고 믿는다면, 비일관성과 가상은 진짜 문제가 된다. 물론 나는 오늘날 고등교육을 받은 많은 사람들이 실재 자체가 의미 있거나, 인간 정신 위에 어떤 신적 이성이 실재를 유지시키고 지성적으로 만든다는 것을 더이상 믿지 않는다는 것을 안다. 이 사람들에게 형이상학적인 비일관성은 그 자체로는 문제가 되지 않는다. 이러한 태도는 의미와 근거가 '실재 안에' 있다고 생각하지 않는 것이다. 오히려 이러한 태도는 모든 의미와 근거와 실재에 대한 확신이 사물들이 궁극적으로 어떻게 실제로 존재하는지를 생각하는 것을 방어할 수 있는 주장이기보다, 오히려 인간이 구축한 것이며, 권리로 사용하는 기능이라고 생각하는 것이다. 반면에 주류의 고전적 의미에서 철학적인 어떤 사람이 있다면, 그가 생각하는 철학은 지혜를 열정적으로 추구하는 것이며, 지혜는 일종의 신적인 질서, 윤리적 선, 우주를 생성하고 유지시키는 내적인 목적과의 지성적이고 실천적인 조화이다. 이렇게 철학자는 철학에 대한 오래되고 본래적인 의미에서 볼 때, 마치 알려진 실재에 진짜 의미가 없는 것처럼 치부하는 형이상학적인 비일관성을 용납할 수는 없다. 철학자처럼 종교적 인간도 확실히 서구의 주류적 그리스도교 전통 안에서 실재가 신적 이성(로고스'인 그리스도)의 창조라는 것을 믿는다. 잘못된 형이상학적 믿음은 오류를 수반하며, 오류에 기반하는 삶은 진지한 방식으로 진리에 미치지 못하기 때문이다. 그리스도교는 실재에 대해서 문화적으로 구성된 오류들을 수동적으로 받아들이는 것이 잘못된 평가, 잘못된 충실함, 헛되고 파괴적인 삶의 방식으로 귀결될 것이라고 주장한다. 그러한 오류는 살아가는 데 있어서 맹목적인 불신앙으로 귀결된다. 이렇게 철학적이고 종교적인 사람들은 형이상학적인 비일관성과 형이상학을 어떤 사회의 기득적인 권력 구조와 작용적인 규범으로 취급하는 것을 순순히 받아들일 수 없다.

철학과 종교에 대한 전통적인 이해를 진지하게 받아들임으로써, 이 책은 그리스도교 형이상학을 다룬다. 말하자면 이 책은 실재에 대한 그리스도교적 이해에, 실재에 대한 그리스도교적 관점과 양립할 수 있는 체험적인 행위의 유형에 관심을 두고 있다. 특히 이 책에서 제안하는 중심적인 관념은 '그리스도교 플라톤주의'가 실재에 대한 본성을 제대로 통찰한다는 점이다. 내가 전적으로 인정하건대, 이는 아주 거대한 담론이다. 그리스도교 플라톤주의는 거대할 뿐만 아니라(실재가 정말로 무엇과 같은가를 누가 말할 자격이 있겠는가?) 점잖게 표현하자면, 놀라울 정도로 대담하다. 다양한 학문적 평가에 따르면, 그리스도교 플라톤주의는 800년간, 그리고 짧게는 200년간 서구의 주류 지성계에서 불필요한 것으로 여겨져 왔다. 하지만 이 책에서 나는 실재의 본성에 대한 그리스도교 플라톤주의자들의 관점이 순수하게 그리스도교적 관점이라는 것을 입증할 것이다. 그러한 관점이 낡은 것으로 간주되든지 그렇지 않든지 간에, 자신들의 믿음과 행위에 불가결한 실재에 대해 생각하기를 원하는 그리스도인들은 이러한 관점을 진지하게 받아들여야 한다.

그리스도교 플라톤주의는 우리의 하느님이 정말로 현재의 원천이며 창조된 모든 실재에 계속 진행 중인 토대라는 점을 견지한다. 더 나아가서 그리스도교 플라톤주의는 어디서나 어느 정도 발견되는

미, 선, 진리의 성질들이 우리가 사는 세상에 그 가치와 목적을 부여하는 '진짜' 의미를 신적으로 드러내는 것이라고 생각한다. 현대의 기능적인 유물론자와 방법적인 무신론자의 기준에 따르면 실재에 대한 이와 같은 그리스도교적 견해는 아주 우스꽝스럽다. (마술처럼 비현실적이라는 것이다.) 하지만 이러한 관점은 안타깝게도 주류 그리스도교의 믿음과 구분되지 않은 것처럼 보이지만, 위에서 언급했듯이, 서구 그리스도인들이 그리스도교 플라톤주의에 대해서 들었든지 듣지 않았든지 간에, 신과 실재에 대해서 주장하는 진리를 믿는, 여전히 많은 신앙인들이 존재하기 때문에 그리스도교 플라톤주의의 관점은 낡은 것으로 치부될 수는 없다.

하지만 이는 흥미로운 점인데, 현대 서구인들은 전형적으로 매우 이상한 방식으로 실재에 대한 "종교적인" 이해를 따로 분리해서 "믿는다." 비록 어떤 교의가 신앙의 한 조항으로서 낡아빠진 것은 아니라고 하더라도, 세속적 모더니티의 "현실 세계" 내에서 우리가 보는 방식과 역할의 관점에서 이 교의는 기능적으로는 더이상 쓸모가 없을 수 있다. 우리는 일상적 삶에서 물질적이고 가치 중립적이며 실용적인 실재를 대부분 당연한 것으로 받아들이면서, 동시에 이와 결코 양립할 수 없는 그리스도교 교의들을 기꺼이 믿는 놀라운 능력을 지니고 있다. 세속 세계의 조약들은 우리의 특별한 종교적 믿음을 따로 떼어 내었다. 이로써 종교적 믿음은 이제 대체로 사실적이고 사회적인 문제를 다루는 "현실 세계"와는 별개로 취급되는 사적인 조약으로 이해된다. 이 점을 더 상세하게 진술하자면, 일반적인 의미에서 "현실 세계"는 정량화할 수 있는 요소들, 비윤리적인 자본과 정치적 필요성, 그리고 영적인 것에 무관심하면서 자연을 지배하는 기술의 순수한 도구적 능력에 적용된다. 이렇게 주류 그리스도교 교의에서 전제되는 실재에 대한 관점은 온갖 실천적인 목적에 있어서 오늘날 기술-소비의 실재인 "현실 세계" 밖에 따로 떨어져 있다. 하지만 그리스도교 교의와 관련되는 것이 정말로 '진짜' 세계라면, 그리고 세속적 실재의 가치 중립적인, 기계적인 결정론이 사실은 기이한 환상과 같은 것이어서, 결국은 실재에 충실하지 않은 것이라면 어쩔 것인가?

좀더 살펴보기 전에, 실제로 "물질적인 소비주의가 진짜이거나 그리스도교 플라톤주의가 진짜다."와 같은 단순한 이중적인 물음은 그다지 도움이 되지 않는다는 점을 유의해야 한다. 왜냐하면 경험은 실재에 대한 우리의 일반적인 이해가 의미의 다른 수준을 내포할 수 있다는 것을 우리에게 말해 주며, 우리가 실재의 본성에 대해서 공통적으로 믿는 바와 문명이 구축하는 인간의 환경은 복잡하게 관련을 맺기 때문이다. 이렇게 세속적인 모더니티를 지닌 "현실 세계"는 오늘날의 공유된 믿음과 실천의 지배를 받으며, 이 세계는 그것을 온전히 '진짜' 세계로 간주하도록 믿을 이유가 있든지 그렇지 않든지 간에, 우리가 살아가는 실질적인 세계이다. 하지만 우리가 우연히 실재에 대해 결함이 있는 문화적 관점을 물려받는다면, 세 가지 점이 문제시된다. 첫 번째로, 우리가 물려받는 세계에 대해 잘못된 어떤 것, 무의미한 어떤 것이 있을 것이다. 아마도 끊임없이 일하고 소비하는 쳇바퀴 같은 삶은 단순히 유형적 또는 자본적 "실재"와 결부되어 있는데, 이는 실재에 대해 제대로 된 반성이 아니다. 아마도 직장에서 종종 권력이 어떻게 작용하는가에 대해서 무관심한 "실재론"은, 비록 우리가 이를 불가피하게 생각하더라도, 옳지 않을 것이다. 아마도 대중적인 유물론은 아이의 미소와 같이 단순한 어떤 것에 의해 폭로되고 도전받는 것에는 속수무책일 것이다. 두 번째로, 정말로 인간 세상에 "잘못된 어떤 것"이 있다고 하더라도, 실재는 여전히 거기에 있으면서 우리를 지탱한다. 비록 우리가 실재에 대한 우리의 믿음에 기만당할 때에도, 그리고 많은 경우에 겉보기에 필수적으로 보이는, 우리의 삶에서 시간을 들이는 행위들이 사실상 헛고생이 되었을 때에도 말이다. 어쨌든 우리의 행위와 믿음이 기능적으로 아무리 유물론적이라 하더라도, 그리고 세상에서 우리의 야망과 염원이 정신적으로 헛될지 모르지만, 아이들은 여전히 웃고, 자연의 아름다움은 여전히 우리를 경이롭게 하며, 아주 질적인 생명력이 우리에게 와 닿는다. 이처럼 본질적으로 의미 있는 실재에 대한 경험을 통해 우리 영혼 안의 창은 단순한 요소들과 조작하는 능력보다 더 큰 세계로 개방되고, 영혼의 참된 외부에서 불어오는 산들바람은 머리카락을 흔들며, 우리의 존재를 기쁨으로 생동감 있게 만든다. 하지만 우리는 이렇게 실재하는 신적인 숨에 이름을 부여할 수 없다. 세 번째로, 우리가 굳이 그렇게 하지 않았다 하더라도, 실재가 드러나는 방식이 있다. 집단적 무의식의 억압처럼, 우리가 사는 의식적인 사회의 실재가 사실은 망상적이라면, 실재는 불현듯 홀연히, 종종 왜곡된 형태로, 때로는 매우 도전적인 방식으로 나타난다. 만일 진짜 실재가 "현실 세계"에 대한 우리의 이해로부터 가로막혀 있다면, 실재는 우리의 공상과 악몽에서, 우리의 환상과 지치게 하는 절망에서, 극단과 상실의 계기에서, 그리고 놀라운 기쁨에서 또는 미, 선과 이른바 "현실 세계"가 표현할 방법이 없는 진리의 현시에서 뒤로부터 우리에게 엄습한다.

G. K. 체스터턴과 C. S. 루이스 같은 사상가들이 옳다면, 실재는 결코 우리를 떠나지 않았다. 비록 매일매일 "현실 세계"에서 우리의 생각들이 세상에서의 의미와 목적인, 신성하게 자리하는 원천으로부터 대부분 모습을 드러냈을 때에도 실재는 변함없이 거기에 있다. 하루 동안에도 우리의 시선은 천상에서 지상으로, 신적 의미에서 인간의 능력으로 옮아간다. 몇 년 동안 자신이 황소라고 믿으면서 황소처럼 살면서도, 천상으로 눈길을 돌리지 않은 바빌론의 네부카드네자르 왕은 우리의 모습과 같다. 이는 현대 세계의 상황이다. 하지만 천상과 실재는 변함없이 거기에 있다. 우리가 해야 하는 것은, 우리를 결코 떠난 일이 없는 그것에게로 돌아가는 것뿐이다. 하지만 모더니티의 황소는 인간의 지식과 능력을 능가하는 것으로 눈길을 돌려서, 문명적으로 온전한 상태를 회복할 수 있을까?

이러한 일이 정말로 일어날 수 있을까? 현대의 관료주의적인 효율성이라는 철창에 갇혀서 과연 다른 세계를 상상하고 이룰 수 있을까? 유혹적인 피상성과 소유하려는 소비주의의 욕망을 계속해서 부추기는 의식을 거행하지 않고 살 수 있을까? 글로벌 자본과 군사적 힘이라는 맹목적으로 실용적인 실재론을 우리가 과연 통제할 수 있을까? 현재의 지배적인 방식과는 다른 방식으로 실재를 상상하려고 한다면, 구약성서 학자인 월터 브루그만이 예언자적 상상력[1]이라고 부르

1 [역주] 브루그만은 「예언자적 상상력」에서 교회의 정체성 상실이 소비주의와 문화에 순응한 결과임을 신학적으로 진단하고 있다. 예언자는 한 사회의 지배 문화에 적응하고 동화되어 거룩함을 상실해 가는 공동체를 각성시킨다. 지배 문화의 의식과 인식에 맞설 수 있는 대안 의식과 인식을 끌어내고 키우고 발전시키는 것이 예언자적 상상력이다.

는 것을 품으려고 시도할 수 있겠다. 물론 이미 구성된 인간 현실의 강력하게 편재하는 체계 '내에서' 다른 인간 세계를 *꿈꾸는* 것은 분명히 비현실적이다. 그렇게 할 수 있는가? 정말로 우리는 "그토록 타락한" 정상적인 것들에 의해 지배되는 세상보다 도래하는 참된 세상에 더 충실한 그런 세상을 상상하고 만들 수 있을까? 지금 하늘나라에서 살고, 종말 이전에 종말의 표지로 살기를 원하는 것이 교회에 의미하는 것은 바로 이것이다. 우리가 "현실 세계"를 너무 편안해 하고, 우리 시대의 실재론에 너무 매여서 매달린다면, 우리는 종말론적인 전망을 상실해 버리지 않겠는가.

하지만 여기서 다른 반론이 제기된다. 그리스도인들에게는 현대의 세속적 소비주의라는 "현실 세계"에 반하는 실재를 상상하고 이룰 훌륭한 복음적 이유가 있을지도 모르지만, 그리스도교의 플라톤주의적 관점에서 하늘나라를 *꿈꾸는* 것은 혹시 전혀 잘못된 방향은 아닐까? 확실히 이러한 관점들은 철학적, 신학적 관점에 의해서 오래전에 이미 한물간 것이고, 우리 시대와는 매우 다른 시대와 맥락 안에서만 실제적으로 세상을 형성하는 힘을 지녔던 것이라고 간주된다.

이러한 관심에서 나는 "실재로 '돌아가다'"라는 관념에 대해서 다룰 것이다. 이 책에서 나는 실재에 대해 생각하는 방식을 회복시키고자 한다. 여기서의 실재는 고전 시대, 교부 시대, 중세 시대에서 최고의 지혜로운 정신들에 의해 강력하게 옹호되었지만, 현대에는 지적인 신뢰의 유행에서 크게 벗어나게 되었다. 그런 의미에서 나는 우리가 실재에 대한 현대 이전의 이해에서 지닌 중요한 특징들을 회복하는 것을 진심으로 지지할 것이다. 중세 시대의 생활-세계로 우리를 돌려보내는 것이 마치 나의 의도인 것처럼, 누가 "아! 과거에 대한 향수로군요."라고 한탄하는 것이 들린다. 하지만 이는 나의 의도가 '아니다.' 그리스도교 플라톤주의의 실재에 대한 이해에 있어서 근본적인 것은, 신이 우리가 사는 실재의 질적인 풍요로움의 초월적인 원천이며, 우리가 이성적으로 파악하는 것을 넘어선다는 것이다. 이는 신을 이해하면서 실재와 어느 정도 유사한 연관성을 지니는 인간 세계를 건설하려는 모든 인간의 시도들이 각각의 고유한 특별한 맥락에 자리잡고 있다는 것을 의미한다. 하지만 이러한 시도들은 완전함에 도달할 수 없고, 항상 역사적으로 특수하고 분명한 인간의 창조적 주제가 가미되어서, 실재와 동일한 것일 수 없다는 것을 의미한다. 그렇다면 실재에 충실한 삶을 추구하는 것은 교부 시대와 중세의 사상가들과 공동체가 그렇게 한 과거의 시도를 단순히 모방하려는 것은 아닐 것이다. 실재 안에서 살려는 각 세대의 시도에는 근본적으로 새로운 어떤 것이 있으며, 이러한 이유에서 역사 안에서 구성된 인간의 세계는 항상 감동적인 잔치이다. 어떤 인간의 세계도 지상에서 실현된 천상의 왕국은 아니지만, 세상을 건설하려는 각각의 시도는 지속적인 진리들과 — 그 의미가 단순히 사회-생물학적으로 활기가 넘치는 것이 아니라면, — 위대한 사상가들, 예술가들, 활동가들, 권력자들, 예언적인 저항가들에 의해 행해진 그 의미의 독특한 해석 간의 협력 관계일 수 있다. 우리가 '오늘날' 그리스도교 플라톤주의자가 되려고 한다면, 그리고 우리가 고수하는 진리를 가장 잘 반영하는 인간의 세계를 상상하고 건설하려고 한다면, 그렇다면 이 세계는 온갖 좋은 세상들과 공통된 것들을 지니는 세상이 될 것이며, 다른 시간이나 장소에 있는 세계가 아니라, 독특한 '우리의' 세계가 될 것이다.

처음부터 제기되어야 하는 다른 문제는 무엇이 정말로 실재인가에 대한 참된 본성과 의미를 강력하게 주장하는 것이 대단히 오만하다는 믿음과 관련된다. 만일 이 책에서 그리스도교 플라톤주의가 그야말로 실재에 대해서 옳다고 주장한다면, 이는 어떤 진지한 철학적 전망에 대해서 서술할 수 있는 범위를 넘어서는 터무니없는 오만을 선언하는 것처럼 들릴 수밖에 없다.

이는 여러 가지 이유로 아주 흥미로운 종류의 반론이다. 우선 (현대 자유주의와 깊게 결부된) 소문자 "r"로 시작되는 실재론(realism)에 대한 현대적 이해는 실재에 대한 참된 의미의 이해를 주장하지는 않는다. 이 실재론은 의미나 목적이 각각 개별적으로 무엇을 선택하든지, 구체적이고 직접적으로 알 수 있는 세상을 어떻게 이용할 수 있는가에 대한 이해를 주장할 뿐이다. 하지만 이는 언뜻 보이는 것처럼 겸손한 주장이 아니다. 사실은 그러한 주장 아래서 과장되어 부풀린 두 가지 자부심이 있다. 첫 번째는 이와 같은 이른바 소문자 "r"로 시작되는 실재론은 종종 대문자 "R"로 시작되는 실재론(Realism)의 역할을 한다. 왜냐하면 실재에 대한 실용주의적인 이해에 따르면, 후자의 실재론(Realism)은 단순히 의미 없는 실재에 온갖 의미들을 인간이 주관적으로 투영한다는 것을 쉽게 전제하는 경향이 있기 때문이라는 것이다. 이는 현대적 "실재론"이 실재가 (정말) 의미가 '없다'고 생각한다는 것이다. 사실 "궁극적인 의미"에 대한 주장을 방어하는 것은 아주 중대하지만 매우 어렵다. 하지만 무신론의 공통적인 주장은, 참된 실재가 어떤 인간적인 평가를 넘어서는 의미를 지닌다고 사람들이 믿게 된 결과로, 이 실재는 퇴보하고 비현실적인 관념에 불과하게 되어 우리를 심히 불쾌하게 만든다는 것이다. 두 번째로, 이와 같이 (종종 실용적인 실재론으로 은폐된) 형이상학적인 무신론은 전적으로 인간 중심적인 지식의 본성에 대한 특별한 관점을 아주 강하게 몰아부치는 것에 토대를 둔다. 현대 철학자들은 어떤 것이 우리의 정신보다 "더 작을" 때에만, 적어도 원칙적으로 우리 지식을 감당할 수 있는 것 내에서 적합할 때에만, 참이라는 것을 믿으려고 한다. 따라서 유효한 지식은 오직 순전히 합리적이고 경험적인 관점에서만 입증될 수 있다는 것이다. 이러한 관점은 지식과 의미에 관한 한, 우리가 나무 꼭대기에 있는 셈이며, 거기서 아래를 볼 때, 우리에게 보이지 않는 것은 존재하지 않는다고 생각하는 것이다. (반면에 두 발로 걷는 황소로 변한 네부카드네자르처럼, 우리는 지식과 의미를 찾기 위해서 위를 볼 수 없다.)

이 두 가지의 득의양양한 입장을 그리스도인들은 신뢰할 수 없다. 왜냐하면 우리는 지식과 의미를 스스로 만들어 내는 정점에 있는 것이 아니라, 비록 우리가 지배할 수 있는 능력을 넘어선다고 하더라도, 오직 의미 자체(그리스도, 하느님의 '로고스')만이 본래적인 현실이라는 것이 우리 믿음의 토대가 되기 때문이다. 따라서 이러한 점은 그리스도교 플라톤주의가 그 안에 함유된 인간의 지식이 적합하다고 해도 의미와 실재를 온전히 담을 수 없음을 솔직하게 시인한다는 것을 의미한다. (따라서 이와 같은 입장은 오만할 수 없다.) 하지만 그리스도교 플라톤주의는 여전히 참된 의미에 대한 어느 정도의 유비적인[2] 이해를 발견할

---

2 아주 간략하게 설명하자면, 유비적(analogical) 지식은 직접적으로 대응되는 것에 대한 지식은 아니다. 하지만 그럼에도 이는 진짜 지식이다. 이러한 관념은 토마스 아퀴나스로부터 유래한다.

수 있다. 이러한 참된 의미는 한갓된 인간적 근원을 넘어서지만, 인간 지식의 범위 내에서 (어쨌든 극히 적은 정도로) 결정적으로 입증될 수 있는 바를 믿는 것에만 몰두하는 형이상학적 허무주의자들은 결코 이에 동의하지 않을 어떤 것이다. 하지만 어쩔 수 없다. 그리스도교 플라톤주의는 참된 의미에 대한 진리를 안다는 것을 '어떤 방식으로' 주장할 것이고, 이 점은 우리 시대의 질적인 허무주의적 실재론을 불쾌하게 할 것이다. 그러나 오만 속에 있는 사람과 착각에 빠져 있는 사람은 심각한 논쟁의 문제를 안고 있다.

마지막으로 언급할 것은, 이 책은 우선적으로 그리스도교를 믿는 독자층을 염두에 두고 썼다는 것이다. 내 생각에 그리스도인들은 이미 내가 옹호하는 일종의 형이상학에 전념하고 있기 때문이다. 진정으로 나는 그리스도인들이 이 책을 관심 있게 읽을 만하다고 생각하기를 희망한다. 비록 우리는 내가 옹호하는 형이상학적 관점의 유형에 명백하게 반하는 지적인 환경에서 살고 있지만 말이다. 하지만 이

그는 직접적인 방식으로 "아버지"라는 말을 사용하는 것(생물학적으로 남성적 혈족)과 "우리 아버지"로 하느님에 대해서 말하는 것을 구분한다. 모든 유비에서처럼 우리 아버지로서 하느님의 유비는 '문자적으로' 유효한 것은 아니다. — 하느님은 영이시지, 남성이나 여성이 아니며, 생물학적인 혈족이 아니시다. — 하지만 신적으로 계시된 진리로서 이러한 유비는 직접적으로 감지해서 지각할 수 있는 지식보다 '더' 본래적인 실재에 대한 지식을 준다. 따라서 하느님은 물질적으로 생물학적인 아버지보다 더 완전하게 우리의 아버지이다. 왜냐하면 생물학적인 아버지는 자신의 아버지라는 본성의 본질을 창조적으로 부여하는 하느님의 본성으로부터 얻기 때문이다. 실재에 대한 토마스의 그리스도교적 관점에서 하느님은 모든 것의 토대로서, 영적인 것은 물질적인 것보다 더 근본적이지만, 영적인 것은 어떤 경우에도 물질적인 것을 강등시키는 것이 아니라 오히려 격상시킨다. 플라톤의 영원히 가지적인 실재들은 모든 물질적인 형체에 영향을 미치며, 모든 물질적인 형체는 구체적이고 변화하는 특정한 자신의 실존 내에서 구분되는 본성을 규정하는 변화하는 본질에 대한 시간성과 우연성을 나타낸다. 이러한 의미에서 물질적인 것은 영적인 것의 유비이며, 신적인 것들에 대한 앎은 직접적으로 감각적인 것에 대한 앎보다 더 중요하다고 말할 수 있겠다.

책이 대부분 그리스도교 독자들을 염두에 두고 있다고 하더라도, 이 책은 실재에 대해서 주장하고 있다. 따라서 나는 참되다고 믿는 형이상학적 주장들을 관철시키기 때문에, 이 책은 그리스도인 또는 종교적인 독자들만을 제한적으로 염두에 두고 쓰이지는 않았다. 이 책에는 하나의 특수한 종교-철학적 전통 내에서 확고하게 자리잡은 방식으로 진리에 대한 주제와 연관해서 복합적인 요소들이 어우러져 있다. (그렇지 않다면 형이상학적 진리에 대한 궁극적인 주장이 어떻게 만들어질 수 있겠는가?) 이러한 전통은 관심 있는 모든 사람에게 타당하고 옹호될 수 있다는 것을 표명하지만, 명제로 이루어진 어떤 정식도 가장 일상적인 경험을 충분히 만족할 만하게 표현하지 못한다는 것을 나는 분명히 알고 있다. 이렇게 복합적으로 엮여 있는 사유를 조심스럽게 다루면서 이를 분명하게 기술하는 것은 쉽지 않다. 때로 가는 길이 어렵더라도, 정말로 복합적인 것들이라고 해도 어느 정도로는 단순화될 수 있기 때문에 길을 잘 헤쳐 나갈 수 있을 것이다.

이 책에 대한 간략한 요약

I부는 가능한 이해하기 쉽고 분명하게 읽히는 것을 목적으로 한다. 여기서 그리스도교 플라톤주의의 기본적인 관념들은 아우구스티누스나 토마스 아퀴나스 같은 사상가들에 대한 어떤 언급도 없이 소개되지만, 그리스도교 플라톤주의의 형이상학이 대체로 타당한 것으로 수용되었던 (몇 세기 전의) 서구 역사의 시기에 대해서는 다소 언급된다. I부는 주로 내 딸인 엠마, 그리고 루이스와 톨킨의 도움을 받았다. 그것은 그리스도교 플라톤주의에서 발원한 실재의 관점에 대해서 말할

때, 내가 의미하는 것을 이해시키기 위해서이다.

I부의 1장은 서구 형이상학의 오랜 전통이 근본적으로 두 진영으로 나누어진다는 것에 주목한다. 한편으로는 우리가 이성적으로 그것에 대해서 말할 수 있는 유일한 실재가 명백한 실재라고 생각하는 형이상학적 전통이 있다. 이러한 관점을 "당신이 보는 바가 당신이 얻는 바이다."에 대한 형이상학이라고 부를 수 있을 것이다. 이는 정말로 현대 철학에서 살아 남은 서구 형이상학의 오랜 전통의 유일한 형태이다. 형이상학의 다른 형태는 지각에 있어서 우리에게 드러나는 세계와 우리가 직접적으로 감지할 수 있는 것을 넘어서는 초월적인 실재 간에 강력한 모방적인 관계가 있다고 주장한다. 여기서 진짜(the real)는 가시적인 것(the apparent)을 통해 늘 어느 정도 보여지지만, 가시적인 것은 진짜를 충만하게 담고 정의하는 임무에는 결코 적합하지 않다. 이러한 관점에서는 포착하기 어려운 특성들이 가시적인 특성들보다 중요하다. 말하자면 시간이 흘러도 변함없는 진리는 진리에 대한 시간적인 표현보다 더 근본적이며, 항상 신적인 기원에서 유래하는 참된 의미는 인간 정신 안에서 만들어지는 것이 아니라, 그 안에 부분적으로 반영된다. 이러한 관점은 실재는 눈으로 목격하는 단순한 것 이상이라는 것을 말한다. 여기서 실재는 수량화되고 수학적으로 모형화되거나 논리적으로 실증되어 따로 분리될 수 있는 것을 능가한다.

이렇게 1장은 형이상학에 대한 두 번째 입장이 첫 번째 입장보다 더 본성적이고 확실한 전망이라는 점에 주목한다. 비록 경험에 의한 현대의 실재론에서는 진짜가 배타적으로 수량화되어 눈으로 볼 수 있고 기계론적인 필연성의 한 기능이라고 생각하는 경향이 있더라도 말이다. 이렇게 우리는 (아이들의 빛나는 미소처럼) 그렇게 당연히 명백하게 '존재하는' 많은 것들이 이상하게도 종종 사실적이고 실용적인 실재의 영역과는 동떨어진 것으로 평가되는 시대에 살고 있다. 우리는 종종 실재에 대한 일상적인 경험과 이른바 "과학적인 실재론"이라고 불릴 수 있는 관점 간의 강력한 괴리가 있는 환경에서 살고 있다. 예를 들어서 어떤 사람이 우리 앞에 서 있을 때, 우리는 그 사람을 마치 정말로 탄소 기반의 많은 유기적 물질 단위로 구성된 유전자 합성기처럼 취급하지는 않는다. 실생활에서 한 사람은 단순히 수량화되어 눈으로 볼 수 있고 기계론적으로 결정되어 있는 것보다 더한 정도로 존재한다는 것은 우리에게 '분명하다.' 더 나아가서 어떤 아이라도 알고 있듯이, 세계 자체는 의미와 가치로 가득찬 것으로 이해된다. 하지만 우리 시대의 유사 과학적 실재론은 의미와 가치를 본성의 진짜 모습으로 여기지 않는다. 이 장은, 현대의 실용주의적 실재론이 실재에 대한 추상적이고 비현실적인 관점인 반면에, 아이들이 보는 관점이 더 본성적이고 더 실제적이라는 것에 의문을 가질 수 있을 것인가를 검토한다.

I부의 2장은 그리스도교 플라톤주의가 평범한 현대인들에게 낯설게 동떨어진 학문적 호기심에 불과한 것이 아니라는 것을 보여 준다. 사실 나는 20세기 서구의 사상가들인 루이스와 톨킨의 풍부한 환상적 이야기를 통해서 그리스도교 플라톤주의의 기본적인 형이상학적 형태가 무엇인지에 대한 매우 좋은 아이디어를 얻었다. 따라서 이 장은 루이스와 톨킨의 많은 독자들이 이미 그리스도교 플라톤주의에

대해서 알고 있는 바를 명백하게 만들려고 한다.

I부에서 II부로 가는 '연결 다리'는 루이스와 톨킨의 상상적인 관점과는 반대로 현대 철학과 신학이 거의 예외 없이 그리스도교 플라톤주의가 쓸모가 없고 현실성이 없으며 변질되었다고 주장한다는 점에 주목한다. 따라서 II부는 이러한 주장들의 근거가 충분한지 빈약한지를 보기 위해서 이 주장들을 다룬다. II부는 이 책에 등장하는 대부분의 논증과 지성사를 포함하고 있다.

II부의 3장은 현대의 특징적인 관점이 왜 그리스도교 플라톤주의를 믿을 수 없다고 생각하는지에 대해서 좀더 가깝게 다가간다. 예를 들어서 그리스도교 플라톤주의의 용어로 표현되는 실재에 대한 현대의 이해에 반대하는 실제적 근거가 바로 '현대의 신화'라는 주장이 제기된다.[3] 왜냐하면 현대의 신화가 대부분의 면에서 그리스도교 플라톤주의의 신화와 양립될 수 없다는 것은 정말로 옳기 때문이다. 그러나 이러한 현대의 신화는 그 자체로 이 장에서 문제가 되며, 이 점은 그리스도교 플라톤주의를 형이상학에 대한 현대적 접근(과 현대의 반대적 접근)의 진지한 대안으로 고려하는 것을 가능하게 한다.

4장은 신약성서에서 표현된 플라톤적 관념들 몇 가지를 분명하게 알 수 있는 구절들을 통해 간단하게 확인한다. 그다음에 5장에서는 그리스도교 플라톤주의에 대한 현대의 '신학적' 반론들의 일반적인 범위를 살펴본다. 예를 들어서 현대 신학은 현대의 신화 내에서 작동하기 때문에, 그리스도교 플라톤주의를 의도적으로 오독하는 데 몰

3 "신화"는 어떤 주어진 문화적 삶의 형태 내에서 의미를 지향하는, 집단적으로 상상된 이야기와 관련된다.

두한다. 이러한 오독은 그리스도교 플라톤주의가 상징하는 바와 그것이 초기, 교부시대, 중세 그리스도교 내에서 발전시킨 방법에 대한 실제 역사의 빛에 비추어 볼 때 정당하지 않다.

6장은 좀더 면밀하게 그리스도교 플라톤주의가 지성적으로 동반하는 점을 살펴보는데, 그것은 그리스도교 플라톤주의의 몰락이 실제로 서구 지성사에서 어떻게 일어났는가 하는 점에서이다. 그리스도교 플라톤주의가 몰락하는 다섯 단계는 다음과 같이 대체적으로 서술된다. 1. 중세의 소박실재론에 대한 아벨라르두스의 공격. 2. 1277년부터 시작되는 신앙과 이성의 분리에 대한 궤적. 3. 둔스 스코투스와 오캄의 쇄신. 4. 16세기의 "순수한 본성"의 발명. 5. 마지막으로 17세기의 과학혁명. 그리스도교 플라톤주의자들의 실재에 대한 관점으로부터 떠나는 긴 여정은 잘 이해될 필요가 있다. 이 여정은 실재에 대한 현대적 관점이 증가되는 계보학이기 때문이다. 나는 이러한 모더니티가 아벨라르두스에서부터 생기기 시작해서, 중세의 형이상학적이고 인식론적인 혁신의 특별한 흐름과 밀접한 연속선상에 놓여 있다고 주장한다. 이렇게 누적되는 혁신들에 도전해야 한다면, 그것들을 잘 이해해야 한다.

모더니티에 대한 중세 계보학의 광범위한 역사를 염두에 두고서, 7장은 그리스도교 플라톤주의의 가을에 해당하는 마지막 단계인 17세기의 과학혁명에 초점을 맞춘다. 과학혁명에서 실제로 무엇이 일어났는가를 분석하고 비판하는 데 있어서, 나는 토마스 쿤, 미셸 헨리, 로이드 거슨의 도움을 받았다. 그리고 내가 발견한 것은 이 혁명이 실재에 대해서 취하는 뚜렷이 구분되는 현대의 관점이라는 측면에서 볼 때 이 혁명은 결코 철학적으로 타당하지 않았다는 점이다. 하지만 이 점은 과학적 환원주의가 촉발한 실용적인 조작력 때문에 오히려 "정당화된다." 더 나아가서 나는 우리가 실제로 살고 있는 생활 세계로서 모더니티의 구조에서 과학적 진리와 과학의 핵심적 역할에 대한 근대적 이해가 결코 실재에 대한 총체적인 관점으로 여길 수 없다고 주장하는 바이다. 이러한 실재의 관점은 기능적인 적합성을 지닐 뿐이다. 반면에 참으로 인식론적으로 근본적인 점들의 문제에 대한 플라톤의 이해는 전적으로 올바른 것으로 입증되었다. 그 때문에 모더니티에 대한 실재의 관점이 왜 진지하게 받아들여질 필요가 있는가에 대해서, 또는 그리스도교 플라톤주의가 고수하는 실재에 대한 대안적인 이해가 왜 진지하게 받아들여질 필요가 없는가에 대해서 강력한 철학적 이유는 없어진 셈이다.

Ⅲ부는 이 책의 마지막 장인 8장이다. 여기서 나는 불가능한 것을 상상해 보려고 한다. 오늘날 우리가 실재에 대한 그리스도교 플라톤주의자들의 관점으로 되돌아가려고 한다면, 우리의 세계는 어떻게 보이겠는가? 실재 자체가 본질적으로 의미 있었다면, 지혜가 조작된 지식보다 더 중요했다는 것을 우리가 정말로 믿었다면, 사물들은 우리에게 어떻게 비쳐졌을 것이며 우리는 세상에서 어떻게 행동했겠는가? 현대의 자유로운 세속주의에서 이른바 대중의 가치중립적인 영역과 정치적 영역이 우리에게 요구하듯이, 우리의 경건함이 개인적인 믿음과 개인 윤리의 영역에 온전히 담겨 있지 않았다면, 그리스도인들이 어떻게 이와 다르게 살았겠는가? 나는 신약성서의 관념들 속에 어느 정도 실마리가 들어 있는 — 신약성서에서 그리스도교 플라

톤주의가 발생했다. — 형이상학이 근본적이고 혁명적이라고 주장하는 바이다. 나는 실재에 대한 신약성서의 관점이 그 시대의 실재론에 도전했던 방식을 교회가 더 잘 이해하고 우리 시대의 실재론에 같은 방식으로 도전한다면, 어느 정도 근본적이고 혁명적으로 함축하는 점들이 따라나올 것이라는 것을 입증할 것이다. 교회는 그 작동 방식에 있어서 세계와 더 분명하게 차별화되려고 하며, 이러한 차별화는 교회가 세상을 '위한' 빛과 소금이 되는 자신의 선교사명을 더 잘 추구하는 것을 가능하게 할 것이다. 이 결론을 맺는 장에서 나는 그리스도교 플라톤주의의 형이상학적 관점이 서구 교회에서 우리에게 있어서 얼마나 실천적으로 중요한가를 보여 줄 수 있기를 바란다.

이 책의 특징

이 책은 그 연구 범위와 논증적인 지향에 있어서 매우 광범위한, 개요와 종합의 작업을 담고 있다.

이러한 과업을 앞두고 나는 혹독한 비판을 받은 그리스도교 플라톤주의의 형이상학적 렌즈가 우리가 지금 익숙하게 사용하는 렌즈보다 실재에 대해 더 분명한 모습을 보여 준다는 것을 입증하기를 주저하지 않을 것이다. 만연한 지성적인 유행에 맞서서 나는 형이상학 자체에 대한 실천적이고 신학적인 중요성에 동의하는 바이다. 형이상학이 사람들이 실제로 살고 있는 각각의 실제 생활 세계에 작동하는 구조들에 불가피하게 결합되어 있다는 것은 두말할 필요 없이 당연하다고 생각한다. 형이상학적 사유가 빠지기 쉬운 유혹과 혼란만큼이나, 우리는 엄청난 현실적인 위험에서 형이상학에 대해서 생각하는 것을 피하게 된다. 신학이 실재와, 주요한 실재와 관련되는 곳에서, 신학은 '필연적으로 형이상학적'이다. 더 나아가서 내가 생각하기에, 그리스도교 신학의 형이상학적 함축성이 그리스도교적 삶의 공동적인 실천에 깊이 박혀 있지 않다면, 교회는 신학적으로 심각하게 병들게 되어 실제로 끔찍한 결과를 낳게 될 것이다.

개요와 종합과 관련해서 이 책은 우리가 사는 시대에서 그리스도교 플라톤주의의 형이상학과 실천에 대한 입문서이며, 우리의 철학적, 신학적, 사회학적인 문화 역사를 서로 뭉뚱그려서 버무리는 점에 토대를 두는 현대 실재론의 계보학에 대해 비판적으로 바꾸어 말한 책이다. 이 책의 통합적이고 개관적인 특징은 주어진 사안에 대해 너무 상세한 것을 허용하지 않을 뿐만 아니라, 복잡한 많은 사안들을 너무 가볍게 다루는 것도 허용하지 않는다. 이 점은 이 책이 독자들의 더 나아간 탐구를 준비시키고 유발하도록 설계된, 대체로 교육적인 목적으로 집필되었다는 것을 의미한다.

I부

실재에 대한 그리스도교적 이해의 재발견

1. 실재에 대한 두 가지 견해

두 살배기 딸인 엠마는 실재에 대해서 놀라울 정도로 잘 이해하고 있다. 이 아이는 이제 말하는 것에 능숙하다. 자신의 가족과 친구들에 대해서 말할 뿐만 아니라, 고양이에 대해서도 말하고, 아침 식사와 꽃들에 대해서 말한다. 이 아이가 관심을 두는 한, 자신의 아침 식사와 꽃들은 이 아이에게 말대꾸를 해 준다. 내 딸은 자기 스스로 이해하기 쉽게 생기를 불어넣은 우주에 살고 있는 것처럼 보인다. 이 우주에서 아이는 그야말로 모든 것과 터놓고 대화하는 풍부한 유대감 속에 있다. 이 아이가 대화하는 상대는 사람, 동물, 사물만이 아니다. 그분이 주시는 것이 항상 우리를 지탱해 준다고 하늘에 계신 우리 아버지께 감사기도를 드릴 때, 내 딸은 자신의 믿음을 추호도 의심하지 않는다. 사실 자신이 아닌 다른 누가 감사기도를 하려고 하면, 내 딸은 분명한 말로 불쾌함을 드러낸다.

당신이 이 아이 곁에 앉아 아이의 관점으로 세상을 보려 한다면, 그러니까 당신이 아이의 세계를 들여다보기 위해서 정말로 이 아이의 눈을 똑바로 들여다본다면, 객관적인 실재에 대한 어른의 관념이라고 부르는 것이 뒤죽박죽되기 시작한다. 아이의 이해할 수 없는 소통 방식보다 더한 것은, 대부분 실재에 대해 "사실적인" 또는 과학적으로 "실제적인" 관점에 문제를 일으키는 것이 아이 자신이라는 점이다. 물론 (아이의 언니들에게 물어보면) 평범한 두 살배기 엠마는 천사가 아니지만, 아마도 또래의 두 살배기 모든 아이는 놀라울 정도로 눈부신 영적인 빛을 지닌 존재들인 것 같다. 이 아이들의 생기 넘치게 웃는 눈과 조금도 거리낌 없는 환한 얼굴은 쉽게 당신을 무장해제시킬 수 있다. 아이들과의 눈맞춤은 당신 존재에 깊이 다다르고, 아이들의 미소는 지치고 힘든 영혼의 메마른 영적 사막에 꽃이 활짝 피도록 만들 수도 있다.

우리는 이를 어떻게 생각해야 할까? 엠마는 그저 성장하는 중에 있고 아이다운 방식을 간직하고 있는, 귀엽고 상상력이 풍부한 아이일 뿐일까? 이 아이가 과학적인 실재와 상상적인 허구의 차이를 이해하게 된다면, 과연 아이가 보는 관점이 성숙했다고 말할 수 있을까? 아이가 놀이할 때의 마음, 즐거워하고 기뻐함, 당연하게 바로 수용하는 신기함, 상상력 넘치는 생기발랄함, 다른 것과 곧바로 사랑스러운 마음으로 접촉하는 것은 아이가 "성장하면" 그냥 사라질 것인가? 혹시 예수가 어린아이처럼 되지 않고는, 하늘나라에 들어갈 수 없다고 말했을 때, 그가 말한 것을 아이가 설명해 주고 있는 것은 아닌가?

지금까지의 물음들은 실재의 본성이 다른 방식으로 이해될 수 있다는 단순한 사실을 드러낸다. 형이상학은 실재가 무엇인지를 이해하려는 시도이다. 서구에는 형이상학에 대한 두 가지 접근법을 구별하는 다소 기본적인 구분이 존재한다. 여기에 해당하는 일차원적인 형이상학적 관점과 삼차원적인 형이상학적 관점이라는 두 가지 접근법을 살펴보자. 삼차원적인 관점은 우리의 경험에 있어서 윤리적인 차원, 물리적인 차원, 영적인 차원을 전체로서의 실재에 모두 동등하게 통합되는 점으로서 바라본다. 예를 들어서 삼차원적인 관점은 어떤 인간 존재에서 인간임을 의미하는 바에 대한 실제적 이해를 훼손하거나 파괴하지 않고서는 이러한 차원들 중 어느 것도 해소시키거나 기능적으로 말소시키려고 할 수 없다고 주장한다. 이 책이 옹호하는 삼차원적 관점의 특별한 유형이 그리스도교 플라톤주의이다. 여기서 바로 볼 수 없거나 과학적으로 계량화될 수 없는 윤리적이고 영적인 실재들은 그럼에도 물리적이고 가시적인 세계를 물들인다. 이렇게 질, 양, 신성의 접촉이라는 삼차원적인 관점에서 실재에 대해 단순화될 수 없을 정도로 다른 차원들로 보이는 것은 모두 일차원적 관점에 의해 단절 없이 구분되지 않는 실재의 기능으로 여겨진다.

이와 달리 우리 시대에 일반적인 일차원적인 관점의 유형은 모든 실재를 기능적으로 물리적 차원으로 축소시킨다. 그럼에도 이 일차원적인 관점은 우리가 윤리적이고 영적인 의식 상태로 경험하는 바를 지니고 있다는 것을 기꺼이 인정한다. 하지만 이러한 상태들은 우리 의식의 기능이지 진짜(그러니까 물리적인) 실재 자체의 기능은 아닌 것으로 간주된다. 더 나아가서 이러한 유형의 실재론에 따르면 우리의 의식 자체는 최종적인 분석에서 '정말로' 물리적인 것이어야 한다. 이렇게 일차원적인 관점의 물질적 실재론은 내 딸 엠마에 대한 우리 경험의 질적이고 영적인 측면들(이 아이의 아름다움, 가치, 윤리적 능력들, 신성에 대한 분명한 친밀감)을 "이해할" 수 있기 위해서 세련된 해석적 도구를 사용한다. 그러니까 이러한 차원들이 '실제로' 의미하는 바를 물리적인 용어로 축소시켜 버린다. 언급했다시피, 그것은 일차원적인 관점이 지지하는 것에 따르면, 실재에 대한 물질적인 차원이 진짜로 현실적인 유일한 차원이기 때문이다. 다른 "차원들"은 엠마의 삶의 물리적인 법칙과 물질적 필수성에 덧씌우는 주관적인 해석들, 심리학적인 부수 현상들과 문화적인 해설들로 치부된다.

반면에 엠마에 대해 삼차원적인 관점으로 이해하는 것은 윤리적이고 영적인 것을 물리적인 것으로 축소시키지 않는다. 여기서 주목할 것은, 실재의 질적인 차원은 선과 악에 관련되는 윤리적 범주를 포함할 뿐만 아니라, 아름다움과 추함에 관련되는 미학적 범주도 포함한다는 점이다. 여기서 실재의 영적인 차원은 신과 인격의 신비(영혼)를 포함할 뿐만 아니라, 창조주로부터 규정되는 본질로서 창조된 모든 것에게 부여된 것으로 볼 수 있는 의미와 이해되는 명료성(가지성, intelligibility) 자체도 포함한다. 내가 이 책에서 옹호하려는 삼차원적 관점에 따르면, 의미는 우리의 두뇌에 의해 의미 없는 대상적 실재에 단순히 투영되는 동물적인 물질성의 희미하게 빛나는 주관적인 부산물이 아니라, 모든 실재에 필수적인 영적인 선물로 이해된다. 삼차원적 관점에 따르면, 우리는 엠마의 아름다움, 윤리적 가치, 인격적 존엄성, 신과의 친밀한 관계, 영적인 본질에 대한 우리의 경험을 윤리적이고 영적인 실재에 대한 경험으로 쉽게 받아들일 수 있다. 따라서 우리는 우리 자신의 경험을, 오직 물질적으로 증명할 수 있는 지식에 의해서만 정의되는 실재의 범주들에 맞추어 재해석할 필요가 없다.

주목해야 할 점은 실재를 이해하는 두 가지 방식이 동일한 (엠마가 말하는) "것"(thing)을 볼 수 있다는 것이다. 하지만 이 두 방식은 각자가 보고 있는 것을 다르게 해석한다. 앞서 언급한 것처럼, 참으로 일차원적인 관점은 놀랍도록 세련된 해석적 도구를 사용한다. 이 도구는 '진짜' 실재에 대한 이해를 진술하는 데 있어서 추상과 축소의 매우 복합한 형태를 적용한다. 반면에 삼차원적인 관점은 우리가 실제로 보고 경험하는 것에 더욱 직접적으로 관련된다. 과연 일차원적인 관점은 삼차원적인 관점보다 해석적으로 더 복잡하지만, 이와 같은 해석적인 세련됨이 우리를 참으로 실재인 것과 더 많이 접촉하게 하는가 또는 실재의 윤리적이고 영적인 구조와 기이하게 단절된 영역으로 우리를 몰고 가는가 하는 것은 숙고할 가치가 있는 문제이다.

과연 실재에 대한 세련된 일차원적인 관점이 우리가 매우 근본적인 윤리적이고 영적인 실재들과 접촉을 끊는 그러한 방식으로 우리의 문화와 현대 권력의 관행을 만들어 낼 수 있단 말인가? 2008년의 세계 경제 위기는 고도의 자본과 일상의 실재 간의 놀라운 단절을 보여 주었다. 하지만 자본과 법적 권력에 대해 완전히 비윤리적이고 비종교적으로 접근함으로써만 파생 상품 거래의 추상적인 수학적 계산을 통해 만들어진 미국과 세계 경제 질서를 무릎 꿇게 할 수 있었다. 또 한편으로 만일 여러분이 인도네시아에서 공장 노동자로, 우즈베키스탄에서 면직공으로, 또는 아프리카에서 코코아 농장 일꾼으로 살아간다면, 여러분이 국제 경제 체계에 의해 착취당하는 방식은 인간과 영적인 실재들에는 전혀 신경을 쓰지 않는 것처럼 여러분을 대할 것이다. 어쩌면 우리는 현실 세계를 단순히 수학적 관계와 단순히 양적인 결과를 위한 실제적인 조정의 산출로 추상화하고 축소시키는 것에 아주 조금이라도 익숙해져 있지는 않은가? 실재의 윤리적인 영적인 차원에는 눈이 멀게 되지는 않았는가? 정말로 존재하는 것으로서 실재에서 벗어나지는 않았는가?

좀더 덧붙이자면, 일차원적 관점에서 본 것으로서 윤리적인 것, 물질적인 것, 영적인 것 간의 관계가 내가 지금까지 대체적으로 말한 것보다 더욱 복잡하다는 것을 인정해야 한다. 의미심장하게도 대개 기능적이기만 한 일차원적 관점의 해석적인 도구는 윤리적이고 영적인 실재를 무시한다. 이는 현대의 일차원적 관점의 입장이 과학적 지식의 진리에 대해 매우 깊이 몰두하고 있다는 점에 근거하기 때문이다. 이렇게 몰두한다는 점에서 보자면, 대상적인 물질적 실재에 대한 지식이 실제적 지식이다. 하지만 과학적으로 검증될 수 없는 윤리적이고 영적인 진리의 주장은 실재에 대해서 주장하는 지식으로 간주되지 않는다. 이렇게 일차원적인 관점은 과학적으로 '알 수 있는' 윤리적이고 영적인 실재들은 없으며, 그러한 실재들은 분명히 존재하지 않는다는 것을 일반적으로 주장하는 셈이다. 그 때문에 윤리적 진리와 신에 대한 '믿음'은 사람들이 자신이 좋아하는 것을 고수하려는 주관적인 선택적 신념으로 치부된다. 더욱이 이러한 믿음은 대상적인 실재에 대해서 주장하는 검증될 수 있는 어떤 지식에서 항상 따로 구분되어야 한다. 여기서 지식은 물리적으로 존재하는 바와 관련되며, 믿음은 물리적으로 실제적이 아닌 것과 관련된다. 그 때문에 사람들에 의해 진술된 윤리적이고 종교적인 믿음과 관찰 가능한 윤리적이고 종교적인 행위와는 별개인 좋음[1]과 신은 실재에 대한 우리의

1 [역주] '좋음'은 최고선으로 간주되는 신의 본질적 속성과 관련되며, 플라톤 철학에서 최고의 이데아인 '좋음의 이데아'에서 유래한다.

지식 밖에 존재한다. 이러한 방식으로 현대 세계는 대상적인 지식을 주관적인 믿음에서 분리시키지만, 이 점은 윤리와 종교에 대한 헌신에 관해서 개인의 자유의 본질을 인정하는 것으로 여겨진다. 현대 자유주의의 주장에 따르면, 이와 같은 견해는 비사실적인 윤리적이고 종교적인 신념에서 유래하는 것으로, 무소불위의 힘으로 위임받은 어떤 제약으로부터 대상적인 과학적 진리를 벗어나게 해 준다. 따라서 이러한 견해는 어떤 윤리적이고 종교적인 믿음에서도 시민 권력을 강제적으로 이용하는 것으로부터 개인의 의식을 자유롭게 해 준다. 그렇기 때문에 이 견해는 단순히 물리적이고 사회적으로 구축된 실재 내에서 합법적이고 실용적인 방식으로 기능적으로 작동될 수 있다. 개인적인 믿음의 영역 내에서, 그러니까 지식과 대중적 권력의 영역 밖에서 각자 자신의 종교와 윤리성을 지키는 데 필요한, 극히 개인적인 윤리적이고 종교적인 신념에 열정적으로 헌신하면서도 말이다. 이렇게 일차원적인 관점에서 실재에 대한 기능적인 이해에 토대를 두는 것으로서, 대상적인 지식과 주관적인 믿음 간의 엄격한 구분은 자유로운 세속적 사회에서 핵심적인 점이다. (이렇게 문화적인 양상을 띠는 형이상학적 이해가 얼마나 정치적으로 중요한가에 주목하라.) 여기서 합법성은 공중 영역에서 작용하는 규정들을 지배하지만, 이 영역은 윤리성 자체와 관련되지는 않는다. 여기서 종교적 공동체의 구성원들인 선한 시민들에게는 사회와 상업을 지배하는 질서정연함 내에서 세속 국가의 강제적인 권력에 의해 인정되는 윤리적 중립성과 영적인 다수성을 존중하도록 요구된다. 이렇게 윤리적이고 영적인 차원들은 개인적이고 주관적인 믿음의 무대에 속한다. 이 무대는 현실 세계에서 권력과 합법성을 중요시하는 공적이고 객관적인 사안들과 직접적인 관계는 없다.

자유로운 세속적 모더니티를 신봉하는 믿음에서 유래하는 지식의 집단적인 비통합성은 어디에서도 유래하는 곳이 없다. 베스트팔렌 조약[2] 이후에 시민 권력으로부터 종교의 현대적 분리는 서구문화에 혁명을 야기했다. 이 혁명은 종교와 윤리의 사안을 별개의 주관적이고 개인적인 믿음의 영역으로 효과적으로 구분한다는 것을 의미한다. 그리고 이러한 구분은 공적인 객관적 지식과 권력의 영역으로서 이해된 바를 기능적으로 비윤리적이고 반종교적인 방향으로 점점 더 기울게 한다. 서구 모더니티의 오랜 문화혁명 이후에, 이제 객관적인 지식으로부터 주관적인 믿음의 분리는 당연한 것이 되었다. 우리가 사는, 과학적인 지식과 세속적 권력의 환경은 바로 우리의 삶의 방식에 있어서 객관적 실재들에 토대가 되기 때문에, 우리는 일차원적인 관점의 정교하게 해석된 구분과 축소를 힘들이지 않고, 심지어 이를 의식하지도 않고 선뜻 수행한다. 그렇기는 하지만 이는 우리가 대상적인 지식의 주장과 공적인 적합성으로 받아들여진 규범들을 다룰 때, 놀랍게도 해석적인 성취를 통해서 대체로 당연한 듯이 수행된다. 하지만 엠마를 관찰해 보면, 엠마가 보고 만지는 것처럼, 윤리적이고 영적으로 존재하는 실재들이 그저 개인적인 믿음의 주석에 불과하다

2 베스트팔렌 조약은 1648년에 유럽의 경쟁국들 간에 서명된 일련의 평화 문서들이다. 이 조약은 30년 전쟁과 80년 전쟁의 종전을 암시했다. 경쟁국들은 일부는 제국주의적 성격을 지녔고, 일부는 신생국가의 성격을 지닌 가톨릭과 개신교 측들이었다. 이는 유럽에서 국제적 외교의 현대 시기의 시작을 암시했으며, 정치적 경쟁구조에 있어서 중요한 발전이었다. 최종적으로 현대의 세속 국가가 탄생하게 되었다.

고 생각하는 것은 명백히 직관에는 어긋난다. 진정한 의미에서, 실재가 질적이고 의미 있는 차원들을 지닌다는 점을 받아들이지 않고서는, 실재가 현실의 사람들과 현실 세계에서의 어떤 행위자와 실제로 관계를 맺을 수 있다고 볼 수 없다.

지금까지 우리는 형이상학에 대한 두 가지 접근 방식에 대한 대체적인 윤곽을 살펴보았고, 일차원적인 관점이 현대 생활방식의 대상적이고 세속적인 특징들에 뿌리박혀 있다는 점에 주목했다. 우리는 이 책에서 그리스도교 신학의 독특한 유형과 현대의 세속적 자유주의의 부흥 간의 깊고 내밀한 관계의 역사를 탐색하지는 않을 것이다.[3] 하지만 일차원적인 관점에 뿌리박혀 있는 기능적인 삶의 방식과 그리스도교 교의의 불가피한 삼차원적인 측면들 사이에는 서로를 부식시킬 수밖에 없는 관계성이 있다는 것을 주목하는 것은 중요하다. 분

3 강제적인 시민 권력과 종교적 권위가 왜 지금 세속적 서구 사회에서 분리되고 있는가에 대한 몇 가지의 온전히 그리스도교적인 이유들이 확실히 있다. 이와는 달리, 유다교 또는 이슬람교와 그리스도교는 시민 권력 또는 종족 권력의 바깥에 그 기원이 있다고 말해진다. 이는 근본적으로 비현실적인 힘의 논리 내에서 작동한다. 예컨대 십자가에 못박힌 그리스도, 산상설교, 교회에 의해 지상에서 표현된 하늘나라의 뒤집힌 본성이 그러하다. 4세기에 투르의 성 마르티누스는 강제적인 시민 권력에 그리스도교의 권위가 엮여 있다는 고약한 결과들을 잘 이해했다. 이 점은 프리실리아누스 사건에서 이단을 고소하는 것과 관련해서 막시무스 황제와 이타쿠스 주교와의 싸움에서 드러난다. 이단으로 간주된 사람들과 격렬한 전투를 수행하기 위해서 시민 권력 또는 군인들을 이용하는 것은 십자가상의 그리스도가 폭력을 받아들이는 방식을 포기하는 것이다. 베스트팔렌 조약을 재구성하는 기간에 벌어진 가톨릭교회와 개신교 양편이 서로를 죽인 대학살은 참으로 복음에 대한 엄청난 모욕이었지만, 국정 운영에 대한 그리스도교적 접근에서 나온 종교적 동맹의 사안들을 지키기로 결정한 것은 전적으로 그리스도교의 핵심을 지키는 것이었다. 더욱이 (8장에서 검토하게 될) 그리스도의 주권이라는 논리는 시민적 권한들이 결코 교회에 의해 정당한 것으로 여겨지지 않는다는 것을 의미한다. 권력의 추구에 있어서 이러한 권한들이 윤리적 진리를 부정하거나, 돈과 권력의 숭배를 예배로 내세우는 우상숭배적인 시민 종교를 승인한다면 말이다. 거룩한 것의 비정치적인 영역과 세속적인 것의 정치적 영역을 분리시키는 관념에서 세속적 권력은 종교적이고 윤리적인 통제에서 자유롭지만, 이러한 관념은 정치에 대한 정당한 그리스도교적 관점일 수는 없다.

명히 그리스도교 교의는 정말로 우리가 일상적으로 경험하는 실제적인 물질적 세계에 필수적인 (그리고 그에 앞서는) 윤리적이고 영적인 '실재들'이 있다는 것을 주장한다. 그렇다면 우리 자신의 정체성을 형성하는 데 있어서 선택하는, 개인적인 믿음의 자유의 기능으로서 신과 좋음에 접근하는 것 또는 신을 물질적 실재와 완전히 단절된 어떤 별개의 영역으로 구분 짓는 것, 그리고 윤리성을 본래 한 개인의 사안으로 생각하는 것은 실재 자체에 대한 그리스도교적 이해를 포기하는 것이다. 하지만 그리스도교는 세속적인 모더니티 안에서 종종 그렇게 하고 있다. 실재에 대한 일차원적인 이해에 지배권을 부여하는 이러한 문제를 다른 측면에서 본다면, 서구문화는 이제 심각한 형이상학적, 영적, 윤리적인 수렁에 빠져 있다고 할 수 있다. 우리의 고도의 문화는 지속적으로 유효한 가치들과 고유한 가치가 있는 인간의 목적들, 그리고 우주에서 우리 지위의 핵심과 의미가 될지도 모르는 것에 대해서는 점점 더 침묵하고 있다. 단적으로 말하자면 지혜가 사라지고 있다. 경이로운 객관적 지식과 조작적인 권력의 핵심이자 의미일 수도 있을 것에 대해서 점점 더 심각해지는 문화적 무지는 이제 문화적 삶의 형태에 스며들어서 만연해 있다. 이러한 무지는 우리를 뻔뻔하게 조작하는 비현실주의(irrealism)의 손아귀에, 그리고 소비문화의 윤리적으로 구속받지 않는 도구주의의 손아귀에 내맡긴다. 기득권의 관심은 본래 우리의 주관적인 믿음을 활용하면서, 그리고 우리의 객관적인 행위를 단순히 도구적인 목적에 적합하게 만드는 실용적인 소비주의에 쏠려 있다. 시장 실재론과 매스미디어의 시대는 강력한 환상에 흠뻑 빠진 정체성을 지닌 기성 소비자를 유혹해서 양산해 내는 데 성공했다. 이러한 환상은 우리의 욕망에 대한 상상을 알려 주며, 우리의 미성숙한 두려움을 부추겨서 돈을 쓰도록 만드는 의미 없는 "사항"에 대한 모든 것을 조작한다. 우리가 윤리적이고 영적인 실재에 대해서 생각하는 것에서 동떨어져 있다면, 물질적 실재와 직접적인 접촉에서 벗어나는 데도 시간이 오래 걸리지 않는다. (사이버 공간에서 가능한 투기적인 거래와 비물질적인 거품으로 부풀려진 세계를 생각해 보라.) 이렇게 현실도피, 자기도취, 강력한 연예산업의 가상적인 화려함, 우리의 삶이 의존하는 물리적 환경에 대한 노골적인 무시는 우리 시대의 특징이다. 이 같은 동력이 활성화된다면, 서구적 삶의 형태의 전체 구조는 그 자신의 정신적 붕괴도 조작해 낼 수 있을 것 같다.

이러한 맥락에서 그리스도인들이 현명하다면 확실한 삼차원적인 형이상학적 관점을 되찾으려고 생각할 것이다. 아마도 서구문화는 실재에 대한 일차원적인 견해가 우리를 가두어 버리는, 어리석고 급기야 무의미한 소비주의에서 벗어날 때에만, 생명을 주는 영적인, 윤리적인, 정치적인 함축성을 발견할 수 있을 것이다. 하지만 현재로서는 지혜나 신심이 없는 권력, 고귀함 없는 실존, 초월적으로 관련되는 지점이 없는 삶, 고유한 의미 없는 탄생과 죽음, 전례적인 관련성 없는 시간과 계절, 거룩함 없는 주일(holiday)이 만연해 있다. (물론 그럼에도 우리에게는 화려하고 값싼 납작한 텔레비전 화면이 있다.) 지금 서구는 세계적으로 어마어마한 도구적이고 군사적인 물리력을 촉발시켰고, 전례 없는 경제적이고 물질적인 착취를 용이하게 하는 세계 체제를 건설했다. 하지만 이 모든 권력은 어떤 공동선도, 어떤 본질적으로 가치 있는 목적도 겨냥하지 않는다. 이러한 상황에서 우리가 세계를 지배하는 방식에서 어떤 윤리적 진리나 어떤 거룩한 의미에 대한 책임도 느끼지 않는다면, 세계 전체는 서구의 정신적 늪에 빠질 것이며, 우리는 지구 전체의 전례 없는 붕괴가 진행되는 것을 목격하게 될 것이다. 나에게 점점 더 정신적인 것을 상실하는 서구문화인 것으로 여겨지는 것에서 "객관적 실재"는 의미 없거나 그저 조작적일 뿐이며, 가치와 본질적인 의미에 대한 어떤 공동의 기준점도 우리에게 제공하지 않는다.

오늘날 아이러니하게도, 고도의 윤리적이고 형이상학적인 진리들에서 서구 정신을 지탱할 버팀목을 얻을 수 있다는 것은 환상에 불과할 뿐이다. 하지만 여기서도 아이들의 깨어 있는 상상에서, 그리고 서구 정신의 몽상과 공상에서 서구의 영적인 활력의 기억이 어느 정도 살아 있을 것이다. 아마도 진짜 실재가 여전히 우리에게 말하고 있는 것은 루이스와 톨킨 같은 그리스도교 플라톤주의자들의 공상소설에 존재한다. 이 실재는 본질적인 윤리적 의미와 (더 나은 용어가 없어서) "공공의" 영적 목적에 의해 뒷받침되며, 신적인 좋음과 사랑에 의해 감싸져 있다. 아마도 우리가 심지어 우리 시대에 실재에 대한 풍부한 이해로 돌아가려고 시작할 수 있는 것은 그러한 공상들을 통해서일 것이다.

정말로 나는 루이스와 톨킨의 상상이 지금 실재로 돌아가는 가장 유력한 길이라고 생각한다. 이제 20세기에 문학의 두 거장에게 돌아가서, 그들의 이야기가 우리에게 열어 주는 강렬한 삼차원적 형이상학의 길을 찾아보자.

2. 루이스와 톨킨의 그리스도교 플라톤주의

당신이 오늘 옥스퍼드에 간다면, 어느 작은 선술집을 방문해서 루이스와 톨킨, 그리고 이들과 마음이 맞는 다른 친구들이 맥주를 마시면서 밤늦도록 아주 진지하게 상상의 이야기들에 대해서 대화를 나누었던 방에 앉을 수 있을 것이다. 매우 현실적인 우리 시대에 이러한 모습은 이상하고, 심지어 별나게 생각될 수 있다. 이 영국의 교수들이 상상을 주제로 진지하게 토론했기 때문이다. 하지만 우리가 나중에 분석하게 될 것처럼, 상상은 정말로 아주 진지한 사안이다. 이들이 하고 있었던 것은 자신들이 공유하는 실재에 대한 그리스도교의 관점을 보통의 사람들의 마음과 상상력을 사로잡을 이야기에서 표현하려는 것이었다. 서구문화가 역사적으로 실재에 대한 그리스도교의 관점에 내재되어 있다는 것을 고려하면서, 루이스와 톨킨은 자신들이 현대 서양 의식 속에 있는 공동적인 실재에 잠들어 있는 신념과 태도에 연결되어 있다고 생각했다. 루이스와 그의 친구들은 이렇게 거의 잊혀진 관점들이 상상적인 생명을 지니게 되어서, 조용하지만 획기적인 변화가 사람들의 마음속에 뿌리내리기를 희망했다. 작가들의 이 문학 클럽[잉클링스(Inklings)]은 실재에 대한 그리스도교의 뚜렷한 상상적인 관점에 들어 있는 생동력을 상실한 것이 자신들의 시대의 문화적인 경향 속에서 전반적으로 빛을 상실한 핵심적인 점이라고 생각했다.

루이스와 톨킨이 상상적으로 표현한 형이상학적 관점은 사실 그리스도교 플라톤주의였다. 이는 독자들이 루이스의 『나니아 연대기』와 톨킨의 『가운데 땅』[1]을 즐거운 마음으로 읽는다면, 이미 그리스도교 플라톤주의에 대해서 많은 것을 안다는 것을 의미한다. 이제 우리가 이미 알고 있는 것을 설명함으로써 그리스도교 플라톤주의가 무엇인지를 열어 보도록 하자.

루이스의 그리스도교 플라톤주의: 그의 형이상학적 관점

루이스는 『나니아 연대기』에서 심오한 그리스도교의 메시지를 신선하고 창조적이며 철학적으로 힘이 있는 방식으로 전달하기 위해서 나니아 이야기의 신화적인 시적 운율을 이용한다. 이는 물론 플라톤이 했던 방식은 아니다. 플라톤은 기원전 4세기경에 살았지만, 『나니아 연대기』는 그리스도교의 메시지와 플라톤주의자들의 통찰을 잘 이해할 수 있는 설명이라는 양면을 모두 담을 수 있는 방식으로 구성되었고, 이렇게 해서 루이스의 작품은 그리스도교 플라톤주의에 대한 훌륭한 본보기를 보여 주었다.

그리스도교의 메시지와 플라톤주의자들의 형이상학적 확신이라

1 [역주] 톨킨의 미완성 유고를 아들인 크리스토퍼 톨킨이 1983년부터 1996년까지 추려 내고 정리한 다음 자신의 주석을 덧붙여서 12권의 책으로 편집했다. 이 가운데 6-9권은 반지의 제왕 시대를 다루고 있다.

는 두 내용을 전달하는 수단으로서 아이들의 이야기를 고른 루이스의 선택이 우연이 아니었다는 것을 염두에 두도록 하자. 이미 암시된 것처럼, 아이들이 세상을 보는 관점에 대한 어떤 것은 믿음에 대한 그리스도교적인 이해와 직접적으로 볼 수 없는 것들을 믿는 형이상학적 세계관 양자에게 결정적으로 중요하다. 루이스는 이러한 "아이처럼"을 역동적으로 심도 있게 파악했다. 이러한 입장을 통해서 실재에 대해 참으로 깊은 진리에 도달한다면, 우리는 모두 이 진리 앞에서 아이로 있는 셈이다. 이렇게 근본적인 것들의 비춤이 결국 우리에게 이르게 되는 것은 오직 아이들의 마음이 지니는 개방성, 신뢰, 놀라움, 유연함에서만 가능하다. 여기서 항상 우리를 지켜보는(이는 우리가 실재 '아래에' 있고, 실재 '내에서' 살기 때문에, 이 실재를 신이 위에서 바라보는 조망을 갖지 못한다는 것을 의미한다.) 실재 앞에서의 겸손은 실재의 참된 조명을 위한 필수적인 조건이다. 루이스는 복합적이고 고도의 집중이 요구되는 지성적인 노력과는 거리를 두었다. 반면에 그는 실재의 본질적인 심원함과 초월적인 깊이 때문에 신화, 상상적인 유비, 동화가 정말로 근본적인 것들로 간주되는 진리들을 드러낸다는 점에서 과학과 논리를 훨씬 능가할 수 있다고 확신했다.

『나니아 연대기』 전체는 삼차원적인 형이상학적 관점에 뿌리박혀 있다. 루이스의 작품들은 내가 단순히 현대적 실재론이라고 부르려는 기능적인 일차원적 관점에 대한 대안적인 실재의 전망으로 상상을 흠뻑 적신다. 이렇게 루이스의 그리스도교 플라톤주의의 실재에 대한 전망을 이해하는 가장 좋은 길은 아이들과 함께 앉아서 『나니아 연대기』 시리즈 중 하나를 아이들에게 읽어 주는 것이다. 하지만 나는 여기서는 루이스가 그리스도교의 가르침과 플라톤주의의 형이상학을 어떻게 결합하는가를 보여 주는 특별한 두 구절에 초점을 맞추려고 한다.

"이 모든 것은 플라톤 안에 있다…"

『나니아 연대기』의 마지막 7권인 『마지막 전투』의 끝 장면에서 이야기의 모든 주인공은 죽은 다음에, 문득 자신들이 아슬란의 나라에 있음을 깨닫게 된다. 하지만 이 나라는 이들이 육체에서 분리된 영으로 존재하는 세계가 아니라, 그들이 신기하게 알아보는 세계이다. 『나니아 연대기』의 1권인 『마법사의 조카』에 나오는 디고리 커크 교수는 모든 좋은 것의 진짜 실재는 사라지지 않는다고 설명한다. 반면에 우리가 "현실"이라고 부르는 죽음의 세계는 탄생과 죽음, 변화와 투쟁, 기회와 무질서의 영역으로서 정말로 그림자들의 영역이다. 하지만 이 그림자들은 이들이 암시하는 실재에 어떤 식으로든 참여한다. 우리가 죽어서 우리 영혼이 그림자들의 영역을 떠날 때, 우리는 (여전히 체화된 영혼들로서, 그러나 매우 다르지만 이상하게도 동일한 육체를 지니고서) 처음으로 제대로 실재의 세계로 들어가게 된다. 아슬란의 나라는 정말로 진짜인 모든 것의 기원이자 운명으로서 우리가 참되고 아름답고 좋은 것으로 맛보는 모든 것의 고향이다. 아슬란의 나라는 우리가 이곳 그림자들의 영역에서 아는 실재의 고향이며, 이 나라는 우리가 죽을 운명을 지닌 생명을 통해서 여행하고 있는 나라이다.

이러한 설명 후에 디고리 커크는 말한다. "이 모든 것은 플라톤 안에 있다. 모든 것이 플라톤 안에. 이 학교에서는 그들에게 도대체 무엇을 가르치는가!"[2] 여기서 여러분은 루이스가 그리스도교의 믿음의 틀을 플라톤의 형이상학적 관점과 연결시킨다는 것을 분명하게 볼 수 있다. 루이스의 상상은 온갖 물질성으로 이루어진 세계에 대해서 초월적인 차원들이 존재한다는 어떤 실재의 관점을 우리에게 밝혀 준다. 이러한 차원들은 신 안에 근원을 지닌다. 이렇게 실재의 주된 척도는 만질 수 있거나 지각할 수 있는 직접적인 물질이 아니다. 그것은 우리가 들어올리고, 보고 듣고 냄새를 맡고 맛볼 수 있는 물건이 아니다. 오히려 궁극적인 현실은 보이지 않고, 영원히 의미 가득하며, 변화와 우연을 초월한다. 여기서 곧바로 지각된 실재는 결코 단순히 지각을 통해 접촉하는 바는 아니다. 여기서 신적인 의미에 의해 뒷받침되는 마법에 걸린 우주는 단순히 과학적 지식의 대상이 아니다. 하지만 우리가 경험하는 실재는 어떤 점에서는 생생하게 말하고 있으며, 인간 지식의 좁은 틀을 넘어서는 의미들로 충만하다. 시인이었던 제라드 맨리 홉킨스는 이 점을 다음과 같이 표현했다.

> 세상은 신의 장엄함으로 가득 차 있다.
> 이 장엄함은 포일이 흔들릴 때 반짝거리는 것처럼
> 갑자기 타오를 것이다.[3]

루이스와 홉킨스 두 사람에게 있어서 직접 경험하는 세상은 "꿰뚫어 보지" 못하고서 폐기되지만, 오히려 우리가 경험하는 이 세상은

---

2 Lewis, *The Last Battle*, 154.
3 Hopkins, *Poems and Prose*, 27.

천상의 음악을 들을 수 있게 하는 필수적인 매개이다.

이제 『마지막 전투』에 나오는 커크 교수를 건너뛰고서, 플라톤의 『국가』를 통해서 6권 『은의자』에 등장하는 퍼들글럼[4]에게로 가 보자.

플라톤의 『국가』에서 동굴의 비유

『은의자』의 극적인 중심은 악한 마법과 자유롭게 하는 진리의 힘 간의 대립이다. 이러한 대립은 동굴에서 일어난다. 루이스의 동굴 장면은 아마도 플라톤의 『국가』에 나오는 가장 유명한 비유와 매우 유사한 것 같다. 마법과 진리 간의 싸움이 동굴에서 벌어진다. 독자들에게 플라톤의 동굴의 비유를 간략하게 설명함으로써, 루이스가 『은의자』에서 얼마나 깊숙이 플라톤을 끌어들이는가를 볼 수 있을 것이다.

『국가』에서 플라톤은 우리에게 동굴을 상상하도록 요구한다.[5] 이 동굴의 주된 공간은 자연적인 빛이 비치지 않는 지하의 긴 통로이다. 이 공간에 모두 사슬로 묶여 있는 사람들이 살고 있다. 이들은 동굴 뒤편의 벽을 바라보고 있어야 하고, 고개를 쉽게 뒤로 돌릴 수 없어서 그들 뒤에 무엇이 있는지 볼 수 없다. 뒤편의 벽에서 그들은 자신들의 그림자와 다른 그림자로 구성된 오락 쇼를 본다. 모든 그림자는 그들 뒤편과 위에 있는 불에 의해 만들어진다. 이와 같은 장치는 꼭두각시 인형을 조작해서 그림자를 만들고 자신들의 목소리로 배우

4 [역주] 퍼들글럼은 개구리의 손과 발을 가지고 있는 '마슈위글' 종족으로, 진지한 인생관을 가지고 있다. 부엉이들이 질과 유스터스에게 소개해 준 여행 안내자로서 끝까지 여행에 동행한다. 중요한 순간에 올바른 판단을 하며 끝까지 강한 정신력을 가진 존재이다.

5 Plato, *The Republic*, 514-17. 이 구절은 7권의 시작부에서 발견된다.

처럼 연기하는 일부 사람들에 의해 이용된다. 이 목소리는 동굴 벽에 울리기 때문에, 마치 동굴 벽에서 소리가 나오는 것처럼 들린다. 쇠사슬에 묶인 사람들은 이 동굴에 오랫동안 있었기 때문에, 그림자 쇼가 날조된 것이라는 것을 더이상 기억하지 못한다. 오히려 이들은 동굴 벽에서 보는 나무, 동물, 자신들의 그림자가 진짜 나무, 동물, 사람들이라고 생각한다.

이제 동굴에 사는 사람들 중 한 명이 쇠사슬에서 풀려났다고 상상해 보자. 플라톤이 밝히듯이, 그 사람은 지혜를 사랑하는 사람인 철학자이다. 철학자가 자유롭게 되어서 몸을 돌려서 보게 되는 것은 불과 꼭두각시 인형, 그리고 이 이상한 극장을 조종하는 사람들이다. 하지만 철학자는 불 뒤에 있는 길고 협소한 통로를 보게 된다. 이 불은 그것이 유래하는 진짜 햇빛에 대한 암시를 준다. 철학자의 눈이 불의 밝기에 적응되어서, 그가 지하에서 살고 있는 곳의 조명의 본성을 분명히 이해할 수 있을 때, 그는 가까스로 불과 사악한 배우들을 피해 슬금슬금 지나가서, 바깥세상과 연결된 긴 통로를 향해 고군분투한다. 그는 사력을 다해서 정상에 오른다. 동굴 밖으로 나갔을 때, 보통의 햇빛에도 눈이 부신 나머지, 심지어 별빛에 비친 사물을 분명하게 볼 수 있을 때까지도 오랜 시간이 걸린다. 그러다 마침내 그는 바깥세상의 놀라운 광경에 익숙하게 되어서, 조명의 근원이며 생명과 아름다움의 원천인 참된 태양 자체도 볼 수 있게 된다. 이제 철학자는 지하 동굴에 있는 자신의 동료 죄수들을 떠올리면서, 돌아가서 그들을 자유롭게 해 줘야겠다고 결심한다. 이렇게 해서 그는 어둠 속의 긴 터널로 다시 내려간다. 그의 눈은 이제 어둠에 익숙하지 않아서, 마침내 그가 바닥까지 내려갔을 때, 동굴 벽에 비치는 상상된 그림자 연극에 담긴 의미를 거의 이해할 수 없게 된다. 당연하게도, 철학자는 동굴 거주자들이 실재라고 생각하는 것의 의미를 이해하지 못한다. 하지만 동굴 거주자들은 철학자가 상상 속의 여행에 빠졌기 때문에 현실 세계에 눈이 멀게 되었다고 생각하게 되었다. 더 나아가서 어떤 사람이 철학자가 아닌 사람들을 쇠사슬에서 풀어 주려고 한다면, 이 사람들은 십중팔구 자신들을 풀어 준 사람에게 달려들어서 죽이려고 할 것이다. 지하 세계의 동굴에 사는 사람들은 자신들의 좁은 환상의 세계가 편안하고 안전하다고 생각하기 때문에, 그들이 알고 사랑하는 세계에서 "자유롭게 되기"를 시도하는 데는 큰 두려움을 갖고 있다.

우리는 계속해서 이 비유의 의미를 분석할 것이다. 하지만 지금은 범상치 않은 이 비유에 익숙해질 필요가 있다. 이제 루이스에게로 돌아가 보자.

검은 마법의 동굴

『은의자』에 등장하는 두 아이 유스터스와 질에게 아슬란은 여러 해 동안 실종된 나니아의 왕자 질리언을 찾아서 풀어 주라는 임무를 맡겨 보낸다. 마슈위글 종족인 퍼들글럼이 이 아이들의 탐험을 돕게 된다. 마슈위글은 가공의 호기심 많은 종족이다. 이들 특유의 캐릭터는 대부분 스코틀랜드 칼뱅주의자들의 특징에서 따온 것으로 보인다. 이제 일행의 탐험은 매혹적이지만 악한 마녀가 지배하는 지하 세계로 이어진다.

『은의자』 12장에서 검은 마법에서 풀려난 질리언 왕자와 두 아이, 그리고 퍼들글럼은 동굴에 갇혀서 사활을 걸고 마녀와 만나게 된다. 마녀는 왕자에게 다시 마법을 걸고 다른 세 일행도 홀리려고 자신의 온 힘을 다한다.

마녀는 지하 동굴 밖에 있는 실재로서 일행이 온 세계는 진짜가 아님을 확신시키려고 한다. 오히려 일행이 동굴에서 직접 볼 수 있는 것만이 진짜라는 것이다. 플라톤의 동굴의 비유에는 동굴을 지키는 파수꾼들이 있는데, 이들은 그림자 공연을 조작하는 사람들이다. 루이스의 소설에서 마녀는 그와 같은 파수꾼인 셈이다. 마녀는 네 사람의 일행을 다음과 같은 논리로 설득하려고 한다. 동굴의 내면 세계가 유일한 세계이며, 그들이 말하는 동굴 바깥의 세계는 그들이 이 동굴에서 보는 것들로 구성된 상상으로 만들어진 가상이라고 말이다. 더 나아가서 그녀는 이들이 또렷하게 생각하는 것을 멈추게 해서, 안심하게 만드는 마법으로 이들의 긴장을 풀어서 잠들게 하려고 시도한다. 그녀는 실재는 오직 그녀가 이들에게 선사하는 것임을, 실재는 오직 그녀가 자신의 정치적인 목적을 위해서 조작해서 가공하는 것임을 이들에게 확신시키려고 마음을 먹는다.

마녀의 목적에 대한 형이상학적 저항에서 중요한 걸림돌은 태양과 아슬란에 대한 그들의 믿음이다. 마녀는 단순하지만 마법이라는 강력한 수단을 사용해서 이러한 진리에 대한 그들의 믿음을 무너뜨리려고 하지만 그들의 믿음은 마녀의 계략을 뛰어넘는다. 그녀는 다음과 같이 묻는다.

"너희 모두가 말하는 이 '태양'이란 뭐지? 그 말에 무슨 의미가 있는 거니?"

"네, 있고말고요."라고 유스터스가 말했다.

"그게 어떻게 생겼는지 나한테 말해 줄 수 있니?"라고 마녀가 물었다…

"말씀드리지요."라고 왕자는 매우 냉정하고 정중하게 말했다. "저기 저 램프를 보십시오. 저건 모양이 둥글고, 노란색이며, 방 전체를 밝혀 줍니다. 그리고 저 램프는 천장에 달려 있습니다. 우리가 태양이라고 부르는 것은 저 램프와 같은 것이나, 다만 저것보다 훨씬 더 크고 훨씬 더 밝습니다. 태양은 지상 세계 전체를 밝혀 줍니다. 그리고 그건 하늘에 달려 있습니다."

"어디에 달려 있다고요?"라고 마녀가 물었다. 그리고 모두들 그녀의 질문에 어떻게 대답할지 생각하고 있는 동안에 그녀는 그녀 특유의 부드러운 은빛 웃음소리를 내며 덧붙여 말했다. "거봐요, 이 태양이라는 것이 무엇인지 분명하게 생각해 보려니까 나한테 말해 줄 수가 없죠? 말할 수 있는 것이라곤 그것이 램프처럼 생겼다는 것뿐이에요. 당신의 태양은 꿈이에요. 그리고 그 꿈은 하나에서 열까지 모두 램프에서 따온 거예요. 램프는 실제로 있는 물건이지만 태양은 아이들이 만들어 낸 이야기에 지나지 않아요."[6]

마녀는 똑같은 전략을 아슬란에 대한 이들의 믿음에도 적용시킨다. 일행은 사자를 전혀 모르는 마녀에게 고양이를 비유로 사용해서 사자가 무엇인지를 설명할 수 있을 뿐이다. 그러니까 고양이는 진짜로 있는 것으로 생각되고 사자는 환상인 셈이다. 마녀는 일행을 다음

---

6 Lewis, *The Silver Chair*, 141-42[C.S. 루이스, 『은의자』, 전경자 역, 성바오로출판사, 1989, 150-151].

과 같이 타이른다. "자아, 모두들, 어린애 같은 이런 장난을 집어치워. 이 진짜 세상에서 너희들 모두가 할 일이 있단다. 나니아도, 지상 세계도, 하늘도, 태양도, 아슬란도 실제로는 존재하지 않아. 자아, 이제 모두들 잠자리에 들도록 해. 그리고 내일부터는 더욱 현명한 삶을 시작하자."[7]

궁지에서 벗어나게 한 것은 퍼들글럼이었다. 그는 사악한 힘이 조종하는 피폐한 어둠의 세계가 태양과 아슬란과 같이 아름다운 상상의 허구 세계를 만들어 낼 수 있다고 믿는 것은 절대 불가능하다고 생각했다. 퍼들글럼은 자신의 믿음이 비록 허구라고 하더라도, 이 허구가 (마녀에 따르면 진짜 세계인) 지하 세계의 피상적이고 억압적인 "실재들"보다 더 낫다고 판단했다. 그는 이런 실재보다 환상을 믿는 것이 더 행복할 것이며, 결코 그런 어두운 실재는 인정하지 않으리라고 판단한 것이다. 퍼들글럼은 마녀에 의해 조작된 실재를 믿는 것을 부정함으로써 마법에 걸릴 각오가 되어 있어서, 마녀가 그의 마음을 돌리기 위해서 할 수 있는 것은 아무것도 없었다. 퍼들글럼은 마녀가 보기에 정신 나간 형이상학적 태도를 취함으로써 마녀의 마법 주문에 저항했고, 그 결과 그는 마녀가 만들어 놓은 마법 기술에 영향을 받지 않게 되었고, 일행의 마음을 함정에 빠뜨리기 위해서 마녀가 작동시킨 환영의 모든 영역까지 위협했다. 마녀는 자신의 달콤하고 생색을 내던 본색을 드러내게 되었고, 자신의 진짜 모습이 탄로나자 폭력적으로 본색을 드러내었다.

---

7 *Ibid.*, 143-144[C.S. 루이스, 『은의자』, 전경자 역, 성바오로출판사, 1989, 153].

여기서 루이스는 플라톤이 했던 것처럼, 우리가 사는 정치적 맥락에서의 규범과 법이 어떻게 작동하는가와 관련해서, 아마도 우리가 가장 중요한 문제라고 생각하는 실재에 대한 견해를 문제 삼는 강력한 기득권력이 작동하고 있다는 것을 지적한다. 형이상학은 결코 단순히 형이상학만은 아니다. 형이상학은 항상 정치, 상업, 기술, 윤리, 종교, 예술, 지식이기도 하다. 우리가 실재의 본성이라고 추정하는 것, 그러니까 우리가 헌신하는 형이상학적 믿음에 해당되는 것은 가장 실천적이고 정치적인 중요성을 지닌 사안이다.

루이스, 실재, 그리고 유비

예수가 비유를 들고 플라톤이 대화를 사용했듯이, 루이스는 『나니아 연대기』에서 상상적이고, 이야기식으로, 비유적인 방식으로 실재가 정말로 무엇과 같은가에 대해서 말하고 있다. 참으로 시적으로 말하는 방식은 실재에 대한 진리를 전달하려는 데 있어서 제외될 수 없다. 실재의 진리는 양적이고 논리적으로 필수적인 인간 지식의 질서 안에 담겨 있을 수 없기 때문이다. 우리는 뒤에서 이러한 점에 대해서 좀더 면밀하게 살펴볼 것이지만, 여기서는 실재에 대한 일차원적인 "과학적" 견해가 노골적으로 시적이지 않은 방식으로 실재를 서술하고 통제하려고 한다는 점에 주목하는 것이 중요하다. 개연적인 부합성을 지니며, 실용적이거나 일관성을 중시하는, 진리에 대한 현대적 관념들은 무엇이 현실적인지에 대해서 생각하려고 할 때 실재와 인간 지식 간의 비유적이지 않은 직접적인 관계만이 유효하다는 것을 예외 없이 전제하고 있다. 이는 루이스가 20세기 대학의 철학 과

목들에서 왜 잘 연구되지 않았는가를 설명해 준다. 루이스는 공상소설의 작가로 여겨졌지, 결코 진지한 철학자로 생각되지는 않은 것이다. 그리고 이러한 점은 루이스와 톨킨에 의해 20세기 문화적 상상력이 강력하게 표명하는 그리스도교 플라톤주의가 왜 현대의 학회에서 대부분 발견되지 않은 채로 남아 있는가 하는 것과 많은 관련성을 지닌다. 그렇다면 다층적이고, 과학을 넘어선(메타-사이언스) 틀을 갖고 있고, 매우 유신론적으로 느껴지며, 시적으로 표현된 이야기들이 실재에 대해서 타당한 관계를 지닐 수 있다는 것을 누가 진지하게 믿을 것인가? 하지만 이는 그저 우리 시대의 감수성을 환상적으로 여기게 만드는 그리스도교 플라톤주의자들의 형이상학이 아니라, 아주 실용적이고 일차원적인 실재에 대한 이해에 근본적으로 부적합한 그리스도교 플라톤주의의 윤리 의식이다. 여기서 우리는 그리스도교 플라톤주의가 바라보는 윤리적 관점이 무엇을 수반하고 있는가에 대한 감각을 익히기 위해서 톨킨에게로 가 보도록 하자.

톨킨의 그리스도교 플라톤주의: 그의 윤리적 관점

『반지의 제왕』과 플라톤 간의 가장 분명한 연결점은 플라톤의 걸작인 『국가』 2권[359a – 360d]에 나오는 양치기 기게스의 신화이다. 플라톤의 신화에서 한 양치기가 무덤을 도굴했는데 거기서 모습을 보이지 않게 만들어 주는 평범한 금반지를 발견하게 된다. 이 반지를 끼는 사람에게는 들키지 않고 신심이나 도덕에 대한 일반적인 제한을 무시할 수 있는 능력이 부여된다. 양치기는 자신의 상황을 크게 개선시키기 위해서 반지를 어떻게 사용하는지를 재빨리 터득하게 된다.

이렇게 반지를 사용해서 그는 모든 사람을 희생시키는데, 이 과정에서 살인을 하고 범죄를 저지르고 사실을 조작한다. 플라톤은 이 신화로 어떤 관념을 지적함으로써 윤리가 단순히 인간적으로 구축된 것이라는 것을 반대하는 논증을 시작하고 있다. 이 관념은 정의가 단순히 도구적이고 관습적인 것이 아니며, 비록 물질적인 이점들이 주어진다고 하더라도, 권력의 유혹에 의한 선한 기질의 타락은 정신적인 재앙이라는 것이다. 톨킨은 능청스럽게 권력의 반지에 대한 플라톤의 상상적인 생각을 자신의 서사적인 환상 이야기를 위해 핵심적으로 서술하는 장치로 차용한다. 여기서 좀더 핵심적으로 깊이 들어간, 권력과 윤리 간의 관계에 대한 심리적이고 정신적인 탐구는『국가』에서 더욱 톨킨의 이야기의 토대가 된다. 이러한 관점에서 볼 때『국가』2권의 확장된 상상적 숙고와 같은 것으로서『반지의 제왕』을 읽는 것은 불합리하지 않다.

이렇게 톨킨을 평가절하해서 보지 않는다면, 톨킨이 보기에 호빗족의 윤리가 참된 도덕적 위대함의 가능성을 자체 내에 지니고 있다는 것을 보는 것은 어렵지 않다. 물론 톨킨은 이 소인들이 걸핏하면 드러내는 옹졸함과 실리적인 인색함을 잘 알고 있었다. 백 앤드의 실제 저택을 소유하려는 색빌 배긴스 가문의 오랜 관심은 톨킨스가 인물들의 아주 사소한 윤리적 맥락에 대해서 맹목적으로 몽상에 빠지지 않았다는 것을 분명하게 해 준다. 하지만 반지 원정대의 일행인 프로도, 샘, 메리, 피핀[8]을 통해서 톨킨은 행복한 이 소인들이 단순한

8 [역주] 메리와 피핀은 프로도와 친척이고 샘은 프로도 집안의 정원사이다.

만족감, 단순한 공평함, 구체적이고 공유하는 단순한 즐거움 같은 것을 좋은 것으로 보는 것이 깊은 윤리적 아름다움을 지닌다는 관념을 우리에게 선사해 준다. 호빗족의 선량함은 사랑하고 봉사하는 힘 없는 사람들을 위한 것이며, 군림하기를 원하지 않으며, 움직이게 하는 방식으로서 강렬한 야망을 거부하는 사람들을 위한 것이다. 호빗족의 윤리는 니체의 위대함과, 바그너의 시적 운율과, 본질적으로 덕에 대한 호전적이고 구성적인 이해를 특징짓는, 스스로를 드러내는 개인적 영예와는 반대된다. 기게스의 신화에 등장하는 무덤을 도굴하는 목동처럼, 인간적 위대함에 있어서 너무나 흔한 거대한 기획은 평범한 사람들의 존엄성과 상호적인 신뢰를 노골적으로 거부한다. 이렇게 해서 플라톤과 톨킨은 대단한 사람들의 권력에 대항하는 힘 없는 사람들의 지혜를 내세운다. 하지만 니체와 글루콘이 놀라듯이, 힘 없는 선량한 사람들은 가진 힘이 없기 '때문에'만 "정의"로운가?

『국가』 2권에서 (플라톤의 형인) 글루콘은 보이지 않게 만드는 두 개의 마법 반지가 있어서, 하나는 정의로운 사람에게 하나는 불의한 사람에게 주어진다면, 정의로운 사람과 불의한 사람 간의 차이는 즉각 사라질 것이라는 논증을 제시한다.

> "시장에서 자기가 갖고 싶은 것은 무엇이든지 두려움 없이 가질 수 있고, 또 어느 집에든지 들어가서 자기가 원하는 사람이면 누구와도 교접할 수 있다면, 그리고 또 자기가 그러고 싶은 사람이면 누구든 죽이거나 속박에서 풀어 줄 수 있으며, 또한 그 밖의 여러 가지에 있어서 인간들 사이에서 신과도 같은 존재로서 행세할 수 있다면 말씀입니다… 이것이야말로 누군

가가, 올바름이 개인적으로는 좋은 것은 못되기에, 아무도 자발적으로 올바르려고 하지 않고 부득이해서 그렇게 되는 것이라는 데 대한 강력한 증거로 주장함직합니다. 어느 쪽이고 자신이 올바르지 못한 짓을 능히 저지를 수 있게 될 것이라고 생각할 경우에는, 올바르지 못한 짓을 저지를 테니까요."[9]

프로도를 통해서 톨킨은 반지의 힘에 의해 타락하지 않을 정의로운 사람의 유형에 대한 내면적 심리를 검토한다. 이렇게 함으로써 플라톤처럼 톨킨은 선과 악의 차이가 단순히 관습적인 것이 아니며, 정의는 그저 도구적인 관점에서 사회적으로 만들어진 것이 아니라는 것을 우리에게 보여 주려고 한다. 이러한 방식에서는 윤리와 권력에 대한 톨킨의 이해가 플라톤과의 깊은 연속성을 지닌다는 것이 분명해진다. 더 나아가서 플라톤과 톨킨 양자에게서 참된 윤리적 의미를 이해하는 것은 형이상학적 관점과 연결된다. 그러니까 보는 것과 보지 못하는 것, 현실로 받아들이는 것과 환상에 지나지 않는 것으로 여기는 것은 플라톤과 톨킨 양자에게 있어서 생명에 대한 윤리적 도전과 밀접하게 연결된다. 여기서는 다시 이러한 점이 우리 시대를 위한 심오한 의미를 지니게 된다.

9 Plato, *The Republic*, 360b-c[플라톤, 『국가』, 박종현 역주, 서광사, 2004, 129].

가시적인 것과 비가시적인 것의 정치에서 플라톤과 톨킨

톨킨과 플라톤은 가시적인 것과 비가시적인 것 간의 관계에 대해 정치적 의미에 있어서 동일한 유형의 관점을 공유한다.

플라톤의 동굴의 비유에서 환영들은 (루이스의 『은의자』에서 마녀처럼) 동굴 속에서 노예가 된 사람들의 삶을 통제하는 사람들에 의해 동굴의 벽을 화면으로 삼아서 투사된다. 이 비유는 물질적이고 문화적인 인간의 생산을 통제하는 것과 연결된 인간 문화의 교묘한 고안과 권력의 구조가 자신들이 직접적으로 보는 바를 비철학적으로 수용하는 사람들에게만 진짜로 보이는 삶의 세계를 만들어 낸다는 것을 의미한다. 문화와 권력을 정말로 통제하는 사람들은 이러한 세계가 술책이라는 것을 알며, 철학자들도 이 세계가 술책이라는 것을 알고 있다. 하지만 문화와 권력의 통제자들은 자신들이 만들어 내는 환상들이 진짜라고 주장하는 데 열중한다. 반면에 철학자들은 평범한 사람들을 실재가 아닌 것의 그림자에서 해방시키려고 애씀으로써, 정말로 중요한 바로서 참으로 실재이며 가치 있는 것을 알고 있다. 이렇게 철학자들과 권력자들은 전형적으로 사람들의 마음과 정신을 위한 싸움에 몰두하고 있다. 철학자(또는 예언자?)가 진짜라고 보고 말하는 것을, 문화와 권력의 통제자들은 종종 평범한 사람들을 단순히 기만하고 통제하게끔 고안된 실체가 없는 환상이라고 말하곤 한다. 이와 유사하게 문화와 권력의 통제자들이 진짜이며 불가피한 것이라고 말하는 것을, 철학자들은 종종 평범한 사람들을 속여서 노예 상태로 만들게끔 고안된 실체가 없는 환상이라고 말하곤 한다.

플라톤은 좋음이 물리적 영역에 있는 태양에 비유되며, 좋음은 존재 자체[10]를, 자신의 생명과 실재를 부여하고, 모든 실제적인 것들은 오직 좋음의 빛에서만 제대로 보이게 된다고 분명하게 주장한다. 이렇게 플라톤에게 있어서 세상에 윤리적 가치를 부여하는 것은 세상을 초월하며, 실재의 토대이다. 따라서 어떤 것을 실재의 초월적인 원천과의 조화에서 벗어나게끔 작용하는 힘은 그것이 산출하는 장점이 시간적이고 물질적인 것이라고 하더라도, 사실은 어떤 것을 덜 실제적으로 만드는 힘이다. 이와 같이 플라톤에게는 왜 힘이 단순히 도구적으로 이용하는 사안이 아니라, 항상 깊고 높은 실재의 결을 따라 재단하거나 또는 그 결과는 반대로 재단해서 "없어지게" 하는지 이유를 이해하는 방도가 있다. 그렇다면 프로도는 실재에 대한 윤리적인 결과는 반대로 자르는 힘을 거부함으로써 악하게 되지 않고서 악과 싸우는 것이다. 실재의 본질적인 윤리적 본성에 대한 영적인 관점은 악과의 진짜 싸움에 있어서 필수적이다. 이렇게 좋음을 위한 중요한 싸움은 『반지의 제왕』에서 무기를 든 군인들과의 싸움이 아니라 영적인 것으로서 무엇이 실제적이고 자유로우며, 무엇이 거짓되고 불가피한가를 보는 방법과 관련된다.

플라톤, 신약성서, 톨킨 모두 가시적인 것과 비가시적인 것에 대한 서사적인 비유가 지식, 상상, 믿음, 힘 간의 연결점에 접근하는 데 필

10 고전 그리스어에서 세상에서 생각하는 것과 존재하는 것은 어떤 방식으로 '있는' 모든 것에 의해 수행되는 놀라운 행위이다. 공간과 시간 안에 있는 것들은 존재의 행위를 수행하지만, 부분적으로만 그렇게 한다. 왜냐하면 이것들은 있음의 상태가 되고, 변화하며, 존재를 떠나기 때문이다. 이렇게 플라톤의 "존재 자체"는 실제로 있는 물리적인 모든 존재에서 부분적으로 표현되며, 플라톤이 "이데아들" 또는 "형상들"이라고 부르는 영원한 지성적인 실재들에 의해서 완전하게 표현된다. 그래서 좋음은 심지어 존재 자체보다 더 주요한 실재의 질서이다. 플라톤에게 있어서 존재는 좋음으로부터 유발된다.

수적인 길을 열어 준다고 주장한다.[11] 이러한 비유에는 당연히 상상이 풍부하게 들어 있고, 그리스도교와 플라톤주의 양자는 실재에 대한 형이상학적인 삼차원적 관점 내에서 이를 역동적으로 이해했다. 그래서 아마도 서구문화가 가시적인 것과 비가시적인 것에 관련된 사안이 공동적인 상상의 맥락에서 얼마나 중요한가를 다시 배울 수 있다면, 우리는 원의와 상상을 이성과 다시 통합할 수 있을 것이다. (그렇지 못하다면 원의와 상상은 정말로 붕괴될 것이다.) 이러한 점은 우리 시대에 권력의 주요 관심사와 관련된 철학의 유용성에 비판적일지도 모른다. 왜냐하면 권력에 대한 다른 담론들이 현실적으로 알 수 있는 것으로 여기는 바와 이러한 담론들이 감지하지 못함으로써 실제적이지 않고 알 수 없는 것으로 치부해 버리는 바는 우리가 실제로 살고 있는 방식에 대해서 엄청난 중요성을 지니기 때문이다. 원의를 수련하는 것과 인성을 형성하는 것은 당연히 어떤 주어진 생활양식[12]의 암묵적인 공동적 목표들과 일치하며, 이러한 목표들은 믿음에 대해서 공유된 틀 안에서만 가시적이며, 이렇게 믿음에 대해서 공유된 틀은

---

11 이러한 입장은 조지 맥도날드, 루이스, 체스터턴에게서 분명하게 드러난다. 예컨대 "보는 것은 믿는 것이 아니라, 그저 보는 것이다."라는 맥도날드의 주석을 보라(*The Princess and the Goblins*, 177).

12 이 책에서 나는 "생활양식"(life form)이라는 용어를 독일 사회학자들과 비트겐슈타인 같은 철학자들이 사용하는 방식으로 사용한다. 이 용어는 우리가 실제로 그 안에 사는 물리적, 문화적, 정치적, 종교적, 언어적 조건들의 역동적인 그물망을 나타낸다. 따라서 뉴욕에 사는 사람들이 경험하는 확장된 공동의 삶은 엄밀하게 보자면 많은 점에서 고대 아테네에서 살았던 사람들이 경험한 확장된 공동의 삶과는 다르다. 그렇기 때문에 용어들이 의미할 것을 안다고 해도, 어떤 삶의 형태의 맥락에서 다른 맥락으로의 의미에 대한 단순한 번역은 존재하지 않는다. 심지어 번역은 어느 정도까지는 모든 삶의 형태들이 공통적으로 사회학적인 기능에 대한 일부 지분을 갖고 있다는 것을 나타낼 수 있다. 아마도 인간의 문화 자체가 그로부터 만들어지는 구문론의 기본적인 의미가 그렇게 광범위하지는 않은 것 같다.

우리의 삶의 방식에 큰 영향력을 지닌다. 왜냐하면 이러한 틀은 풍요롭고 상상적이며 비유적으로 만들어지기 때문이다.

하지만 아이러니하게도 니체 스스로가 이해했듯이, 분명하게 감지할 수 있는 것의 질서 내에서만, 곧 경험적인 영역 내에서만 정의되는 실재에 대한 견해가 어떤 것이든지, 그것은 상상적으로 구성되고 공유된 '믿음'에 대한 틀과 마찬가지로 믿음에 대한 형이상학적인 삼차원적 틀 내에 자리잡은 관점들이다. 어떤 공동적인 믿음의 전선에서 형성된 것은 매우 신화적-시적이며, 우리가 진술하는 형이상학적 확신을 의식하고 이를 능숙하게 감지함으로써 발생한다. 우리가 문화의 공동적인 상상력에 대한 이야기와 이념들로부터 흡수하는 형이상학적인 형성물은 주어진 삶의 방식에 대해서 배경적인 문화적 바탕이 된다. 따라서 우리에게 전형적으로 알려지지 않았지만, 이러한 형성물은 공감과 무관심, 사회적 규범들을 만드는 우리 문화에 대한 독특한 이야기들이며 특별한 상상적인 풍경이다. 이와 같은 심오한 이야기들은 우리의 바람을 견고하게 만들고 우리의 행위에 동기를 부여한다. 따라서 가시적인 것들과 문화의 신화-시적 관점에 의해 두드러지는 비가시적인 것들은 가장 토대가 되는 윤리적이고 정치적인 체계를 형성한다.

셔츠 한 장을 사 보자. 제1세계의 소비자 관점에서 보자면, 여기서는 기능적으로 보이지 않는 바가 존재한다. 우즈베키스탄과 방글라데시의 면화 제조와 인도네시아와 중국의 봉제 공장들에서 (아이들을 포함한) 노동자들에 대한 비인간적인 착취가 일어나고, 제1세계에서 의류 생산자들이 현지 노동자들에게 공정하게 임금을 지불하는 것이 사라졌다.[13] 아주 잘 볼 수 있도록 세심하게 만들어진 쇼핑몰에서 옷을 사는 경험과는 대조적으로, 이 모든 점은 보이지 않는다. 쇼핑할 때 우리가 보는 것은 "돈의 가치"에 대한 환상이며, 여기서 우리는 욕망하는 개인의 정체성을 반영하는 수많은 진열품을 둘러보는 우리의 자유를 본다. 다른 상표들과 아울렛 매장들은 자신들의 상품을 우리를 위해서 확보하려는 것임을 암시한다. 우리는 환상, 정체성의 구축, 소비자의 자유에 대한 매력적인 역동성을 보며, 이러한 역동성은 제1세계에서 경제적 성장을 촉진하는 소비의 엔진에 공급되는 욕망의 연료이다. 우리가 알고 있듯이, (금융 거래의 다양한 대체적인 양을 감시함으로써 우리가 분명하게 측정할 수 있는 상태의 비가시적인 합계인) 경제는 항상 더 많은 연료를 필요로 하는데, 그렇지 않으면 성장은 붕괴되고 경제는 불황에 빠져서, 우리의 생활수준은 떨어질 것이다. 경제를 움직이는 부유한 기업들, 영리한 판매자들, 금융기관들은 본질적으로 우리의 삶의 방식을 지배한다. 이러한 점에 비추어 보자면, 현실의 정치가들은 시장의 성공을 위한 도구적인 논리가 필요로 하는 바가 우리 사회를 통치하는 사람들에게 부여되어야 한다는 점을 잘 이해한다. 그렇지 않으면 우리 모두는 우리가 그렇게 믿듯이 번영하는 소비사회가 가져오는 행복과 소망을 실현하는 데 실패할 것이다.

하지만 교묘하게 만들어진 환상의 마케팅과 비가시적인 것들을 생산하는 기술을 통한 착취의 정상화라는 이러한 역동성은 — 우리는 옷 대신에 커피, 초콜릿, 기름, 미네랄, 평면 텔레비전, 최첨단 제품

---

13 Siegle, *To Die For: Is Fashion Wearing Out the World?*

과… 거의 모든 거래 가능한 상품에 대해서 말할 수 있을 것이다. — 현대 서구의 소비생활 방식을 작동시키는 깊은 문화적 믿음과 연결되어 있다. 모든 것을 작동시킨다는 믿음은 '대중적인 사실들과 물질적인 것들은 대상적이며, 어떤 내재적 가치나 의미도 지니지 않는다는 것이다. 왜냐하면 가치와 의미는 개인적인 선호의 사안이며, 따라서 이를 선택하는 개인이 결정할 일이기 때문이다.' 이러한 믿음은 우리가 볼 수 있고 접촉할 수 있는 대상들만이 정말로 실재한다는 일차원적인 형이상학적 관점의 기능이다.

하지만 일차원적인 관점은 마치 가치와 의미에 관심이 없는 것처럼 보이지만, 사실은 그렇지 않기 때문에 상황을 감지하기는 힘들다. 우리가 본능적인 굴욕과 인간의 착취라는 경악스러운 수준 없이는 제대로 역할을 할 수 없는 현대의 생활방식에 깊이 박혀 있음에도, 여전히 우리 자신을 좋은 사람으로 생각하며, 여전히 끝날 줄 모르는 활동과 항상 증가하는 소비로 이루어지는 우리의 개인적인 삶이 본질적으로 의미 있다고 믿는다. 하지만 의미와 가치가 대상적인 실재의 부분이 아니라, 오히려 본질적으로 인격적이고 문화적인 구조라는 것은 기능적인 관점으로 생각하는 것이다. 이는 우리가 경쟁이 존재한다는 것을 알아채지 못한 채로, 금융적이고 대상적인 "실재론"이 인격적이고 문화적인 가치와 의미를 날조한다는 것을 의미한다.

우리의 삶의 방식이 기능적으로 물질적인 소비생활 형태 내에서 작동한다면, 실재에 대한 온전한 도구적 관점은 수긍된다. 하지만 가치의 참된 원천에 대한 객관적인 이해를 고수하는 플라톤과 톨킨은 객관성에 대한 가치 중립적인 이해가 — 보는 것과 보지 못하는 방식, 객관적인 힘과 주관적인 가치에 대한 관점과 더불어서 — 되돌이킬 수 없을 만큼 윤리적으로 불충분하다고 주장한다. 왜냐하면 보는 것과 행위하는 것에 대한 이러한 방식은 손쉽게 (돈과 같은) 추상적인 환상을 현실적인 대상으로, (인간의 존엄성과 같은) 구체화된 규범적인 실재들은 추상적인 환상으로 만들어 버리기 때문이다. 그러나 실재에 대한 하나의 차원만이 존재한다면, 돈과 인간의 존엄성은 똑같이 교묘하게 조작된 것이며, 이 둘 중 하나가 다른 것보다 왜 더 본질적으로 중요한가를 말하는 의미 있는 방식은 존재하지 않는다. 그러나 실용적인 형이상학적 일차원자들에게 확실한 것은 돈이 인간의 존엄성보다 더 눈에 띄게 유용하다는 점이다. "인간 자원"을 관리한다는 관점에서 합리적이고 효율적인 결정에 대해서라면, 돈은 언제든지 인간의 존엄성을 능가할 것이다. 그렇다면 아주 실리적인 시장 실재론자들은 전형적으로 사람과 세계의 경제적 먹이사슬의 맨 아래에 있는 자연적 자원을 다루는 데 있어서 인정사정없는 실용주의자들이다. 왜냐하면 어떤 사람의 인격적 가치, 대상적인 경제적 실재가 무엇이든지 간에, 낮은 생산비와 높은 이윤을 남기고 판매하는 것은 세계 경제에서 재정적 생존을 위한 임금의 철칙이기 때문이다. 시장 경쟁자들이 당신보다 더 나은 결과를 낸다면, 당신이 "현실" 세계에서 살아남기를 원한다면, 당신은 그것이 무엇이든지 간에 가격을 낮추고 이윤을 높이는 데 이용될 "비윤리적인" 수단을 쓸 수밖에 없을 것이다.

옛날 말로 하자면, '윤리적' 실재론자들만이 사람이 본질적으로 돈보다 더 중요하다는 것을 알아볼 수 있다.[14] 실재가 직접적으로 드러나는 단일한 차원만을 지니는 곳에는, 기능적인 실재론의 의미에서 어떤 것에 대한 '본질적인 의미도 내재적인 윤리적 가치도 없다.' 따라서 문화에 대한 형이상학적 관점은 근본적으로 윤리적 관점과 실천적인 행위에 대한 규범을 형성한다. 참으로 윤리적 실재론의 바로 그 이념은 플라톤주의들의 형이상학적 관점을 전제한다. 그렇기 때문에 누가 그러한 관점과 더불어 플라톤의 사유를 제거한다면, 그는 윤리성의 관념에 대한 바로 그 이해를 제거하는 것이다. 만일 윤리성이 단순히 관습적이며, 단순히 주관적이고 문화적으로 형성된 것이라면, 실제로는 윤리와 상관없는 목적을 위해 사람들을 기만하는 것에만 관련되며, 도덕적 추론 자체에 특징적인 것을 상실한다.

『반지의 제왕』을 그리스도교 플라톤주의로 만드는 것은 현실주의적인 윤리적 관점에 있고, 악을 도덕관념이 없는 짐승과 도구적 힘과 동일시하는 것에 있다. 플라톤과 톨킨의 윤리적 관점에서 실재에 대한 형이상학적 관점, 윤리적 관점과 정치적 활동의 틀을 연결하는 것은 친밀하고 생명력 있는 인간을 중요하다고 생각하는 것으로 보인다.

폐기된 관점

지금까지 실재에 대한 삼차원적인 접근이 루이스와 톨킨의 환상소설에 매우 깊이 스며들어 있다는 것을 살펴보았다. 더 나아가서 루이스와 톨킨에 의해 수용된 형이상학적 관점의 특별한 본성은 이들에

14 윤리적 실재론은 윤리적 가치가 세계의 실재(현대적 용어로는 객관적) 모습이라고 주장하는 철학적 입장이다.

의해 구성되었지만, 사실 이는 그리스도교 플라톤주의를 현대적으로 상상해서 표현한 것이다. 그러나 루이스와 톨킨이 문화적으로 놀라운 파장을 미쳤음에도, 이들이 20세기 영국 사상에서 가장 중요한 형이상학 사상가들 중의 두 사람으로서 지나치리만큼 연구되지 않은 경향은 그리스도교 플라톤주의가 현대의 학계에서 어떻게 평가되는가에 대한 어떤 견해를 우리에게 말해 준다. 이 견해는 루이스와 톨킨이 인문학부에서 자신들의 분야의 대단한 학자들로, 경이로운 소설을 쓴 대단한 작가들로 여겨진다는 것이다. 하지만 이들이 진지한 철학자로 심지어 진지하게 철학적으로 여겨지지는 않는다. 더 나아가서 그리스도교 플라톤주의는 현대 철학계에서 활발하게 선택되는 분야는 아닌 듯하다. 확실히 플라톤주의 형이상학의 온갖 특색은 지금 주류 학계에서는 거의 완전히 주변부로 밀려났다. 더 나아가서 현대의 많은 그리스도교 신학자들은 교부 시대와 중세 시대에 이루어졌던 그리스도교 신앙과 플라톤주의 철학 간의 역사적인 동반자 관계가 커다란 재앙이었고, 아직까지 잔존하는 유령을 쫓아낼 필요가 있다고 생각한다. 이는 피할 수 없다. 말하자면 사실 그리스도교 플라톤주의는 오랫동안 고도의 서구문화에서 실재에 대한 폐기된 관점이었다. 하지만 우리는 본질적으로 의미 있고 신을 옹호하는 실재에 대한 이러한 풍부한 그리스도교 관점이 과연 '타당한' 이유들 때문에 폐기되었는지 물을 필요가 있다. 그렇다면 실재에 대한 이러한 관점은 현대 세계가 이를 보지 못함에도, 여전히 거기서 감지되고 복구되기를 기다리고 있는가? 이제 우리가 가려고 하는 방향은 이러한 물음들에 관한 것이다.

연결 다리

Ⅱ부에서 나는 이러한 실재의 관점이 현대 철학과 신학의 개념적인 반응으로부터 받는 공격적인 적대감으로부터 그리스도교 플라톤주의의 형이상학적 활력을 옹호할 것이다. 현대 세계에서 당연한 것으로 여겨지는 진리, 의미, 힘에 대한 관점들은 그리스도교 플라톤주의가 다행히도 한물갔으며, 항상 지성적으로 불가능했으며, 신학적으로 나쁜 영향을 주었다는 것이 아주 확실하다고 생각한다.

현대 사상에서 지배적인 실재에 대한 관점에서 받는 상당히 깊은 경멸과 싸우는 그리스도교 플라톤주의에 대한 토대를 밝히기 위해서, 우리 시대의 사고방식에 내재한 "잠재의식" 속으로 들어갈 것이다. 이렇게 해서 여기서의 옹호는 다소 확장된 개념적인 수립과 다소 역사적으로 연루된 논증을 요구할 것이다.

그렇기는 하지만, 서구의 사고방식과 그리스도교 플라톤주의가 항상 서로 적대적이지는 않았다는 점은 유념할 필요가 있다. 고대 시대에 그리스도교 신앙은 종종 플라톤주의의 근거가 상당히 매력적임을 발견했다. 왜냐하면 플라톤의 철학은 그곳에서 신성하고 눈에 보이지 않는 실재들이 모든 의미와 가치의 원천으로 있는 세계에 대한 궁극적으로 영적인 견해를 지니고 있었기 때문이다. 가시적인 창조는 비가시적인 창조주에 의존한다는 등의 그리스도교 교의의 핵심은 플라톤이 가르쳤던 바와 많은 부분에서 정확히 일치되는 것으로 여겨졌다. 사실 플라톤의 철학은 현저하게 종교적이며, 플라톤의 가장 심오한 통찰과 윤리적 공감의 일부는 아주 쉽게 그리스도교 교의와 실천과 어우러질 수 있다.

하지만 서구에서는 사정이 바뀌었다. 위에서 언급한 것처럼 오늘날 식자들은 그리스도교 플라톤주의는 오래전에 사라졌고, 영영 없어졌다고 생각한다. 현재 그리스도교 플라톤주의가 애당초 터무니없는 생각이었다는 것이 광범위하게 받아들여지고 있다. 이러한 소멸론을 지지하는 견해들은 그리스도교 플라톤주의가 수백 년 동안 서구의 고도의 지성적 문화를 만든 살아 있는 힘이 아니었다고 지적하는 역사가들에게 호소한다. 그리스도교 플라톤주의가 좋지 않은 관념이라는 주장은 두 가지 경향을 보인다. 첫 번째로, 계몽 프로젝트라 불릴 수 있었던 것에 전념했던 철학자들은 그들이 알고 있는 것들이 만들어지지 않았다고 유일하게 믿으려고 했고, 철학(이성)이 신학(신앙)으로부터 완전히 독립적이라는 것을 정말로 확신시키려고 결심했다. 이 철학자들에게 그리스도교 플라톤주의는 명백히 터무니없는 생각이었다. 왜냐하면 그러한 관점은 무형의 "실재들"에 대해 웅장하게 들리는 사색들로 가득 차 있었기 때문이다. 이러한 실재들은 결코 합리적 또는 과학적으로 입증될 수는 없었다. 그리고 이들은 신학적이고 철학적인 범주들의 종합이 객관적인 이성을 주관적인 믿음과 미신적인 허구와 끔찍하게 섞어 버렸다고 생각했다. 하지만 두 번째로, 최근의 많은 그리스도교 신학자들은 정신은 좋은 것이며 육체는 나쁜 것이라는 점을 옹호하는 것으로 플라톤을 읽는다. 이렇게 플라톤에 의해 영향을 받은 그리스도교 사상은 육체를 부정하는 것으로, 그리고 초기 그리스도교에서 유다교에 의해 풍부하고 분명하게 체화된 못마땅한 변질로 간주되었다.

아주 간략하게 말하자면, 종종 현대 신학에서 발견되는 반플라톤주자들의 이야기는 이런 식으로 진행된다. 기원후 70년에 예루살렘의 함락과 더불어 예수 운동의 사고방식은 점점 더 그리스-로마식으로 되어 갔다. 시간이 지나면서 고대 후기 정점의 그리스도교 신학자들은 헬레니즘(문화적으로 그리스적인 것을 의미한다.) 철학과 깊은 유대 관계를 형성했다. 헬레니즘 철학은 그 시대(특히 중기 플라톤주의와 신플라톤주의)를 풍미했고, 이성적으로 자신들의 원칙, 성적 억압, 그리스도교에 침투되어 변질된, 순수한 영으로 이루어진 육체에서 분리된 세상에 대한 추상적 관념의 틀을 만들었다. 제기되는 바처럼, 헬레니즘적인 관념과 사고방식은 스토아주의와 이미 헬레니즘화된 바오로를 제외하고는, 본질적으로 예수와 사도들에게는 이질적이었다. 그리스도교 플라톤주의가 터무니없는 관념이라고 생각하는 신학자들은 바로 현대 사상의 현실적이고 포용적인 관점이 최종적으로 반물질적인 편견과 고도로 개념화되어 헬레니즘적으로 변질된 고전적이고 중세적인 신학을 몰아냈다는 점을 찾으려고 한다. 우리는 그리스도교 플라톤주의에 반대하는 이러한 현대 신학적 입장을 5장에서 매우 상세하게 검토할 것이다.

하지만 현대 신학은 어느 정도 추정적으로 초기 그리스도교의 비철학적이며 히브리적인 순수한 특성으로 단순히 돌아가는 것이 아니다. 사실 현대 신학자들의 관점은 현대 세계의 광범위한 해석적인 관점에 의해 종종 깊이 형성된다. (그런데 이러한 관점은 초기 그리스도교와는 완전히 이질적인 관점이다.) 참으로 그리스도교 플라톤주의는 현대의 정신과는 매우 이질적이다. 이러한 이유로 서구 정신의 상상과 종교적 믿음에서 그리스도교 플라톤주의의 존재는 종종 스스로를 서구의 모더니티에서 올바른 사유의 수호자이자 이러한 사유를 만든다고 생각하는 사람들에 의해 제거되어야 할 질병으로 다루어졌다.

이렇게 진지하게 그리스도교 플라톤주의에 대한 현대 신학의 반론을 볼 수 있기 전에, 우리는 그 안에 현대 철학과 신학이 자리잡고 있는 현대 사상의 신화라고 내가 부르게 될 바에 대한 주의깊은 이해를 필요로 한다. 다음 장에서는 내가 "신화"라는 용어로 의미하는 바를 분석할 것이다. 하지만 간략하게 진술하자면, "신화"는 어떤 주어진 문화에서 받아들여지는, 깊은 의미를 제시하는 이야기들에 따라 생겨난 실재에 대한 관점이다. 실재가 창조적으로 상상되고 해석적으로 우리의 정신에 반영되는 것은 집단적으로 믿어지는 핵심적인 이야기들에 의해서이기 때문이다. 따라서 Ⅱ부에서는 현대 정신의 신화와, 이 신화에 대한 기득권의 관심사와 그 본질적인 한계를 밝혀낼 것이다. 그런 다음 현대 사상의 신화의 심판을 통과하지 않고서도 우리에게 말하는 그리스도교 플라톤주의를 허용하는 방식으로 그리스도교 플라톤주의에 대한 현대의 적대감을 평가할 것이다.

Ⅱ부

그리스도교 플라톤주의와 서구의 이데아의 역사

3. 현대의 신화

우리 정신의 실재와 크기

셰익스피어의 유명한 작품 중 하나에는 햄릿의 옛 학교 동료들 중 몇 명이 햄릿의 마음이 넓다고 치켜세우는 장면이 있다. 이에 대한 햄릿의 반응은 그가 이러한 아첨에 대한 음흉한 정치적인 메시지가 어떤 의미인지를 잘 알고 있음을 보여 준다. 하지만 그의 반응은 정확하게 자신이 역설적으로 부정하는 일종의 개념적인 확장성을 보여 준다. "덴마크는 전하가 품기에는 너무 협소합니다."라는 칭찬을 거부할 때, 햄릿은 다음과 같이 말한다. "이런 참, 나는 호두 껍질 속에 틀어박혀 있어도 스스로 무한한 공간의 주인으로 여길 수 있는 몸이야."[1]

여기서 우리는 셰익스피어의 희곡들이 왜 그렇게 오래도록 힘을 지니고 있는가에 대한 이유 중 하나와 마주하게 된다. 인간의 조건을 탁월하게 관찰한 셰익스피어는 옳고 그름, 최종 목적, 보편적 의미, 궁극적인 충실성 등의 문제에서 — 이 모든 문제는 우리의 현실 삶의

1 Shakespeare, *Hamlet*, Act 2, Scene 2, lines 255-257.

드라마에서 정말로 중요하다. — 관습적이고 기능적으로 축소되어서 이해되는 작고 연약한 세계에서 우리가 살고 있다는 것을 잘 이해했다. 이것은 부끄러운 것이 전혀 아니며, 참으로 실재에 대한 놀라운 풍부함이 주어져 있다. 이 세계밖에 달리 다른 방도는 있을 수 없다. 하지만 햄릿에게 있어서 명백하게 이해된 실재의 안전한 울타리는 충격적인 삶의 경험에 의해 심각하게 타격을 입었다. 말하자면 그의 안전한 형이상학적 믿음의 벽은 부서져서, 그의 마음은 "사나운 꿈자리"로 채워졌다.[2] 이 사나운 꿈자리는 햄릿이 이해해서 파악할 수 있었던 것보다 훨씬 더 큰 세상을 암시했다. 햄릿의 친구인 호레이쇼와 비교하자면, 햄릿은 자신이 이해할 수 있는 능력보다 더 큰 실재를 발견하는 데 호레이쇼보다 더 익숙했다. 따라서 햄릿은 호레이쇼에게 다음과 같이 말할 수 있었다. "이 천지간에는 자네의 철학으로선 꿈도 못 꿀 수많은 일이 있다네."[3]

현실에서 우리 정신에 배치된 가구들의 의미는 항상 끈으로 연결되고 왁스로 닦여져서 구성되며, 그 밖의 것은 우리의 실존이 투사된 특별한 역사적, 문화적 환경으로부터 부여된다. 실재의 경이를 받아들이는, 우리의 작은 자갈이 깔린 공동적인 개념적 수용체들은 세계의 몇 가지 기능적인 의미를 만들 수 있도록 최선을 다한다. 그래서

2 앞서 인용한 2막 2장에서 인용된 구절의 전체 문장은 다음과 같다. "이런 참, 나는 호두 껍질 속에 틀어박혀 있어도 무한한 공간의 주인으로서 만족할 수 있는 몸이야. 꿈자리만 사납지 않다면 말이야."

3 Shakespeare, *Hamlet*, Act 1, Scene 5, lines 168-69. 낮에 유령이 나타났다는 것을 유념하라. 호레이쇼의 철학은 낮에 유령을 볼 수 없는데, 이러한 맥락은 희곡의 문장에서 직접 드러난다기보다, 젊은 햄릿을 미치게 만든 원인으로서 국왕이 살해된 대낮 천지에 대한 적개심이다. 그러나 이러한 정신이상과 이해할 수 없이 벌어지는 사건은 이 놀라운 희곡과 직접적으로 결합되어 있다.

우리는 매우 자주, 적어도 미미하게 순식간에 지나가는 삶에 적합한 방식으로 우리가 사는 세계에서 이용할 수 있는 의미를 만들 수 있다. 하지만 "이용할 수 있는 것"으로서 기능적이고 심리적인 필요에서 실재를 이해하는 것은 어떤 단순하고 완전한 방식에서 보자면 결코 참이 아니다. 심지어 실재에 대한 우리의 이해가 '일부' 방식에서 참일 수 없다면, 이성과 지식은 둘 다 망상이다.

실재의 본성에 대해서 우리가 생각하는 구조들을 탐색하면서, 우리는 무엇이 진짜로 실재이며, 실재가 정말로 무엇을 의미하는가를 규명하려고 시도하는 데 있어서 본질적인 한계가 있음을 간파하는 것은 불가피하다. 아마도 최근에 한스 게오르그 가다머보다 그러한 한계를 더 잘 이해한 사람은 없었을 것이다.[4] 가다머에 따르면 호두 껍질 안에서 실재에 대한 우리의 모든 관점이 발견되는데, 말하자면 이 호두 껍질은 언어적으로 섬세하게 자리잡은 것으로 해석된다. 하지만 가다머는 이를 통해서 의미에 대한 우리의 해석들이 진리와 모종의 관계를 지닐 수 없다는 결론으로 나아가지는 않는다. 그래서 진리의 의미로 들어가는 그의 탐험이 어느 정도 유효한 의미를 지녀야 한다면, 진리에 대한 '몇 가지' 지식은 가능할 뿐만 아니라 전달되어야 '한다.'

실재에 대한 진리에 가까이 다가가는 데 있어서, 두 가지 반대되는 불가능성은 피해야 한다. 한편으로 우리는 진술된 실재에 대한 일련의 믿음을 명백하고 직접적이며 이론의 여지가 없는 진리로 다루

---

4 Gadamer, *Truth and Method*.

지 않아야 한다. 왜냐하면 우리의 이해력에 비해 실재에 대한 해석적 복잡성과 과잉은 진리에 대한 아주 단순한 "이분법적 논리"의 관점을 불가능하리만큼 순진한 것이 되게 하기 때문이다.[5] 우리는 항상 문화적이고 역사적으로 주어져서 자리잡은 개념적인 호두 껍질 안에서 생각한다. 그리고 이 호두 껍질은 반드시 실재보다 "더 작아야" 하며, 우리가 이해할 수 있게 만들어 주는 내적인 공간을 의미한다. 다른 한편 우리는 어떤 실재에 대한 믿음도 '참된'(그러니까 우리가 만든 것이 아닌) 진리에 타당하게 참여할 수 없기 때문에, 진리가 전적으로 인간적으로 구성되었다고 생각할 필요는 없다. 왜냐하면 바로 우리가 오직 호두 껍질 안에서만 생각할 수 있다고 해서, 진리가 우리의 호두 껍질 너머 밖에 있지 않다거나, 진리의 어떤 척도가 우리의 호두 껍질을 통해서는 우리에게 도달될 수 없다는 것을 반드시 의미하는 것은 아니기 때문이다. 사실 우리의 호두 껍질들은 실재의 부분이며, 이것들은 자신들을 넘어서는 것과 모종의 긍정적인 관계를 지니기 때문에, 우리를 둘러싼 세계에 대한 이해와 해석을 우리에게 제공할 때에만 "작동한다."

그렇다면 인간의 모든 지식이 지니는 예민하고 특수한 짜임새에 대해서 제대로 모르는 것은 피하고, 아울러서 (역설적으로) 문화적 구성

---

5 이러한 점에서 키에르케고르는 앎은 결코 단순한 지식이 아니라, 항상 한 가지 방식 또는 다른 방식으로 죄와 믿음과 연결된다는 것을 지적한다. 아는 것과 믿는 것을 행위하는 것은 현실에 실존하는 사람들에 의해 이루어지며, 키에르케고르의 주장에 따르면, 실존적인 인간 삶에서 중심적인 위치에 있는 드라마는 신과 개인적인 관계에 영향을 미친다. 그 안에 인간의 정신이 살 '수 있는' 유일한 "장소"인 토대가 되는 관계는 항상 죄와 믿음의 역학 관계이다. (명제로 이루진 것으로 이해되는, 말하자면 그 실존적인 맥락에서 추상한) 앎과 신뢰가 믿음과 죄를 만드는 것보다 이러한 역동적 관계가 앎과 신뢰를 좀더 인과적으로 만든다. 키에르케고르의 『결론의 비학문적 후서』(Concluding Unscientific Postscript)를 참조.

주의가 내포하는 절대적 상대주의도 피하기로 하자. 이 두 가지 불가능성들은 헤라클레스의 두 기둥처럼 버티고 있어서, 이 진입 지점을 넘어서는 실재에 대한 의미 깊은 이해를 담고 있는 드넓은 바다로 항해할 형이상학의 배를 부술 준비를 하고 있다. 우리는 이 두 기둥 사이를 항해해야 한다. 내 생각에 이러한 항해가 불가능하다면, 추론이 불가능하다고 자만하거나 완전히 의미 없거나 하는 것이 불가피한 것처럼 여겨지기 때문에, 사정은 나빠질 수 있다.

이 두 기둥 사이를 항해하는 것은 쉬운 일은 아니지만, (모든 플라톤주의자가 그렇지는 않았지만) 플라톤은 두 기둥을 항해해서 통과했으며, 조심스럽게 그리스도교 플라톤주의의 교정된 양식이 만들어졌다. 하지만 현재 서구적 맥락 내에서 지식과 진리에 대한 지배적인 접근법은 현저하게 항해를 방해하는 암초들의 어떤 개념적인 잔해에 대해서 보여 준다. 현대적인 것은 실재를 과학적으로 축소시키는 이해를 통해 직접적으로 단순한 진리라는 오만한 개념을 피력하려는 강력한 경향을 지닌다. 하지만 특수한 호두 껍질 안에서 이렇게 생각하는 것은 제대로 이해하는 것이 아니다. 다른 한편 포스트모더니티는 진리를 완전히 몰아내려는 강력한 경향을 지닌다. 포스트모더니티는 특수하게 문화적으로 자리하고 있는 세계의 구성물인 호두 껍질로 "진리"를 축소시킨다. 아래의 논의에서 나는 모더니티와 포스트모더니티 양자가 문화적으로 자리잡은 "신화"에 대한 구성적이고 진리를 동반하는 이해를 결여하고 있다는 것을 입증하려고 한다. 이 둘 중 어느 것도 쌍둥이 기둥을 통과할 수 없다. 더 나아가서 형이상학적 진리가 그리스도교 플라톤주의를 현대의 문화적 사고방식에 대해서 마치 불가능한 환상처럼 보이게 만드는, 어떤 실제적 의미를 지닐 수 있는 곳으로 나아가는 것은 정확하게 이러한 결여와 무능력 때문이다.

"신화"에 대한 입문

이제 셰익스피어의 호두 껍질의 비유에서 우리 시대의 그리스도교 플라톤주의를 변호하는 특수한 도전으로 돌아가 보자. 마지막에 지브롤터 해협의 비유를 이용하는 것은 모더니티의 기준에 의해 그리스도교 플라톤주의를 판단하는 합리적인 방법은 아니다. 왜냐하면 모더니티는 헤라클레스의 두 기둥을 통과할 수 없는 지중해 안에 있으며, 그리스도교 플라톤주의는 그 바깥의 대서양에 있기 때문이다. 이렇게 우리는 모더니티가 수용하는 현대 그리스도교 플라톤주의에서 다루는 철학적이고 신학적인 대상들을 해결하기에 앞서, 우리가 추상적 추론의 표면에서 발견될 수 있는 것에 대해서 논의하고 있는 것보다 더 많은 기본적인 종류의 반론이 있다는 것을 의식할 필요가 있다. 비록 이러한 반론이 그 자체로 드러나지 않는다고 하더라도, 모더니티의 신화는 사물들이 어떻게 존재하는지에 대해서, 그리고 그리스도교 플라톤주의가 하는 것보다 더 그럴듯한 추론으로 여겨지는 바에 대해서 완전히 다른 이야기를 우리에게 들려주기 때문이다. 여기서는 우리 시대의 배후에 있는 징후들을 알아차리는 것이 중요하다. 이러한 징후들은 추론 자체의 틀을 만들고, 그리스도교 플라톤주의에 반대되는 강력한 문화적이고 정치적인 선입견을 지니는 현대주의자들에게 유효한 지식으로 이해되는 바를 규정한다.

내가 여기서 사용하는 "신화"라는 용어는 어떤 주어진 인간 공동체의 매일의 삶의 방식의 규범에 의해 받아들여지는 사물들이 어떻게 존재하는가에 대한 상상적이고 집단적으로 믿는 이야기를 의미한다.

아마도 현대의 신화에 대한 가장 주목할 만한 점은 현대의 신화가 어떤 신화도 지니고 있지 않다는 것을 명시적으로 주장한다는 것이다. 현대의 서구적 삶의 형태 안에서 살아가는 데 있어서 핵심적인 것은 우리가 세상을 보는 방식에 대해서 상상적이거나 소설 같은 것은 없다는 것을 강하게 확신하는 것이다. 우리는 단순히 실재에 대한 우리의 이해가 전적으로 사실적이고 합리적이라고 생각한다. 참으로 우리가 믿는 사실적이고 합리적인 것은 우리를 "발전하게" 만들고, 그 때문에 우리의 실재에 대한 전망을 과거와 다른 문명의 전망들보다 더 우월하게 만든다. 그렇기 때문에 만일 우리가 행복한 현대주의자들이라면, 우리가 어떤 신화도 믿지 않는다는 것에 전념하며, 이 점이 한물간 모든 실재에 대한 관점으로부터 우리를 구분해 준다.

이 장에서 검토하려고 하는 것은, 지배적인 문화의 의미로 믿어지는 모더니티의 기원적 이야기가 어떻게 신화인가 하는 점을 살펴볼 뿐만 아니라, 이 이야기가 모더니티의 참된 기원을 강력하게 드러내는 신화이기도 하다는 것이다. 더 나아가서 나는 이러한 기원을 은폐하는 서사가 이전의 문화적 관점보다 우리가 얼마나 월등하게 우월한가를 선전하는 가짜 이야기를 어떻게 철석같이 믿게끔 만들어서 지속적으로 몰두하게 하는가에 주목하기를 원한다. 우리는 모더니티 부흥의 실제적인 역사를 비판적으로 의식하지 않기 때문에, 모더니티가 불가피하게 역사적인 과정에 의해 그리스도교 플라톤주의를 단지 대체함으로써 명백히 실제적이고 본성적으로 발전되었다고 단순하게 받아들인다. 우리가 이러한 입장을 수용하게 되면, 우리 시대에 그리스도교 플라톤주의를 복구하는 논의는 당연히 무지하고, 비이성적인 폭력으로 점철되며, 교회의 억압과 미신이 만연했던 과학 이전의 미개한 시대로 돌아가는 것에 대해서 논의할 목적을 지닌 문명적 퇴보를 옹호하는 것으로 들리게 될 것이다.

이 책에서 이 장은 우리의 현대적 생활방식을 뒷받침하는 문화적 기원에 대해서 수용된 이야기의 진리를 의심하는 데 대한 타당한 이유를 발견할 수 있기 때문에 필요하다. 이러한 현대적 생활방식은 그리스도교 플라톤주의 같은 참된 대안은 진지하게 고려할 가치가 있다고 생각하지 않을 것이다.

모더니티의 노래

문화적으로 믿어진 기원의 이야기들은 우리가 의식적으로 배우게 되는 어떤 것은 아니다. 이러한 이야기들은 우리가 학문적 과제를 위해서 읽어야 했던 것들이라기보다 우리가 항상 그 배후로 되돌아갔던 노래에 더 가깝다. 이 이야기들이 강력하면 할수록, 우리는 이것들에 덜 주목하게 된다. 이 이야기들이 문화적인 이미지를 담은 컴퓨터의 바탕화면이나 벽지처럼 모든 사람이 알고 있는, 단순히 수용된 배경적 진리일수록, 우리가 사는 방식을 형성하는 데에 더욱 견고하고 강력하게 자리를 잡는다.

내가 학부생 시절에 철학을 공부했을 때, 모더니티의 우주 기원적 이야기를 알게 된 것을 떠올려 본다. 이때 나는 서구의 모더니티가 기원에 대한 자신만의 독특한 노래를 갖고 있음을 깨닫게 되었다. 창세기 시작부의 첫 몇 장의 형태를 의도적으로 흉내냄으로써, 나에게 처음으로 노래처럼 들렸던 철학사의 핵심에서 다음과 같이 모더니티의 기원에 대한 노래를 독자들에게 들려줄 수 있다.

한처음 신화가 있었다. 이성은 시작 단계의 물에 대한 이미지를 곰곰이 생각했지만 어디에서도 번뜩이는 생각은 발견하지 못했다. 그 다음에 그리스 시대가 왔다. 당시에 모든 사람이 그랬던 것처럼 상상의 바다에서 헤엄치고 살았던 바다의 사람들이 있었다. 하지만 이 그리스 사람들 중의 한 명이었던 탈레스는 바다의 바닥이 표면에 가까웠던 얕은 곳을 헤엄쳤다. 탈레스는 바다의 바닥이 딱딱해서, 이 바닥과 닿음으로써 상상의 흐름에 따라서 항해하지 못하게 했다는 것을 발견했다. 많은 탐색 후에 탈레스는 바다 밖으로 온전히 드러나 있는 작은 진흙밭도 발견했는데, 그는 가쁜 호흡으로 과감하게 진리의 공기로 숨을 쉬면서 이성의 근저를 건드렸다.

진리의 정신(수학)은 탈레스가 발견한 상상의 물을 연구하면서, 탈레스를 발견했다. 하늘에서 떨어진 것은 맹그로브 나무의 씨앗이었다. 탈레스는 진흙 속에서, 그리고 호수 바닥 속에서 이 씨앗을 보았다. 많은 세대가 지나서 탈레스의 자녀들은 맹그로브 나무를 제공했고 이 나무는 자라서 숲을 이루었다. 머지않아 마른 땅이 드러나서, 탈레스의 후예들이라고 불렸던 철학자들은 머뭇거리면서 굳은 땅에 이성의 문명을 건설하려고 시도할 수 있었다. 그러나 초기 철학자들은 여전히 그들이 유래했던 상상의 바다의 자녀들이었다. 고대 그리스인들은 '신화'의 자궁과 같은 어둠과 부드러움에서 나와서 '로고스'(이성)의 분명한 빛과 확실함을 향해서 비약적인 발전을 이루었지만, 참된 철학자들은 아니었다. 플라톤과 아리스토텔레스 같은 고대의 대가들은 아직 수많은 사색적 공상의 나래의 지배를 받는 혼합적인 유형의 사람들이다. 오직 고대 시대의 원자론자들과 회의론자들만이 참된 철학자의 탄생에 대해서 정말로 선견지명이 있었다. 왜냐하면 진리와 이성에 의해서만 당당하게 지배되는 철학자는 상상과 종교를 필요로 하지 않기 때문이다. 철학자는 원시적인 인간 정신이 상상하는 바다와 같은 기원에서 유래하는 추정적이고 미신적인 판타지와 관련을 맺지 않는다.

고전적인 철학자들은 과거 진정한 물에서 유래하는 우리 인간 종의 기원을 발전시켰지만, 이 종은 정말로 육지의 창조물이라기보다 양서류였다. 플라톤과 아리스토텔레스는 거의 2천 년 동안 서구 문명의 사유와 상상에 대해서 엄청난 영향력을 발휘했다. 그 결과 고대의 부흥기와 지금 우리가 모더니티의 탄생이라고 부르는 시기 사이의 시대에 대한 철학적인 흥미가 그리 많지 않게 되었다. 하지만 플라톤과 데카르트 사이에 매우 중요한 것으로 입증되었던 종교적인 어떤 것이 발생했다. 그리스도교라고 불리는 종교는 그리스-로마 세계의 그늘진 구석에서 나타났으며, 이 종교는 그 자체로 이방인들이 구축한 상상력의 적으로 간주되었다. 역사의 기이한 한 사건에 의해 그리스도교는 고대 이방의 종교적 구조들을 대체하게 되었고, 동시에 그만큼 고전 문화는 와해되었다. 그렇게 서구 유럽은 종교적 미신이 번창했고 배움은 거의 사라졌다는 이른바 '암흑기'에 들어섬으로써 그리스도교를 믿는 국가가 되었다. 이 암흑기에 심지어 세 가지 중요한 요소들이 발생했다. 첫 번째로, 창조된 피조물에 대한 숭배를 반대한 그리스도교는 탈신화적 본성을 드러내었다. 가장 중요한 점으로, 두 번째는 중세 후기의 그리스도교 신학자들이 교의와 신앙의 비철학적인 점들이 철학적 이성, 과학적 지식, 실천적 행위의 사안과 완전히 분리해서 평가될 수 있다는 것을 발견했다는 것이다. 세 번째로 종교개혁은 베스트팔렌 평화 조약이라는 성과를 만들었으며, 정치를 종교에서 분리시키는 길을 닦았다. 이와 같이 중요한 비철학적인 발전 이후에 최종적으로 방향은 진리와 이성으로 이루어진 실천적, 정치적, 과학적 육지와 정말로 분리된 종교와 상상으로 이루어진 사색의 바다에 개방되었다. 이렇게 해서 믿음의 사안들은 점차 해가 되지 않는 주관적이고 개인적인 신앙의 영역이라는 해안가로 밀려나게 되었으며, 과학적 지식과 이성적 사유의 사안들은 마침내 종교와 사색에 의해 방해받지 않으면서, 견고하고 실제적이며 공공의 영역에 있는 대상적인 진리를 자유롭게 추구하게 되었다. 아이러니하게도 모습을 드러낸 그리스도교는 참된 철학의 탄생을 도왔다.

이렇게 해서 서구 유럽에서 17세기 동안에 프랜시스 베이컨, 갈릴레오 갈릴레이, 르네 데카르트 같은 획기적인 사상가들 가운데서 참된 (말하자면 현대적 의미의) 철학이 참으로 시작된다.

초기의 현대 철학자들은 서구 정신에서 미신과 무지의 고리에서 벗어난 용감한 혁신가들이었다. 하지만 고대 그리스 철학자들과는 달리 이들의 투쟁은 이교도적 상상에 반대한 것이 아니라, 그리스도교 교의와 과학 이전의 자연철학의 중세적 종합에, 교회의 권위에, 그리고 현실 세계를 보기를 거부하는 책으로 배우는 교의적 지식에 반대한 것이었다. 우리는 중세의 세계가 종종 로마 가톨릭교회에 의해 세워졌고, 중세 사회에서 교회, 배움, 정치는 서로 떼어놓을 수 없을 정도로 긴밀하게 결합되어 있었다는 것을 기억해야 한다. 참된 철학을 대담하게 혁신한 이들은 교회와 교회에 예속된 시민 권력에 대항해서 싸웠을 뿐만 아니라, 대학에서 학문적 지위와 권력의 옹호자들에 대항해서도 싸웠다.

모더니티의 아버지들은 종교적인 미신일뿐만 아니라 사색적인 형이상학적 상상이기도 했던 신화가 최종적으로 과학적인 진리에서 분리되었던 지성 시대의 개시를 알렸다. 말하자면 모더니티의 아버지들은 종교적 권위가 최종적으로 정치 권력에서 분리되는 정치적 시대를 열었다. 따라서 입증될 수 있는 증명으로서 진리는 사색적인 판타지에서 분리되었고, 천상과 종교적 믿음의 모든 사안은 현실의 여기 지금의 지상의 지식과 권력에서 분리되었다. 마침내 이성의 진짜 시대가 탄생될 수 있었다.

갈릴레오는 모더니티의 탄생에서 커다란 분수령 중의 하나를 알려 준다. 갈릴레오는 수학과 관찰을 이용함으로써 아리스토텔레스의 수학에 대한 이해가 불완전했고, 우주에 대한 교회의 견해가 그야말로 잘못되었다는 것을 보여 주었다. 데카르트는 전통적인 자연철학에 의구심을 제기해서, 타당한 믿음의 필수적인 근거로서 절대적인 증명을 요구하기 위해서 자신의 회의주의 형식을 이용했다. 인간 주체를 개별적으로 아는 것만이 의심할 여지 없이 참된 지식을 위한 타당한 토대를 확실히 제공할 수 있다는 데카르트의 생각은 제일철학으로서 형이상학을 강등시키고, (지식의 철학인) 인식론을 형이상학의 자리에 놓음으로써, 이 점은 이후로 줄곧 현대 철학의 특징이 되었다. 그러나 현대의 가장 위대한 전조가 된 인물이 프랜시스 베이컨이라는 것은 틀림 없다. 베이컨은 철학자나 과학자로 이름을 날린 것은 아니다. 하지만 그는 현대 세계에 중심이 되는 위대한 사상의 씨를 뿌렸다. 지식은 우리에게 자연을 지배하는 힘을 준다. 따라서 "그것은 참인가?"를 결정하는 중요한 기준은 "그것은 작동하는가?"가 된다. 이러한 입장이 타당한 것으로 받아들여진다면, 형이상학과 신학의 물음들은 대중의 진리와 기술적인 능력의 사안과는 전혀 무관하다. 이성과 지식은 이제 사색적인 사유와 종교적인 권력의 제한과 판타지로부터 자유로울 수 있다.

서구의 지성사에서 다가올 바를 식별하는 지배적인 백인의 방식이 의미하는 것은 추상적인 합리주의와 사색적인 관념론으로 좀더 기운 유럽의 경향을 영국의 경험론과 미국의 실용주의가 극복했다는 점이다. 이러한 방식은 에이어와 러셀과 같은 진리와 이성의 영웅들을 배출했다. 하지만 유감스럽게도 20세기 후반부에 료타르와 데리다 같은 이단아 같은 일단의 유럽인들이 철학적인 체계로 비논리적인 언어 유희를 펼쳤고, 포스트모더니티의 바이러스를 영어권 세계에 도입했다. 만일 그렇다면, 이는 이성의 시대가 이제 하락을 경험하게 되는 경우이다. 하지만 여전히 이성의 시대의 선물인 과학적 지식과 기술적인 힘은 분명하게 발전하고 있다.

모더니티의 기원 신화는 참인가?

위의 노래는 고무적이고 확신에 찬 이야기이다. 진리와 이성을 지닌 용기 있는 영웅들은 지금까지의 미신, 무지, 억압이라는 전통적인 보루를 무너뜨리려고 싸운다. 여기서 적어도 우리가 알고 사랑하는 현대 세계가 탄생하게 된다. 우리는 과학과 기술에 의해 본성의 변덕스러움으로부터 해방된 이성과 자유의 자녀들이다. 우리는 이제 (그리스도교 플라톤주의처럼) 과거의 마법적이고 종교적인 사색, 미신적인 상상에 잠긴 사색을 할 시간이 없다. 이 이야기는 우리의 고귀함을 긍정하고, 우리가 역사적 시대에서 진리와 이성에 대한 헌신을 도모하며,

우리가 과거보다 명백히 우월하다고 생각한다. 이는 이 노래가 지니는 한 가지 문제일 뿐이다. 사실 이 노래는 거의 완전히 위조되었다. 내가 당신에게 부른 이 노래에 함축되어 있는 거의 모든 해석적인 주석은 논란의 여지가 있으며, 그 대부분은 명백히 거짓이다. 그럼에도 바로 우리의 삶의 방식은 이 노래를 타당하다고 생각한다.

나는 위의 노래의 두 구절에만 초점을 맞춤으로써 이 이야기가 어떻게 잘못되었는지를 입증하려고 할 것이다. 내가 초점을 맞추려는 이야기의 두 요소는 삼차원적인 퍼즐의 핵심적인 조각과 같다. 당신이 이 조각을 제거한다면, 퍼즐 전체가 엉망이 될 것이다. 그 때문에 나는 모더니티의 배경을 이루는 가정들을 진짜 문제로 드러내기 위해서 모더니티의 신화에 대한 두 가지 핵심적인 오류를 뽑아낼 것이다. 이것이 성공한다면, 그리스도교 플라톤주의의 실재에 대한 관점이 간과되지 않아도 될 것이다. 왜냐하면 이러한 관점은 모더니티와 통합된 진리와 이성에 대한 무의식적인 집단적 이야기에서 취하는 가정들과 양립할 수 없기 때문이다.

내가 목표로 삼으려는 모더니티의 신화에 대한 두 가지 잘못된 관점들은 다음과 같다. (1) 철학은 모두 (상상의 잘못된 이야기들로 이해되는) 신화를 극복하는 로고스(이성)의 승리이며, 모더니티는 이러한 승리가 성취되는 시대이다. (2) 현대 철학은 중세 신학에 빚진 것이 없다.

로고스, 신화, 그리고 모더니티

로고스가 신화를 대체하기 시작한 고전 고대 그리스에서의 일련의 이념들에서 신화는 비이성적인 종교와 결합된 상상적인 판타지였다.

반면에 로고스는 사실적이고 과학적인 진리였다. 그리고 모더니티는 로고스의 참된 시대이지만, 이는 단순하게 옹호될 수 없다. 이 점을 지적하는 많은 방식들이 있지만, 나는 이 장에서 고전적 고대의 몇몇 학자의 논의와 프리드리히 니체와 요한 하만을 잠깐 살펴보는 것에 한정할 것이다.

20세기 초기에 캠브리지 대학의 고전학자인 프랜시스 콘포드는 『종교에서 철학으로』라는 매력적인 책을 썼다.[6] 이 책에서 그는 철학(로고스)이 종교(신화)와 근본적이고 비교할 수 없는 경쟁을 하는 것이 아니라, 오히려 로고스는 신화로부터 발생하지만, 그 배후에서 신화를 떠나지 않는다는 것을 지적한다. 로고스는 신화 '내에서' 변형되는 것이지, 이성에 의해 신화를 대체하는 것이 아니다. 이는 우리가 경험하는 세상이 질서정연하고 이치에 맞는, 우리의 정신에 의해 이해될 수 있는 단일성이라는 로고스의 이러한 발상이 종교적인 관점에서 발생한다는 것을 의미한다. 그리스도인들은 콘포드의 핵심적인 통찰을 바로 신적인 로고스를 그리스도와 동일시하는 것으로 익히 잘 알려진 요한복음 서문(요한 1,1-18)으로 이해해야 한다.

고대 그리스-로마 문화의 주요한 경향에서 철학과 신학의 관계는 핵심적으로 없어서는 안 되었다. 이는 고전 시대의 가장 뛰어난 철학자들이 그 시대의 가장 뛰어난 신학자들이었기 때문이다. 플라톤은 근본적으로 신학을 창안했고,[7] 아리스토텔레스는 (우리가 지금 형이상학이

---

6 Cornford, *From Religion to Philosophy*.
7 "거기서 플라톤은 자신의 그림자에 가려져 있는 신학을 품었기 때문이다." Burkert, *Greek Religion*, 321.

라고 부르는) "제일철학"이라는 용어와 "신학"이라는 용어 사이에서 개념적인 구분을 보았다.[8] 종교, 신학, 철학과 덕스러운 삶 간의 연속성과 상호 의존성은 고대 그리스에서 잘 이해되었으며, 그리스 철학은 전반적으로 이 시대에 완전히 통합적이었다. 이 점은 철학적 종교의 출현이 정말로 전통적인 그리스 종교를 전복시켰음에도 관철된 경우이다.[9] 이와 같은 긴장의 관점에서 고전학자인 발터 부르케르트는 플라톤의 주요한 의도 중의 하나가 개인적인 종교적 신심을 시민의 종교와 철학적 탐구와 통합시키는 것이었음을 지적한다. 플라톤은 종교를 철학과 융합시키는 데 성공적이었으며, 이 융합은 고전 시대 전체에서 그리스-로마 철학을 지배했던 경향의 특징이었다. 부르케르트는 다음과 같이 언급한다. "플라톤의 『법률』[에서]… 다음 600년 동안 벌어졌던 중요한 상황들이 가시적이게 된다. 그것은 철학적인 종교와 전통적인 종교 간의 충돌이 허용되지 않는다는 것이다."[10] 왜냐하면 고전 철학은 인간 이성이 신성과 맺는 관계 문제에 획일적이지 않았던 반면에, 플라톤의 입장은 그 이후의 고대 철학적 분위기를 지배했다는 점에서는 논쟁의 여지가 없기 때문이다.[11] 이렇게 철학에 대

---

8 참조: Aristotle, *Metaphysics*, Book VI, chapter 1 (1026a 18-32); Book XI, chapter 7 (1064a 27-39).

9 플라톤이 다른 구절들 중에서도 자신의 대화록인 『변론』과 『에우티프론』에서 했던 것처럼, 아리스토파네스는 자신의 희극 『구름』에서 이러한 긴장을 탐구한다. 고대 아테네에서 전통적이고 철학적인 종교 간의 복합적인 변증법적 관계의 문제를 다루는 플라톤과 아리스토파네스에 대한 매력적인 연구에 대해서는 다음을 참조: Weierter, *Understanding Life and Death through Plato and Socrates*.

10 Burkert, *Greek Religion*, 337.

11 고대에서 자연주의적인 아리스토텔레스가 좀더 신학적으로 기울어진 플라톤주의자들의 형이상학적 감수성에 대한 진정한 대안을 보여 준다고 주장하는 것은 옳지 않다. 거슨은 자신의 기념비적인 작품인 『아리스토텔레스와 다른 플라톤주의자들』에서 이 점을 지적한다. 회의주의자들, 견유학파들, 원자론자들, 그리고 소크라테스 이전의 소피스트들과 같은 다른 흐름들은 분명히 주

한 플라톤의 접근은 비록 신학적인 이유에서 윤리적으로 볼 때 경멸할 만한 신들의 이야기들에 대한 자구적인 해석을 배척했지만, 심오하게 종교적이었다. 따라서 지배적인 플라톤주의자들의 핵심에서 고대 철학은 신학과, 그리고 이성과 진리의 신성한 토대와 아주 많은 연관성을 지녔다. 플라톤의 철학은 윤리적이고 지성적인 수련으로서 높은 수준의 삶의 방식을 추구함으로써, 영혼은 육체가 물리적 죽음을 맞이하는 것을 준비해야 했다.[12] 플라톤은 진정으로 철학을 죽음에 대한 준비로 정의한다. 이러한 준비는 좋음을 향한 영원한 여행에서 영혼을 방해하는 모든 것에 있어서 죽는 연습을 포함한다.[13]

피에르 아도는 누가 고대에 어떤 철학 학파에 속했다는 것은, 오늘날 전문적인 철학자들에게 전형적인 것처럼 일종의 다양한 추상적 논증에 대한 학문적 관심보다도 오히려 힘든 영적 수련에 의해 좌우되는 종교적 질서의 삶의 방식에 훨씬 더 가까웠다는 점에 주목한다.[14] 더 나아가서 도즈는 그리스 철학이 이성적 파악을 벗어나는 것에 온전히 개방적이었다는 점을 예리하게 지적한다.[15] 이 모든 것은 형식적 논리로서, 순수하고 이차적이고 비종교적인 진리로서, 환원

기적인 인기를 얻으면서 융성하고 쇠퇴했고, 기본적인 실재를 수용하는 수준에서의 문명적인 영향은 형이상학적 확신을 지녔던 플라톤주의자들, 신플라톤주의자들, 그리고 최종적으로는 그리스도교 플라톤주의자들과 더불어 이루어졌다. 고전 시기에 접근하기 쉬운 조망에 대해서는 다음을 참조: Brunschwig and Lloyd, *Greek Thought*.

12 쉰들러는 고대 철학이 오늘날 우리가 "학문적으로" 추구하는 것으로 이해하는 것이 아닌, '삶의 형식'이었다는 점을 면밀히 연구하면서, 플라톤의 대화록들의 독해에 있어서 놀라운 해석적 핵심이, 이렇게 연구된 사안을 소크라테스가 종종 구현한다는 점에 주목했다는 것을 발견했다. Schindler, *Plato's Critique of Impure Reason*.

13 Plato, *Phaedo* 64a.

14 Hadot, *Philosophy as a Way of Life*. 다음도 참조: Hadot, *What is Ancient Philosophy?*

15 Dodds, *The Greeks and the Irrational.*

적인 과학적 지식으로서, 이성은 교의신학과 단연코 양립될 수 없다는 이성에 대한 현대적 이해가 고대 그리스 철학에 기원을 두는 것이 아니라, 완전히 현대적으로 고안된 것이라는 것을 말하고 있다. 말하자면 고대 시대에서 로고스에 대한 핵심적 이해는 현대적 이성과는 거의 들어맞지 않았다는 것이다. 이는 그리스 고전 철학을 지배했던 학파들이, 아마도 "순수한" 논리와 "대상적인" 과학에 대한 현대적 이해가 제공할 수 없었던 실재의 본성에 대한 것들을 믿었다는 점에서 아주 결정적으로 분명해진다. 로이드 거슨은 모더니티에서 분리시키는, 고대를 정의하는 특징들 중의 하나가 고대인들이 '의미가 인식보다 우선했다.'는 것을 확신했다는 점이었다는 것에 주목한다.[16] 따라서 고대에서 종종 취해지는 입장은 영원하고 신성한 진리들만이 참된 지식을 구성했다는 것이다. 반면에 감각에 의존하는 지각은 단순히 교정될 수 있고 어느 정도 신뢰할 수 없는 믿음의 상태만을 얻게 된다.[17] 이러한 입장은 타당한 진리와 전형적인 추론에 대한 현대적 이해와는 완전히 반대된다. 우리 현대인들에게는 구체적인 현상

---

16 분명하게 말하자면, 아리스토텔레스는 먼저 지각되지 않는 지성에서는 어떤 것도 발견되지 않는 것을 어떤 것을 아는 과정으로 간주한다고 주장하지만, 의미와 목적과 지성성은 이미 우리가 지각하는 바 안에 존재한다. 이는 지각에 대한 의미의 우위가 어떤 것을 알게 되는 과정 내에서 시간적인 우선성이 아니라, 오히려 실재 자체의 본성 내에서 존재의 우위성(존재론적인 우위성)이라는 것이다. 우리는 세계 안에서 의미와 이성을 지각한다. 이성과 의미는 우리가 지각하기 전에 이미 거기에 있기 때문이다. 생각, 지성, 의미와 같은 실재들은 지각할 수 있게 만들고, 우주의 지성적인 진리에 대한 인간의 추론을 가능하게 한다. 단순히 거기에 있는 맹목적이고 의미 없는 실재를 생각하는 것은 아리스토텔레스에게는 말이 되지 않는다. 실재는 항상 의미 있고 지성적이다. 따라서 신성한 이성은 실재에 대한 가장 근본적인 모습이기에, 추론하는 우리의 능력은 정말로 존재하는 바에 대한 실재를 우리가 지각할 수 있는 이유이다. 이러한 의미에서 지각이 어떤 것을 알게 되는 시간적인 과정에서 사유의 수단이라고 할지라도, 사유는 지각의 토대이다.

17 Gerson, *Ancient Epistemology*.

과 물리적인 현상에 대한 가치 중립적이고 의미 중립적이며 수학적인 규칙성에 대한 인식만이 참된 지식을 구성한다. 의미, 가치, 신성과 관련되는 어떤 것은 우리에게는 그저 믿음에 해당될 뿐이다. (우리는 나중에 다시 이 점으로 돌아올 것이다. 왜냐하면 의미와 진리에 대해서 사유하는 고대적 방식이 현대적 관념보다 좀더 분명하고 좀더 철학적으로 옹호될 수 있다는 점은 적어도 그럴듯하게 여겨지기 때문이다.)

타당한 철학적 통찰의 기원에 대한 현대적 이야기의 기저를 이루고 있는 것은 우리가 보려는 것처럼, 중세 서구 신학이 모더니티를 깊이 있게 형성한 방법을 고의적으로 무시한 것과 관련된다. 이와 더불어서 현대적 이야기는 비신학적인 모더니티의 초기 선구자로 여긴 고대 철학을 독특하게 개작한 것이다. 이렇게 수용된 현대적 진리와 이성의 기원에 대한 문화적인 메타 화법, 그러니까 어둡고 무지한 종교적 신화를 정복한 비종교적 로고스라는 서구의 승리를 말하는 긴 구절은 그 자체로 (비판적인 의미에서) 역사적 진리의 토대가 없는 "신화"이다.

하지만 타당하게 해석된 역사적 진리의 바로 그 관념이 본질적으로 신화적이며, 신화가 '항상' 로고스보다 앞선다는 것을 놀랍도록 주장한 것은 니체였다. 여기서 현대적 로고스도 예외가 되지 않는다.

이 모든 것이 뉴턴의 운동 법칙처럼 냉혹한 과학적 진리와 비교해서 어쩌지 못할 정도로 상대적이고 명백히 틀린 것으로 여겨지더라도, 여기서 관심을 돌려서는 안 된다. 나의 논증은 니체에게 머물러 있는 것이라기보다, 오히려 니체를 통해서 이루어지는 것이기에 나의 논증을 따라오기 바란다. 더욱이 니체는 어떤 문화에 대한 신화의 불가피성에 대해서 우리에게 중요한 점들을 말해 준다.

프리드리히 니체는 19세기에 고전 언어와 문학에서 뛰어난 학자였다. 그는 언어 전문가이자 고대 문화의 핵심을 보여 준 학자로서 모든 사유와 인간적 행위는 오직 말 때문에만 의미 있다는 사실에 특별히 민감했다. 그러나 말은 섬세하고 유연하다. 말의 의미는 문화적으로 자리잡아서 쓰이는 기능이며, 모든 문화적이고 역사적인 상황들은 불확실하게 부유하는 상상, 열망, 권력의 산물로서 우리에게 고정적이거나 객관적으로 사실적이지 않은 토대를 우리에게 제공해 준다. 따라서 "객관적인 진리"에 대해 추론된 어떤 사유는 자기기만이다. 왜냐하면 이러한 사유는 문화에 의해, 그리고 어떤 사람의 특정한 공동체, 삶, 시대의 우연성들에 의해 형성되고 해석된 말에 필연적으로 의존할 수밖에 없기 때문이다. 우연성은 모든 인간의 관념들에 있어서 피할 수 없는 조건이다. 따라서 인간의 이념들은 단순히 보편적이고 영원하게 유효한 힘을 갖는 것은 아니다. (그래서 당신에게 그렇다고 말해 주는 어떤 사람은 어떤 것을 팔고 있는 것이다.)

니체는 어떤 진리에 대한 열망은 실제로 근본적으로 불안정하고 불확실한 인간 삶의 상황에서 안전과 필요성의 환상을 제공하려고 의존하는 목발과 같은 것이라고 주장했다. 이러한 상황을 잘 받아들이는 사람들은 옳고 그름, 진리, 신뢰할 수 있는 지식에 대해서 인위적이고 불가피하게 만들어진 문화적 주장들이 자신들을 속이지 못하게 하는 사람들이다. 자신들의 사회의 문화적 기대들로부터 자유로운 사람들은 자신들의 상상으로부터, 그리고 자신들을 동요하게 하는 삶, 의지, 힘의 살아 있는 에너지로부터 자신들의 삶에서 고유의 의미를 만들어 내는 데 대한 책임을 떠맡는다.

이렇게 니체에게 있어서 모든 진리는 문화와 언어 내에서 우연적으로 만들어진다. 따라서 "지식"과 "진리"는 상상과 시로부터 이끌어져 나오며, 신화보다 문화에 더 근본적인 것은 어떤 것도 없다. 로고스와 (마치 사물들이 우연적이고 일시적인 본성을 지닌 것이 아니라, 본질적이고 영원한 본성을 가진 것처럼) 사물들이 '실제로' 존재하는 방식에 대한 지식이라는 모든 주장은 인간의 나약함에서 만들어지고 우리 자신 안에서 발견되는 우연한 것들을 장악하려는 헛된 욕망에 의해 부추겨진 환상이다. 우리 자신의 우연적인 문화적-언어적 능력으로 보편적이고 영원한 진리의 영역으로 진입할 수 있다고 생각하는 것은 부적절한 자만심이다.

이렇게 해서 여기서 니체가 언급한 것의 핵심을 통해서 그의 사유는 우리가 지금 문화적 연구, 지식의 사회학, 해석학적 철학이라고 부르는 바에 대해서 강력한 영향을 미쳤다. 이러한 모든 분야는 모더니티의 우주 기원적 노래를 문화적 신화 자체 그 이상의 어떤 것으로 이해하는 것이 매우 어렵다는 것을 발견한다. 이것이 나쁜 신화인 점은, 모더니티의 이야기에서 충격적인 특징이 진보의 이념에 두고 있다는 점이다. 그렇다면 비행기를 날린다는 이유만으로 우리는 정말로 고대보다 더 발전하고 있는가? 프로이트와 피카소는 그렇게 생각하지 않는다. 적지 않은 수의 아주 진지한 심리학자들, 예술가들, 사회인류학자들은 니체와 유사하게, 문화가 기본적으로 사회적이고 개인적으로 우리의 약하고 일시적인 실존에 주어진 것들에 능청스럽고 교묘하게 답하는 거대한 복사기의 일종이라고 생각하는 경향을 띤다. 우리의 문화가 다른 문화보다 더 발전했다거나, 우주의 배치와 실재를 규정하는 어떤 이야기가 다른 이야기보다 더 참되다고는 누구도 말할 수 없다. 현대 과학에서 경험적으로 실증되지 않은 가설들이 지닌 의미들을 포함해서 모든 의미는 이제 역사적으로 삽입된 문화의 우연적인 부작용으로 종종 이해된다.

니체의 논증들은 상당한 힘을 지니고 있어서, 그의 영향은 놀랍지도 않다. 그러나 나는 근본주의적인 문화 구성주의가 참이라고 (그리고 물론 그와 같은 주장은 어쨌든 검증되지 않은 가설로서 자명적이라고) 당신을 설득하려고 하지 않을 것이다. 이러한 점에서 니체보다 100년 이전에 다른 언어와 문화 이론가에게 되돌아가 보자. 내가 니체보다 더 매력적으로 발견한 인물은 요한 하만이다.

하만은 언어와 문화의, 그리고 피할 수 없는 문화적, 언어적 맥락과 관계 없이는 인간의 사고에 대해 생각할 수 없다는 "그렇게도 인간적인" 본성을 깊이 이해했다. 이 점은 하만의 동시대인이자 친구였던 칸트와의 관계를 언급함으로써 간단히 서술될 수 있을 것이다. 근대 철학에서 중요한 인물인 칸트는 1781년에 지금 유명한 『순수이성비판』의 초판을 출판했다. 이 두껍고 빽빽한 논리로 무장된 책에 대한 응답으로 하만은 『이성의 순수주의에 대한 메타 비판』이라는 제목의 짧은 글을 썼다. (하지만 칸트는 하만의 친구였기 때문에, 이 메타 비판은 하만이 살아 있을 때 출판되지 않았다.) 칸트의 "순수" 이성에 대한 하만의 메타 비판은 18세기 계몽주의 사상의 탁월한 업적에 대한 명료하면서도 강력한 공격이었다. 칸트는 근대 과학과 논리학이 타당한 지식에 대한 다른 모든 유형의 주장들보다 더 훌륭하게 세계에 대한 묘사를 우리에게 제공할 수 있다고 생각했다. 그러나 하만은 칸트가 자신의 묘사가 '말', 그러니까 그 의미를 물려받아서 문화적으로 정착된 사용으로부터 얻는 말에 의해 이루어졌다는 것을 망각했다고 지적했다. 심지어 칸트 자신의 매우 주의 깊고, 매우 강력한 철학 작품에는 '순수한' 이성은 없다는 것이다.

나는 여기서 흥미로운 이유 때문에 하만을 언급하고 있다. 앞서 지적했듯이, 모든 의미가 우리에게 매개되고 우리에 의해 해석되는 문화적이고 언어적인 맥락에 대한 니체의 공감은 이제 문화적 진보와 근대 과학적 관점을 통한 단순한 진리의 획득이라는 계몽주의의 허세에 대한 불가피한 "부정"으로 평가하는 것으로서 상당히 잘 이해된다. 하만은 이 점을 니체 이전 시대에 상당한 정도로 보여 준다. 하지만 문화적 해석학에 대한 니체의 이해가 근대 후기와 포스트모던적인 사유에 수용된 반면에, 하만은 부각되지 못하고 남아 있는 주요한 이유는, 니체는 스스로 그리스도교의 적으로 자처했지만 하만은 그리스도인이었다는 것이다.[18]

18 "포스트모더니티"가 가능할 수 있는 두 가지 방식이 있다는 것은 분명하다. 존 밀뱅크가 모더니티의 세속적 이성이라고 부르는 바로 이어지는 포스트모던적인 사유가 있다. 이 방식은 칸트처럼 초월적인 의미에 대한 어떤 지식도 가능하지 않다는 것을 확신한다. 하지만 칸트와는 달리 이러한 입장은 모든 의미의 구조가 똑같이 허위로 주어져서, 문화-언어적인 해석의 우연적인 것들은 생각하고 믿고 말하고 쓸 때도 결코 극복될 수 없다고 생각한다. "포스트모더니티"의 다른 유형은 인간의 언어와 문화 내에서 활동하는 신성을 발견하는 것이다. 하지만 여기서 신성한 진리는 이 진리가 부분적으로 나타나는 인간적인 매체로 결코 축소될 수 없다. 이는 예를 들어 하만, 키에르케고르, 밀뱅크가 취한 노선이다. 모더니티의 세속적 이성과 이어지는 "포스트모더니티"는 피할 수 없는 자기모순에 흔들릴 수밖에 없다. 왜냐하면 어떤 진리도 가능하지 않다는 것이 참이라면, 이러한 입장은 참일 수가 없기 때문이다. 그렇다면 포스트모더니티의 두 번째 형태만이 의미 있는 어떤 것을 말하기 위해서 언어와 문화의 우연적인 것들에 대한 공감을 이용할 수 있다. 여기서 단순히 문화적으로 유아론적인 상상적 구조가 아닌 참된 의미는 인간적이 아닌 신성한 진리와 인간의 언어와 문화로 구축된 세계 간의 변증법적인 관계가 있기 때문에 가능하다.

하만은 언어, 문화, 상상, 전통이 틀림없이 존재하는 것임에도, 이것들은 '단순히' 인간의 우연적인 구축물이 아니라고 생각했다. 이것들은 인간과 신이 상호작용을 하는 계시의 대화형 매체이다. 이러한 이유로 하만은 역사 비판적으로 성서를 해석하는 독일식 경향을 벗어나는 동시에, 본문 분석을 합리적으로 해석하는 학문이 정경에 "객관적으로" 적용된다는 관념을 비판한다. 계시의 섬세한 조직은 전통의, 문화적으로 자리잡고 실존적으로 형성된 의미들의, 특별한 사람들과 사건들의 이야기의 체계로서 그것을 통해 신이 우리에게 성서를 주게 되는 매개체이다. 그래서 성서는 항상 그러한 매개체 내에서 해석되는데, 여기서 추상적으로 "순수하고" "객관적인" 과학적 해석은 불가능하다. 진리의 영은 자신이 원하는 곳으로 불기 때문에, 합리적이고 방법론적인 테두리 내에 제한될 수 없다. 하만은 이러한 점을 드러낸다. 신은 자신의 계시를 우리에게 자리잡게 하며, (이것이 문화와 언어 내에 자리잡은 해석적이고 실천적인 공동체에 대한 계시이다.) 그것은 이러한 방식으로 지극히 인간적인 이성과 인간적인 지식으로서 우리에게 주어지는 계시를 "지켜보는" 우리의 오만한 태도를 비판하기 위해서이다. 이러한 태도가 우리가 신적인 계시에 접근하는 것이라면, 우리는 듣지만 이해하려 하지 않고, 보지만 인식하지 않으려고 하는 것이다. 들음의 "어리석음"에 있어서 신의 세계는 신의 계시를 (신의 계시 아래서) 순종적이고 수용적인 겸허함의 태도로 이해하려는 사람들에게만 보증된다.

이것은 불후의 언어적이고 문화적인 구성주의에 대한 니체의 해석학으로부터 자신을 구분하면서 언어와 문화 '내에서' 계시가 어떻게 작용하는가에 대해서 하만이 이해하는 바이다. 하만에게 인간의 언어와 문화 내에서, 특히 성서 내에서 신의 숨결은 왜 우리가 인간의 삶에 잠재된 익숙된 과시라는 관점에서 우리가 마침내 진리를 개방해서 "깨부수거나", 우리 자신의 신화를 손쉽게 만들어 낼 수 있다는 것을 그가 생각하지 않는가 하는 이유이다.

그렇지만 하만과 니체가 어떤 점에서 동의하고 동의하지 않는지를 살펴볼 필요가 있다. 선험적 또는 초이성적으로, 그리고 문화-언어적으로 함유되어 있는 의미들이 상상력 풍부하게 저장되어 있는 보고로서 신화는 두 사상가들에게 있어서 인간 로고스의 토대로 간주된다. 이는 인간의 이성이 진리의 토대가 아니며, 진리에 대한 어떤 인간적 묘사도 그보다 더 근본적인 어떤 것에 토대를 두고 있다는 것을 의미한다. 하지만 니체의 로고스는 항상 잘못된 의식의 일종이다. 왜냐하면 우리가 살고 있는 임의적이고 항상 변하는 생성의 영역에서 인식할 수 있는 본질적인 의미는 있을 수 없기 때문이다. 이렇게 니체에게 있어서 로고스는 항상 신화로부터 파생된 형태이며, 양자는 자신들을 넘어서는 어떤 것에 대해서 말하지 않는 설명될 수 없는 임의적인 실재들이다. 이렇게 신화와 로고스가 도구들이라는 니체의 견해에서는 이 도구들이 그 자체로 상상에 의해 조작될 수 있고, 그런 다음 삶의 잠재력들의 매우 광범위한 영역을 구성하곤 한다. 반면에 하만에게 있어서 인간의 상상과 인간의 이성의 토대가 되는 것은 신적 로고스이다. 우리가 그에 의존하며 그로부터 나오는 실재의 참된 의미는 우리의 미천한 인간의 지성이나 제한된 인간의 상상을 위해서 애를 쓰는 것이 아니다. 오히려 우리의 미천한 지성과 제한된 인간의 상상은 참된 (신적인) 진리를 어느 정도 파악할 수도 있다.

두 가지 점은 여기서 종교적이고 상상적인 신화에 대한 이른바 철학적 로고스의 승리를 말하는 현대의 우주 생성론과 관련해서 중요하다. 우선 하만의 관점은 인간의 의미를 문화적인 맥락에서 이해하는 니체에 대한 강력하고 본질적으로 신뢰할 수 있는 대안으로서 진지하게 받아들여졌다. 존 베츠의 놀라운 작품인 『계몽주의 이후』는 우리에게 이와 같은 사유 방식을 보여 주는 의미 있는 지성적 탐구이다. 두 번째로, 하만과 플라톤이 신적 진리를 부분적으로 이해하는 연약하고 섬세한 매개체인 인간의 언어와 의미에 대해서 옳은 견해를 피력했다면, 부분적으로 참된 신화가 있을 수 있고, 문화적 신화는 적지 않게 진리를 공유할 수 있다. 신화는 오직 자구적인 자연주의에는 "적합하지 않다"는 것만을 의미한다. 이러한 자연주의에는 창의적인 예술적 영감이 어떻게 실제로 작용하는가에 대한 신학적 이해가 없다. (말하자면 이러한 자연주의는 이미 현대의 신화에 충실하다.) 이 점은 루이스가 분명하게 확신하듯이, 신화는 인간의 로고스가 할 수 있었던 것보다 '더' 멀리 떨어진 진리를 공유할 수 있을지도 모른다는 것을 의미한다.[19]

영감이라는 신적인 빛에 의해 건드려지는 상상은 현대 과학과 똑같은 정도로 도구적으로 유용하지는 않을 것이다. 하지만 상상은 가치, 의미, 궁극적인 목적에 대한 어떤 "순수한" 이성적인 접근보다도 지혜의 방향으로 더 나아갈 수 있을 것이다. 과학에 대해서도 니체의

19 이와 같은 관점에서 우화적으로 가장 많이 영감을 주는 루이스의 상상적인 추론에 있어서 나는 그의 작품 『페렐란드라』[우주 3부작 중 2권]를 염두에 두고 있다.

문화적인 구성주의는 그 참된 모습을 볼 수 없다. 따라서 역설적이게도 오직 이성과 창조의 신적 토대에 대한 "신화적" 관점만이 과학을 부분적으로 참된 진리를 드러내 주는 것으로 볼 수 있다. 그러나 과학적 지식에서도 다른 종류 신앙이 발견될 수 있는데, 이때 인간적으로 구성된 지식의 대명사인 과학을 그것이 성사적으로 참여하는 신적인 실재와 혼동해서는 안 된다는 것을 명심하자. 그렇지 않다면 우리 자신의 지식의 구성물들이 마치 궁극적인 진리를 지배할 수 있을 것처럼 이것들을 경배하는 우상숭배에 빠질 수 있기 때문이다. 따라서 인간의 모든 지식의 구성물이 지니는 맥락적이고 본질적인 인간적 특성에 대한 하만의 이해는 진리를 이해하는 데 있어서 사실적으로 해석하는 취약함에 대해서 민감하지만, 그렇다고 (그 자체로 실패의 원인이 되는) 문화적 구성주의의 어떤 진지한 형태가 수행해야 하는 진리 자체에 대한 이념을 희생시키는 것은 아니다.

이 장을 요약하자면, 현대의 세계관은 다른 어떤 세계관 못지않게 신화에 뿌리를 내리고 있다. 공동적인 상상의 이야기들은 문화들이 가지고 있거나 가지고 있지 않을, 선택적으로 추가되는 것이 아니다. 이 이야기들은 인간의 문화에 본질적이고, 언어적으로 인간의 이성을 표현한다. 이와 같은 신화는 항상 주어진 어떤 문화적인 삶의 형태가 광범위하게 받아들이는 이성(로고스)의 이해를 불러일으키고 형성한다. 하지만 우연적이고 전적으로 인간적으로 만들어진 신화가 우리가 할 수 있는 한 진리로 접근하는 기회의 전부라면, 우리는 진리에 접근할 수 없게 되고, 인간의 신화가 우리가 할 수 있는 한 진리로 접근하는 기회의 전부라는 것은 '참'일 수 없다. 따라서 순전한 구성주의는 자신을 부인하는 것과 다름없다. 이러한 이유에서 모든 문화에서 이성의 토대로서 신화적인 것에 대한 공감이 단순히 임의적이지 않은 신적인 진리에 일종의 매개가 되는, 신화에 토대를 두는 로고스의 가능성을 배제한다고 주장하는 것은 근본적으로 비이성적이다. 이는, 진리가 참되며 적어도 어떤 정도로 이를 알 수 있다면, 그리고 이성이 진리를 이해하는 데 있어서 가치 있는 도구라면, 그 신화가 문화적으로 표현된 진리가 우연적인 것들과 맥락적인 상대주의에 의해 항상 어떤 방식으로 또는 다른 방식으로 형성되는 경우로 남아 있더라도, 어떤 신화들은 다른 신화들보다 더 참될 것이다. 심지어 진리와 이성에 대한 이러한 희망이 유효하든 그렇지 않든, 신화를 완전히 배제함으로써 신화를 지배하는 로고스 또는 승리에 대한 현대의 세계 생성론 이야기는 오히려 신화 그 자체이며, 그것도 믿을 수 없는 비본질적인 신화이다.

그렇다면 '이러한' 기원 신화는 왜 모더니티에 생겼는가? 또는 동일한 물음에 대해서 다른 방식으로 묻자면, 이러한 신화가 미신적이고, 상상적으로 구성된 신화에 대한 이성적, 과학적, 비종교적 로고스의 점진적인 승리의 이야기가 아니라면, 현대적 로고스의 참된 기원은 무엇인가? 이제 우리는 이러한 점으로 눈길을 돌려보자.

모더니티는 중세적이다

모더니티 신화의 다른 핵심적인 거짓은 대부분 철학적으로 중요한 어떤 것도 그리스-로마의 고전 철학과 데카르트 사이의 시대에는 발생하지 않았다는 암묵적인 주장이다. 이는 부분적으로 오독하도록 이끈다. 왜냐하면 모더니티의 탄생에 대한 참된 이야기는 중세 이야기이기 때문이다. 정말로, 중세 '신학'은 모더니티의 참된 모태이며, 이 모태에 대해서 독특한 것은 이 모태를 고전적인 서구 전통과 결정적으로 단절시킴으로써, 고대 철학과의 참된 연속성을 지닌다는 주장을 믿을 수 없게 만들 수 있다는 것이다.

오히려 현대의 로고스는 중세 사유의 산물이며, 이러한 사유는 무엇이 이성이고 무엇이 지식인지, 철학과 신학 간의 관계가 무엇인지, 철학 자체가 무엇인지에 대한 관념을 진정 새로운 방식으로 다시 만들어 낸다. 이렇게 역설적이게도 우리가 중세적인 모더니티가 어떻게 실제로 여전히 존재하는가를 이해하지 않고서는, 이러한 모더니티가 왜 그리스도교 플라톤주의에 대한 심한 편견을 가지고 있는가를 이해할 수 없을 것이다. 하지만 모더니티는 둔스 스코투스의 절묘한 사유와 오캄의 급진적 사유에 의해 강력하게 만들어진 프란치스코회의 유산과 같은 매우 독특한 중세의 유산을 품고 있다. 모더니티가 이와 같은 중세 신학의 유형에서 어떻게 나왔는가 하는 것을 이제 간략하게 살펴볼 것이다.

고전적인 그리스-로마 문명은 기원후 529년에 돌이킬 수 없이 과거로 흘러들어 간다.[20] 이 시기 이후로 고전 세계와 그 제국은 사라지고, 서구 유럽은 고대의 잃어버린 영광의 기억만 남겨 두게 된다. 따라서 6세기는 종종 현대 역사가들에 의해 "암흑기"의 시작으로 불린다. 왜냐하면 여기서 고도의 문화, 군사적 영광, 고전 시대에서 언어,

20 Pieper, *Scholasticism*, 16-22. [529년에 플라톤이 세운 철학 학교인 아카데미아가 문을 닫게 된다.]

권력, 상업의 단일화된 체계는 중세 그리스도교의 시작으로 바뀌었기 때문이다.

하지만 고대 로마 제국의 소멸과 더불어 상실한 바를 그리워하는 사람들에게 어두운 것은 그리스도교의 초기 설계자들에게 새로운 여명이 된 어떤 것이었다. 그러나 과거와의 연속성이 단순히 새로운 시대가 다가옴으로써 상실되는 것은 아니었다. 특히 교회는 대규모의 수도원 운동을 통해서 과거의 고전을 배웠던 라틴어권에서 접근할 수 있었던 바와의 연속성을 주장했다. 동시에 수도원에서는 성서적 지식과 성인들의 생애에 대한 공부를 강조했고, 지나간 고전 시대의 고도의 철학적 배움에 대한 관심은 거의 없었다. 고대 후기의 걸출한 라틴 그리스도교 사상가인 히포의 아우구스티누스의 신학도 새로운 그리스도교에 토대가 되었다. 6세기에서 11세기까지의 시기에 제국의 문명의 그림자를 대체하지 못했지만, 이 시기는 이교도의 계속적인 침략이 수도원 운동의 활력과 켈트족 선교로 인해서 그리스도교로 통합된 매혹적인 시대였다. 이렇게 해서 유럽은 고대 로마 제국의 가호 아래서는 아니지만, 문명의 붕괴와 외래의 침략이라는 "암흑기" 동안 그 중심에서 그리스도교화되었다. 그리스도교는 우리가 종종 그 공로를 인정하는 것보다 훨씬 더 단단한 토대이고 영적으로 기반하는 움직임이다. 제국 이후의 그리스도교 신앙의 살아 있는 내적인 빛은 사실 그리스도교의 "어두운" 초세기 동안의 빛나는 매력적인 불꽃이다.

마침내 12세기에 유럽의 운명은 물려받은 고전 문명의 붕괴라는 불운을 극복했다. 유럽의 운명은 교회를 통해서 재생되었다. 왜냐하면 서구문화를 이전의 사라진 것으로부터 구했던 것이 교회였기 때문이다.

중세 전성기는 서구문화 역사에서 놀라운 시기였다. 이때는 서구 대학이 설립되고 고대의 배움을 재발견하고 강력한 상인 계급들과 더불어 부유한 도시들이 부흥했던 시대였다. 뿐만 아니라 기술이 혁신되었고 예술과 음악이 꽃을 피웠으며, 새로운 서구의 군대와 국가 이전의 귀족적 권력들이 득세했으며, 이러한 점들은 로마 가톨릭교회의 영광과 권력이 모든 것을 두루 살피던 시대에 이루어졌다.

현대의 지식을 만든 모더니티의 지성적 제도들과 전통들은 중세 시대에 탄생했다. 지금은 우리가 보장된 것으로 여기는 삶의 정치적 형태들은 중세적 기원으로부터 발달한 제도들로부터 형성되었다. 현대의 법률 체계는 여전히 중세의 교회법과 관련된다. 중세 상인들의 도시의 부는 봉건제도를 무너뜨렸고 근대적 도시들을 건설했다. 그럼에도 모더니티는 자신을 역사적으로 중세 시대에 내재된 것으로서 보지 못한다. 왜일까?

피카소가 표현하듯이, 모더니티의 우주 생성론적인 신화를 뒷받침하는 역동성에서는 우리 선조들을 죽일 필요가 있었다는 것은 매우 의미심장하다. 로마 가톨릭교회는 서구 대학들을 창시했고 배움을 후원했으며 정치적 권력을 합법화했고, 신학자들은 근대 세계의 체계를 구축했다. 하지만 우리는 교회가 근대 서구 세계가 탄생하는 계기를 초래했다는 것을 받아들일 수 없다. 오히려 우리는 교회의 권력, 후원, 믿음에 반대해서 단호한 저항을 통해 생겨난 모더니티를 생각할 수밖에 없다. 이는 우리의 용감하고 독립적인 청소년기에 해당하는 문화적 신화이다. 하지만 존 밀뱅크가 입증하듯이, 모더니티가 중세 신학적 관념이라면, 내가 여러분들에게 독창적인 형태로 노래했듯이, 현대 세계의 형성에 대한 모든 표준적인 서술은 기만이다.[21]

나는 아주 간략하게 여러분에게 모더니티의 중세적 기원에 대해서 반박하는 이야기를 존 밀뱅크의 강력한 논증에 따라서 말하려고 시도할 것이다.

토마스 아퀴나스와 이성과 신앙의 관계

중세 전성기의 주요한 사상가는 탁발 수도회인 도미니코회 수사였던 토마스 아퀴나스이다. 토마스는 새롭게 재발견된 아리스토텔레스의 많은 작품들을 철학적으로 풍부한 그리스도교의 신학적 체계로 통합하는 데 성공한 위대한 인물이었다. 이는 표면적으로 볼 때 지성적인 성과였다. 왜냐하면 토마스가 중세 그리스도교에서 수용한 그리스도교 정통성에 대한 이해는 공동체적으로 수행되고 성서에 내재되어 있고 영적으로 수련된 것으로서, 당연히 이교도와 그리스도교 이전 아리스토텔레스의 자연주의적 그리스 철학과는 매우 다른 종류의 지성적 환경으로 여겨졌기 때문이다. 하지만 위대한 중세학자인 에티엔느 질송이 지적하듯이, 그리스도교 믿음의 정통성과 그리스 철학적인 추론 간의 토마스의 놀라운 통합은 역사적으로 매우 연약한 것인 만큼 미묘한 차이를 보이는 것으로 입증된다.[22] 사실 (우리가

21 Milbank, *Theology and Social Theory* 참조.

22 Gilson, *History of Christian Philosophy in the Middle Ages*, 325.

지금 과학이라고 부르는 것을 포함해서) 그리스의 이성과 그리스도교의 신앙은 13세기의 많은 대학교수들에게는 다른 종류의 지식의 통로로 여겨져서, 양자는 거의 양립될 수 없을 정도로 분리되었다. 따라서 철학(이성)과 종교(신앙)가 근본적으로 다른 종류의 것이라는 현대 서구 관념의 기원은 1277년으로 올바로 거슬러 올라가지만, 다소 추정적으로 신화와 로고스 간의 고대 논쟁까지 거슬러 가는 것은 아니다. 토마스가 죽고 몇 년 뒤인 1277년에 토마스가 아리스토텔레스 철학과 그리스도교 신학을 통합한 중요한 특징들은 파리의 주교였던 스테파노 템피어에 의해 단죄되었다.

토마스는 오랫동안 확고하게 자리잡았던, 신적 진리의 지혜를 항상 파생적인 인간 이성의 능력보다 중요시한 플라톤주의의 지성적 전통을 따르면서 중세 그리스도교 신앙을 고대 그리스 철학과 통합했다. 하지만 토마스는 신적 지혜와 타당한 인간 이성이 서로 충돌할 수 없다는 점을 확신했다. 왜냐하면 두 가지 진리는 없기 때문이다. 토마스는 이교도 철학자인 아리스토텔레스의 가르침을 탐구하면서 진리가 단일하다는 것을 전적으로 확신했다. 아리스토텔레스의 철학이 성서 또는 교회의 가르침과 모순되는 것으로 보이는 곳에서 토마스는 이러한 모순이 정말로 그런 것이 아니라는 것을 지적하거나, 지성적이고 정통적으로 해석되는 것으로서 다른 지성적 저자들에게, 이성(논리)에, 그리고 성서에 호소함으로써 아리스토텔레스가 틀렸다는 것을 보여 주었다. 하지만 통합에 있어서 이와 같은 폭넓고 대담한 능력은 매우 광범위하게 유효한 지성적 힘의 증거이다. 그래서 토마스의 지성적인 위상을 따르는 사람들 중의 극소수만이 어떤 주어진 높은 교양에 도달하게 된다. 사실 파리의 주교가 이교도들의 가르침이 교회에 맡겨진 진리에서 멀리 떨어진 현혹적인 이교적 지식에 대한 스콜라 사상의 갈망을 이끌어 주지 못할 것이라고 확신하지 못했다는 것은 놀랍지 않다. 왜냐하면 주교는 이러한 점이 파리의 위대한 대학에서 실제로 발생했다는 구체적인 증거를 가지고 있었기 때문이다. 이렇게 해서 1277년의 단죄는 스콜라 학자들의 길에서 최종적으로 근본적인 갈림길로 여겨지는 점이 출현한다는 것을 암시했다. 말하자면 교회에 머물거나 (이는 이성이 분명하게 교의적인 신앙과 교회의 권위 아래 자리잡는 신앙의 길이다.) 철학을 따르는 선택이다. (이는 대담하고 독립적인 이성의 길로서 교의나 교회의 권위에 대해서는 어떤 관심도 없다.)

그러나 비록 파리의 주교가 걱정스럽고 날카로운 관점에서 이 상황들을 보았다고 하더라도, 상황은 13세기에 전혀 양극화되지 않았다. "신앙"과 "이성"에 대한 적합한 통합과 서술의 문제는 1277년부터 시작된 중세 대학의 삶의 불가피한 모습이었고, 토마스의 통합은 공식적으로 금지된 채로 오래가지는 않았다. 정말로 이는 전성기를 지난 후기 중세의 신학적 발전은 아니었다. 후기의 신학적 발전은 신앙과 이성 간의 결정적인 구분을 정당화하기에 이름으로써, 신학으로부터 철학의 자율성은 중세 신학에 의해 세속적 모더니티에 주어진 결정적 실재가 되었다. 여기서 우리는 간략하게 모더니티의 진정한 조상인 둔스 스코투스와 윌리엄 오캄을 살펴볼 필요가 있다.

스코투스와 존재의 일의성(univocity)

둔스 스코투스는 14세기의 프란치스코회 학자였다. 그의 놀라운 두 가지 혁신은 모더니티의 토대가 된다.[23] 그중 하나는 형이상학의 혁신이며, 다른 하나는 인식론의 혁신이다.[24] 다음의 몇 페이지는 아주 핵심적인 사항으로 다가갈 것이다. 이에 따라 나는 이러한 혁신들이 무엇을 의미하고, 이 혁신들이 실재와 지식에 대해 사유하는 고전적이고 교부적인 전통으로부터 어떻게 급진적으로 벗어나는가를 빠르게 설명하려고 노력할 것이다. 만일 여기서 이러한 점이 완전히 명백해지지 않는다고 해서 걱정할 필요는 없다. 이 책이 전개하는 논증으로서 이러한 점으로 다시 돌아올 것이기 때문이다.

형이상학에서 스코투스는 존재의 일의성(univocity)이라는 관념을 고안했다. 언뜻 보기에 "존재의 일의성"이라는 용어는 매우 추상적이고 이해하기 힘든 것처럼 보인다. 하지만 이 용어는 사실 아주 단순한 관념이다. 스코투스의 관점에 따라서 보자면, 내가 "이 책은 진짜로 있다."고 말할 때, 그리고 "내 친구는 진짜로 있다."라고 말할 때, 이것이 실제로 존재하는 어떤 것에 대해서 의미하는 바는 동일한 의미를 지닌다는 것이다. 비록 어떤 책과 어떤 사람은 매우 다른 유형의 것이라고 하더라도 말이다. 말하자면 "진짜로 있다."는 구절은 일의적

---

23 이하에서 나는 둔스 스코투스의 사상과 현대 시대의 출현 간의 관계에 관심을 가지는 현대의 스콜라 학자들 사이에서 여전히 이론의 여지가 있는 입장에 대한 아주 단순한 윤곽을 제공할 것이다. 이러한 점에서 관심을 가진 모든 학자는 둔스 스코투스를 존재, 지식, 의지, 정치에 대한 근대성의 근본적인 이념들을 형성하는 데 큰 영향을 끼친 인물로 본다. 그러나 스코투스의 역사적 '영향'에 있어서 그가 영웅이나 악인으로 비쳐졌는가는 격렬한 논쟁의 문제이다. 여기서 내가 대부분 취하는 입장은 "스코투스 전쟁"의 "스코투스는 악인"이라는 측면을 고수한다. 왜냐하면 아리스토텔레스의 인식론에 대한 그의 특별한 형태와 신의 존재를 다루는 그의 신학 양자가 서구에서 원래의 현대적 경향이 그리스도교 플라톤주의자들의 인식론과 존재론의 중요한 측면들로부터 단절되는 방식으로 중요한 역할을 한다는 것이 나에게는 불가피하게 여겨지기 때문이다.

24 인식론은 "앎은 무엇인가?"와 "우리는 우리가 안다고 생각하는 바에 대한 진리를 어떻게 알 수 있는가?"라는 지속적인 물음을 탐구하는 철학의 분야이다.

(곧 같은 소리로 말해져서, 항상 같은 의미를 지닌다.)이다. 투박하게 말하자면, "진짜로 있다."는 "존재"의 관념과 동일하다. 왜냐하면 존재는 각각의 실제 사물이 공유하는 속성이기 때문이다. (달리 말하자면 "존재"는 "있는 것"isness의 특성이다.) 이렇게 "컵이 진짜로 있다."고 말하는 것은 "컵이 현실세계에서 존재의 행위를 수행하고 있다."고 말하는 것과 유사하다.[25] 스코투스는 존재의 관념이 안정적인 의미를 갖지 않는다면, 실재에 대한 일관성 있는 철학적 사유는 완전히 흐트러진다고 주장한다.

이 모든 것은 아주 단순해서 별로 흥미롭지 않을 것이지만, 이 관념을 신에 대해서 적용할 때, 어떤 일이 일어나는지 보도록 하자. 내가 신은 책이 실제로 존재한다거나 내 친구가 실제로 존재한다고 말하는 것과 '동일한 방식으로' 실제로 존재한다고 말한다면, "존재"(달리 말하자면 실제적임)는 신으로부터 독립해 있거나 신"보다 더 크다." 그래서 (신이 다른 존재들과는 전혀 다른 유형의 존재라고 하더라도) '신은 다른 존재들 중의 하나의 존재가 된다.' 이 두 관념은 모두 그리스도교 신플라톤주의의 형이상학의 오랜 전통에서 전적으로 벗어난다. 이 형이상학은 다층적이며 서로 간에 자리잡고, 모두가 신 안에서 자리잡은 존재의 다른 질서로 구성된 것으로서 실재 자체를 마음속에 그린다. 이와 같은 오래된 존재론적인[26] 관점은 플라톤에서 바오로 사도와 아우구스티누스, 토마스에 이르기까지 서구 신학을 지배했다. 하지만 스코투스

---

25 따라서 추상, 관념, 상상은 (적어도) 우리의 정신과 신의 정신에서 이것들이 실존하는 존재를 지닌다. 중세 사상에서는 물질에서 존재를 지니는 것들과 그렇지 못한 것들을 구분한다. 스코투스에게 있어서 물질적인 것들만이 실제적이라는 점에 대한 어떤 암시도 없다.

26 "존재론적인"은 그리스어 'on'에서 유래한다. 이 그리스어는 영어로 "존재"를 의미한다. 이렇게 존재론은 존재에 대한 추론이다.

는 자신의 존재 관념의 일의성으로 이러한 관점을 포기했다.

근대 이전 그리스도교 플라톤주의 형이상학의 두 가지 핵심적인 요소들은 스코투스의 존재의 일의성이라는 혁신에 의해 급진적으로 공격받는다. 우선 존재의 일의성이라는 혁신은 신은 존재'이다'라는 아우구티누스의 입장을 거부하는 것이다. 아우구스티누스에게는 신만이 자신 안에서 실재하며, 창조의 실재는 신에 의해 피조물에 주어진 실재이다. 창조된 실재와 신의 실재 간의 근본적인 구별에 대한 이러한 관념은 신이 무로부터 우주를 창조했다는 아우구스티누스의 이해에 의해 암시된다. 그 때문에 창조된 어떤 사물의 실재는 파생되고 의존적인 실재로서 신의 실재와는 매우 다른 본성의 실재이다. 아우구스티누스는 실제로 존재하는 어떤 창조된 사물은 실제적인 모든 실존의 원천인 신 자신에 계속해서 의존하는 관계에 있을 수밖에 없다고 주장한다. 이렇게 피조물의 실재는 그것이 돌이거나 사람이거나 빛의 광채이든지 간에, 피조물 자신의 어떤 것이 아니며, 그 자체로 생성되지 않는다. 오히려 이러한 실재는 신 자신의 생명과 실재에 참여하는 놀라운 선물이다. 모든 창조된 존재가 신의 존재에 존재론적으로 참여한다는 이러한 관념은 [신의] 존재가 나 자신의 존재에 근본적이기 때문에, 내가 신 안에 가장 내면적으로 내포되어 있고, 내가 가장 내면적으로 신의 존재 안에 토대를 두는 창조된 다른 모든 존재와의 통교 안에 있다는 것을 의미한다. 이는 존재의 거대한 사슬과 신 자신의 존재 안에서 모든 피조물의 공동체에 대한 전망이다. 근본적으로 신에 의존하는, 존재론적으로 자리잡은 실재에 대한 이러한 전망은 존재가 일의적이고 신이 (무한한 존재라고 하더라도) 그저 '하나의' 존재가 된다면, 피조물이 지니는 실재의 동일한 속성의 공유를 상실하게 된다.

스코투스는 토마스가 옹호한 형이상학적 전망으로부터 급진적으로 벗어난다. 토마스는 아우구스티누스에게 동의하면서, 신이 창조 내의 "어떤 존재"가 '아니기' 때문에, 우리가 결코 직접적으로 그 자체로 참된 존재가 무엇인지를 알지 못한다고 여겼다. 창조된 모든 존재의 실존은 존재 자체에 의존하지만, 신은 그처럼 존재에 의존하지 않는다. 왜냐하면 신은 모든 존재자가 자신들의 실제적인 실존을 위해 의존하는 바로 그 존재'이기' 때문이다. 하지만 우리는 존재 자체는 이해할 수 없는 반면에, 존재 자체가 실제로 있는 '어떤' 존재에 대해서 의미하는 바는 이해할 수 있다. 왜냐하면 창조된 어떤 존재는 신의 생명과 실재에 참여함으로써 실제로 존재하기 때문이다. 바오로 사도는 에피메니데스[Epimenides, 고대 그리스의 7현자 중의 한 명]를 인용하면서 다음과 같이 말한다. "사실 그분께서는 우리 각자에게서 멀리 떨어져 계시지 않습니다. 우리는 그분 안에서 살고 움직이며 존재합니다"(사도 17,27-28). 이렇게 존재가 그 자체 안에 있는 바를 아는 것은 신이 자신 안에 있는 바를 아는 것이며, 이는 인간의 지식 능력을 넘어선다. 왜냐하면 우리의 모든 지식은 신의 존재에 의존하는 것이지, 그 반대는 아니기 때문이다. 그렇기는 하지만 우리의 지식이 관련되는 한, 우리의 지식은 신의 존재를 완전한 어둠 속에 놓아두지는 않는다. 계시의 관념은 비록 신이 모든 피조물이 자신의 실존을 위해 의존하는, 근본적으로 '있는 나'(존재 자체)라고 하더라도, 우리가 신을 알고 '있다'고 주장한다. 하지만 신에 대한 우리의 지식은 단지 부분적이며, 신은 오직 관계적, 참여적, 사랑하고 유비적인 방식으로 우리에게 자신을 알게 만든다. 토마스에 따르면, 우리는 과학자가 합리적이고 양적으로 어떤 합성물을 아는 방식으로는 신을 알지 못한다. 우리는 개념적인 문법학자가 어떤 용어의 정확한 정의를 아는 방식으로도 신을 알지 못한다. 파생되고 창조된 인간 정신이 파생된 모든 실재의 원천인 신의 창조되지 않은 실재를 어떻게 보고 이해할 수 있다는 말인가?

토마스에 따르면, 우리가 신에 대해서 말할 때, "존재"라는 용어를 유비적으로 사용한다. 토마스는 신에 대해서 말해질 수 없는 바에 대해서 매우 존중했기 때문에[27], 존재에 대한 우리의 피조물적인 이해가 신의 창조되지 않은 실재에 적용될 수 없다고 주장한다. 피조물들의 실재는 신의 실재에 대해서 유비적으로 말하기는 하지만, 이는 창조와의 관계에서 사용된 "존재"의 관념이 마치 신과 아무런 관련이 없는 것처럼 사용되는 것은 아니다. 아우구스티누스는 신을 존재와 매우 밀접하게 동일시하는 것을 견지했고, 토마스는 존재에 대한 일의적인 개념과 다의적인 개념 모두를 거부한다.[28] 반면에 스코투스의

---

27 Pieper, *The Silence of Saint Thomas* 참조.

28 "존재"와 같은 용어를 일의적 의미로 기술하는 것은 우리가 존재에 대해서 말할 때, "존재"가 항상 같은 것을 나타낸다는 것을 의미한다. 여기서 "존재"라는 용어는 "고양이의 존재", "신의 존재", "아름다움의 존재", "의자의 존재"와 같은 모든 예에서 오직 한 가지 의미만을 지닌다. "존재"와 같은 용어를 피조물에 적용할 때, 신에게 적용할 때와는 완전히 다른 의미를 지닌 것으로서 기술하는 것은 "존재"라는 용어를 다의적인 방식으로 사용하는 것이다. 말하자면 여기서 "존재"는 두 가지의 완전히 분리된 의미를 지니며, 이 의미는 우리가 신에 대해서 말하는지, 또는 피조물에 대해서 말하는지에 따라서 좌우된다. "존재"라는 용어를 신과 피조물 양자에 적용할 때 유비적으로 기술하는 것은 피조물의 존재와 신의 존재 간의 파생적인 관계를 상정하는 것이다. 이러한 점에서 "존재"라는 용어의 이 두 맥락 간의 의미의 참된 연결이 존재하지만, 이 연결은 다의적 연결이 아닐뿐더러 일의적인 연결도 아니다.

존재의 일의성 관념은 일차적인 존재 자체로서 (이차적이고 파생적인 모든 피조적 존재와는 구분되는 것으로서) 아우구스티누스의 신에 대한 이해뿐만 아니라, 존재를 유비적으로 이해하는 토마스의 접근 방법도 거부한다.

두 번째로, 존재의 일의성은 "존재"의 관념을 견고한 의미로 만들지만, 이성적인 이해의 어떤 영역으로부터 신을 제거한다. 사정이 이렇기 때문에, 스코투스의 견해에 따르면, 우리는 신의 존재에 참여하지 못한다. 왜냐하면 우리의 존재는 신의 존재와 같은 종류의 존재이기 때문이다. 우리가 실제로 존재하고 신이 실제로 존재한다면, 신과 우리 사이의 차이는 존재에 있어서 어떤 차이도 없으며, 존재의 유형에서만 차이가 있을 뿐이라는 것이다. 스코투스에게 우리는 유한한 존재이지만 신은 무한한 존재이다. 스코투스가 (무한한 존재인) 신과 어떤 유한한 존재 간의 절대적 차이를 상정함으로써 추구하는 바는 인간의 이성성의 필연성을 넘어서는 신의 지위를 보존하는 것이다. 스코투스는 신에 대해서 오롯이 철학적으로 이해하는 것, 곧 이성만이 신이 누구이고 무엇인지를 파악한다는 이해를 강력하게 반대했다. 그렇기 때문에 무한한 존재로서 신은 이성적인 필요에 의해 우리가 이해하는 것에 제한되지 않는다. 따라서 신의 의지는 우리에게는 전적으로 임의적이다. 우리는 인간 이성의 어떤 수련을 통해서도 신이 하려는 것 또는 신이 좋아하는 것을 알아낼 수 없다. 그래서 신이 어떤 인간의 행위가 윤리적이라고 결정한다면, 그렇게 하는 것이 신의 의지여서, 인간의 행위는 신의 무한한 자유를 "넘어서는" 결코 변함없는 이성적 필연성에서 나온 것은 아니다. 사실 스코투스가 여기서 방어하려고 하는 핵심적인 속성은 신의 '의지'의 주권이다. 왜냐하면 신은 (존재 자체가 아니라고 하더라도) 힘과 자유의 궁극적인 존재이기 때문이다. 여기서 모더니티의 결정적인 특징인 매우 중요한 관념으로서 '의지론'(Voluntarism)이 생성된다. 하지만 우리는 이 개념에 대해서 이후에 다시 살펴볼 것이다. 아우구스티누스에게 있어서 신의 첫 번째 속성이 사랑이지 의지가 아니라는 것은 핵심적인 점이다. 사랑은 무한한 지식의 유형이며, 비록 사랑이 결코 형식적 이성으로 축소될 수 없다고 하더라도 그 자신의 이성성을 지닌다. 사랑인 신은 비록 어떤 인간도 이해의 범주로 축소될 수 없다고 하더라도, 우리가 관계적으로 의존할 수 있고, 관계적으로 이해할 수 있는 신이다. 그러나 둔스 스코투스의 신학에서 신은 무한하고 끝없는 '의지'이기 때문에, 필수적인 이성을 지닌 인간의 이해 또는 신뢰할 수 있는 관계에 대한 인간의 이해의 관점에서 보자면 완전히 이성을 벗어나(a-rational) 있다. 우리는 이제 한정된 의지와 힘을 지닌 유한한 존재가 어떻게 무한한 의지와 힘을 지닌 무한한 존재와 관련을 맺을 수 있는가의 문제에 직면하게 된다. 여기서는 부분적으로 존재론적인 참여의 관념이 부정된다. 스코투스는 우리에게 임의적인 의지와 무한한 힘을 지닌 불가해한 "비이성적인" 신을 넘겨준다. (아마도 여러분은 칼뱅이 그렇게 했다고 생각했을 것이다!)

스코투스와 재현적 지식

인식론적으로 스코투스는 인간의 지식이 존재론적이 아닌 재현적이라는 관념을 제시한다.[29] 이는 존재에 대한 참여적인 이해가 모든

29 재현에 대한 스코투스의 사유는 지각 과정에 대한 아리스토텔레스의 이해에 근거를 두고 있다. 스코투스는 외부의 지각된 세계의 재현이라는, 마음속의 표상의 관념을 고안하지는 않았다.

앎의 행위의 중심에 있던, 지식에 대한 접근에서 벗어나는 중요한 점이다. 일반적으로 말하자면 내가 신의 존재에 참여하는 곳에서 실재의 바로 원천에 토대를 두고 있으며, 내가 사물들을 이해하는 한도에서 나 자신의 존재처럼 신에 의해 실재로 주어지는, 신의 지속적인 실재의 모습들을 이해한다. 이렇게 내가 나무를 지각할 때, 나무에 대한 나의 이해가 가능하게 된다. 왜냐하면 나무와 나는 존재가 신 안에 토대를 두는 공동-피조물이기 때문이다. 말하자면 나무와 나는 통교 속에 있다. 나와 나무와 창조된 어떤 것 사이에는 뿌리깊은 존재론적인 유대가 있다. 내가 나무를 알 때, 내가 이해하는 것은 신에 의해 그 나무에 선사되는 나무의 가지성이다. 신이 어떤 나무와 같은 종적 실체들과 '이 특별한 고무나무'와 같은 특수한 개별자들을 포함해서 모든 피조물에게 어떤 것이 누구이고 무엇인가 하는 형상을 부여함으로써, 먼저 신에 대한 존재론적 관계의 기능과 신으로부터의 지성적 형상을 수용하는 기능은 이들에게 자신의 특수한 속성을 부여하는 것이다. 그리스도교 플라톤주의의 전통에서 신은 존재뿐만 아니라 지식의 존재론적인 토대이다. 내가 어떤 참된 지식을 지닐 때마다, 내가 지니는 것은 관계적이고 존재론적으로 토대를 이루며 통교의 기반을 이루는, 신의 로고스에 의해 알려지는 지식이다. 그러나 스코투스에게는 그렇지 않다.

그러나 스코투스가 고안한 것은 지각 자체를 뒷받침하는 존재론적인 참여로 추정되는 형이상학 없이 지각을 재현하는 측면을 생각하는 것이다. 왜냐하면 존재는 이제 지식의 과정을 알려주는 신과의 통교의 근거라기보다 실존하는 모든 존재와는 별개의 속성이기 때문이다. 이렇게 스코투스는 지식에 대한 현대적 접근의 발흥에 토대가 되는 방식으로 인식론을 존재론에서 분리할 수 있었다.

스코투스에게 어떤 것의 존재는 우리가 그것을 아는 능력에서 완전히 분리된다. 자립적인 존재로서 나는 나의 마음속에 지식의 어떤 대상을 재현하며, '이것은 나의 재현이지 내가 아는 사물 자체가 아니다.' 이것은 지식에 대한 현대적 이해이며, 현대 세계는 실재에 대한 견해에 있어서 이러한 이해에 전적으로 의존한다.

이렇게 스코투스는 모더니티에 일의성(나의 개별적인 특수한 존재는 모든 존재의 척도로서 충분히 적합하다.), 의지론(순수한 의지는 인간의 본성에 근본적이다. 왜냐하면 인간성은 신의 모상으로 이루어지기 때문이다.), 불가해한 신(따라서 종교적인 헌신은 이성적이고 실천적인 노력을 기획하는 것과는 전혀 다른 종류이다.), 재현으로서 지식(주체를 아는 것은 그 자신의 마음속에 대상적 세계의 재현들을 살피는 것이다.)을 전해 준다. 이러한 사항들은 모두 온전히 중세 신학적 개념들이지만, 모더니티는 이러한 개념들이 우리에 의해 보증되지 않았다면 전혀 존재하지 않았을 것이다. 따라서 모더니티는 유명론이라고 알려진 철학적 혁신에 깊이 의존했다. 하지만 (비록 모더니티가 실재에 대한 한 유명론자의 이해를 취한다고 하더라도) 우리가 무엇이 유명론인지를 알 수 있기 전에, 종종 이른바 플라톤의 "형상 이론"과 "보편의 문제"에 작용하는 지식이 무엇인가를 기본적으로 이해할 필요가 있다. 이러한 관념들을 알아본 이후에 우리는 윌리엄 오캄의 사상과 그의 사유를 통해 모더니티에 전해진 유명론의 본성을 빠르게 훑어볼 것이다.

플라톤의 "형상 이론"과 보편의 문제

플라톤의 "형상 이론"에 대해 간단한 개요를 서술하는 것은 위험한 시도이다. 사실 플라톤의 대화에서 제시되는 하나의 "형상 이론"

은 없다. 플라톤이 실재의 지성적 특성에 접근하는 방식에서 개념적인 미묘함, 암시성, 자기비판, 서술적 복잡성은 마치 플라톤이 그리스어 용어인 '에이도스'(eidos, 이데아)와 '모르페'(morphe, 형상)로 플라톤이 의미하는 바를 철저하게 해명하는 것처럼, 플라톤이 형상들에 대해서 말하는 몇 가지 점들은 "텍스트를 통해 증명하는 것"에 의해 파악되지 않는다. 사실 중세 초기에 플라톤의 거의 모든 대화에 접근하는데 있어서 부족했다는 것은 플라톤의 형상에 대한 지나치게 단순하고 부적합한 이해가 왜 만연하게 되었는지, 그리고 그러한 전망이 왜 페트루스 아벨라르두스의 날카로운 기지에 의해 적나라하게 틀렸음이 드러나게 되었는가 하는 이유와 매우 많은 관련이 있다.

그럼에도 아주 투박하게 말하자면, 플라톤이 형상으로 의미하는 바는 다음과 같다. 우리가 직접적으로 경험하는 대로의 세상은 질료와 형상이 복합된 것으로 여겨진다. 말하자면 구체적인 사물들은 어떤 것(물질)으로 이루어졌을 뿐만 아니라, 이들 모두 특수한 방식(형상)으로 구성됨으로써 특수하게 어떤 것이다. (어떤 돌은 어떤 새가 아니며, 어떤 사람은 빛의 광채가 아니다.) 실존하는 모든 것에서 표현되는 구조, 작용적인 논리, 지성적인 본질은 각각의 특수한 사물의 형상이다. 그럼에도 우리는 공통된 특성들을 공유하는 사물들의 동류 집단이 있다는 것을 알고 있다. 그러므로 개별적 사물들만이 형상을 가지는 것이 아니라, 개별 사물들의 동류 집단들이 그들의 공통적인 지성적 본질을 그로부터 얻게 되는 거대 형상들도 있는 것으로 생각된다. 따라서 인간의 이데아(에이도스)는 모든 특수한 인간 존재들이 공통적으로 지니는 어떤 형상이다.

이렇게 플라톤은 특수한 사람들이 실존의 상태가 되고 실존을 떠나지만, 인간의 이데아는 특수한 사람들의 탄생과 죽음과 함께 오고 가지는 않는다는 것에 주목했다.[30] 형상이 부여되고 물질과 결합된 어떤 특수한 사물도 항구한 실재가 아닌 것처럼 여겨지기에, 그것은 그 단어의 강력한 의미에서 실존하지 못한다. 존재로 들어가고 나오는 사물들, 곧 생성되고 소멸되는 사물들은 영속적으로 실제적이지 못하다. 플라톤이 생각하기에 참으로 실제적인 것들은 영원하고 변화되지 않으며 보편적이다. 예컨대 특수한 사람들은 태어나서 죽는 반면에 인간의 이데아는 시간을 벗어나서 지속되는 것으로 여겨진다. 따라서 (모든 인간 존재에 공통적인 인간의 이데아와 같은) 보편적인 이데아들과 (직각삼각형에서 면과 각에 대한 수학적인 관계와 같은) 불변하는 정신적 진리들은 영원하고 지성적인 형상들을 특수하게 물질이 부여된 것으로 나타난 것들보다 '더' 실제적이다.

상위의 형상들(보편적 이데아들)은 플라톤에게 있어서 완전하다. 반면에 이 형상들이 물질 내에 표출하는 것은 일시적이고 우연성의 지배를 받으며 불완전해서 (적어도) 영원히 불변적으로 지속되지 못한다. 그 때문에 정신이 보편적이고 이상적인 본질에 대해서 파악하는 것은 형상이 물질에서 시간적으로 표출된 것에서 드러나는 것이며, 이는 감각적으로 접근하는 질료-형상의 복합체라는 시간적인 표출물보다 더 실제적이다.[31]

---

30 사실 플라톤은 죽을 운명의 모든 인간이 물질적이지 않은 영원한 영혼을 지닐 수밖에 없다는 것을 입증한다. 물질과 결합된 영혼들로서 특수한 남성들과 여성들은 실존으로 들어가고 나오지만, 각각의 특수한 개인의 지성적인 본질은 생성과 소멸에 대한 주체가 아니다.

31 이러한 점은 플라톤이 육신을 경멸한다는 것을 의미하지 않을 뿐 아니라, 그가 특수성을 비

심지어 우리에 의해 만들어진 현세적인 것들도 제작자가 대상들의 특별한 유형으로 인식함으로써 따르게 되는 어느 정도의 이상적인 청사진을 품고 있다. 그 때문에 보편적인 이데아인 "책상"은 물질로 된 모든 특수한 책상이 거기에 지성적으로 참여하는 정신적 실재이다. 그러나 아름다움, 진리, 좋음과 같이 현세적인 대상들의 또는 고차원적 성질의 실재들의 형상들은 그 자체로 세상의 사물들이 아니다. 형상들은 비시간적이고 비공간적인, 지성적 본질의 원천들이다. 말하자면 형상들은 감각적인 세계에서 표출되는 지성적인 의미들을 만들어 내는 존재의 영적인 힘들이다. 플라톤에게 이러한 영적인 힘들은 물질적인 사물들에게 알려지는 정신 바깥의 실재들이다. 말하자면 이와 같은 "이데아들"은 비록 이 이데아들이 우리의 정신에 의해 파악될 수 있다고 하더라도, 우리의 정신 안에서 유래하는 것은 아니다. 플라톤에게 있어서 지성적인 본질은 실재의 심오한 특징이며, 이 본질은 우리의 의식 내에서 주관적으로 만들어져서 의미 없는 대상적 우주에 투사된 어떤 것이 아니다.

"보편의 문제"는 보편적인 범주들에 대한 특수한 사물들의 관계에 적용된다. 특수한 사람으로서 소크라테스와 보편적 범주로서 인간의 관계가 그것이다. 특수한 물질적인 존재들이 어떻게 지성적인 본질

본질적이며 비실제적으로 생각한다는 것을 의미하지도 않는다. 그렇기는 하지만 플라톤이 정신과 물질 간의 이원론을 인정한다고 얼마나 자주 읽혔는가를 보는 것은 어렵지 않다. 그리스도교 플라톤주의가 플라톤 안에서의 경향들을 반물질적인 이원론으로 변형시키는 방식은 이 책의 5장에서 살펴볼 것이다. 왜냐하면 (끊임없는 변화와 우연의 영역인) 물질, 공간, 시간 내에서의 신의 강생은 그리스도교 플라톤주의 내에서 물질과 역사적인 특수성을 격상시키고, 고대 세계에서 이용할 수 있었던 플라톤주의의 다른 형태들과 관련해서 이러한 점에 아주 독특한 성격을 부여하기 때문이다.

에 부여하는 존재론적인 힘에 연관될 수 있는가를 이해하려는 데 있어서 복잡성은 흡사 미로와 같다. 플라톤도 이러한 복잡성을 잘 알고 있었다. 우리는 여기서 이러한 영역으로는 들어가지 않을 것이다. 내가 여기서 서술하려는 것은 그와 같은 복잡성에 대한 아주 깔끔한 해결책이 있다는 것이다. 이 해결책은 실재의 특성으로서가 아니라 우리가 사용하는 언어의 기능으로서, 곧 용어로서 보편을 다루는 것이며, 실재 안의 보편적 본질을 부여하는 존재론적인 힘이 실제로 존재한다는 플라톤의 이데아를 단순히 거부하는 것이다. 이는 유명론의 해결책으로서, 이제 우리는 서구 유명론의 위대한 아버지인 윌리엄 오캄의 방법을 통해서 이 점을 살펴볼 것이다.

오캄과 유명론

둔스 스코투스처럼 윌리엄 오캄(1285-1349)은 토마스 다음의 중세 프란치스코 수도회 소속의 신학자이지만, 유명론은 14세기 신학보다 훨씬 더 오랜 역사를 지니고 있다. 유명론의 역사는 서구문화에서 그리스도교 플라톤주의자들의 형이상학적 전통과 그 자체로 분리되는 것과 핵심적으로 관련된다. 기원후 6세기에 아테네의 플라톤의 아카데미는 동로마 황제에 의해 폐쇄되었고, 비록 그리스도교 플라톤주의 전통이 동방에서 계속해서 발전했다 하더라도, 이제 유럽에 접근할 수 있는 플라톤주의자들의 사상을 뒷받침하는 비그리스도교적인 살아 있는 기관은 사라졌다. 더 나아가서 엄밀한 철학적 사유는 6세기부터 서구에서 크게 진전을 보지 못했다. 전통적인 수도원의 시대가 마감되면서 아주 적은 양의 플라톤과 아리스토텔레스의 작품들에 대한 주석들과 번역들은 대개 라틴어 번역본으로 보존되었다. 중세 초기를 지나면서 9세기에 요한 스코투스 에리우게나의 놀라운 예외를 제외한다면, 우리가 현재 철학이라고 부르는 것에 해당되는 것은 별로 없었으며, 서구의 위대한 철학적 유산에는 매우 제한적으로 접근했다.

이때 파리에 페트루스 아벨라르두스가 등장했다. 11세기 후기의 파리는 이제 부유하고 안전한 도시가 되었고, 빠른 속도로 배움에 있어서 유럽이 부흥하는 중심이 되어 갔다. 페트루스 아벨라르두스는 이 새로운 중심에서 배우는 학생들에게는 가장 빛나는 젊은 스타였다. 그는 눈부신 지성을 가지고 대중적인 논쟁을 하는 데 있어서 대가였다. 그는 자신의 학교를 세웠고, 당시 모든 그리스도교 국가에서 학생들이 그에게 몰려들었다. 그는 눈부신 논리학자였으며 독창적인 사상가였다. 그는 종종 가차 없는 무자비한 논쟁자로 논쟁을 (항상) 이기기 위해서 자신의 쟁점에서 온갖 전략을 사용했다.

동시에 스스로 철학을 잘 알고 있다고 여겼던 사상가들은 플라톤과 아리스토텔레스를 높이 평가했지만, 이들 작품에 대해서는 아주 적은 부분만을 알고 있었을 뿐만 아니라, 이들 논증의 미묘함에 대한 지식도 부족했다. 이렇게 자신을 플라톤주의자들의 형이상학을 추종하는 자들로 여기는 사람들은 나무의 이데아와 같은 보편적 관념들의 형상들이 어떤 초월적인 "장소"에 실제로 존재하는 초-구체적인 "사물들"로 이해했다. 아벨라르두스는 많은 강력한 논증으로 이들에게 이의를 제기했으며, 중세의 실재론에 반대해서 "나무"나 "인간" 또는 "녹색"과 같은 보편적 개념은 이름(nomen)일 뿐이라고 주장했다. 여기서 이름은 말하고 생각하는 데 유용하고 필요하지만, 존재론적인 독립체, 곧 우리의 언어에서 실제적으로 분리된 실존을 지니는 것은 아니다. 이렇게 이 유명론자는 보편적인 것들을 '사물'이 아닌 '이름'이라고 생각했다. 더 나아가서 흔히 유명론자는 구체적 실재에서 실제로 존재하는 유일한 것들은 개별적인 대상들이라고 주장한다. 아벨라르두스는 특수한 존재들이 그 안에서 실제로 존재하는 존재의 존재론적인 질서에 대한 실재론자의 믿음은 순수하게 언어적인 의미들을 잘못되게 구체화한 결과였다고 생각했다.[32]

이렇게 고대의 "보편 문제"에 대한 중세적 이해에 강력하게 언어적으로 응답한 유명론은 중세 전성기 초기에 주변을 어슬렁거렸다. 윌리엄 오캄이 유명론을 고안한 것은 아니다. 하지만 13세기에 토마스는 존재론적인 참여의 관념에 대한 지성적인 훌륭함을 되찾았으며, 완전한 아리스토텔레스 전집이 서구에서 이용할 수 있게 되어서, 아주 예리한 정신으로 논리적 논증과 철학적 미묘함에 민감해진 이후에는, 이 참여의 관념을 쟁취했다.

토마스는 아우구스티누스와 위-디오니시우스의 훌륭한 제자였기 때문에, 아벨라르두스가 했던 것처럼, 존재의 존재론적인 힘들에 대한 관념을 아무렇지 않게 제외시킬 수는 없었다.[33] 토마스에게는 창조의 본래적인 깊은 조화에 대한 아우구스티누스의 결정적인 가르

---

32 "구체화하다"는 추상적인 관념 또는 언어적 용어를 마치 구체적이고 실제적인 것처럼 여기는 것을 의미한다.

33 우리가 현재 위-디오니시우스라고 부르는 인물은 6세기의 익명의 시리아 출신으로서 디오니시우스 아레오파기타(사도 17,34 참조)라는 이름으로 불렸다. 요한네스 스코투스 에리우제나의 라틴어 번역본을 통해서 알려진 그의 뛰어난 교부적이고 신플라톤주의적 신학은 서구의 중세 신학에 강력한 영향을 주었다.

침, 통교와 참여를 이해하는 인식론에 대한 신플라톤주의 형이상학, 언어와 실재에 있어서 역설, 상징적 의미, 유비의 신학적 중요성이 옳은 것으로 여겨졌다. 따라서 비록 토마스가, 아벨라르두스가 중세 초기의 실재론이 논리적이고 개념적으로 일관성이 없다는 것을 제대로 발견했다는 것을 인정한다 하더라도, 이 점은 존재론적인 참여 자체가 틀렸다는 것을 의미하는 것은 아니다.

논리 언어적인 분석에 대한 영국의 경향을 지닌 오캄은 토마스 이후에 완전히 유명론적인 입장으로의 강력한 복귀를 주도한다. 토마스가 중세 후기 동안 그냥 사라져 버리지 않았지만, 초기 근대 시대의 철학과 신학의 특징에서 유명론이 지배적인 지성적 입장이 되었다는 것은 서구 지성사의 매력적이지만 덜 연구된 특징이다. 예컨대 유명론은 16세기의 종교개혁에서 대부분 수용된다.[34]

중세 후기 유명론은 형이상학적 관심과 정치적 관심이라는 두 가지 중요한 사안과 관련된다. 형이상학적으로 유명론은 '개별적인 것들만이 실재 안에 실존한다.'고 주장한다. 그 안에 개별적인 것들이 참여하는 비물질적이고 보편적으로 본질적인 형상들은 존재하지 않는다.[35] 이 점은 모더니티의 형이상학적 추정의 결핍에 해당된다. 반면에 정치적으로 유명론은 근대적 이념의 중심에 있어서, 종교적 권위의 영역에서 개별적인 실제 사물들을 분리하는 뚜렷한 구분점이

---

34 이 중에 두드러지게 중요한 점 중의 하나는 로마 가톨릭교회와 개신교에서 성사성의 관념을 재구성한 것이며, 교회적 형상에 성사적으로 참여한다는 관념을 사실상 상실하는 것은 17세기 근대에서 복음주의 개신교에서 이루어졌다. Boersma, *Heavenly Participation* 참조.

35 사실 오캄은 이보다 더 미묘하게 말한다. 그는 존재의 존재론적인 힘들이 있었거나 있지 않았다는 것을 알 수 없지만, 이 힘들을 받아들일 필요가 없는 곳에서는 받아들이지 않아야 한다고 주장했다.

있다.

윌리엄 오캄은 프란치스코 수도회와 교황 간의 진지한 논쟁에서 실마리가 되는 정치가였다. 이 당시 상황의 세부 사항들과 오캄의 입장에 대한 흥미로운 복잡성들은 여기서는 살펴볼 수 없다. 하지만 이 상황의 마지막 결과를 보자면, 윌리엄 오캄이 분명하게 영적인 문제들에 교회의 권위를 제한하는 것을 지지함으로써 중세 후기 그리스도교 국가들에서 강력한 목소리를 내게 되었다는 것이다. 종교적 권위는 "실제 세계"의 정치적이고 경제적이며 법적인 문제에서 엄격하게 분리된 영역인, 별도의 종교적이고 영적인 문제의 영역 내에서 작용할 때에만 정당하게 기능하는 것으로 볼 수 있게 되었다.[36] 말하자면 유명론은 신의 존재와 각각 특정하게 창조된 실재 사이에, 아우구스티누스와 토마스가 연결시킨 것을 단절시킴으로써, 종교와 교회를 현실 세계의 질서에서 분리시킨다. 이 점은 초실재, 곧 전혀 지상적 본성이 아닌 초본성적인 것이라는 이차적 끈에 대한 관념을 만들어 내는 최종적인 효력을 낸다. 세속주의가 교회의 별개의 영역으로 간주하는 것은 이러한 초본성적인 영역이다. 반면에 실재의 첫 번째 끈은

---

36 오캄이 교황과 오랜 전쟁을 벌인 목적이 프란치스코회에서 사용했던 재산을 교황[아비뇽 시대 교황 요한 22세]이 계속해서 소유하도록 하는 것이었다는 것은 놀랍게도 아이러니하다. 교황은 프란치스코회가 재산을 소유하도록 강제하는 방식으로 이러한 시도를 거부했다. 이러한 거부는 오캄으로 하여금 교황이 성서를 거부하고 거룩한 교의를 망각했으며 근거 없는 논리로 주장한 모든 방식을 재산과 권력에 대해 명백히 비그리스도교적인 관점으로 정당화하려고 헛되이 시도한 이단이었다는 점을 확신하게 했다. 이는 교회와 국가의 분리를 통한 근대 세속 정치의 탄생을 뒷받침하는 것이 그리스도를 닮은 가난이라는 급진적인 영성에 대한 프란치스코회의 헌신이라는 점에서 그야말로 흥미롭다. 사실 엄청나게 부유하고 군사적으로 강력한 교황은 성서와 이성에서 가져온 오캄의 매우 조심스러운 논증들에 끌려 들어가지 않았지만, 교회가 부와 권력의 영역에서 정당한 지위를 갖지 않는다는 것을 받아들이기를 단순히 거부했다.

정치, 경제, 과학의 "세속적인" 영역인 현실적인 본성의 영적이지 않은 영역이 되었다. 이 영역은 교회의 권위가 미치는 영역이 '아니다.'

정치적으로 본성적 영역으로부터 완전히 분리된 영역으로서 별개의 초본성적인 것에 대한 관념의 발전은 중세 후기의 신학과 철학에 깊은 뿌리를 두고 있다. 이렇게 모더니티는 이러한 놀라운 혁신이 종교적이든지 종교적이지 않든지 간에 현대인들에 의해 의문 없이 대체로 받아들여질 정도로 여전히 철저하게 중세적이다.[37] 따라서 감지될 수 있는 우주는 존재론적으로 마법의 힘에서 해방되었으며, 정치적이고 기술적인 힘과 종교적 권위에 대한 새로운 접근은 자연스럽게 이러한 발전을 따른다.

중세의 모더니티 설계자들

모더니티에 대한 거대한 설계자들은 둔스 스코투스와 윌리엄 오캄이었다. 비록 이 인물들이 우리 현대인들이 지금은 단순하게 받아들이는 세속적이고 과학적인 모더니티의 우주 기원적 노래에서 전혀 모습을 드러내지 않는다고 하더라도 말이다. 이는 우리의 삶의 방식에 대한 신화가 중세주의에서 완전히 벗어났다는 것에 해당된다. 말하자면 우리는 현대인이지 중세인이 '아니라'는 것이다. 하지만 사실 일의성, 주의주의, 불가해한 신, 재현, 유명론, 세속주의의 지식을 우리에게 전해 준 것은 중세 신학자들이었다. 이 모든 것은 르네 데카

---

37 Dupré, *Passage to Modernity* 참조. "순수한 본성"이라는 관념의 기원에 대한 매력적인 설명은 본성이 전적으로 자연적이며, "초본성적인 것"과는 다소 별개의 수준으로 실제로 존재한다는 관념이다.

르트, 프랜시스 베이컨, 갈릴레오 갈릴레이가 태어나기 오래전에 자리를 잡았다. 17세기 모더니티의 모든 시조는 이와 같은 중세 후기의 관념들을 중세 전성기의 삶의 방식의 구조가 더이상 이를 지탱할 수 없는 방식으로 실천적으로 나타냈다. 이처럼 모더니티는 사실 우리가 이들의 관념들을 간략하게 살펴본 중세 후기 신학적 혁신가들의 신학에 적합한 삶의 형태이다. 말하자면 현대적 삶의 방식에서 실재를 사실로 받아들이고 작용하는 기정사실로 인정하는 것은 중세 후기 신학에서 우리의 공동체적인 믿음에 기반을 두고 있다. 어느 유명한 이론가가 "우리는 한 번도 현대적이었던 적이 없었다."[38]고 진술했을 때, "현대적"은 중세주의에 대한 반감에서 나온 근본적인 어떤 것을 의미한다. 사실 모더니티는 중세주의의 한 종류이다.

평평한 운동장

이 장의 목적은 그리스도교 플라톤주의의 현대적 신뢰성을 옹호하는 것은 아니지만, 어떤 옹호는 항변할 기회를 찾는 것이 왜 그렇게 어려운가를 배경 이야기를 통해 그 배후의 이유를 밝히는 것이다. 나는 현대의 신화를 이러한 어려움의 주요 장소로 정하려고 노력했으며, 이러한 점이 특별한 난제라는 것을 보여 주려고 했다. 왜냐하면 우리 현대인들은 신화가 다른 문명의 세계관에 속하는 어떤 것이지 우리에게 속하는 것은 아니라고 한결같이 믿기 때문이다. 과학적

---

38 여기서는 나는 프랑스의 사회 이론가인 브뤼노 라투르(Bruno Latour)의 매력적인 책의 제목을 인용했다. 라투르의 논증은 내가 여기서 소개하기에는 매우 어렵지만, 그의 본문 제목은 내가 말하는 바를 요약하는 데 적합하리라고 생각한다.

이고 기술적인 현대인들인 우리는 자유롭고 세속적인 민주적 소비주의 사회의 "법의 지배" 하에 살면서, 실재에 대해서 사실에 기반을 두고 합리적인 것만을 믿는다. 실재가 존재론적으로 일의적인 것과는 다르고, 유명론적이고 자연주의적인 (이것이 초자연적인 것과 병행하는 우주를 포함하든지 그렇지 않든지 간에) 세속적 관점에서 세상을 그렇게 보는 것과는 다르다고 생각하는 어떤 사람은 분명히 요정이나 산타 또는 마법적인 것에 대해서 말하고 있는 것이며, 아이가 어떤 것을 더 잘 알기 전에 상상할 수 있는 신화를 믿도록 만든다. 우리는 잠재적이고 무의식적이며 문명적인 실재라는 부인할 수 없는 진리에 대해서는 확신하지만, 진지하게 실재에 대해서 형이상학적으로 양립할 수 없는 관점들을 취하는 것은 너무 당황스럽고 유치한 추정으로 여긴다. (이러한 점은 특히 고학력의 현대주의자들과 이들 중에서도 특히 전문 철학자들에게 적용된다.) 이로써 깊이 간직된 중세 후기의 존재론적인 정통성들과 관련해서는 자기비판적으로 진리를 추구하는 어떤 시도라도 결코 지지될 수 없다. 더욱이 우리의 문명이 추정하는 실재에 대한 믿음이라는 "본성적인" 빛의 견지에서 보자면, 그리스도교 플라톤주의는 이제 생존할 수 없다.

따라서 모든 문화가 그렇듯이, 모더니티가 자기 자신의 신화를 가지고 있으며, 로고스가 항상 신화로부터 나온다는 것을 지적하는 것이 필요하다. 왜냐하면 (모든 진리의 담화를 불가피하게 해석하는 눈인) 인간의 문화가 진행되는 한, 신화는 로고스보다 더 근본적이다. 이러한 이유에서 문화적으로 상정된 현대 형이상학의 개념적인 실제적 기원의 가장 중심적인 특징들(이는 확실히 중세 신학 내에서 그려지는 궤적들이다.)을 드러내 보이는 것이 필요했다. 왜냐하면 이러한 특징들은 그리스도교 플라톤주의에 대한 핵심적인 반론의 근거들로서 진술되지 않은 역사적인 혁신들이기 때문이다. 만일 이와 같은 근거들이 유명론적인 모더니티와 그리스도교 플라톤주의가 다투는 경쟁의 장에서 타당한 관점으로서 받아들여진다면, 비겁한 다툼이 될 수 있으며, (비록 플라톤주의가 관념론이 아니고 그리스도교가 초자연주의가 아니라고 하더라도) 플라톤주의의 "관념론"과 그리스도교의 "초자연주의"에 대한 현대 실재론의 승리가 될 것이 뻔하다. 이는 그리스도교 플라톤주의를 단순히 희화화해서 얻은 잘못된 승리일 것이다.

그렇기는 하지만 그리스도교 플라톤주의가 더 평평한 운동장에서라면 일의적으로 세속화된 유명론을 물리칠 것이라는 것은 결코 기정화된 결론은 아니다. 어떤 실제적인 경쟁도 양쪽 모두에게 쉽게 진행되지는 않는다. 하지만 우리가 이 경쟁에 참여할 수 있기 전에 기본적인 신학적 문제를 다루어야 한다. 다시 말해서 '그리스도교' 플라톤주의라는 관념은 그리스도교 내에서 타당한가 그렇지 않은가?

그리스도교 플라톤주의가 현대 철학의 반론에 대항할 수 있는가를 다루기에 앞서, 우리는 이하의 두 장에서 좀더 성서적이고 신학적인 실마리 속으로 탐험을 옮겨갈 것이다. 현대 신학(과 성서적 학문에 대한 현대적 접근)이 현대 철학과 같은 신화적 틀을 지니기 때문에, 모더니티의 신화에 대해서 다루는 이 장은 우리가 현대 서구 그리스도교 신학이 전형적으로 그리스도교 플라톤주의에 대해서 지니는 상당히 부정적인 견해를 평가하는 정신 속에서 생겨날 수밖에 없다.

4. 신약성서에서 플라톤의 관념들

이 장은 신약성서에서 몇몇 중요한 진술들이 플라톤의 대화 작품에서 발견되는 실재의 본성에 대한 핵심적인 관념들 중의 하나와 얼마나 보조를 같이하는가에 대한 간략한 윤곽을 보여 줄 것이다. 이를 위해서 나는 신약성서와 플라톤 양자의 "파편적인 증거 본문 택하기"(proof-texting) 방법을 쓸 것이다. 나는 이 장이 이 책의 논증에 유용하게 기여하는 것이 입증되기를 바라지만, 이러한 시도가 매우 분명한 한계를 지니며 위험으로 가득 차리라는 것을 잘 알고 있다.

파편적인 증거 본문 택하기가 여기서 왜 제한적인 가치를 지니는가에 대한 첫 번째 이유는, 그리스도교 플라톤주의가 실은 플라톤의 본문과 밀접하게 연결되지 않는다는 것이다. 그리스도교 플라톤주의와 플라톤의 대화가 연결되는 본성은 본문을 정렬하는 것보다 더 강력하며, 어떤 플라톤의 대화와 신약성서 간의 팽팽한 원칙적인 일관성보다 더 자유롭다. 정말로 플라톤을 신약성서의 세계관과 연결시키는 형이상학적 공통성들을 강조하게 되는 것은 다음 장에서 핵심적으로 관심을 지니는 점이다. 그렇기는 하지만 쉽게 드러나는 몇 가지 분명한 본문들의 정렬이 있다. 이 장에서는 이것들 중의 하나를

시험적으로 살펴볼 것이다.[1]

두 번째로, 양자가 번역되었고 양자가 역사적으로 전달되면서 오랫동안 분리되는 과정을 겪은 다른 환경으로부터 유래하는 본문들을 비교할 때, 원래의 의미라고 추정되는 것을 파헤치려고 할 때, 가장 단순한 유사성을 펼쳐 보는 것이 얼마나 복잡하고 사변적이 될 수 있는가 하는 문제는 끝이 없다. 따라서 간결함을 위해서, 그리고 다소 루터에 대해서 어느 정도 역설적으로 수긍하면서, 나는 적어도 근사치에 가깝고 합리적인 "명백한 의미"가 있다는 가정으로 진행할 것이다. 이러한 명백한 의미는 성서와 플라톤 양자에게 적합할 수 있다.[2] 더욱이 근사치에 가깝고 합리적인 의미가 내가 할 수 있는 최대치이기도 하다.

세 번째로 가장 진지한 것으로서, 나는 단단한 개념적인 포인트를

---

1 물론 명백한 플라톤의 대화와 신약성서 간에는 본문적, 신학적, 문화적, 사회-성적, 종교적 불협화음이 있다. 이러한 불협화음은 여기서 살펴보지 않을 것이지만, 그리스도교 플라톤주의와 고대 세계의 플라톤주의의 다른 형태들을 구분하게 될 때, 그리스도교 플라톤주의가 플라톤의 대화의 특정한 모습들과 맞지 않는 방식이 조심스럽게 언급될 것이다.

2 나는 여기서 해석이 정말로 철저한 과정이기 때문에 "역설적"이라고 말하며, 이는 종종 맥락과 전달에 대한 조심스러운 연구에 의해 지원되는 과정이다. 그렇다 해도 루터에 동의하는 것은 로고스로서 그리스도의 신학 때문이라서, 나는 의미들이 닫혀진 해석학적 순환에서 끝없이 맴돌지는 않는다고 생각한다. 누가 합리적으로 주의한다면, 나는 성서와 플라톤의 대화를 포함해서 우리가 읽은 그 본문에서 합리적으로 정말 명백한 의미를 발견하는 것이 그리 문제가 되지는 않는다고 생각한다. 문헌 비평에 대한 현대적인 본문 연구와 포스트모던적 궤변에 대해 확실한 비실재주의적 취향의 위험은 어떤 분명한 의미를 상실하는 것과 버금갈 정도로 해석적으로 복잡한 것들을 발견하는 것이며, 해석자의 인식에 의해 완전히 정의된 해석을 취하는 것에 버금갈 정도로 역사적이며 양식적인 암시들 중 가장 취약한 것으로부터 사색적인 투사들을 확장시키는 것이다. 현대 문헌학에서 이러한 해석은 종종 어떤 본문 또는 문화적인 생산물에서 신이 숨쉬는 과정은 없다는 점, 그리고 의미는 해석학적 순환에서 완전히 닫혀 있으며, 어떤 본문의 생산과 전달의 의미와 유형에 대한 "실제적인" 이해를 얻을 수 있다면, 세속적이며 기능적으로 유물론적 형이상학을 수용해야 한다는 점을 받아들인다. 나는 이렇게 해석적으로 타당하게 수용되는 어떤 설득력 있는 이유도 알지 못한다.

보여 주는 성서에서의 파편적인 증거 본문 택하기가 (저마다 심각한 문제가 있는 것으로서) 조심스러운 형상들의 이론을 드러내는 플라톤의 대화들에 대해서 파편적인 증거 본문 택하기보다 훨씬 더 왜곡된다는 것을 알고 있다. 왜냐하면 모든 성서 심의회는 하느님의 숨을 쉬는 깊이에 있어서 매우 다채롭기 때문이다. (내가 동의하듯이) 성서의 정경이 영감을 받은 것이라는 그리스도교 교의는 살아 있는 신성한 성서의 숨결인 하느님의 영이 최종적으로 깔끔하게 개념적인 표현으로 엄밀하게 파악될 수 없다는 것을 의미한다. 이러한 의미에서 성서와 교회의 핵심적인 교리는 항상 조직신학보다 우선하며 항상 이를 넘어선다.[3] 이는 명백한 진리들을 성서에서 얻을 수 없다는 것을 말하는 것이 아니다.[4] 그렇다고 모든 시대가 조직신학자들을 필요로 하지 않는다는 것을 암시하는 것도 아니다. 하지만 복합적이고 맥락적으로 잠정적으로 해석하는 전략은 항상 자신의 과업을 잘 수행함으로써 역사적인 위치를 점유했던 신학자들을 요구한다. 이렇게 상당한 두려움으로, 그리고 불거질 수 있었던 해석적인 논쟁의 많은 점에 연루되지 않고서, 간단하게 신약성서의 본문을 살펴보기로 하자. 이는 신약성서 본

---

3 Hamanns "Biblical Reflections" in Smith, J.G. Hamann, 117-138 참조. De Lubac, *Paradoxes of Faith*, 227-228 참조.

4 "그리스도인들이 믿는 것은 무엇인가?"라는 제목으로 신학 학부생들을 위해서 한 학습 지도가 떠오른다. 우리는 이 특별한 한 주에 삼위일체의 교의가 모두 완전히 이성적이었다는 것을 우리에게 보여 주려고 노력한, 신학적 탁월성이 복합적으로 드러나 있는 구절을 읽고 있었다. 이전 주에 우리는 이웃 사랑에 대한 예수의 가르침을 살펴보았다. 강력한 힘이 담긴 신학을 읽는 것과 비교해서 예수가 당신을 따르면서 우리가 하기를 정말로 원하는 것은 아주 분명하다. 학생들 중 한 명은 번득이는 영감을 받아 다음과 같이 말했다. "그리스도교의 가르침은 행하기는 매우 어렵지만 이해하기는 쉽고, 반면에 그리스도교 신학은 행하기는 쉽지만 (누구나 앉아서 관념들을 소화시킬 수 있어요.) 하지만 이해하기는 아주 어려워요."

문이 플라톤의 대화와의 폭넓은 공감대를 보여 주기 위해서이다.

희미하게 봄을 통해 실재를 보는 바오로 사도

신약성서의 가장 위대한 사랑의 구절인 1코린 13장에서 바오로 사도는 여느 지식과는 달리 사랑은 완전하다고 설명한다.[5] 바오로는 "사랑은 언제까지나 스러지지 않습니다⋯ 우리는 부분적으로 알고 부분적으로 예언합니다. 그러나 온전한 것이 오면 부분적인 것은 없어집니다."(1코린 13,8-10)라고 설명한다.[6] 함축적인 것은 우리가 사랑의 길을 끌어안는다면, 이제 우리는 다소 부분적인 방식으로 항상 우리에게 충분하게 이해된 신적 사랑의 지속적인 완전성에 참여한다는 것이다. 더 나아가서 언젠가 우리도 이러한 신적인 사랑 안에서 완전하게 될 것이라는 희망을 지니고 있다. 바오로가 여기서 우리에게 가리키는, 완전함에 대한 미래의 지평은 신약성서 학자들이 종말론적이라고 부르는 바이다.[7] 말하자

---

5 바오로 사도는 1코린 13,10의 '텔레이온'(teleion)이라는 용어를 사랑의 완전함을 표현하는 데 사용한다. 그리스어 '텔로스'(telos)는 완성, 끝, 목적을 의미한다. 바오로의 사용법이 아리스토텔레스의 기술에 대한 이해를 닮았는지, 플라톤의 기술에 대한 이해를 닮았는지는 숙고할 만한 점이다. 이는 여기서는 살펴볼 수 없지만, 역사적이고 원문에 대한 이유 때문에 나는 여기서 플라톤과 더불어 갈 것이다. 플라톤에게 있어서 '텔로스'는 신의 정신에 의해 지배되는 우주적 질서를 반영한다. 이는 그가 단순히 물리적인 원인의 더하거나 덜한 우연적인 것들로 보는 바와는 대조된다. 플라톤주의적인 목적론적 노선에 속하는 바오로에게 있어서 사랑의 완전성은 우주에 대한 신의 영원한 의도를 실현하는 것으로 여겨진다. 이는 단순한 우연성과 변화의 영역 내에서, 그러한 완전성에 미칠 수 없는 영역 내에서, 일시적으로 지나가는 영역 내에서 작용하는 지식과는 대조된다.

6 이 장에서 모든 성서 인용은 다른 지시가 없다면 RSV에서 인용한다[한글 번역에서는 한국천주교주교회의의 『성경』(2005)을 인용한다]. 여기서는 인식론적인 것을 넘어서 존재론적인 우선성에 주목하라. 이는 일반적으로 고대의 세계관에서, 그리고 특히 신약성서와 플라톤주의의 사유에서 특징적인 점이다. 이는 현대에서 형이상학이 인식론으로 대체될 정도로, 존재론적인 것에 대한 인식론적인 우선성과는 매우 대조된다.

7 그리스어 "에스카톤"(eschaton)은 요한 6,44의 쓰임새를 따르자면 "마지막"을 의미한다. 이 구절에서 예수는 자신이 "마지막 날"에 아버지가 그에게 끌어 주는 사람들을 일으킬 것이라고 설명

면 그리스도인들은 현재 시대의 종말과 미래에 알지 못하는 때에 그리스도의 복귀에 의해 제정되는 근본적으로 다른 세상의 질서의 도래를 희망한다.

여기서 종말 이전의 우리가 현재 살고 있는 (지나가는) 불완전한 우주적 시대와 지나가지 않을 실재의 새로운 우주적 질서로 인도하면서, 이미 영적으로 깃든 완전함의 미래적 도래가 분명하게 대조된다. 그렇다면 종말 전에 실재의 두 질서가 작동되고 있다. 한 수준에서는 몰락하고 지나가는 시간이 작용하고, 다른 수준에서는 영원하고 변치 않는 천상적인 신의 실재가 작용한다. 이 두 질서는 매우 다른 종류이지만, 우리의 일시적이고 불완전한 시간은 다름아닌 실존에 있어서, 그리고 일관된 조화와 창조된 본성의 일관되지 않은 의미에 있어서 영원한 실재에 깊이 의존하고 있다. 이 두 질서는 시간의 전망 안에서부터, 외관상으로만 미래에서 현재를 구분하는 시간적으로 연속됨에 의해서만 분명하게 분리된다는 것이다. 바오로 사도가 2코린 4,18에서 현재에서 시간적인 것과 변치 않는 것의 관계를 어떻게 기술하는지 주목해 보자. "보이는 것이 아니라 보이지 않는 것을 우리가 바라보기 때문입니다. 보이는 것은 잠시뿐이지만 보이지 않는 것은 영원합니다." 2코린 5,1-10에서 보았던 것처럼, 바오로 사도는 우리의 지상의 삶을 보이고 일시적이고 불완전한 영역과 결부시키며, 물리적으로 죽은 뒤에 우리의 미래의 삶은 보이지 않고 완전하며 영원한 영역과 결부시킨다. 그렇지만 시간적인 것과 영원한 것 간의 관

한다. 이렇게 에스카톤은 이 시대의 마무리이며 다가오는 영원한 생명의 새로운 시대의 시작이다. 이 새로운 시대는 바오로가 1코린 13,10에서 고대하는 바로 그 시대이다.

계는 시간성 자체에 내포된 어떤 것이 아니다. 오히려 반대로 시간은 영원성 안에 접혀져 감싸여 있다. 신약성서의 히브리적인 종말론적인 관점이 비록 이제 우주의 변질된 모습으로 타락한 본성과 일체인 일시적인 것을 발견했다고 하더라도, 시간을 폄하하지 않는다는 점은 중요하다. 창조의 날들에서 나타나는 시간은 좋으며, 히브리인들에게 절정인 일곱째 날에 시간은 하느님의 영원한 평화(샬롬)의 가장 거룩한 성사가 된다.[8] 이야기로 시작하는 창세기에서 본래의 창조에는 죽음이 없어서, 붕괴시키는 일시적인 혼돈(카오스)은 에덴동산의 재앙 시기로 삽입된다. 따라서 신약성서에서 주님의 종말의 날은 시간의 폐기가 아니라, 시간 자체의 구원을 수반한다. 이렇게 해서 슬픔과 무상함을 지닌 죽음은 구원된 창조된 질서에서 제거된다(묵시 21,4). 신약성서가 보여 주는 모든 것을 최종적으로 구원하는 것에 대한 환시는 참으로 일시적인 것들의 절멸을 동반하지만, 우리가 비시간적인 영원성으로 옮겨가는 것을 의미하는 것은 아니다.

1코린 13장에서 우리가 주목해야 할 구절은 12절이다. "우리가 지금은 거울에 비친 모습처럼 어렴풋이 보지만 그때에는 얼굴과 얼굴을 마주 볼 것입니다. 내가 지금은 부분적으로 알지만 그때에는 하느님께서 나를 온전히 아시듯 나도 온전히 알게 될 것입니다." 여기서 드러나는 '이미지'는 우리가 직접 경험하는 거울에서 간접적으로 실제적이고 영원한 진리의 성사인, 다가오는 종말의 사물들의 진리만을 보게 된다는 점이다. 우리가 감각적인 경험의 거울을 통해 희미

---

8 Heschel, *The Sabbath* 참조. Chesterton, *The Man Who Was Thursday*도 참조.

하게 나타나는 이 영원한 진리들을 내적인 눈으로 고정시켜 주시함으로써, 우리는 이 현세의 지나가는 시간 안에서 사랑의 길로 믿음에 의해 걷게 된다.[9] 하늘나라는 그 우주 — 구원적인 총체성에서 아직 충분히 보이지 않으며, 아직 충분히 다가오지 않았다. 하지만 영원한 완전성과 하느님 자신의 무한한 선함과 능력과의 관계에서, 이렇게 보이지 않는 아직 — 드러나지 않은 진리는 일시적이고 지나가는 직접적인 경험의 영역과는 정말로 비교되지 않을 정도로 더 실제적이다. 1코린 13장, 2코린 4장과 5장, 콜로 1,15-20과 에페 6,10-12을 살펴보면, 여러분은 내가 바오로에게서 그가 정말로 말하고 암시하지 않은 어떤 것을 읽지 않고 있다는 것을 보게 될 것이다. 바오로 사도는 정말로 우리의 물질적이고 일시적인 육체에 드러나는 감각적인 영역보다 더 실제적인 실재에 대한 영적인 차원이 있다고 생각하고 있다. 영원한 영적인 실재는 근본적인 반면에 현재의, 죽을 운명을 지니고 신음하는[10], 직접적으로 경험되는 우주의 질서는 이 근본적인 실재에서 파생되고 떨어져 나온 산물이다.

가시적인 일시적 세계와 여기서 바오로가 강조하는 비가시적인 영원한 진리의 관계는 신약성서의 모든 작품에 공통적이며, 바오로 작품들의 독창적인 특징은 아니다. 요한복음 서문을 반향하는 히브 11,3은 "믿음으로써, 우리는 세상이 하느님의 말씀으로 마련되었음을, 따라서 보이는 것이 보이지 않는 것에서 나왔음을 깨닫습니다." 라고 지적한다. 예수는 니코데모와 대화하면서 "그러자 예수님께서

9 2코린 5,7을 참조. 여기서 믿음의 걸음은 보는 걸음이 아니다.
10 로마 8,18-25.

그에게 이르셨다. '누구든지 다시[위로부터] 태어나지 않으면 하느님의 나라를 볼 수 없다… [왜냐하면] 육에서 태어난 것은 육이고 영에서 태어난 것은 영이[기 때문이]다.'"(요한 3,3.6)라고 설명한다. 예수는 우리가 감각적이고 일시적인 사물들의 겉모습을 지나서 물질적인 것들에 부분적으로 체화된 영적이고 영원한 진리를 보기를 원하기 때문에 비유를 사용한다. 예수는 끊임없이 눈으로 볼 수 있고(마태 13,15; 마르 8,18; 요한 9,39), 귀로 들을 수 있는(마태 11,15; 마르 4,9; 루카 8,8) 모든 것에 도전한다. 이로써 우리는 예수가 정말로 말하는 바를 알아들을 수 있고, 예수가 행하는 것에서 우리가 보는 바의 참된 의미를 이해할 수 있다. 이렇게 해서 예수가 의미하는 바는 명백히 주님의 영광에 대한 우리의 관점과 하느님의 말씀에 대한 우리의 이해가 보는 것과 듣는 것을 '통해서' 드러나지만, 이는 오직 영적으로 궁극적인 진리에 열려 있는 사람들에게만 그렇다는 것이다. 궁극적인 진리는 즉각적인 감각적인 것에 즉시 영향을 미치는 영역 내에 들어 있을 수 없다. 일시적인 본성의 거울만을 보는 눈과 들을 수 있는 소리만을 듣는 귀는 영적으로 분별이 없어서, 눈과 귀의 존재의 내적인 영적 성소(聖所)로부터, 눈과 귀를 생명과 진리로 채우는 것으로부터 신의 계시를 차단한다(1코린 2,14-16; 로마 1,18-23 참조).

예컨대 요한 9장에서 예수는 하느님의 풍부한 사랑과 치유하는 은총을 드러내기 위해서 태어나면서부터 눈먼 사람을 치유한다. 하지만 모든 종교적 권력자가 "보는 것"은 예수가 이와 같은 기적적인 업적을 수행할 때 안식일을 어긴 점이다. 예수는 다음과 같이 지적한다. "나는 이 세상을 심판하러 왔다. 보지 못하는 이들은 보고, 보는 이들은 눈먼 자가 되게 하려는 것이다"(요한 9,39). 우리는 여기서 일시적이고 감각적인 경험의 영역은 영적으로 알아보는 눈이 영원하고 궁극적인 진리를 일별하는 어렴풋한 거울 역할을 하는 것을 보게 된다. 그러나 마찬가지로 그에게 하느님의 말씀이 다가오는 사람 또는 주님의 영광이 찰나에 가시적이게 되는 사람은 우리의 감각적인 경험의 거울이 실제로 가리키는 바를 보는 것을 거부할 수 있다. 우리는 오직 반영하는 표면 자체를 보는 것만을 선택할 수 있거나 사물들의 뚜렷한 표면에서 그릇되게 발견되는 의미들을 읽을 수 있다. 특히 요한복음에서는 그리스도의 말씀 중에서 되풀이해서 강조하는 점이 있다. 그것은 하느님의 말씀이 누군가의 생명 속으로 발설되어서, 이 말씀이 믿는 이들에게는 치유하는 영적인 변화를 일으키는 계시가 되지만, 믿지 않는 이들에게는 심판이 된다는 것이다. 우리의 감각적 경험의 세계는 두 가지 가능성들을 따르는 처지에 놓임으로써, 영적인 역동성들은 즉각적으로 증명적으로 그 자리에 있는 것이라기보다 사람들이 보는 바와 관련되는 최종적인 사안이다. 이는 실재에 대한 신약성서의 관점 때문인데, 직접적인 감각의 영역은 결코 현대적 의미에서의 본성이 아니라, 항상 더 크고 더 견고하며 더 실제적인 영적인 영역에 반영되는 본성이다. 이는 결코 물질적인 영역을 폄하하는 것이 아니지만, — 정말로 강생은 생각할 수 있는 시간적 물질성의 좋음에 대한 가장 강력한 긍정이다. — 가시적이고 시간적인 것은 비가시적이고 지속적인 것에 명백히 의존한다는 것이다.

요한복음 서문은 이러한 점에 깊은 반향을 불러일으킨다. 보이지 않는 하느님의 영원한 세계는 존재하는 모든 것 — 이렇게 실존하는 힘들과 존재들은 가시적이거나 비가시적으로 존재한다. — 에 대해 가장 근본적이고 창조적으로 존속시키는 기원이다. 여기서 물리적이고 시간적인 가시적인 세계는 영적이고 영원한 비가시적인 세계에서 파생된 관계로 실존한다. 보이지 않는 것은 보이는 것보다 더 실제적이다.

요약하자면, 신약성서는 하느님의 말씀이 우주의 감각적인 모든 것의 비물질적인 원천이며, 영원한 실재들은 이렇게 실존하는 것들에 대한 근본적인 실재이고, 직접적인 감각성의 영역은 실재의 궁극적인 영역이 아니라고 주장한다. 따라서 우리가 실재를 그것이 실제로 존재하는 것으로 "보려고" 한다면, 우리의 물리적인 눈으로는 그것을 볼 수 없다. 우리는 이 실재를 신적 조명을 수용하는 기능인 우리의 영적인 안목의 과정을 통해 보아야 한다.[11]

이제 플라톤에게로 건너가 보자. 플라톤이 바오로보다 4세기 전에 저술했다는 것을 상기하자.

흐릿한 유리를 통해 실재를 보는 플라톤

『파이드로스』는 1코린 13장과 닮아 보이는 플라톤의 대화록으로서 사랑[12]과, 세계에 대한 감각적인 감상에 의해 우리에게 드러나는

---

11 특히 요한계 문헌에서 신적 빛과 신적 조명이라는 되풀이되는 주제를 주목하라. 예컨대 요한 1,9: "[강생을 통해서] 모든 사람을 비추는 참빛이 세상에 왔다."

12 바오로 사도는 분명히 자비, 이타적으로 주는 사랑인 '아가페'(agape)와 관련된다. 반면에 플라톤은 『파이드로스』에서 '에로스'(eros)를 이해하려고 한다. 에로스는 고전 아테네의 맥락에서 성적이고 욕구하는 사랑으로서 전형적으로 동성애적이고 남색적이다. 하지만 사물들은 『파이드로스』를 읽을 때, 맨 처음 만나게 되는 플라톤의 '에로스'와 바오로의 '아가페' 사이에서 분명하게 나타나는 삐걱거리는 양극성보다 더 복잡하다. 나처럼 여러분이 성사적으로 적합한 성적 관계에 대

모습보다 더 근본적인 보이지 않는 진리와 관련된다. 이 대화록의 중심적인 시적 이미지에서 플라톤은 영혼을 양 날개 달린 한 쌍의 말을 모는 마부로 묘사한다.[13] 고귀한 날개가 달린 말로서 우리 본성의 한 부분은 높고 영광스러운 영원한 실재들을 열망하는데, 이 본성은 체화되기 전부터 기억을 간직하고 있다. 볼품없는 날개가 달린 말로서 우리 본성의 다른 부분은 영혼에 의해 쉽게 제어되지 않으며, 이 지상의 삶에서 오직 물질적 필요와 즐거움에 대한 부끄러움을 모르는 만족만을 열망한다. 고귀하고 비천한, 동기가 되는 두 힘의 결합 때문에 영혼은 지배해야 하고, 불멸의 영적인 존재에게 합당한 방식으로 자신의 생명의 마차를 몰아야 하는 더없는 과업을 지닌다. 그렇기는 해도 영혼은 자신의 사멸할 길 이후에 심판을 받을 것이며, 영혼이 미천한 힘들이 고귀한 힘들을 누르도록 허용한다면, 또는 영혼이 태어나기 이전의 비행에서 고귀한 것을 결코 참으로 알지 못했다면, 죽을 몸을 지닌 영혼의 길은 영적인 가난을 비하하는 여행이 될 것이

해서 보수적인 관점에서 유다-그리스도교적으로 이해한다면 말이다. 열망하는 사랑의 종류를 플라톤은 가장 높은 사물들을 열망하는 '에로스'에 관심을 가진 사람에게 가장 적합하다고 생각한다. 이처럼 더 높은 사랑의 전형적인 귀감이 되는 소크라테스는 물리적인 에로티시즘에는 전혀 무관심했다. 소크라테스는 이 에로티시즘을 높은 '에로스'의 실체가 없는 그림자로 다룬다. '에로스'에 대한 플라톤의 가르침의 특징들 — 여기서 가장 높은 인간의 열망들은 항상 신적인 실재와 좋음 자체(신)에 대한 것이다. — 을 신약성서의 '아가페'에 대한 이해와 조화시키는 잠재력은 예컨대 교황 베네딕토 16세의 회칙『하느님은 사랑이시다』에 함축되어 있다. 플라톤의『향연』에 대한 캐서린 오스본(Catherine Osborne)의 글 "드러난 에로스. 플라톤과 사랑의 신"을 참조하라. 이 글은 플라톤에 대한 에로스의 탐색에 있어서 섬세하고 통찰력 있는 미묘한 차이를 이해하고자 하는 사람이 읽어야 한다. 전체적으로 플라톤은 인간의 성에 대한 영적인 지평을 완전히 이해함으로써, 좀더 단순한 감각적인 욕망이 충족되는, 항상 불만족스러운 요구를 자극하는 것에 의해 단순히 관능적인 에로티시즘이 본질적으로 에로틱한 열망으로 몰아가서 비도덕적으로 되는 것에 만족할 수 없다. 우리 시대에 노골적으로 관능화되고 집요한 가상의 에로틱한 자극에 있어서 플라톤의 에로스에 대한 통찰은 틀림없이 많은 좋은 것을 우리에게 줄 것이다.

13 『파이드로스』 246a-250c.

며, 이 영혼은 이에 따라 벌을 받을 것이다.

우리가 어렴풋한 거울을 통해서 실재의 참된 본성을 파악한다는 바오로의 서술을 유념하면서, 『파이드로스』의 아래 구절을 참조해 보자. 흥미롭게도 플라톤과 바오로에게 있어서 참된 실재가 시간적인 일시적인 영역을 넘어선다면, 바오로에게는 시간 안에서 적극적으로 선취되는 영원한 실재의 미래적 현실화가 있으며, 반면에 플라톤에게 있어서는 여기서 이제 상기되고 응답되는 신적 실재에 대한 탄생 이전의 모습이 있다.

> "[육체를 지닌] 모든 영혼이 다른 세상의 것들을 상기하기는 쉽지 않다… 이 영혼들은 자신들이 과거에 잠시 보았던 거룩한 것들에 관한 기억을 상실했을 수도 있다… 왜냐하면 이데아의 모상적 사본들에는 [상대적으로] 정의나 절제의 또는 영혼에게 있어서 귀중한 더 높은 이데아들 중 어떤 것의 빛도 없기 때문이다. 이 이데아들은 희미한 유리를 통해서 보인다. 이렇게 모사본들로 다가가서 이것들 안에서 실재들을 보는 몇몇 사람들이 있다. 하지만 어려움 없이 그렇게 하지는 못한다."[14]

여기서 나는 벤자민 조웨트의 번역을 사용했는데, 왜냐하면 그가 1코린 13,12에 대한 명백히 자구적 암시를 주는 "희미한 유리를 통해서"라는 어휘를 사용했기 때문이다. 그러나 이는 바오로가 여기서 플라톤을 인용하고 있는 경우는 아니다.[15] 그럼에도 조웨트는 우리가

---

14 다음의 번역을 사용했다: Jowett, *The Dialogues of Plato*, vol. 1, 456.

15 여러분은 로엡 클래시컬 라이브러리(Loeb Classical Library)의 플라톤 대화록 1권에서 『파이

여기서 플라톤에서 발견하는 것과 매우 유사한 뜻으로 번역한 킹 제임스 성서에서 사용된 것과 유사한 표현 방식을 사용하는데 전혀 실수하지 않는다. 플라톤의 선분의 비유(『국가』 509d-511e)에서 일시적인 감각적 세계는 영원한 영적 진리를 희미하게 반영한 것으로 여겨지며, 이러한 상위 진리들은 이와 같은 상위의 진리들이 일시적이지 않고 영원하기 때문에, 직접적으로 어떤 감각적인 매개에 의해 파악될 수 없다. 이렇게 더 하위의 것이 더 상위의 것에 참여하지만, 직접적인 모든 지각의 근거가 되는 더 상위의 실재에 대한 어떤 앎도 우리의 추정적인 앎의 관점에서는 직접적인 감각의 일시적인 영역에 대한 것일 수 있다.

플라톤과 바오로는 궁극적인 실재의 영적인 본성과 감각적인 실재의 허약하고 파생적인 본성에 대해 대체로 같은 것을 말하면서 다른 이미지와 다른 표현 방식을 사용한다. 이러한 점에서 바오로가 플라톤을 표절하고 있다기보다, 플라톤과 바오로 양자가 실재의 본성에 대해 동일한 근본적인 관점을 공유하는 매력적인 점을 보여 준다고 하겠다. 월터 윙크는 우리에게 매우 도움이 되는 것으로, 자신이 "고대의 세계관"[16]이라고 부르는 윤곽을 제공한다. 내 생각에 이 점은 플라톤과 바오로 양자에게 공통적이다. 윙크는 고대 시대에 지배적으로 받아들여진 형이상학적 세계관이 실재 자체가 그 안에 토대를 두고 있는 영적 실재들과 친밀하게 얽혀 있는 감각적 지각의 직접적 영

드로스』의 그리스 원문을 찾아볼 수도 있다. 로엡의 영어 번역은 헤롤드 파울러에 의해 이루어졌다. 조웨트가 "희미한 유리를 통해서"로 제시하는 것을 파울러는 "감각의 희미한 기관들을 통해서"로 좀더 자구적 번역으로 제시한다.

16 Wink, *Engaging the Powers*, 3-10.

역을 발견한다고 설명한다. 이렇게 감각적 영역은 영적 영역의 부분적인 반영으로 여겨지며, 그 때문에 모든 물리적인 것들은 결코 그저 물리적인 것이 아니라, 우리가 직접적으로 지각하는 실재의 맥락들을 역동적으로 움직이는 실제적 원천인 영적 힘들, 지성적인 것들, 이데아들, 가치들, 의미들, 권위들의 불완전하고 일시적인 기능들이다. 의미심장하게도 이러한 점은 물리적인 것과 영적인 것 간의 이원론을 수반하지 않는다. 왜냐하면 여기서 물리적인 존재가 영적인 것에 대한 의존 관계 없이 가시적일 가능성은 없기 때문이다.[17] 고대 세계관에서 물질적인 것은 이해되고 질서정연한 것일 수 없었고, 또는 영적인 것에 대한 참여 때문이 아니라면 의미가 없었다. 플라톤은 아마도 고대의 영적으로 의존하는 세계관을 가장 충만하게 표현한 고대의 가장 위대한 사상가일 것이다. 그는 이러한 점이 함축하는 것이 아주 깊숙이 침투해 있다고 생각했다. 이렇게 영원하고 보이지 않는 실재들이 감각적인 것들에 대한 앎보다 더욱 실제적이라는 1코린 13장의 관념은 우선적으로 한 플라톤주의자의 입장은 아니지만, 플라톤과 신약성서 양자가 수용하는 입장이다.[18]

---

17 참고로, 윙크는 "고대의 세계관"을 물리적인 것이 영적인 것과 완전히 통합되는 것으로 규정한다. 이는 고대와 다른 시대에서 오직 영적으로만 정향된 세계관은 아니다. 따라서 윙크는 "영적인 세계관"을 "고대의 세계 관점"과 구분한다. 영적인 세계관은 영적인 실재를 유일한 실재로 봄으로써, 물질은 (영과 반대되고 영이 부패한 것으로서) 환상 또는 본질적으로 나쁜 것이다. 영지주의와 신플라톤주의 몇몇 형태가 분명히 이와 같은 관점을 지닌 반면에, 플라톤의 대화록이 구체화(embodiment)에 대해서 지니는 관점은 육체와 영 사이의 그노시스적인 양극성이 타당할 수 있는 것보다 훨씬 더 감지하기 힘들 정도로 미묘하다. 신약성서의 관점이 육체와 물질적인 창조의 선함을 옹호한다는 것은 의미심장하다. 따라서 이 점은 영적인 세계관보다 고대의 세계관 내에 자리잡고 있다. 따라서 분명하게 정통 그리스도교 플라톤주의는 영적인 것과 물질적인 것에 대한 통합적인 이해를 끌어안고 있다.

18 믿음에 대한 그리스어는 일반적으로 신약성서에서 지니는 의미보다 플라톤에게서 더 어려운

윤리적 실재론

아주 간략하게 말해서, 플라톤과 신약성서 양자가 취하는 다른 공통적인 관점은 윤리적 진리들이 신적 원천을 지닌다는 것이다. 이러한 입장은, 규범적인 인습과 관례들이 시간, 장소, 문화에 따라 다르지만, 어떤 행위를 옳게 어떤 행위를 나쁘게 만드는 원천은 궁극적으로 문화적으로 상대적인 것이 아니며, 이런 상대적인 것을 루이스는 "대상적 가치"[19]라고 부르는 바로부터 기인한다고 주장한다. 이 책의 2장에서 논의된 것으로서 우리는 『국가』에서 윤리성이 진리나 오류일 수 없는 것과 관련되는 단순한 관습의 산물이라는 관념을 전적으로 거부한다는 것을 보았다. 태양의 은유(『국가』 508a-509b)에서 플라톤은 영원한 좋음과 물리적인 태양 간의 비유를 묘사한다. 왜냐하면 좋음이 실재 안에서 모든 생명과 존재, 지성성의 원천인 것처럼, 태양은 우리가 직접적으로 지각하는 경험에서 모든 생명과 실재의 신적인 원천에 대한 감각적인 반영이기 때문이다. 플라톤에게 있어서 윤리성은 신적인 기원을 지니고, 신적 본성을 직접적으로 반영하는 것으로 간주된다. 신약성서의 저자들에게 있어서 명백한 도덕률을 포괄하는 신의 법은 신에 의해 주어졌고, 그러한 것으로서 이 법은 위

기술적 의미를 지닌다. 고전 플라톤주의 인식론에서 믿음은 앎의 매우 낮은 형태로서, 감각적으로 반영되는 영역에 묶여 있으며, 영원한 진리에 대한 참된 앎이 아니다. 그럼에도 이러한 술어론적인 대립이 표면적으로 가리키는 것보다, 신약성서의 믿음에 대한 이해와 상위 지식에 대한 플라톤주의적 이해 간에는 더 많은 공통점이 있다. 아주 간략하게 언급하자면, 보이지 않는 것들이 직접 보이는 것보다 '더 실제적인' 것으로 생각되는 방식은 신약성서의 믿음에 대한 관점과 플라톤주의의 상위 지식의 관념 양자에 공통적이다. 하지만 양자가 다른 곳에서 감각적 실재에 내재된 역사는 그리스도교에서 신적 계시의 선택된 매개이며, 이러한 매개는 고도의 플라톤주의 인식론에서는 영원한 진리를 드러내는 과업에 비본질적이며 부적합한 것으로서 어느 정도 거부된다.

19 Lewis, *The Abolition of Man*, 11.

대한 영광을 지니며 신의 본성을 반영한다. 철학자들이 (윤리적 진리들이 단순히 사회적으로 구성된 규범이 아니라 실재에 대한 진리라는 믿음으로서) "윤리적 실재론"이라고 부르는 바에 의한 방식은 다른 방식으로 플라톤과 신약성서에 적용된다. 하지만 재차 플라톤과 신약성서 양자는 분명히 신 안에서 윤리성에 토대를 두는 것에 관계되는 같은 악보를 보고 노래부르고 있다. 플라톤과 제2 성전 시대의 유다이즘, 그리고 신약성서의 저자들은 모두 영적으로 의존하며 신적으로 주어진 윤리성에 대한 같은 종류의 관점을 공유한다. 여기서 영원한 윤리적 실재들의 실존은 문화적 규범의 다른 유형들을 산출하는, 그러한 진리들을 표현하는 일시적인 시도보다 실재에 더 근본적이다.

세계관의 충돌

신약성서를 읽는 현대 독자들에게 신약성서의 것으로 상정되는 형이상학을 잘못 읽거나 단순히 놓치는 것이 얼마나 쉬운지는 생각해볼 만한 가치가 있다. 오늘날 현대적 세계관은 전형적으로 물리적인 우주가 자족적이며, 영적인 것으로 이루어진 초자연적인 영역과는 분리되어 봉쇄된 완전히 물질적인 실재라고 추정한다.[20] 기능적으로

---

20 윙크는 모더니티 내에서 익숙한 두 가지 형이상학적 관점을 발견한다. 그가 물질적인 세계관이라고 부르는 바는 영적인 것이 비실존적으로 생각되는 곳에 있지만, 또한 윙크가 신학적 세계관이라고 부르는 관점이 있다. 이 신학적 세계관은 본성적인 영역에서 완전히 독립적인 초본성적인 영역이 있다고 주장한다. 윙크에 따르면 "그리스도교 신학자들은… 이러한 초본성적인 영역이 감각에 의해 알려질 수 없다는 것을 인정하면서… 현대 과학에 대한 지상적인 실재를 허용하고, 추인이나 거부로부터 영향을 받지 않는 특권적인 영적인 영역을 보존한다. 실재와 천상적이고 지상적인 실존의 측면에 대한 동시성이라는 통합적인 관점을 희생하고서라도 말이다"(Wink, *Engaging the Powers*, 5). 윙크의 책은 부분적으로는 매력적이다. 왜냐하면 그는 우리의 현대 형이상학적이고 우주론적인 추정들(어쨌든 이러한 추정들은 근본적으로 성서의 형이상학적이고 우주

모더니티 내에서는 물질주의적인 비그리스도교와 "초자연적인" 그리스도교에서 취해진 것 간에 어떤 실질적 차이도 없다. 양자에게 여기 지금의 세계는 객관적인 과학에 의해 알려진, 전적으로 자연적이며, 전적으로 비영적인 영역 내에서 작용한다. 이와 대조적으로 예수, 바오로, 요한, 플라톤은 모두 물질적인 세계가 근본적으로 영원한 의미(로고스)와 가치(신의 좋음)에 의존한다고 생각한다. 이들에게 이 물질적인 세계를 별도의 자립적인 물질적인 실재로 여기는 것은 쉽사리 상상조차 할 수 없다.[21] 플라톤에게 있어서 감각적으로 드러나는 영역이 시간과 공간에서 일시적으로 표현되는 영원한 형상을 위해 있지 않다면, 이는 단순히 지각되거나 이해될 수 있는 것은 아닐 것이다. 더 나아가서 플라톤에게 있어서는, 우리가 영적인 실재에 의해 쓰여지고 형성된 마음을 지니지 않았다면, 우리는 시간 내에서 부분적으로 표현되는 영원한 이성의 항상 현재적인 흔적들을 이해할 수 없을 것이다. 플라톤에게 있어서 우리가 지금 과학적인 지식이라고 부르는 것은 자연에서 표현되는 신적 질서와 가치적 존재 없이는 불가능할 것이다. 그럼에도 시간과 물질의 매개는 비본질적으로 일시적인 반면에, 부분적이고 잠정적으로 시간과 물질을 통해서 표현되는 영원하고 실제적인 진리들은 그 자체로는 시간적이며 물질적이지 않다. 1코린 13,12의 바오로의 말에 따르면, 하느님의 영원한 사랑과 비교

론적인 추정들과 양립될 수 없다.)과 정치적 권력과 일상의 실재론에 대한 우리의 작용적인 추정들 간의 연결점을 보기 때문이다.

21 흥미롭게도 조지 버클리(1685-1753)의 "순수한 물질"에 대한 불신, 곧 의미 없는, 가치 없는, 존재를 부여하는, 지속적이고 창조적인 신의 정신 없는 물질에 대한 불신은 그리스도교 성서에서 받아들여진 고대의 세계관에 명백하게 공감하고 있는 것이다.

해서, 현시대의 감각적인 즉각성 내에 확고하게 자리잡은 지식은 내재적으로 일시적이며, 내재적으로 임시적이며, 궁극적인 중요성도 없다. 하지만 플라톤에게 지나가는 "지식"은 비록 임시적으로 유용하고 도구적으로 강력한 믿음이라고 하더라도, 참된 지식은 아니다. 그렇다면 영원히 알지 못하는 어떤 것을 어떻게 참으로 '알' 수 있겠는가?

여러분이 현대 신학의 논쟁점인 "은총과 본성"에 대해서 생각한다면, 곧장 이러한 논쟁점이 실재에 대한 광범위한 플라톤주의적 관점 내에서는 생길 수 없다는 것을 알아차릴 것이다. 고대의 관점에서는 공간, 시간, 물질로서의 본성에 대해서, 질서, 가치, 목적, 의미로서의 은총에 대해서 생각할 수 있을 것이다. 이러한 관점에서 본성은 은총의 부분적인 표현을 위한 매개이다. 하지만 이러한 관점 내에는 근본적으로 은총이 부여된 것과는 다른 것으로서의 본성을 상상할 수 있는 방식이 없다는 점에 유념하자. 여러분은 형상 없는 질료를 어떻게 생각할 수 있겠는가? 의미 없는 사실들을 어떻게 지닐 수 있겠는가? 가치 없는 객관성이 어떻게 있을 수 있겠는가? 영원성 없는 시간이 어떻게 있을 수 있겠는가? 이성 없이 어떻게 생각할 수 있겠는가? 플라톤에게 시간과 공간, 물질에서 표현되는 모든 것은 좋음 자체로부터 흘러나오는 신적인 이성으로부터 파생되고 존재론적으로 의존하는 창조이다.

신약성서와 플라톤 양자에게 물리적이고 시간적인 가시적 세계는 영적이고 영원한 비가시적 세계에서 파생된 관계에서 존재한다. 여기서 보이지 않는 것은 보이는 것보다 더 실제적이다. 여기서 보이는 것의 영역은 우리에게 친근하지만 보이지 않는 것에 대한 불완전하고 파생적인 의존성 때문에 이해될 수 있고 질서 지어진다. 이제 정신에 있어서 이러한 공통성을 근대적 반론들에서 더 면밀하게 보게 될 것이다. 이러한 반론들은 교회의 초세기에 위대한 몇몇 사상가들에 의해 플라톤주의적 사유와 그리스도교적 믿음이 함께 발전된 방식에 대한 것이다.

5. 그리스도교 플라톤주의는 어떻게 그리스도교적인가?

비록 신약성서와 몇몇 핵심적인 플라톤주의의 이념들 간에 공감대가 적지 않다 하더라도, 근대의 서구 그리스도교는 종종 그리스도교 플라톤주의의 이념이 즉시 의심스럽다고 생각했다. 이러한 의심의 많은 점들은 그리스도교 플라톤주의가 어떻게 나타났는가, 그리고 실제로 무엇을 수반하는가에 대해 조심스럽게 지지된 부정적인 평가의 역할을 한 것에서보다, 모더니티와 그리스도교 플라톤주의 사이에 있는 제각각의 인식론적이고 형이상학적인 양립불가능성에서 더 많이 만들어진다. 우리가 검토하려는 바에서는 이제 그리스도교 플라톤주의가 어떻게 성립되었고, '그리스도교' 플라톤주의로서 특징적인 점들이 무엇인가에 대한 무지를 제거하기 위한 몇 가지 역사적 준비 작업을 할 것이다. 여기에는 다루어야 할 영역들이 많이 있다. 따라서 어떤 사안들은 건너뛰고 한 사안에서 다른 사안으로 넘어감으로써 다소 단편적으로 여겨질 수 있을 것이다. 하지만 여기서 다루는 모든 역사와 관념은 초기 그리스도교와 플라톤주의의 사유의 관계에서 작동하는 관점을 확립하는 데 필요하다.

그리스인들에게는 어리석음

그리스도교 플라톤주의의 관념에 반대하는 하나의 명백한 이의가 먼저 제기되어야 한다. 확실히 그리스도교의 복음이 플라톤의 그리스 철학적 사유와 양립될 수 있는 점으로부터 아주 멀리 떨어져 있다고 합리적으로 생각할 수 있겠다. (전통적인 견해에 따르면) 한 명의 신약성서 저자만 그리스 사람이었고, 그리스 사람인 루카가 신약성서의 네 복음서 중의 하나를 저술했다고 해도, 다른 모든 신약성서 저자는 모두 유다인들이었다. 물론 예수는 시골 나자렛 출신의 유다인으로서, 장인이자 순회 교사였지, 그리스 철학자나 어떤 유의 학자도 아니었다. 사실 여러 경우에서 그리스인들은 신약성서에 별로 관심을 두지 않았다. 예수는 명시적으로 문화적으로 그리스인(Hellēnis)인 한 여인에게 모욕적으로 말했다(마르 7,26-27). 바오로는 십자가상의 신적인 지혜가 그리스 철학에는 어리석다는 점에 주목한다(1코린 1,18-25). 그리고 루카는 아테네인들을 항상 최근에 유행하는 이야기들로 시간을 보내는 게으른 호사가들이라고 비웃었다(사도 17,21). 참으로 예수의 핵심적인 제자들은 확실히 학문과는 무관한 갈릴래아 출신들로서 예루살렘에서 그들의 종교 지도자들의 문화적인 타협에 반대하는 지역적인 유다교적 편견을 드러낸다. 이 종교 지도자들은 자신의 비유다인 지배자들의 교묘한 책략에 억울하게 휘말린 것으로 묘사된다. 신약성서는 저항적인 갈릴래아 지역의 관점에 갇혀 있는 것처럼 여겨진다. 이러한 관점은 스스로 권한을 부여하는 종교적 독립성과 이들의 나자렛 지도자의 근본적인 열성을 고려할 때 놀랍지 않다.

이러한 이유들 때문에, 신약성서를 읽고 예루살렘이 고대의 중심이었고 비유다인들인 그리스인들과 로마인들이 복음 세계 밖의 타락한 이교도들이라고 잘못 이해하기가 쉽다. 이는 그릇된 관점이 될 것이다. 왜냐하면 그리스어의 영향과 그리스-로마의 문화적 환경은 신약성서에 아주 깊이 스며들었기 때문이다. 참으로 기원후 70년에 예루살렘의 함락으로 유다 그리스도교가 사실상 막을 내린 뒤에 그리스도교가 번성했다는 점은 그리스도교 신앙이 비유다교적인 그리스-로마 세계에서 얼마나 순조롭게 이해될 수 있었는가를 증거한다. 복음서들이 쓰일 때까지, 그리스도교는 이미 대부분 비유다인들로 구성되었다. (바오로의 서간들이 신약성서에서 가장 이른 시기에 쓰였다는 점을 상기하자.)

그다음에 바오로 사도가 등장한다. (현재 튀르키예에 위치한 당대의 가장 중요한 헬레니즘[1] 도시였던) 타르수스 출신의 바오로는 매우 학식 있고 활동적인 인물로서 초기 그리스도교의 그리스-로마화에서 핵심적인 인물이다. 이런 이유에서 오늘날 바오로가 그리스-로마 그리스도교를 고안했는가, 그리고 이러한 바오로의 그리스도교가 실제로 원래의 예수 운동의 유다적이고 갈릴래아적인 본성을 근본적으로 파열시켰는

---

1 '헬라스'(Hellas)는 고전 그리스 역사가인 투키디데스가 '헬레네인들'(Hellenes, 곧 그리스인들)이 사는 곳을 말하기 위해 사용한 용어이다. 투키디데스는 고전 시대 이전에 에게해 주변에 사는 뚜렷이 구분되는 민족들이 있었지만, 그들 사이에 문화적 동일성이라는 공통적인 의식은 없었다고 설명한다. 명백히 그리스의 시조 헬렌(트로이의 헬렌이 아니다.)은 민족들 간의 감성을 종교로 어느 정도 통합하는 데 기여한 첫 번째 인물이다. 이 점은 '헬라스'가 어떻게 그리스를 대체적으로 의미하는 관념이 되었는가를 설명해 준다. 아테네가 짧았던 제국의 황금시대에서 멀어진 뒤에(그러니까 투키디데스 시대 이후에), 마케도니아의 정복자 알렉산더 대왕은 거대한 제국을 창조했고, 그리스의 문화적 감성들은 아프리카, 아시아, 지중해 유역과 메소포타미아 지역으로 유입되었다. 이렇게 알렉산더에서 로마 제국의 부흥에 이르기까지 고대 역사 시기는 종종 헬레니즘 시대로 불린다. 그럼에도 로마 제국의 교양 있는 계급들은 그리스어로 말했고, 그리스 문화에 대한 사랑은 로마 제국의 강력한 특징이었다. 이렇게 헬레니즘은 고대 세계에서 훨씬 넓은 의미로 그리스 문화의 영향을 의미하게 된다.

가에 대해서 상당한 관심이 생겼다. 하지만 그리스도교와 바오로 간의 근본적인 단절을 주장하는 것은 타당해 보이지 않는다. 나는 라이트와 같은 신약성서 학자들의 견해에 동의하면서, 바오로를 급진적인 종교적 혁신가로서 그리스도와 그리스도교 양자를 재작업해서 낯선 갈릴래아의 작은 종파를 세계적 종교로 만든 인물이라고 생각할 어떤 근거도 보지 못한다.[2] 왜냐하면 유다 지역의 초기 유다 그리스도교 공동체들이 확실히 비유다인 신자들과는 다른 공동의 전례적 특징들을 지니고 있었던 반면에, 유다 그리스인들과 그리스 그리스도인들 간의 연속성의 노선들은 이들 간의 차이보다 훨씬 더 강력했기 때문이다. 이들의 연속성의 중요한 특징은 고대 세계의 모든 주민이 살았던 거대한 그리스-로마 환경 아래 놓여 있었다는 것이다. 이렇게 신약성서의 저작들과 분리될 수 없는 광대한 환경의 몇 가지 특징들을 간략하게 살펴보자.

그리스어와 신약성서

그리스어는 그리스도교에 토착어이다. 심지어 언어적 관점에서 그리스도교는 그리스 종교라고 말할 수도 있다. 하지만 이러한 점은 결코 신약성서 시대에 그리스도교의 유다적 맥락을 약화시키지는 않으며, 유다이즘이 당시 장소와 시대에 확실히 거대한 그리스-로마 세계 안에서 아주 독특한 종교적이고 정치적인 특징들을 지녔다는 것은 의심의 여지가 없다. 하지만 왜 그리스어와 그 문화가 첫 세기 유

2 Wright, *Paul*.

다 지역을 점유하고 삶의 세계를 형성한 정도를 과소평가하지 않아야 하는가에 대해서 적어도 세 가지 이유가 있다.

첫 번째로, 헬레니즘 문화의 영향은 나자렛 예수가 가르치기 시작할 때까지 세 세기 이상 이루어졌다. (이는 현대 오스트레일리아가 생긴 것보다 더 오래되었다.) 두 번째로, 기원전 4세기에 알렉산더 대왕의 페르시아 제국 정복 이후에 그리스 제국에 비해 왜소했던 유다의 관계에 대한 역사는 분명히 문화적으로 침략적이었고, 때로는 난폭하고 신성모독적이었다. 이러한 맥락에서 유다이즘은 생존을 위해서 헬레니즘에 상당히 큰 문화적 적응을 해야 했다. 세 번째로, 지금도 그렇지만, 제2 성전 시기 유다이즘에서 성서를 이해하기 위해서 문자를 숙달해야 하는 중요성 때문에, 당대 유다인들은 대체로 글로 전파되었던 고도의 문화를 수용하는 데 매우 안정적이었다. 디아스포라의, 그리고 종종 예루살렘의 유다인들도 상당수가 글을 읽고 쓸 줄 알았고, 종종 그리스의 배움과 지혜에 매료되었다. 많은 그리스인들도 유다교에 상당히 매료되었다. 하지만 여기서는 유다이즘에 대한 헬레니즘의 언어적인 영향에 초점을 맞추어 보자.

70인역은 유다교 성서의 번역을 포함해서 알렉산드리아의 유다인들에 의해 대규모로 쓰인 그리스어 성서의 모음이다. 70인역은 아마도 기원전 약 250년에서 100년에 이르는 기간에 걸쳐서 쓰였으며, 주로 유다 지방의 첫 그리스도인들과 아마도 거의 거대한 그리스-로마 세계의 초기 그리스도인들에 의해 사용된 성서이다. 물론 신약성서는 로마의 동쪽 그리스-로마 문명의 공용어였던 코이네 그리스어로 쓰였다. 이렇게 그리스어는 초기 교회가 살았던 문화적 세계의 구조에 토대가 되었다. 더 나아가서 그리스어는 제국의 언어였다. (교양 있고 귀족적인 로마인들은 그리스어를 구사했다.) 그리고 그리스어를 배우는 것은 제국의 흩어진 주민들과 제국을 단단히 묶는 힘과 지식으로 연결하는 다리였다.

앞서 서술한 이유들 때문에 우리는 그리스어로 된 그리스도교의 성서를 가질 수 있으며 이를 번역할 수 있다. 하지만 우리가 정말로 그리스어가 가진 의미의 미묘한 차이와 성서의 그리스어가 그 본래적인 의미를 지니는 맥락을 이해하기를 원한다면, 그리스도교 성서에서 그리스어를 따로 뽑아낼 수는 없다. 언어를 통해 종종 아주 미묘하게 다양한 문화적 가정들에 어느 정도, 심지어 의미 있는 소통에 있어서 진술되지 않은 배경인 관념과 관점에도 어느 정도 다가가게 된다. 신약성서의 배경적 관점에서 그리스 관념들에 대한 중요한 몇 가지 흔적들을 찾을 수 있을지 살펴보도록 하자.

신약성서와 그리스의 믿음과 관념

알렉산드리아는 그리스어를 쓰는 이집트의 도시였다. 이 도시는 유다교가 그리스의 지성적 문화에 활발하게 참여한 곳으로 알려져 있다. 나자렛 예수와 동시대인이었던 알렉산드리아의 필론은 그리스의 지성적 문화를 유다교가 독특하게 이용한 것과 요한이 그리스도교 신약성서에서 특별하게 사용한 핵심적 용어 간에 뚜렷한 가교를 우리에게 제공한다. 특히 필론의 방식 중 하나는 유다교를 그리스 철학과 연결하는 것이었으며, 이는 '로고스'라는 용어에 대한 독특한 해석을 통해서 이루어졌다.

이러한 점에서 우리는 "로고스"를 다시 살펴볼 필요가 있다. 이 고급 그리스어는 "말", "이성", "논리", "설명"을 의미한다. 고대인들이 이 용어를 철학적으로 사용했을 때, 이 용어는 종종 우주적 넓이를 지님으로써 우주의 질서와 지성적 목적은 이성의 언어를 통해서 우리의 정신에게 말하게 된다. 예컨대 아낙사고라스에게 우주 안의 질서는 우리와 교감하는 신적 정신을 나타낸다. 여기서 로고스는 우주의 일관성과 아름다움을 만들어 내는 신적인 이성이다. 따라서 이성은 신적이며, 사멸할 존재인 우리는 이성적 구조, 지성적 본질 또는 우주 안에서의 의미 있는 목적을 감지할 때마다 신적 정신으로부터 통교를 받아들이는 것으로 여겨진다.

여러분이 3장을 상기한다면, 모더니티의 기원 노래는 이성으로서의 로고스를 환상으로서의 미토스(신화)와 대비시키는 것처럼 보일 것이다. 이 노래에서 이제 우리는 세속적이고 기능적인 유물론적 모더니티에 매몰되어 있어서 이성에 대한 우리의 개념은 세속적이고 기능적인 유물론으로 기울어 있다. 이와 같은 이성의 개념은 종교에 대한 현대적 개념과 적절하게 대조된다. 우리는 철학을 과학적으로 검증될 수 있는 물질적 세계에 적용되는 단호하고 논리적인 추론 활동으로 생각하려는 경향이 있다. 우리는 날카롭게 대조해서 종교를 과학적으로 검증될 수 없고 주관적인 믿음과 관련되는 것으로, 물질을 넘어서는 영역과 관련되는 상상적인 사색과 연관되는 것으로, 기적적인 것에 대해 현대 이전의 어느 정도의 신빙성을 수용하는 것으로 생각하려는 경향이 있다. 이렇게 모더니티의 신화 내에서 '진짜' 철학은 종교의 마술적인 신화를 뿌리침으로써 부흥한다.

우리가 보았던 것처럼, 모더니티의 창조 이야기는 고대의 그리스도교 이전 철학을 합리적이고 과학적인 진리를 향한 노정에서 종교를 떨쳐 버리는 시작으로 읽으려는 경향을 지닌다. 하지만 콘포드와 예거와 같은 학자들이 강력하게 주장하는 것처럼, 이러한 점은 고대 철학을 거의 완전히 음흉하게 독해하는 것이다. 고대 세계에서 로고스는 근본적으로 종교적 관념이며, 종교와 철학은 밀접하게 얽혀 있다.[3] 이러한 점은 정말로 세계를 바라보는 매우 분별 있고 자연스러운 방식이다.[4]

필론은 70인역을 읽으면서 이사 55,11이 철학적으로 매우 흥미롭다는 사실을 발견했다. 이 구절은 하느님이 당신의 의지를 성취하는 수단이 되는 하느님의 말씀(로고스)에 대한 것이다. 이렇게 해서 필론은 우주적 이성에 대한 그리스 관념을 아브라함, 이사악, 야곱의 하느님의 활동적인 의지와 동일시했다. 이러한 방식으로 필론은 유다교를 그리스 철학과 결부시키려고 했다. 아주 당연하게 필론의 노선

---

3 Cornford, *From Religion to Philosophy*, Jaeger, *The Theology of the Early Greek Philosophers.*

4 나는 "감지하는"(sensible)과 "자연적인"(natural)이라는 용어를 의도적으로 여기서 사용한다. 감지한다는 것은 우리의 감각이 우리에게 직접적으로 분명하게 된다는 것을 의미한다. 우리가 실제로 감지하는 세계는 질서에 뿌리박고 있으며, 본질적으로 의미 있게 경험된다. 현대에 이르기까지 먼 옛날부터 이러한 질서와 의미는 실재에 신적으로 주어진 것으로 여겨졌다. 이러한 점은 인간성의 본성적이고 본래적인 관점이다. 이러한 의미에서 현대의 자연주의는 완전히 비자연적인 혁신이다. 현대의 자연주의에서 우주의 질서는 무작위의 특별한 이유가 없는 기회의 역할로 간주되며, 섭리적 질서를 지닌 실재의 구조를 부여하는 어떤 신적 정신을 입증하지 못한다. 우주적 질서와 일관성은 현대 자연주의에 놀라울 정도로 신비스럽지만, 이러한 점들은 전적으로 불투명한 신비이다. 현대 자연주의에 있어서 의미는 물질적 실재의 대상적 특징이 아니라, 우리가 의미 없는 실재에 투사하는 주관적으로 해석되는 해설이다. 우리가 타당한 의미를 지니는 것으로 생각하는 어떤 것을 어떻게 취할 수 있는가 하는 것은 이러한 입장이 실제로 믿어지는 것이라면 전적으로 불분명하다. 고대인들에게 있어서 우주의 질서와 의미 있는 사유는 실재의 근본적 특징들이며, 우리를 신적인 것과 밀접하게 연결해 주는 특징들이다.

을 따르던 헬레니즘적 유다인들은 "그런 다음 하느님이… 라고 말씀하신다."는 창세기 1장의 구절을 창조된 모든 실존의 영원히 활동적인 토대로서 신의 이성/말씀과 연결시키는 데에 이르렀다. 요한이 하느님의 로고스를 우주가 창조되는 수단과 동일시했을 때, 이는 쉽게 알아볼 수 있을 정도로 헬레니즘적 유다인들이 이해한 것이었다. 참으로 당신의 로고스를 통해 모든 것을 창조하는 하느님에 대한 요한의 관념은 신약성서가 쓰인 그리스-로마의 문화적 환경 밖에서는 거의 생각할 수 없다. 이는 마치 히브리어권과 그리스어권을 나누는 노선이 분명한 경계를 이루기나 하는 듯이 둘 중의 하나가 아니라 '양자' 모두에게 해당된다.

하지만 요한은 단순히 그리스적 사유와 히브리적 사유를 통합하는 데 그치지 않았다. 요한이 나자렛 예수를 영원히 모든 것을 창조하는 하느님의 로고스와 동일시하는 데 있어서 근본적인 점은, 궁극적인 관심사에 대해서 사유하는 데 있어서 그리스적 방식과 유다교적 방식 간에 정말로 심한 불협화음이 생긴다는 것이다.[5] 그럼에도 그리스-로마 세계의 용어들과 배경의 관념들이 현저하게 원래의 그리스

5 플라톤의『티마이오스』28,29의 신적 장인으로서 물리적인 세계의 창조주라는 관념은 그리스의 신학적 정신을 분명하게 이해시킨다. 하지만 이는 이와 같은 우주적 설계자가 신이라는 관념은 아니다. 분명히 신은 물질화되지 않는다. 그리스인들에게 있어서 물질은 그 물질에 부과된 질서와 의미를 지녀야 하는 혼돈적인(카오스적인) 독립체이다. 이렇게 꼴을 갖추지 않은 물질의 카오스를 지성적인 우주로 형성하는 위대한 장인은 그의 물질적 의지가 최대한으로 허용하는 한에서 신적 실재의 참된 영원한 형상들을 모사함으로써 그렇게 한다. 신적인 불변의 현실 영역으로서 영원성과 물리적 우주 내에서 이성의 작업으로서 지속됨 간의 날카로운 이원론은 최고도의 그리스 신학적 사유에서 유지된다. 신으로 '존재하는' 신의 영원한 말씀이 시간적인 물리적 우주의 창조주라는 그리스도교적 사유는 그리스 신학에서 쉽사리 생겨날 수 있었던 관념이 아니다. 여기서 유다이즘에 의해 옹호되는 것으로서 신이 우리와는 본질적으로 다르다는 것은 분명히 그리스도교의 강생 신학에서보다 고전 그리스의 신학적 관점에서 더욱 친근하다.

도교 계시가 그로부터 형성된 원재료가 되는 방식은 부정될 수 없다.

이러한 점에서 우리는 상당히 뒤로 돌아가서 중기 플라톤주의가 어떻게 생기게 되었는지, 그리고 신약성서가 쓰인 문화적 환경이 어떻게 플라톤주의의 전제들에 깊은 영향을 받았는지에 대한 윤곽을 서술해야 한다.

고전적 고대에서 중기 플라톤주의의 문화적 세계까지

그 안에서 그리스도교 사상이 탄생한, 광범위하게 영향을 미친 그리스-로마의 철학적 시기는 중기 플라톤주의로 불린다. 하지만 중기 플라톤주의는 플라톤의 생애와 시대가 여러 세기 지난 뒤에 시작된다.

그리스 사유의 역사에서 플라톤과 아리스토텔레스는 기원전 4세기의 고전 전성기를 규정하지만, 그다음에 일어나는 바는 복잡하다. 단순하게 보자면, 플라톤이 설립한 아카데미아는 매우 기술적이고 특수화된 "학문적인" 지성을 추구하는 중심이 되었으며, 이러한 노선은 점점 더 타당할 수 있는 것보다 타당하게 말하고 알거나 행할 수 '없는' 것에 초점이 맞추어졌다. 기원전 3세기에 플라톤의 아카데미아는 지금 우리가 학문적 탐구라고 부르는 것에 대해 특유의 많은 특징들을 보여 줌으로써, 그 결과 세상을 개선하고 스스로 영원함을 위해 준비하는, 대화하는 영혼들의 영적인 조직 공동체에 대한 특유의 특징들은 덜 드러났다. 덜 관대하게 보자면, 플라톤의 고무적인 카리스마가 사라지자마자, 불명료한 회의주의가 재빨리 접근했다고 말할 수 있다. 이와 유사하게 역사적으로 우연한 것들의 기이한 덩어리를 통해서 아리스토텔레스가 지식과 행위의 모든 종류의 영역에서 시작한 원래의 탐구는 단지 몇 세대에만 이어졌고, 그다음에는 기원전 1세기까지 사실상 학문적 세계에서 멀어져 갔다. 이러한 상황에서 중기 플라톤주의에서 더욱 종교적이고 형이상학적 관심들의 지배는 아리스토텔레스의 과학적이고 논리적인 작품들에서 되살아난 관심을 무색하게 만들었다. 따라서 불멸의 영혼과 신적 초월성에 대한 플라톤주의의 성찰에 비교하자면, 작품들에서 이들은 이차적으로 중요한 문제로 고려되었다.

기원전 4세기 후반과 3세기 초에 학문적 회의주의가 등장하고 아리스토텔레스의 영향이 희미해졌다. 하지만 사상에 있어서 중요한 두 학파가 새롭게 등장했다. 이들 중 하나는 에피쿠로스학파였다. 에피쿠로스는 원자론적 유물론자였다. 그는 오직 물질과 빈 공간만이 존재한다고 믿었다. 따라서 신성에 대한 모든 믿음은 미신이라고 생각했다. 이 세상에 관심을 두는 에피쿠로스는 우리가 알 수 있는 유일하게 좋은 것은 쾌락이라고 주장했다. 하지만 에피쿠로스의 쾌락주의는 분명히 감각적인 방종을 정당화하는 것은 아니었다. 왜냐하면 에피쿠로스학파는 평온함과 고통의 부재를 목표로 삼았기 때문이다. 스토아주의는 이 시대에 등장한 다른 중요한 사상 학파였다. 스토아주의는 신중하게 추론하며, 건강하지 않은 비윤리적인 열정에서 벗어나고, 죽음과 같은 자연의 불가피한 결정들을 이성적이고 냉정하게 받아들임으로써 삶의 실천을 지향한다. 기원전 2세기에 교육받은 많은 로마인들은 스토아주의가 실재와 윤리에 접근하는 매우 매력적인 방식임을 발견한다. 이렇게 고전 철학의 전성기와 중기 플라톤주의 사이의 시기는 복잡하고 개혁적인 시기였다. 하지만 플라톤의 아카데미아와 아리스토텔레스의 리케이온과 비교하자면, 철학적 추구 자체는 영적인 활력이 다소 약화되었고, 그 제도적 수호자들은 점차 비의적이고 추상적으로 전락했다. 그 결과 플라톤 학원의 학문적 계승자들[아카데미아학파]은 당시의 거대한 문화적 영향과 비교해서 극히 일부만 이해하는 모호함으로 빠져들게 되었다. 다른 한편 중기 플라톤주의는 플라톤주의의 종교적으로 활력 있고 "교조적인"(dogmatic) 형태로 때마침 문화적인 재생에 성공했다.

여기서 "교조적인"은 회의적인의 반대말이다. 말하자면 "교조적인" 플라톤주의는 비록 그러한 앎이 일상적으로 표현할 수 있는 용어로는 형언할 수 없이 남는다고 할지라도, 초월적인 진리에 대한 어떤 것들을 계시를 통해 그리고 실천에서 우리가 알 수 있다고 믿는다. 이는 중기 플라톤주의의 강한 회의주의적 플라톤주의와 역사적으로 중기 플라톤주의에 선행하는 신아카데미아학파의 완화된 회의주의 간에 직접적으로 대비되는 점이다. 이와 같은 아카데미아 플라톤주의자들은 본질적으로 어떤 진리도 드러내지 못하는 인간 "앎"의 한계를 초월하는 어떤 것을 알 수 있다는 것을 부정했다. 말하자면 어떤 것도 알 수 없다는 것이다.[6]

---

6 그렇다면 회의적인 플라톤주의자들은 정말로 플라톤주의인가에 대해 의문이 들 수 있다. 프레데릭 코플스톤은 다음과 같이 말한다. "플라톤은 감각적 지각의 대상들이 참된 앎의 대상이 아니라는 점을 고수했지만, 그는 회의주의자와는 매우 거리가 멀었다. 플라톤의 변증법의 핵심은 영원히 머무르는 참된 어떤 앎에 도달할 수 있다는 것이다"(Copleston, *A History of Philosophy*, volume 1, 414). 매우 설득력 있다고 생각하는 이러한 독법은 플라톤 철학의 영역과 이 영역 밖의 아카데미아 회의론 양자의 범위 내에서 중기 플라톤주의가 한 것이다. 회의주의가 중기 플라톤주의를 "교조적"이라는 이유로 반철학적인 것으로 매도했지만, 분명히 중기 플라톤주의자들은 자신들을 반철학적 또는 반플라톤적/반소크라테스적이라고 생각하지 않았다. 그럼에도 회의주의적인 아카데미아 플라톤주의자들은 자신들을 진짜로 플라톤적이라고 생각했다. 이러한 점에서 인

이러한 점에서 학계에서 최근 "교조적 플라톤주의"라는 용어를 사용하는 것은 주목할 만하다. 왜냐하면 이 용어가 강력하게 현대에 통용되는 것이 추적될 수 있고, 그 기원이 그리스도교의 모든 것에 대해서 비범한 비판을 한 프리드리히 니체라는 것이 그리 놀랍지 않기 때문이다. 물론 니체 사전에서 "교조적 플라톤주의"는 니체가 플라톤 이래로 서구문화를 괴롭힌 환상적인 망상에 흠뻑 빠져 버린다고 생각했기 때문에, 지독하게 경멸적인 의미를 지닌다. 그러한 면에서 니체는 그리스도교와 플라톤주의를 구별하지 않았다.[7] 하지만 중기 플라톤주자들은 자신들을 비철학적으로 "교조적"이라고 생각하지 않았다. 오히려 오히려 이들은 플라톤의 주요한 가르침들이 회의적이지 않으며, 바로 상대주의적인 궤변과 윤리적 무관심을 촉진했기 때문에 학문적 회의주의가 발전했기에, 플라톤은 강력하게 회의주의에 반대했다고 주장했다.[8] 중기 플라톤주의는 스스로를 진짜(곧 "옛") 플라톤주의의 부흥이라고 생각했다. 그래서 아카데미아 회의주의와 구별해서 중기 플라톤주의는 자신들의 지지자들에게 (현대적 용어를 사용하자면) 사람들이 "믿을" 수 있는 어떤 것을 주게 된다. 말하자면 중기 플라톤주의는 영혼, 신성, 좋음, 초월적 실재 등에 대한 실체적인 통찰을 고수한다. 여기서 이러한 용어들을 사용하는 것이 확실히 복잡하더라도, 중기 플라톤주의는 회의주의의 기준에 따라서 이를 실제로 "교

식론에 대한(또는 반대하는?) 플라톤의 중요한 대화인 『테아이테토스』는 다른 것들 중에서도 지각에 바탕을 두는 지식도, 지식에 대한 규준적(criteriological) 정당화도 참된 앎을 얻게 하지 못한다는 것을 보여 준다.

7 Nietzsche, *Beyond Good and Evil*, ix-x.

8 Plato, *Sophist*.

조적"으로 만든다.[9] 플라톤은 어떤 회의주의에서 그런 것처럼 한갓된 견해와 한갓된 현상(곧 "독사"[doxa])에 대해서 반대하는 것을 강조해서 말하면서, 지각과 우연성의 영역을 넘어서는 진리들을 정말로 알 수 있다고 주장하며, 분명히 (말함에 대한 현대적 전환을 다시 사용하자면) 이와 같은 상위의 진리들을 "믿는다."[10]

따라서 '독사'(doxa)와 그와 유사한 것들이 헬레니즘적 유다이즘과 그리스도교에서는 고도의 고전 철학에서보다 훨씬 다른 가치를 지닌다는 점이 언급되어야 한다. 그리스어 '독사'는 의견, 겉모습, 견해 들은 말을 의미한다. 하지만 '독사'는 신조(doctrine), 교의적(dogmatic), 정통성(ortodox), 찬가 (doxology)와 같은 영어 단어들의 뿌리가 된다. 고전 철학적 사유에서 "의견"은 "앎 또는 지식"보다 훨씬 뒤지는 매우 하위의 비철학적인 믿음의 유형이다. 사정이 그러하다면, 그리스도교 "교의"가 항상 그리스도교의 참된 모든 사유에 있어서 본질적으로 긍정적

9 기술적으로 중기 플라톤주의는 회의론적인 '판단 중지'(epoche)와는 반대의 입장이다. '판단 중지'는 회의론자들이 합리적으로 결정할 수 없는 다툼의 여지가 있는 이 모든 것에 총체적으로 무심한 평온의 상태인 '평정'(ataraxia)의 상태를 얻기 위한 수단이었다. 이렇게 회의주의적인 입장에 반대하는 것은 정말로 '프로폴레메오'(propolemeo, 관심 있는 참여)와 진리를 위해 분투하고 고민하면서 판단을 유보하지 않고 소크라테스처럼 준비가 된 사람에게 적합한 '타락세'(taraxe, 근심)의 관점에서 특징지어진다. 분명히 이러한 점은 플라톤이 『국가』에서 유명한 동굴의 비유에서 철학자의 역할을 어떻게 보는가 하는 점에 해당된다. 왜냐하면 철학자는 동굴로 '돌아와서' 불가피한 거절, 비방, 그리고 환상에 빠져 있는 편안한 죄수들을 자유롭게 만들려는 사람들에게 쏟아지는 증오와 직면하기 때문이다.

10 여기서 거슨의 멋진 작품인 『고대 인식론』이 참조되어야 한다. 왜냐하면 플라톤은 우리가 믿었던 것들이 우리가 알았던 것과 동일했다는 것을 생각하지는 않았기 때문이다. 플라톤에게 있어서 우리가 '믿었던' 것들은 본질적으로 감각적 지식이었고 다른 사람들의 간접적인 견해들이었으며, '알았던' 것들은 지성의 직접적인 영적 수련에 의해서만 파악될 수 있었다. 말하자면 우리 현대인들이 현재 신, 가치의 원천, 미의 원천 등과 같은 믿음의 사안이라고 부르는 것들은 플라톤에게 있어서는 앎의 사안이었으며, 이산화탄소의 원자적 무게와 같이 우리가 앎의 사안으로 보는 것들은 플라톤에게 있어서는 명백히 믿음의 사안이었다.

이고 진리에 정박하는 특징으로 여겨졌다는 점을 주목하는 것은 흥미롭다. 말하자면 '독사'에 대해 지배적인 비그리스도교적인 철학적 이해와 직접적으로 대조되는 것으로서 그리스도교는 '독사'를 '신의 영광이 분명하게 "드러남"'과 동일시했으며, 이런 이유로 찬가는 인간의 역사를 뚫고 들어오는 신의 낯설게 감지되는 계시에 적합하게 숭배하는 응답이다. 그렇다면 그리스도교에 있어서 신의 계시는 단일하며 겉보기에 우연적인 시공간성에서 확고하게 표현된다. 하지만 이러한 사유의 방식은 신학에 대한 "고도의" 그리스적 이해에 비해서 지극히 현세적인 것이다.

분명히 이와 같은 '독사'의 긍정적인 그리스도교적 이해의 기원은 드러난 주님의 영광(곧 분명하게 된다)이라는 의미를 지닌 히브리어 '카보드'(kāvod)를 '독사'와 이와 유사한 용어로 옮긴 70인역의 번역이다. 다른 모든 진리의 주장을 넘어서 역사적인 예수 안에서 하느님의 계시가 드러나는 것을 우선시함으로써 그리스도교 플라톤주의는 항상 교회의 교리를 플라톤의 빛나는 사유보다 더 권위 있는 것으로 여긴다. 따라서 그리스도교 플라톤주의는 항상 '플라톤 철학을 그리스도교 가르침의 관점을 통해서 해석한다.' 이는 무엇보다 그리스도교 플라톤주의를 비그리스도교 플라톤주의와 구분하는 점이다.[11]

비그리스도교적인 중기 플라톤주의로 돌아가 보자. 중기 플라톤

11 그리스도교를 만든 무덤을 건너간 그리스도의 승리에 대해서 역사적으로 전해진 기록들을 믿는 것은 그토록 철학적 정신을 지닌 2-3세기의 이교도들을 진지하게 받아들이는 데 있어서 정말로 역할을 할 여지가 있다. 이 시기에 대한 도즈(E. R. Dodds)의 연구는 이 점을 율리아누스에 의한 멋진 인용구와 함께 아름답게 표현한다: "여러분들[그리스도인들]의 철학에는 오직 '믿으시오?'라는 한마디 말을 넘어서는 것은 없습니다"(*Pagan and Christian in an Age of Anxiety*, 121).

주의가 "교조주의적으로" 퇴보한 철학의 종교적 일탈인지, 회의주의적인 하락 이후 참된 철학의 부활인지 하는 것은 여기서 중요하지 않다. 모든 해석자가 동의하는 바는 중기 플라톤주의로 알려진 서구 이념의 역사에서 이 시기의 문화적 풍토가 핵심적으로 종교와 철학의 지평들의 융합과 관련된다는 점이다. 더 나아가서 이 시기에 고전 철학의 다음 시기이며 마지막 시기인 신플라톤주의가 탄생한다는 것이다. 신적 계시와 인간적 사유의 융합과 관련해서 중기 플라톤주의와 신플라톤주의는 충분히 조화를 이룬다. 왜냐하면 기원전 1세기에 지배적인 문화적 생생함은 가장 보통의 교육을 받은 그리스-로마인들이 지금 우리가 니체 덕분에 "교조적"이라고 부르는 바에 관심을 가졌던 것으로서의 철학에 가깝기 때문이다.

위에서 언급된 것은 중기 플라톤주의 시기에 일어났던 그리스-로마 교육의 다른 매력적인 운동인 신피타고라스주의에 의해 잘 설명될 수 있다. 고전기 이전의 신비적 철학자이자 성자인 피타고라스는 지금까지도 직각삼각형의 비율에 대한 정리[역주: 직각삼각형의 빗변을 한 변으로 하는 정사각형의 넓이는 나머지 두 변을 각각 한 변으로 하는 정사각형 두 개의 넓이의 합과 같다.]로 유명하다. 하지만 비율, 음악, 숫자는 피타고라스와 그의 추종자들에게 근본적으로 신비적이었고, 그는 영혼의 불멸과 그 환생에 대한 자신의 믿음 때문에 엄격한 채식주의자였다. 피타고라스는 특별히 음악적 경향, 우주적 논리, 미학적 수련에 관심이 있었던 크로톤에 종교적 공동체를 설립했다. 이 공동체의 입회자들은 우주적 질서에 대한 그들의 핵심 가르침을 비밀로 지킬 것을 서약했다. (그리고 이들은 이를 지키는 데에도 매우 성공적이었기 때문에, 우리는 이 가르침들이 무엇인지에 대해서는 알지 못한다.)[12] 중기 플라톤주의는 오랫동안 사라졌던 피타고라스주의의 신비들을 추구했고, 피타고라스의 수학적-종교적 공동체가 아름답게 낭만적으로 묘사된 시기였다. 자연에 대한 아리스토텔레스의 매력과 프톨레마이오스의 획기적인 천문학과 연관되어서, 중기 플라톤주의 시기 동안 천체에 대한 연구를 통해서 신적 이성에 대한 숭배는 자연과 의미에 대한 종교적, 철학적, 수학적, 과학적 접근을 융합해서 공통적으로 표현한 것이었다.

중기 플라톤주의는 공통적으로 기원전 1세기 초에 아스칼론의 안티오쿠스로부터 연원해서 기원후 3세기 초의 플로티누스에게까지 이르는 것으로 여겨진다. 안티오쿠스는 아카데미아학파 교사들에 의해 발전된 회의주의의 기교적인 논증들을 거부했다. 아카데미아학파는 어떤 것도 절대적으로 확실하지 않다고 주장했지만, 안티오쿠스는 삶을 이성적으로 인도하는 것은 확고한 신념 없이는 불가능하다는 것을 지적했다. 왜냐하면 아무리 그러한 입장을 포장해도, 아무것도 주장될 수 없다고 주장하는 것은 이성적으로 자멸이기 때문이다. 안티오쿠스는 절충적이었다. 그는 아카데미아학파, 아리스토텔레스주의자, 스토아적 사유에서 나온 모든 좋은 생각들이 동일한 방향(우리는 이를 "교조주의적" 플라톤주의로 부른다.)을 가리킨다는 것을 보여 주기를 원했다. 아리스토텔레스주의와 스토아학파의 사유 내의 핵심적 요소들을 포함하는 틀을 준비하는 플라톤주의적 확신의 토대가 되는 이

12 캐서린 오스본의 매력적이고 아주 쉽게 접근할 수 있는 소책인 『소크라테스 이전의 철학』은 소크라테스 이전 철학자들에 대해 주목할 만한 멋진 도입부를 제공하는데, 피타고라스도 그중의 한 명이다.

러한 경향은 고대의 남은 시기를 통틀어서 플라톤주의의 특징이다.

역사적인 전수 덕분에 중기 플라톤주의자들 가운데 오늘날 가장 잘 알려진 인물은 플루타르코스(기원후 45-120년)이다. 플루타르코스의 주요 관심사는 신학적이고 윤리적이었다. 플루타르코스는 델피에 있는 아폴로 신전의 사제였으며, 스토아학파의 유물론과 에피쿠로스주의의 무신론을 반대해서 플라톤의 작품들과 분명한 연속선상에 있었던 신과 종교에 대한 관념을 고수했다. 델피의 신탁 전통과 밀접하게 연관되었기 때문에, 플루타르코스가 예언의 실행에 대한 강력한 철학적 옹호자였다는 것은 놀랍지 않다. 이렇게 해서 플루타르코스는 그의 플라톤주의 체계 안에서 물질이 악의 원인이라는 개념을 발전시켰는데, 이것은 우리가 지금 그리스의 이원론이라고 부르는 것 안에서 매우 중요하게 된다. 우리는 이 점에 대해서 뒤에서 다룰 것이다. 사멸할 몸(육체)의 정념들과 물질 자체를 영원한 영혼의 생명과 대립되는 것으로 보는 중요한 경향이 중기 플라톤주의에서 발전되었다는 점이 중요하다. 이와 같은 관점은 플라톤에게 없지는 않았지만, 플라톤에게서 이런 관점이 체계적인 우주적 교리로 발전되지는 않았다.

이 책의 3장을 소환해 본다면, 현대의 신화가 참된 철학의 역사를 고전적 고대(플라톤, 아리스토텔레스, 회의주의, 스토아학파, 원자론자들, 에피쿠로스학파)에서 바로 데카르트로 뛰어넘어 가려는 경향이 있다는 것을 기억해 낼 수 있을 것이다. 이 두 시대(와 고전 철학 이전에 발생한 대부분의 사조) 사이에서 주류를 형성하는 모든 것은 종교와 신학에 통합되기 '때문에', 그야말로 철학의 사유가 아닌 것으로 치부된다. 나는 철학이 참된 철학이라면, 신학과 종교와는 별개'여야 한다'는 관념이 모더니티 신화의 핵심적 "교의"라고 분명히 지적했기를 바란다. 바로 여기서 이러한 교의가 참인지 아닌지는 중요하지 않지만, 중기 플라톤주의에서부터 초기 현대 철학에 이르기까지 모든 것이 혼란스럽고 온통 사색적 의심으로 가득 찬 것으로 여겨지는 확실한 방식은 기록상 서구 지성사의 가장 오래 지속된 시기가 정말로 근본적으로 철학적인 것과 신학적인 것이 융합된 중기 플라톤주의에 의해 영향을 받았다는 사실을 입증한다. 중기 플라톤주의 이후에 철학적으로 지배적이었던 시기의 신플라톤주의는 신학과 철학에 접근하는 이와 같은 통합적 방식과 나란한 연속선상에 있었으며, 중세 그리스도교 철학이 이 뒤를 따른다.

기원후 3세기에 플로티누스는 중기 플라톤주의의 마지막을 장식하면서 신플라톤주의(Neoplatonism, 여기서 "neo"는 '새로운'이라는 의미를 지닌다.)의 시작을 알렸다. 플로티누스는 플라톤의 형이상학과 아리스토텔레스의 논리학과 윤리학을 종합해서 자신의 독특한 신학을 추구했다. 하지만 플로티누스의 신플라톤주의적 종합은 중기 플라톤주의 경향을 거부한 것이 아니라, 오히려 중기 플라톤주의의 뚜렷하게 비그리스도교적이고 매우 지성적인 방향의 급진적 발전을 거부한 것이다. 플로티누스 이후에 "이교도" 신플라톤주의는 종종 분명히 알렉산드리아에서 오리게네스와 같은 인물을 통해 드러난 것처럼, 생기 있고 지성적인 그리스도교 플라톤주의의 성공에 대한 강력한 지성적인 대안을 추진하는 데 관심을 가졌다. 플라톤이 철학에 대한 신학적이고 종교적 접근에 용이하게 적합했기 때문에, 이 시대에 던져진 물음은 플라톤과 종교가 통합되어야 하는가가 아니라, 어느 종교가 그러한 과업에 적합한가 또는 완전히 새로운 플라톤주의적 종교가 그러한 목적을 달성할 수 있는가 하는 것이었다. 플로티누스의 추종자들은 명백히 비그리스도교적인 일신교적 그리스 신학의 마지막 흐름을 형성했다. 하지만 이러한 경향은 살아남지 못했다. 그 뒤에 그리스도교 신학자들은 대체로 신플라톤주의의 중요한 특징들을 포괄했다. 하지만 이 점은 우리의 직접적인 범위를 벗어난다.

여기서 지성사의 이 같은 파편들이 의미하는 바는 기원후 1세기에 헬레니즘화된 유다 지방과 갈릴래아 지방의 맥락과 관련된다. 고전적 고대의 고도의 지성적 문화는 종교적 토대를 그리스-로마 세계 내에서 지위와 권력을 지닌 사람들 아래로 옮겼다. 이교도적 다신론은 이 시기의 현저하게 높은 종교적 감수성을 감안하더라도 더이상 쉽게 믿어지지는 않았다. 그렇기 때문에 이 시대의 문화 세계는 고전 이전 시기의 이교도 다신론을 상징적으로 해석하고 신학적으로 재구성하는 복합적인 형태에 많은 흥미를 가졌다. 더 나아가서 전통적인 그리스 종교는 중심에 있지 않았고 체계적인 신학적 단일성을 형성하지도 못했기 때문에, 헬레니즘은 그리스의 철학적 신학의 체계적 범주를 더 잘 받아들일 수 있는 (유다이즘과 조로아스터교와 같은) 다른 종교 전통들을 탐구하는 데 점차 관심을 가지게 되었다. 대체로 고전 시대 이후의 그리스-로마 문화는 종교 없는 시민의 삶은 상상도 못할 문화적 맥락에서 전통적인 이교도적 신앙을 붕괴시키는 역할을 했던 신학에 매료되었음을 보여 주었다.

우리가 고대 세계에서 삶의 세속적 방식으로 알아보는 바로 향하는 움직임을 보지 못하는 이유는 옛적부터 종교가 정치적 권력 및 권위와 통합적으로 연결되었고, 통일적인 제국에 예속된 사람들을 통합하는 핵심적 수단이었다는 데 있다. 이렇게 대중의 삶을 통합하는 종교와 신성은 권력, 돈, 법, 윤리라는 매우 실천적이고 현실에 입각한 사안들을 다루는 중심 무대였다. 그래서 철학자들과 지위와 권력에 대한 교육을 받은 기득권들도 신학, 종교, 철학에 관심을 가졌을 뿐만 아니라, 그 외 모든 사람, 심지어 노예들까지 관심을 가졌다.

아마도 "경제"의 관념은 거의 문화적으로 현대 사회에서의 관념과 동등할 것이다. 말하자면 우리 중 아주 소수만이 하나 이상의 우리 시대의 지배적인 경제적 정책에서 전문적인 종사자 또는 교육받은 주도권자들이 된다. 우리 중 극소수는 엘리트 전문가들에 의해 다루어지는 경제적 이론들이 사회 기능들의 방식을 더 확장시키는 데 이용하는 권력의 영역에서 일한다. 그렇기는 해도 모든 이는 경제에 대해 어느 정도 알고 있으며, 우리 시대에 경제가 권력과 권위의 핵심적 담론이기 때문에, "경제"에 대한 몇 가지 견해를 지니고 있다. (동시에 경제는 우리가 글로벌 소비사회라고 부를 수 있는 권력의 구조에 지배되는 사람들을 통합시키는 기능적인 수단이다.)

포괄적으로 말하자면, 시대정신은 삶의 문화적 형태를 활발하게 받아들이는 데 있어서 종교와 정치가 통합적으로 만연했던 하나의 지점이며, 이러한 맥락에서 철학적인 고도의 문화는 신학을 매우 진지하게 받아들였다. 이는 신과 관련되는 철학적 관념들이 이 시대에 일반적으로 사람들에게 광범위한 배경적 관심이었다는 것을 의미했다. 더 나아가서 그리스어와 고도의 문화에 의해 심화되어 형성되는 그리스-로마 세계의 상업과 제국적 구조 때문에, 이러한 철학적 관념들이 지배적인 그리스-로마 세계관으로부터 심지어 오지였던 갈릴래아까지 침투했던 것은 불가피했다.

근대의 지성적 전문화라는 기묘한 특징은 고전 철학 학자들과 그리스도교의 성서학자들이 종종 서로 거의 관련이 없다고 여기게 만들었다. 이러한 고정관념 때문에, 고전 철학과 고대 철학에 전념하는 학자들은 흔히 그리스도교와 유다교 신학과 작품들에 거의 관심이 없으며, 반면에 성서에 전념하는 학자들은 흔히 고전 철학에 거의 관심이 없다. 신약성서를 구성하는 본문에서처럼 고전적 사유가 그리스도교 작품 안에 살아 있는 방식은 종종 고려되지조차 않는다. 하지만 두 영역을 교차적으로 작업하는 학자들도 깊고 분명한 연결고리들을 보지 않을 수 있다.[13] 이러한 깊은 연결고리들은 바로 시대정신 안에 있다. 그래서 정말로 이러한 연결고리들은 근대 성서학을 정초한 학자들에 의해 분명하게 드러났지만, 이들은 일반적으로 그 연결고리들을 건설적이라기보다 손상시키는 것으로 해석했다. 왜 그런지 보기로 하자.

자유주의적 성서학과 중기 플라톤주의 / 신플라톤주의

고대의 회의론적인 관점과 복합적이고 흥미로운 관련성을 지닌 현대의 세속적인 과학적 관점은 기능적으로 우리가 우주에서 지각하는 질서를 알아보고 드러내지만, 정말로 그 문제를 추구하게 되면, 그러한 질서가 '정말로 거기에서 나왔는지' 또는 단순히 우리의 생각과 지

---

13 예컨대 다음을 참조: Ferguson, *Backgrounds of Early Christianity*; Eric Osborn, *The Beginning of Christian Philosophy*.

각의 기능인지 하는 거대한 형이상학적 물음을 결정할 수 없는 것으로 남기게 된다. 과학의 토대는 논리적인 관계와 방법론적으로 검증될 수 있는 관측의 관점에서 이해해서 "아는 것"이다. 하지만 여기서 궁극적인 "의미"의 문제는 전혀 지식의 대상이 아니다. 여기서 의미는 믿고 해석하는 주관적 영역에 있는 것이지, 과학적 지식의 객관적인 영역에 있는 것은 아니다. 지식은 단지 사실들이 우리에게 어떻게 '드러나는지', 그리고 우리가 이렇게 드러나는 세계를 어떻게 '이용'하는지에 대한 것이다. 사실들이 '의미하는' 것과 관련된 참되거나 잘못된 지식은 없으며, 관찰될 수 있는 현상들의 의미와 궁극적인 본성에 대한 해석은 그 자체로 과학이 할 수 있는 어떤 것이 아니며, 그 때문에 모더니티의 관점 내에서 지식으로 간주될 수 있는 어떤 것이 아니다.

지금의 우리는 현상적인 세계에 대한 경험을 과학적으로 이해하는 것과 실재에 대한 참된 이해를 연결시키기 때문에, 이는 우리가 적어도 실제적인 바에 대한 어떤 참된 의미가 있을 수 있는가의 문제를 암묵적으로 불가지론적으로 여기고 있다는 것을 의미한다. 이러한 이유에서 신약성서는 현대의 과학 시대에 쓰일 수 없었다. "아는 것"이 진리의 유일하게 타당한 통로이며 "의미"는 주관적인 믿음과 해석적인 기호도의 사안이 되는 과학적 영역에 대해서 광범위하게 문화적으로 추정하는 메타적 관점은 신약성서에만 전혀 낯선 것이 아니라, 1세기에 그리스-로마의 고대성에 대한 더 광범위한 문화적 추정들에도 낯설었다.[14] 이제 여러분은 아마도 창세기 1장, 알렉산드리아

14 여기서 나는 다시 거슨의 책을 언급할 것이다: Gersons text, *Ancient Epistemology*.

의 필론, 플라톤, 아리스토텔레스, 중기 플라톤주의, 요한 복음사가, 예수 모두가 과학적 모더니티의 지식에 바탕을 둔 진리에 대한 이해와는 다른 편에 서 있다는 것을 볼 수 있을 것이다. 신적 의미가 궁극적 원인과 우리가 실재에 대해서 알 수 있는 모든 것을 존속시키며, 진리에 대해 타당한 인간의 이해가 어떤 종류의 무상의 신적인 것이 인간적인 것과 관련되는 기능이라고 생각하지 않는 신약성서의 용어는 없다. 이러한 이유로 '의미'를 어떻게 해석하는가 하는 것은 진리나 오류의 문제이며, "객관적인" 논리적이고 유형적인 감각들의 관점에서 형성된 지식은 전적으로 부차적이다. 체스터턴의 치밀한 숙고에 따르면, 이러한 관점은 고대 사유를 따를 뿐만 아니라, (지금 수용하는 데 있어서 당연한 것보다 훨씬 더 상식적이었던) "중세는 자연사를 맨 아래 있는 것으로, 일종의 농담으로 간주했다. 이 시대들은 영혼을 매우 중요하게 생각한다."[15] 여기서 진리는 본질적으로 형이상학적 의미의 관점에 자리잡고 있으며, 반면에 과학적 지식은 파생적이고 사소한 방식으로만 진리와 관련된다. 어느 누구도 요한보다 이를 잘 표현하지 못한다. "한처음에 말씀이 계셨다"(요한 1,1).

고대인들은 거의 정확하게 우선적인 것과 부차적인 것에 대한 이해를 모더니티에 의해 취해진 형이상학적이고 인식론적인 우선성과는 반대로 이해했다. 고대인들에게는 물질적인 것에 대해 형이상학적인 것이, 이용에 대해 의미가, 양에 대해 질이, 사실들에 대해 진리가, 지식에 대해 지혜가, 인간의 호기심에 대해 신적 주도권이 우선

15 Chesterton, *Heretics*, 175.

권을 지닌다. 이와 같은 우선성들은 신약성서, 고대 후기, 중세 시대 동안 그리스-로마 세계에서 드러나는 그 시대정신을 되돌아보는 현대의 많은 학자들에게는 놀라우면서도 골치 아픈 불만의 원인이다. 위대한 진보적 성서학자인 아돌프 하르낙이 신플라톤주의를 비난하는 것을 들어 보자.

> "신플라톤주의는 철학으로서나 새로운 종교로서가 아니라, 말하자면 정신의 틀로서 역사에서 결정적인 요인이 되었다. 외적인 모든 경험을 넘어서고 심지어 지성적인 것도 아닌 영원한 최고의 선이 있다는 느낌, 지상적인 모든 것이 전적으로 가치가 없다는 확신과 일치되어 있는 이런 느낌은 신플라톤주의에 의해 만들어졌고 발전되었다. 그러나 최고의 존재와 최고의 선의 내용을 기술하는 것은 불가능했으며, 그 때문에 하는 수 없이 이러한 내용을 공상과 미학적 느낌에 넘겨주게 되었다. 따라서 '안에 있는 것들을 향한 신비로운 길들'을 찾아내도록 강요당했다. 그러나 이러한 방식들은 성공적인 결과로 이끌지 못했고, 느낌을 꿈꾸는 것으로 탈바꿈시켰으며, 감정의 바다로 빠졌으며, 더 높은 실재에 대한 반성으로서 나라들의 옛 동화의 세계를 보여 주였다… 우리가 종교적이든 비종교적이든지 상관없이, 심지어 오늘날도 듬성듬성한 베일을 짜서, 우리는 이따금씩 잔혹한 현실의 [단순한 사실들의] 불쾌한 인상을 덮어 버린다. 이는 그것만이 사람을 충족시키는 행복이 지식의 영역에서보다는 다른 어딘가에서 발견되어야 한다는 의식을 야기했다."[16]

16 Harnack, *History of Dogma*, Volume 1, 409-10.

흥미롭게도 하르낙은 비꼬는 투로 포르피리오스처럼 실천적으로나 종교적으로 지적이었던 인물조차도 신플라톤주의의 망상을 피할 수 없었다고 평가한다. 왜냐하면 "시대정신은 거의 거부할 수 없이 작용[하고 이 시대정신에] 종교적인 신비주의는 시대를 최고로 사로잡았기"[17] 때문이다. 하지만 하르낙은 어디서도 자신의 시대의 근대적 정신이 전혀 다른 시대에 대한 자신의 평가에서 똑같이 불가항력적으로 작용할 수 있다고는 생각하지 않는다.

여기서 하르낙은 형이상학적으로 토대가 되고 신적 지혜 중심의 고대 사상과 물리적으로 토대가 되고 인간 지식 중심의 모더니티 간의 근본적인 차이점을 아주 분명하게 보고 있다. 하지만 진정한 근대주의자로서 하르낙은 의미에 대한 지식의 우위성이 타당함을 너무나 확신한 나머지, 그리스-로마의 고대성의 정신에 대한 자신의 부정적인 평가가 '우리' 시대의 정신에 의해 얼마나 깊은 영향을 받아서 형성된 것인지에 대해서는 어떤 자각을 보여 주지 못한다. 그러나 그의 평가가 타당하든 아니든, 매우 근대적인 이 사상가는 고대 세계의 정신이 본질적으로 신 중심적이며, 이 점이 대중을 사로잡았던 경이로운 카리스마를 지닌 갈릴래아의 교사들에게도 해당되었던 것처럼 중기 플라톤주의와 신플라톤주의에도 마찬가지였다는 것은 잘 통찰한다.

플라톤은 신적 이성, 정신, 목적, 가치, 의미를 실재의 참된 토대로 보았으며, 지혜를 사랑하는 사람들(철학자들)이 이를 가장 핵심적으로 관심을 가져야 하는 바임을 분명하게 보았다. 플라톤은 감각적인 지

17 Ibid., 418.

각과 역사적인 맥락을 지니는 인간 행위의 영역을 이것들의 지성성과 실존에 있어서 더 높은 신적 실재에 의존하는 것으로서 분명하게 보았다. 그리고 하르낙이 잘 파악했듯이, 이것이야말로 플라톤이 신학과 윤리학에 관심을 가진 것만큼 현재 우리가 과학이라고 부르는 것에는 관심을 갖지 않았다는 것을 의미한다. 물론 플라톤의 신학과 윤리학(하지만 이는 현대적 신학과 윤리학이 아니다.)은 확실히 과학적 지식에 대한 그의 이해와 관련해서 어떤 역할도 하지 않는다. "시대정신"의 문화적 토대에 의해 유지되는 것으로서 인간적 지식에 대한 신적 의미의 우선성을 생각하는 '이와 같은' 세계관은 신약성서에 고유하다. 이 신약성서적 세계관의 사유는 플라톤주의적 관점과는 완전히 일치하지만, 모든 의미에 대한 믿음을 넘어서는 인간적 지식의 우선성에 대한 현대적 이해와는 근본적으로 일치하지 않는다.

현대적으로 해석하는 렌즈는 신약성서를 근본적으로 왜곡한다. 예컨대 "믿음"에 대한 핵심적인 신약성서의 관념은 현대적 방식으로 접근한다면, 전혀 이해될 수 없다. 마크 트웨인은 "믿음은 여러분이 아는 바가 아닌 것을 믿는 것이다."[18]라고 설명함으로써 믿음에 대한 현대적인 이해를 가장 잘 해석했다. 말하자면 감각적이고 수학적으로 가시화시킬 수 있는 것은 근대주의자에게는 실제적이다. 반면에 근대주의자에게 최종적인 분석에서 신과 관계되는 어떤 것 또는 의미나 감각적인 실재를 초월하는 어떤 원천은 자신이 알지 못하는 어떤 것을 다른 사람에게 믿게 하기 위해서 제 마음대로의 상상에서 나온,

---

18 Mark Twain, *Following the Equator*, 12장 서두를 보라.

근본적으로 비합리적인 활동이다.

하지만 신약성서에서 믿음은 계시를 수용하는 작용을 하는 육신, 마음, 정신의 헌신이다. 계시는 단순히 감각적인 것이 만들어질 수 있는 것을 넘어서는 기원을 지닌다. 믿음은 정확하게 그렇게 '실제로' 존재하는 것에 대한 계시에 응답해서 유발된다.

하르낙이 "시대정신"이라고 부르는 것을 전제한다면, 플라톤주의와 신약성서의 사유가 하나로 수렴된다는 것은 전혀 놀랍지 않다. 하지만 하르낙을 따르자면 특히, 플라톤주의가 교회의 권력과 더불어 초기의 예수 운동을 해가 될 정도로 왜곡했다는 추정이 지금은 현대 신학자들에게 반영되어서 매우 잘 확립되었기에, 이 점은 진술되어야 한다. 이와 같은 관점을 좀더 세밀하고 간략하게 살펴보기로 하자.

(그리스인들에게서 얻은) 복음의 보물

나자렛 출신의 예수, 신약성서, 초기 그리스도인들의 믿음은 그리스-로마 세계에서 직접 핵심적인 개념들을 건져 내었는데, 이에 대한 중요하고 확실한 방법들이 있다. 앞서 지적한 것처럼, 유다이즘과 그리스 사상은 1세기 초 이전에 서로 많은 관련성을 지녔으며, 이러한 "관련성"은 단순히 우주론적인 신학의 수준에서 이루어진 것은 아니었다. 제국의 권력과 히브리인들의 종교는 그리스도의 생애에 앞서서, 그리고 생애 동안 계속적으로 관련을 맺고 있었으며, 그리스도교는 이 시대의 정신에서 신학적 개념들이었던 제국의 정치적 개념들에 지나치게 의존했다. 구원의 메시지가 복음(euangelion)이라는 주장은 제국의 칙령을 직접 차용하는 것이었다. 천상 왕국의 신학(basileia tōn ouranōn)은 지상의 뚜렷이 보이는 왕국의 권위에 대한 명백한 저항이었기 때문에, 예수가 주님(Kurios Iesous)이라는 주장은 카이사르가 주님이라는 주장에 반대해서 이를 상대화시키는, 폭력적인 권력과 제국적 경신례에 역행하는 명백히 도전적인 진술이었다. 교회(ekklēsia)의 이념은 시민 정치에서 끌어낸 그리스-로마적 관념이었다. 하지만 그리스도교에서 이와 같은 그리스-로마의 관념들을 제거한다면, 우리는 그리스도교성을 상실할 것이다. 그리스도교는 아마도 밀접하게 엉킨 채로 깊이, 유다적인 문화적 맥락과 밀접하게 얽혀 있는 것과 마찬가지로 본래의 그리스-로마적인 사유에 의해 형성되었다. 달리 말하자면 하만이 지적하듯이, 이와 같이 특별히 역사적으로 자리잡은 계시에서 드러나는 우연성들과 시간적인 구성들은 신이 당신을 우리에게 드러내기 위해 선택한 매개체이다. "지극히 인간적" 역사에서 이러한 우연성들과 특수함들은 사실 드러나는 것보다 훨씬 더한 것이다. 더욱이 놀랍게도 진짜 우연적이고 역사적으로 자리잡은 의미들이 중단되지 않고서 그러하다.

그리스도교 신앙에서 핵심적인 신학적 이해가 그리스-로마 세계에서 어느 정도 퍼 올린 것이며, 신학, 철학, 정치학이 명백히 혼재된 "시대정신"의 측면을 감안한다면, 그리스도인들이 그리스-로마의 고도의 문화와 접촉하기 시작하자마자, 이들 중 적지 않은 이들이 플라톤의 작품에서 분명한 지지자를 발견했다는 것은 놀랍지 않다. 하지만 그리스도교 플라톤주의의 기원에 대한 적합한 이야기는 우리가 생각하는 것처럼 쉽게 진술될 수 없다.

초기 그리스도교 플라톤주의

초기 그리스도교 신앙과 중기 플라톤주의 철학 간의 관련성에 대한 이야기는 일반적으로 받아들여지는 것보다 훨씬 더 복잡하고 미묘하다. 미묘함이 없는 단순한 개요 중 어떤 것도 제대로 맞는 것으로 간주되지 않는다. 단순한 대립(예컨대 '아테네가 예루살렘과 무슨 상관이 있는가?')은 어느 정도는 사실이다. 단순한 통합(이교 플라톤주의는 그리스도인들에 대한 역사적인 무지에 의해서만 방해를 받은 그리스도교 신학이다.)도 어느 정도는 사실이다. 플라톤 철학, 교의적 정의, 중앙집권적인 교회 권력(그리스도교 신앙은 플라톤 신학과 교회 권력에 의해 식민화되었다.)에 의해서 그리스도교 신앙이 점차 변형되는 것도 어느 정도 사실이다. 하지만 이러한 견해들 각각은 전체적 평가에 따라서는 서로 양립될 수 없다. 사실 그리스도교 신학의 발전, 교회적 권위 구조, 그리고 그리스-로마 문명의 고도의 문화와 그리스도교의 관련성 간의 복합적인 역사적 관계는 가장 단순한 평가도 허용하지 않는다.

나는 위에서 묘사된 미묘할 것 없는 각각의 서술에서 무엇이 타당하고 무엇이 타당하지 않은지에 대해 개략적인 윤곽을 서술함으로써 초기 그리스도교 플라톤주의의 부흥에 대한 더욱 미묘한 이해로 접근할 것이다.

1) 아테네가 예루살렘과 무슨 상관이 있다는 말인가?

아프리카-라틴 그리스도교인인 테르툴리아누스에 의해 널리 알려진 두 구절은 다음과 같다.

"정말 아테네가 예루살렘과 무슨 상관이 있다는 말인가? 아카데미아와 교회 간에 어떤 일치점이라도 있는가? 이교도들과 그리스도인들 간에 어떤 일치라도 있는가?… 스토아학파, 플라톤주의, 변증법적 요소로 이루어진 얼룩덜룩한 그리스도교로 만들려는 모든 시도가 없어지기를!"[19]

"…하느님의 아들이 돌아가셨다. 이는 불합리하기 때문에 기어코 믿어지는 사안이다. 그분은 땅에 묻혔고, 다시 일어나셨다. 불가능하기 때문에, 이 사실은 틀림없다."[20]

하지만 논증적인 맥락으로부터 동떨어진 이러한 진술들이 여러분이 테르툴리아누스에 대해서 알고 있는 전부라면, 테르툴리아누스를 알지 못하는 것이다.[21]

테르툴리아누스는 2세기와 3세기의 아프리카-라틴 그리스도교에 매혹적이고 엄청난 영향을 끼친 인물이다. 나는 그를 좀더 최근의 시대로부터 케에르케고르와 비교하는 것이 지나치지 않다고 생각한다. 왜냐하면 이들은 그들 시대의 분별 있는 사람들에 의해 이성적이라고 간주된 바에 대해서 논쟁적이고 훌륭하게 반대했다는 이유로 비합리적인 인물들로 쉽게 오해되기 때문이다. 하지만 이는 전혀 사실이 아니다. 두 사람은 그리스도교 성서가 가장 강력한 진리의 힘을 담고 있다는 것을 발견했고, 타당한 신학과 철학의 통로로서 진리를

19 Tertullian, *Prescription Against Heretics*, VII.

20 Tertullian, *On the Flesh of Christ*, V.

21 Eric Osborn, *Tertullian, First Theologian of the West* 참조. 이 책은 매력적인 이 고대의 신학자에 대한 뛰어난 서문이 들어 있다.

사는 그리스도교 삶의 실천을 주장했다. 그리고 두 사람은 역설, 열정, 모욕적인 재치, 철학적 체계에 대한 비웃음을 즐기는 고도의 논쟁적인 사상가였다.

테르툴리아누스는 마르키온 이단과 여러 영지주의 분파들을 자신의 논쟁 상대로 삼았다. 마르키온과 영지주의는 중기 플라톤주의에 매우 큰 영향을 미쳤기 때문에, 테르툴리아누스가 "그리스인들의 지혜"를 모든 이단의 근원과 관련지어 생각한 것은 놀랍지 않다. 마르키온은 히브리 성서의 하느님과 그리스도를 통한 하느님의 계시를 일치시킬 수 없었다. 마르키온은 히브리어 성서의 "하느님"을 중기 플라톤주의의 악한 데미우르고스와 동일시했다. 악한 데미우르고스는 물질을 창조했고, 따라서 이 낮은 영역에 대한 정념들로 가득 차 있다. 마르키온이 주장하는 이 데미우르고스는 예수가 우리에게 계시한 신적 하느님과 부합하지 않는다. 따라서 문명화되고 합리적인 그리스인들은 그리스도교 계시를 그것의 히브리적 기원 및 예수가 인간의 육신을 취한 하느님이라고 주장하는 유물론과 명백히 분리시켰을 때에만 믿을 수 있었다. 이렇게 해서 그리스 신학에 적합하지 않은 특징들로부터 그리스도교 계시를 씻어 내고, 마르키온이 구약성서를 폐기한 것은 그리스도가 강생한 하느님이라는 것을 부정하는 것이었으며, 신약성서 작품들에 대한 마르키온 자신의 제한적인 규범을 발전시켰다. 이는 순수하게 영적인 그리스적 신성의 위엄과 영원히 고통받을 수 없음과 양립되는 그리스도교 신앙을 지니기 위해서였다. 이렇게 마르키온은 그리스도교가 아닌 것을 만들어 내었고, 그것에 따라 히브리적이고 그리스도교적인 성서의 계시들이 판단받고, 수용되고, 검증되거나 거부된 것으로 차용함으로써 문화적으로 자신의 시대에 이성의 범주를 존중했다. (익숙하게 들리는가?)

반면에 테르툴리아누스는 이 중 어떤 것도 하지 않으려고 했다. 그리스 철학이 결정적이고 않고 단순히 사색적인 방식에 의해 신적 계시에 대해서 검증하는 것이 "이성"이라면, 테르툴리아누스는 불합리성을 수용했다. 하지만 테르툴리아누스의 논증은 역설로 넘쳐나며, 마르키온이 "이성"으로 생각하는 바를 강력하게 비판했다. 왜냐하면 누가 단순히 자신의 이성적 신학을 생각해 내었다면, 당연히 그가 그리스도교 계시를 받아들이지 않을 것이라는 점이 테르툴리아누스에게는 분명해 보였기 때문이다. 이러한 점이 테르툴리아누스에게 의미하는 것은 "이성적 신학"은 결코 하느님의 계시가 아니라, 전적으로 인간이 고안한 것이며, 단순히 인간적 산물로서 진리가 아니며, 그 안에는 참된 이성성도 없다는 것이다. 왜냐하면 그리스도교 신앙의 진리는 그것이 우리의 미천한 정신에 납득되는가 그렇지 않은가에 좌우되지 않지만 참으로 하느님의 계시인 것에는 의존하기 때문이다. 우리는 어떤 인간적 업적에 의해, 특히 단순한 논증들과 개념적인 체계에 의해 하느님과 화해하는 것이 아니다. 오히려 우리를 구원하는 것은 우리에게 도달하는 하느님의 활동적인 업적이다. 이렇게 그리스도교 계시의 진정한 신적 본성과 참된 정통성은 그리스 철학과 양립할 수 있는가에 따라 결정될 수 없으며, 그리스도교 교회 안의 성령이 삶을 바꾸는 능력에서 발견된다. 이러한 관점은 미누키우스 펠릭스[그리스도교 호교론자로 기원후 250년 로마에서 사망했다.]의 다음의 유명한 구절에서 입증되듯이 고대 그리스도교에 잘 수용되었다. "우리는 위대한 것들을 말하는 것이 아니라, 그것들을 살아간다."[22]

라틴 신학의 원천에 해당하는 것으로서 테르툴리아누스가 여기서 확고하게 여기는 사안은 근본적인 진리의 모든 사안에서 인간의 수용적인 업적을 능가하는 하느님의 능동적인 업적의 우선권이다. 여기서 그는 비록 신약성서의 본문이 자신의 시대에는 아직 확정된 정경으로 공식화되지 않았지만, 교회의 사도적 전통의 가르침에 전적으로 동의하고 있다. 따라서 인간의 추론은 구원하고 변화시키는 진리에 대한 능동적인 신적 선물에서 파생된 역할로 여겨지며, 이러한 원인론적 관계는 비극적인 오만한 오류 없이는 결코 뒤바뀌지 않는다. 이성은 실존적으로 증명되듯이 신적 선물의 기능으로서만 성공할 수 있다. (이는 또한 키에르케고르의 핵심적인 메시지이기도 하다.)[23]

그렇다면 이는 테르툴리아누스가 추론을 비이성적으로 싫어하는 사람이며 눈먼 교의주의자이고, 초기 라틴 신학이 플라톤적 사색에 의해 희석된, 오염되고 이단적인 그리스도교가 미수에 그친 그리스 철학과 그리스도교의 조우의 유일한 성과일 수 있다고 주장했다는 것을 의미하는 것인가?

우선 테르툴리아누스는 고등교육을 받은 로마인으로서 강력하고 원칙적인, 상당히 주목할 만한 사상가였다. 사실 라틴어에서 이성을 의미하는 '라시오'(ratio)는 그의 전집에서 가장 일반적인 명사 중의 하

---

22 Minucius Felix, *Octavius*, as found in Bercot, ed., *We Don't Speak Great Things—We Live Them*, 65. 이 인용은 다음과 같이 이어진다. "우리는 철학자들이 열정적으로 추구한 바가 아니라 결코 찾을 수 없었던 것을 얻었다는 것을 자랑한다."

23 Simpson, *The Truth Is the Way*.

나이다.[24] "아테네"가 그리스-로마의 고도의 문화에서 형성된 배움과 논증을 상징한다면, 테르툴리아누스 자신은 아테네와 많은 관련을 맺고 있었다. 더 나아가 아우구스티누스가 경고했듯이, 테르툴리아누스의 날카로우며 상기시키는 위트가 기억에 남을 만큼 익살스럽게 모욕적인 비난을 다수 만들어 내기는 했지만, 우리는 특수한 논쟁적 다툼들 안에 배치된 테르툴리아누스의 강력한 수사학적 풍성함을 진리에 대한 솔직하고 일반적인 진술로서 받아들여서는 안 된다.[25] 이교인 중기 플라톤주의의 육신과 물질을 비난하는 교의와 완전히 정신화된 신학적 개념들을 통해서 그리스도교 교의를 해석한 결과인 마르키온의 특수한 가르침을 향한 테르툴리아누스의 목표를 감안한다면, 그리스와 철학적인 모든 것에 대한 그의 전면적인 비난은 훌륭한 '논쟁적' 의미를 지닌다.

정통적인 그리스도교 플라톤주의의 늦은 발전에서 성서적 계시의 우선권과 추상적 개념들을 넘어서는 그리스도교 삶의 실존적인 공동체적 실천, 그리고 그리스도의 '육신'에 대한 긍정과 '물질의 선성'을 테르툴리아누스는 강력하게 내세움으로써, 플라톤의 지혜가 그것을 통해서 적합하게 해석되는 렌즈가 된다. 이러한 관점에서 테르툴리

---

24 Tertullian, *Treatise on Penance*의 137쪽에 있는 'ratio'에 대한 각주를 참조. "라시오"가 그리스 철학적 함축성을 배제하고 테르툴리아누스에게서 라틴법적인 의미를 지니는가에 대해서는 논의의 여지가 있다. 분명히 라틴 신학은 일반적으로 그리스 신학 일반보다 법적인 사유에 의해 더 많이 형성되었다. 하지만 테르툴리아누스가 라틴 사람이었기 때문에, 철학을 포함해서 그리스적인 모든 것에 대해서 일종의 편파적인 경멸감을 가지고 있었는가를 막론하고, 분명히 그는 강력한 수사학적인 논쟁자일뿐만 아니라, 강력한 이성론자였다. 그의 많은 논고들은 설득력 있는 추론의 정제된 예들을 보여 준다.

25 이 점은 아우구스티누스의 『신국론』 7권, 1장에서 테르툴리아누스에 대한 짧고 유머러스한 언급에 대한 나의 각주에 해당된다.

아누스는 정통적인 그리스도교 플라톤주의의 늦은 발전에서 의미 있는 형태로 나타났다. 마르키온이 더이상 가톨릭 정통성의 적수가 되지 않았다면, 영지주의가 불안이 팽배하던 시대에 주술적이고 비의적인 매력의 종말로 희미해져 버렸다면, 그리스도의 강생의 교의와 물질적인 창조에 대한 긍정적 이해가 교회에 의해 충분히 수용되었다면, "아테네"가 접근이 금지된 이유는 테르툴리아누스에게 더이상 적용되지 않았을 것이다. 하지만 예루살렘은 정통적인 그리스도교 사상가들에 있어서 아테네보다 '항상' 우선했다. 이는 '독사'(doxa)에 대한 이들의 태도에서 가장 분명하게 묘사된다. 70인역 성서는 "영광"을 하느님의 모습이 역사적이고 감각적으로 드러남을 묘사하는 "독사"로 번역함으로써, 이 번역어는 교회의 교의가 항상 위대한 그리스 사상가들의 고도로 뛰어난 사색적인 명상들보다 더 큰 권위를 지니는 방식으로 그리스도교로 옮겨졌다. 테르툴리아누스는 그리스도교의 정통성을 위해 결정적으로 이 싸움을 이겼다.

요약하자면, 아테네와 예루살렘이 양립할 수 없다는 테르툴리아누스의 주장은 그리스 철학의 기준이 그리스도교 계시를 해석하는 렌즈가 되는 것으로부터 우리를 보호할 수 있다는 것을 경고해 주는 가장 강력한 형태이다. 왜냐하면 신을 찾는 데 있어서 실수하고 죄를 짓는 인간의 정신이 인간을 찾고 구원하는 신의 계시를 방치한다면, 오직 (일반적으로 종교적이고 지성적인 자만심 같은) 교활하고 기만적인 변질만 기대될 수 있기 때문이다.[26] 하지만 인간에 대한 신의 계시의 우선성

26 여기서 다시 키에르케고르는 테르툴리아누스와 아주 유사하다. 키에르케고르에게 있어서는 잘못과 죄의 자만심, 그리고 인간성과 은총의 진리 양자와 실존적으로 동떨어진 지식은 없다.

이 옹호되고, 이러한 신적 주도권의 변형시키는 힘을 수용하는 것이 옹호된다면, "깨끗한 사람들에게는 모든 것이 깨끗합니다"(티토 1,15). 분명히 이 점은 오리게네스가 생각한 바이다. 이렇게 (알렉산드리아 출신) 오리게네스는 히브리인들이 이집트에서 위대한 탈출을 감행했을 때 주어진 선물의 모범을 따라서(탈출 12,35-36) 그리스도인들이 "이집트인들에게서" 그들의 보물(그리스 철학)을 "빼앗아야" 한다고 믿었다.[27] 이러한 점에서 오리게네스는 탈출에 대한 이레네우스의 그리스도교적 해석을 따른다. 여기서 이집트인들의 약탈품은 그리스도교가 둘러싼 문명으로부터 얻은 다음, 하느님을 숭배하고 영광을 드리는 데 사용된다는 것을 나타낸다. 이레네우스는 이러한 해석이 직접적으로 사도적 혈통으로부터 나온다는 것을 아주 확실하게 주장한다.[28] 테르툴리아누스가 그렇게 충실하게 의존하는 해석적인 우선성이 옹호된다면, 테르툴리아누스와 오리게네스 양자는 왜 양립될 수 없는가?

2) 그리스도교는 참된 철학이다

테르툴리아누스보다 이전 시대의 인물이며 테르툴리아누스의 존경을 받은 순교자 유스티누스는[29] 그의 호교론적 신앙 옹호와 순교를 통해 우리에게 알려졌다. 그는 그리스-로마적 팔레스티나인으로서 그리스도교로 개종하기 전에도 후에도 철학자였다.

Kierkegaard, *Concluding Unscientific Postscript* 참조. 여기서는 죄와 은총의 인식론적인 중요성에 대해서 강력하게 설명한다.

27 Origen, *Letter to Gregory*. 여기서 그레고리우스는 그레고리우스 타우마투르구스(Gregory Thaumaturgus)이다.

28 Irenaeus, *Adversus Haereses*, V, 30.

29 Tertullian, *Adversus Valent*.

유스티누스는 2세기의 저술에서 그리스도가 하느님의 이성(로고스)이라고 주장했다. 그렇기 때문에 팔레스티나에서의 탄생 이전에 선재하는 그리스도는 요한이 가르쳤듯이, 모든 창조의 원천이다. 그리스도 외에 다른 참된 이성은 없기 때문에, 이성에 주의를 기울이는 모든 사람은 그리스도에게 주의를 기울이는 것이다.

> "그리스도는… 모든 민족이 참여한 로고스이다. 그러므로 이성에 따라 살아간 사람이라면, 비록 그가 무신론자로 불렸다고 하더라도 참으로 그리스도인이었다. 예를 들어 그리스인 가운데는 소크라테스와 헤라클레이토스와 같은 사람들이 이에 해당된다. 이방인들 가운데는 아브라함, 엘리야, 하난야, 미사엘, 아자르야와 같은 수많은 사람들이 있었다. 이성에서 떨어져 살았고 이성적으로 살았던 사람들을 죽였던 사람은 비록 그리스도의 인간적 탄생 이전에 살았다고 하더라도, 실제로는 그리스도를 반대한 것이다."[30]

유스티누스는 헬레니즘적 유다이즘으로부터 물려받은 유산을 통해 히브리 성서 본문에서 계시된 신과 플라톤 철학 간의 상당한 신학적 연속성이 아마도 모세로부터 차용한 플라톤의 역할이었다는 점을 수용했다. 흥미롭게도 발터 부르케르트는 그리스 문화가 고전적 그리스 고대 시대 이전의 위대한 근동 문명에 의해 정말로 강력하게 영향을 받았다는 것을 보여 주었다. 하지만 플라톤이 모세를 읽었다는

30 Justin Martyr, *First Apology*, VIII, in Bercot, ed., *We Don't Speak Great Things-We Live Them*, 100.

(또는 읽을 수 있었다는) 관념에 신빙성을 부여하는 현대의 연구는 없다.[31] 그렇지만 플라톤주의의 핵심에서 고전 그리스 신학은 종종 유일신론적이며, 윤리적 순수성과 영원하고 초월적인 신성의 본성을 옹호한다. 이는 윤리적으로 타락하고 신들의 "매우 인간적인" 신화적 행위에 대한 자구적 믿음과는 직접적으로 대비된다.[32] 역사적 원인과 관련되는 허위적 사색들을 제쳐두면, 플라톤주의 신학과 신에 대한 히브리적이고 그리스도교적인 이해 간의 개념적인 연결점이 초기 그리스도교인들에게는 단순히 역사적으로 우연적인 것으로는 여겨지지 않았다는 것은 분명하다. 왜냐하면 하느님의 육화된 '로고스'로서 그리스도가 좁은 의미의 그리스도교적 "믿음"일뿐만 아니라, 참된 진리, 다름 아닌 '바로 그' 진리였다면, 그리스도가 그리스 철학자들에 의해 이해되는 어떤 진리, 그리고 '모든 진리', '어떤' 타당한 지성적 의미의 원인이라는 것은 놀라운 일이 아니기 때문이다. 이러한 점은 박식한 비그리스도교 청자들로 하여금 초기 그리스도교 호교론자들에 대해서 귀에 거슬리고 의심을 품는 오만한 태도를 갖게 했다.

유스티누스는 바로 로마 황제인 안토니우스 피우스와 그의 아들 마르쿠스 아우렐리우스를 대상으로 다음과 같이 주장한다. "몇 가지 점에서 우리는 여러분이 존경하는 시인들과 철학자들이 가르치는 것과 다른 것을 가르치는 것이 아닙니다. 다른 점에서 우리의 가르침

---

31 Burkert, *Babylon, Memphis, Persepolis*. 아우구스티누스도 아주 믿기 힘들 정도로 플라톤이 모세에게서 배웠다는 관념을 생각한다. 이에 대해서는 다음을 참조: Augustine, *City of God*, VIII, ch. 11.

32 고대 그리스적 사유에서 신들은 불멸했지만, 영원하지는 않았다. 불멸의 신들을 넘어서는 영원한 신성은 고전 그리스 신학의 적합한 대상이다.

은 더 완전하고 더 신적입니다."[33] 유스티누스는 대담하게 다음과 같이 주장한다. "우리가 이 철학자들과 같은 견해를 갖고 있다는 것이 아니라, 이들과 다른 많은 이들이 우리를 모방해서 말한다는 것입니다."[34] 이와 같은 주장은 겉으로 보기에는 아주 우스꽝스러워서, 이 경우에 그리스도교 학문과 철학이 거의 전적으로 발전되지 않았다는 인상을 준다. 유스티누스의 지성적이고 학문적인 질을 그와 거의 동시대인 섹스투스 엠피리쿠스와 비교한다면, 유스티누스는 철학자의 외투를 걸쳤음에도, 순수한 아마추어와 같은 수준일 것이다. 하지만 분명히 그리스도교 학문은 그리스도 사건이 인간 역사를 관통하는 하느님의 결정적인 계시이기 때문에, 지식과 가치의 '어떤 그리고 모든' 분야에서 진리를 이해하기 위해 진정으로 유효한 유일한 문이라는 확신에서 성장했다. 이렇게 그리스도가 하느님의 강생한 거룩한 말씀이라는 점이 정말로 참되다면, 이와 같은 입장에 대해 비논리적이거나 오만한 어떤 것도 없다.

그리스도교 역사로 조금 나아가서 살펴본다면, 알렉산드리아의 오리게네스와 같이 최고 수준의 학자들과 사상가들이 등장하는 것을 보게 된다. 이들은 박식한 그리스-로마의 지성적인 문화를 놀라우리만큼 잘 파악하고 있으면서도, 여전히 매우 그리스도 중심적인 렌즈를 통해 세상을 보고 있다. 이것이 동방 그리스도교 플라톤주의 전성기의 시작이며, 이 시대 지성계의 별들은 오늘날까지 아주 밝게 빛난

---

33 Justin Martyr, *First Apology*, chapter 10; in Bercot, *We Don't Speak Great Things-We Live Them*, 108.

34 Ibid., 112.

다. 그러나 서방에서도 "참된 철학자는 하나님을 사랑하는 자"[35]라고 주장하고, 이어서 플라톤을 "그리스도교에 그토록 가깝게 끌어당긴 통찰"[36]에 있어서 심오했던 참된 철학자로 단언한 것은 아우구스티누스였다. 이제 분명히 4세기 즈음에는 진정으로 위대한 사상가들인 그리스도교 사상가들을 다루게 된다. 그럼에도 진리가 나오는 원천이 그리스도교 공동체에서 그리스도의 계시와 하나님의 영의 끊임없는 움직임이라는 유스티누스의 기본적인 입장이 교부들의 그리스도교 플라톤주의를 전수받은 고도의 사상가들에게서 확고하게 주장되었다는 것을 언급하는 것은 중요하다. 요약하자면 초기 그리스도교 사상가들은 종종 그리스 철학의 측면들과 그들이 실재에 대한 그리스도교의 이해 안으로부터 진리를 인식한 것 사이의 공통점에 대한 깊은 근거를 찾아냈다. 더 나아가서 초기 그리스도교 사상가들은 철학의 진리 주장들을 판단하는 데 그리스도교 계시의 잣대를 사용함으로써 (그 반대는 아니다.) 그리스도교 정통성 내에서 자신들의 입장을 유지했다. 이 점은 그리스도교 교의의 좁은 격자망이 모든 사유와 과학에 대해 공감하는 것을 걸러냈다는 것을 의미하는 것은 아니다. 오히려 계시에서 받아들인 지침은 하나님의 '로고스'가 어디로 이끌든지 로고스를 두려움 없이 따르는 정신의 생명을 자유롭게 하는 수단으로 여겨졌다.

하지만… 그리스도교 사상의 교의적인 토대, (교육을 받았든지 그렇지 않았든지 상관없이 놀라운 이야기에 의해 마음이 움직여서 이해할 수 있었던) 민중에 의해

35 Augustine, *City of God*, VIII, 1.
36 Ibid., 11.

말해진 복음 이야기에 대한 확고한 믿음이 흥미를 끄는 대중적인 신화론에 불과한 그리스도교 사상의 완전한 체계를 만들었다는 말인가? 그리스도교는 근본적인 복음 이야기의 "낮고" "공통적인" 본성을, 시대정신이었던 중기 플라톤주의의 세계관에 대한 단순한 해설과 "높은" 영적 감수성을 문화적으로 시의적절하게 결합한 것에 불과한 것인가? 비그리스도교적인 그리스-로마 철학의 요구가 다양하고 엘리트적인 지성적 함정에 빠지지 않고서도, 그리스도교가 종교적인 닻을 내리기를 간절히 원했던, 더 거대한 포스트 신화적인 이교도 문화의 욕구를 충족시켜 주는가? 그리스도교 '일치'(코이노니아)의 새로운 공동체 형태와 결합된 영혼과 초월적인 하느님에 대한 교의적 관심은 제대로 도약하는 문화적 조건들을 발견하게 되는가? 그리스도교는 민중을 위한 플라톤주의의 대중적이고 신화적인 형태인가?

3) 그리스도교는 대중을 위한 플라톤주의이다

니체는 『선악의 저편』의 서문에서 잘 알려진 대로 그리스도교가 대중을 위한 플라톤주의라는 점을 언급했다.[37] 헤겔은 이와 같은 사유노선을 예시했고, 하이데거는 20세기에 이를 이어나갔다.[38] 참으로 역사는 4세기의 교회 속으로 이동한 로마 제국의 "대중"을 대량으로 흡수하는 동시에, 전반적인 신플라톤주의적 사유를 향한 초기 교회에서의 강력한 움직임을 보여 준다. 회의적으로 집착하는 아카데

37 Nietzsche, *Beyond Good and Evil*, x.

38 다음을 참조: Hegel's "Lectures on the History of Philosophy" of 1896; Heideggers "Introduction to Metaphysics" of 1935.

미아 전통에서부터 플로티누스학파의 고도의 종교적 감수성에 이르기까지 매우 지성적으로 요구가 많은 비그리스도교 철학 사상가들의 플라톤주의와는 다르게, 지성적으로 단순한 그리스도교의 교의는 교육받지 못한 사람들이 전 생애에 걸친 연구나 정밀한 심미적 탐구 없이도 절대적 선성, 자신들의 영혼의 불멸성과 완전성에 대한 고도의 관념을 지닐 수 있었다는 것을 의미했다.

여기서 성패가 달려 있는 중요한 물음은 "그리스도교는 대중을 위한 플라톤주의인가?"라기보다, (만일 그러하다면) '어떤 의미에서' 그리스도교의 대중적인 "플라톤주의적" 특징들이 그리스도교가 무엇인가를 '설명하는가'이다. 왜냐하면 그리스도교의 입교가 계급, 인종, 성, 지위, 교육에 상관 없이 전적으로 평등했다는 것은 거의 의심의 여지가 없었고, (그리스도교는 특히 보편적인, 그리스어로 '카톨리코스'catholicos의 종교이다.) 그리스도교 교의가 플라톤에서 발견될 수 있는 신, 영혼, 실재에 대한 몇 가지 눈에 띄게 유사한 이해를 참으로 반영한다는 것도 더욱 의심의 여지가 없었기 때문이다.[39]

니체의 독해는 실재 속으로 지나간 모습을 보려는 열망과 즉각적인 세계에서는 제공되지 않는 완전함에 대한 열망이 플라톤주의의

---

39 학자들은 이러한 모든 점에 이의를 제기하지만, 나는 (정말로 거기 있는) 차이들이 (또한 거기에 있는) 유사성의 실제 영역을 가리는 것을 보려는 열망을 생각한다. 예를 들어서 "플라톤적 영혼"은 종종 (어쨌든 부정적으로) 비물질적인 죽음으로 그 물리적인 육체적 감옥에서 풀려난 다음, 자신의 본래의 순수한 영적인, 완전한 이데아들의 천상으로 되돌아가는 독립체로 특징지어진다. 분명히 재생이나 선재 없는 육신의 부활이라는 그리스도교적 관념은 플라톤이 죽음 이후에 우리의 영혼에 일어날 수 있는 바를 고려하면서 제공했던 몇 가지 신화적 제안과는 전혀 다르다. 하지만 플라톤주의와 그리스도교 양자 모두 우리가 물리적 죽음에서 살아남는 개별적인 영적 본질을 '가지고 있다'는 것을 파악한다. 많은 철학자들과 종교는 그리스도교와 플라톤의 영혼에 대한 이와 같은 광범위한 이해를 공유하지 않는다.

핵심적인 염원임을 발견한다. 니체에 따르면, 즉각적인 것에 최후통첩을 하는 이러한 거부요, 따라서 우연적이고 일시적이며 구체화되고 이미지를 지닌 것의 궁극적 실재에 대한 이러한 부정 — 어떤 완전한 "저편"에 초점을 맞추는 "딴 세상"에 대한 이러한 관심 — 이야말로 망상적인 플라톤주의 교조론의 요지이다. 그리고 '이러한' 열망은 다양하게 그리스도교화된 제도적 형태에 의해 교육받지 못한 평범한 사람들의 가시권에 놓이게 된다. 이렇게 니체에게 있어서 대중을 위한 플라톤주의인 그리스도교는 참으로 그리스도교의 본성이 대중적인 망상이라는 것을 설명해 준다. 좀더 상세하게 보자면, 대중에게 이러한 열망을 보장하는 것은 그리스도교의 매력으로서 그리스도교의 에로틱한 여성성을 설명해 준다는 것이다.

이러한 관점의 다른 측면은 니체가 "권력에의 의지"라고 부르는 것의 기능으로서 그리스도교의 내적인 역동성을 설명해 준다. 이상화된 완전성에 대한 (잘못된) 약속을 믿도록 허용하는 큰 규모의 전례와 제도에 접근이 허용되는 사람들을 받는 대가로, 교회는 대중에 대한 권력을 얻었다. 중요한 측면에서 교회에 대한 비판은 예형적인 인물들인 포이어바흐와 마르크스에 의해 제기되었다. 니체는 믿음의 어떤 구조에서 드러나는 유일한 "진정한" 실재로서 체화된 삶의 실천에 대한 직접적이고 감각적인 힘의 역동성에 매료되었다. 이렇게 니체에게 그리스도교의 본성은 교회 권력을 감각적으로 (경제적이고 폭력적으로) 표현하는 것을 확장하고 보호하려는 진짜 목적을 위해 이상적인 완전함에 대한 망상적인 대중적 신화를 생성하는 것으로 설명된다.

"그리스도교의 본질"에 대한 이렇게 광범위한 니체의 해석은 밀뱅크가 현대의 세속적 이성이라고 부르는 바에 대한 대규모의 지성적 문화에서 그 자체로 심각하게 제시되었다. 당연하게도 이러한 관점은 현대 신학에서, 특히 19세기와 20세기에 일반적인 프로테스탄트의 자유신학에서 중요한 역할을 했다. 형이상학에서 인식론으로 이행하는 모더니티의 움직임이라는 스코틀랜드적이고 오캄적인 방식에서 이처럼 신적인 존재에서 인간적 지식으로의 이동 때문에, 실재에 대한 우리의 문화적 관점의 극성을 뒤집'어야 하는' 것은 놀랍지 않다. 이제 모더니티와 모더니티 이후(포스트모던)에서 "실재"는 눈에 보이게 분명하게 나타나는 것으로 '존재'한다. 이전에는 초월적인 것은 분명하게 나타나는 것의 토대였으며 그러한 토대의 유일한 실재는 분명하게 나타나는 것에 실체성을 부여할 수 있었다. 하지만 그리스도교에 대한 니체의 "설명"은 그 자신의 용어 내에서는 설득력이 없다.

여기서 나는 독자들에게 3장의 니체와 하만의 간략한 토론으로 되돌아가기를 요청한다. 니체가 '모든' 의미가 배타적으로 가시적으로 드러나고 전적으로 우연적이며 상상으로 만들어진 신화 외에 다른 것이 아니라는 것을 진정으로 확신했다면, 이는 그가 그리스도교의 본질로 간주하는 것에 적용되어야 하며, 이렇게 간주하는 것은 분명히 '그 자신의' 권력에의 의지에 대한 한낱 배경으로 여겨지는 것이다. 우리가 추론하는 것을 귀중한 가치를 추구하는 도구로 (니체가 할 수 없는 어떤 것으로) 생각한다면, 이러한 입장에 대해 두 가지 결론이 도출된다.

우선, 그리스도교의 믿음이 니체가 선호한 시적인 대안보다 더 망상적이라는 것을 결정하는 "객관적인" 방식은 있을 수 없다. 역으로 그 어떤 믿음도 참될 수 없다면, "이상적인 것들"에 대한 믿음이 어떻게 틀릴 수 있겠는가?[40] 의심은 자신을 먹어 치우는 벌레이다. 달리 말해 니체의 추론을 받아들인다면, 진리를 드러내는 이성의 능력을 포기해야 한다. 하지만 그렇다면 이성적인 것을 근거로 추론을 받아들이지 못할 것이다. 왜냐하면 우리는 단순히 그의 자의적인 상상적 주장을 좋아한 것이기 때문이다. 물론 이성(reason)을 버린다면, 왜 초월적인 믿음이 틀렸는지에 대한 어떤 이유(reason)도 없게 된다. 이는 그러한 믿음을 좋아하지 않는다는 것을 의미하기에, 오히려 다른 실재를 상상하게 될 것이다. 하지만 이 점은 그와 같이 추론하기를 포기하고, 결국 임의적인 의지와 폭력적인 권력으로 되돌아가는 것이다.[41]

두 번째로 이러한 입장이 옹호하는 그리스도교 종교에 반대하는 독설적인 입장은 원한을 품고 있다는 혐의를 피할 수 없다.[42] 니체의

---

40 이 두 문장에서 내가 생각하는 점은 "틀린"이 "참된"과 연결된 쌍개념이라는 점이다. '틀린'은 참된 것이 없다면 의미가 없다. 니체가 시도하려는 것처럼, 쌍개념적인 진리 자체를 포기한다면, 모든 "지식"과 "의미"의 주장은 시적인 주장이 되며, 그렇다면 '어떤' 주장이 틀릴 수 있었다는 관념은 의미 없는 것이 된다. 하지만 쌍개념적 진리가 없다는 시적인 주장은 그 자체로 비이성적인 의지의 행위여서, 플라톤주의의 이상들이 틀렸는가(또는 참인가)에 대해서 니체는 '근거'를 댈 수 없다. 여기서 우리는 치명적인 주의주의적인 비합리주의를 건드리게 된다.

41 플라톤은 『국가』 2권에서 진리를 밝히는 것으로 이성을 믿는 오류가 얼마나 폭력적인 폭정으로 귀결되는가를 매우 조심스럽게 설명한다. 이는 물론 플라톤이 잘 이해하는 대로 이성에서 진리로 가는 단순한 경로가 있다는 것을 의미하지 않는다. 그러나 신적 '이성' 내의 인간의 기능성으로 우리의 추론은 한갓된 폭력적 권력에서 우리를 구할 수 있으며, 우리가 신적 진리를 찾도록 도와줄 수 있고, (비록 추구함에 있어서 우리가 진리의 파악 내에 자리하고 있다고 하더라도) 이는 우리의 파악을 넘어설 수 있다. 데이빗 쉰들러는 자신의 멋진 작품인 『순수하지 못한 이성에 대한 플라톤의 비판』 1장에서 플라톤의 이러한 면을 매우 아름답게 설명한다.

42 그리스도교가 부끄럽지 않은 현재 상태의 작은 권력을 지닌 종교라면, 이는 그리스도교 본문들과 거의 닮지 않을 수 있으며, 그렇다면 권력에의 의지에 대해 위로가 되는 자기기만적 은폐로

무신론은 그리스도교의 상상이 서구문화에 행사하는 문화적이고 정치적인 권력에 분개하며, 이를 그 자체의 상상적인 열망을 더 잘 받아들일 수 있는 무신론적인 권력의 문화로 대체하려고 한다. 시몬 베유는 니체에게 있어서 분개의 역동성이 그가 진술한 주장이 전도된 것이라는 점을 잘 파악했다. 시몬 베유에게 있어서 그리스도교가 노예의 종교라는 것은 의심의 여지가 없지만,[43] 자신들의 권력이 의존해야 하는 약한 사람들에 대해서 분개하는 사람들은 강한 사람들이며, 모든 사람도 종종 자신을 심하게 억압하는 자들에게 분개하기 때문에 나약하지 않다. 왜냐하면 잘났다는 사람들은 자신들을 한층 두드러져 보이게 하고 보잘것없는 사람과의 관계에서만 잘났기 때문이다. 어떤 잘난 사람도 스스로의 영광으로부터는 진정으로 잘나지는 않는다. 이들은 돋보이기 위해 자신들과 떨어져 있는 관중과 무대가 반드시 있어야 한다. 이들은 자신들 외에 다른 어떤 사람도 우러러보지 않을 것이기 때문에, 자신들을 우러러보는 사람들을 경멸한다. 하지만 잘난 사람들은 자신들의 잘남을 과시하기 위해 이들이 자신들을 우러러보는 것을 필요로 한다. 창조가 본래의 조화이고 신적 기쁨, 사랑, 선성의 자애로운 행위가 되는 곳인 그리스도교는 위대한 고대의 농경 문명의 부흥과 더불어 나타난 호전적인 종교-신화적 권

서 그리스도교에 대한 니체의 비판은 정말로 종종 가시가 돋혀 있다. 시편 140의 정신으로 볼 때 그리스도인들은 우리의 믿음이 실존적이고 문화적으로 입에 발린 것처럼, 그리고 우리 자신을 숭배하는 우상으로 보려는 니체의 망치에 의해 얻어맞는 것을 행복하게 받아들여야 한다. 이러한 과제는 구약성서 예언자들의 임무와 같은 선상으로, 그리고 권력과 우상화에 근본적으로 도전하는 예언적 운동으로 이해되는 그리스도교의 본질로 가득 차 있다.

43 Weil, *Waiting for God*, 67.

력 구조의 근본적인 전도를 옹호한다.[44] 예언적 상상은 약함과 억압된 것에 대한 종말론적 상상이지, 압제자들의 권력을 위한 것이 아니다. 오히려 이러한 상상은 모든 이를 위한 압제가 없는 삶을 위한 것이다.[45] 이는 근본적으로 체제 전복적인 권력에 대한 이해이며, 베유는 이를 아주 잘 이해한다. 존 하워드 요더에게 영향을 받은 스탠리 하우어워스도 베유처럼 이 점을 잘 이해한다.[46] 물론 교회는 다른 인간 제도처럼 권력과 종교에 대해 바빌로니아 사람들이 이해한 잘못된 "실재론"에 무릎을 꿇는다. 하지만 이 점은 교회 자체의 교의와 성서에 의해 오류로 인정된 어떤 것이다.

"플라톤주의"가 덧없음, 우연성, 불의, 윤리적 상대주의, 폭력, 그리고 배타적으로 내재적인 관점에서 이해된 인간 실존의 윤리성을 상대화시키는 초월적인 실재에 대한 믿음을 의미하는 곳에서, 그리스도교는 정말로 플라톤주의의 한 유형이다. 그럼에도 그리스도교는 (그리고 플라톤도) 내재적인 인간 실존의 직접적인 본성을 경멸하지 않는다. 참으로 강생은 그리스도교의 신앙 내에서 인간의 직접성에 위대한 존엄성을 부여한다. 하지만 직접적인 것은 그리스도교나 플라톤주의에 그저 단순히 직접적인 것으로서 이해되는 것은 결코 아니다. 이는 참으로 니체와 구분되며, 직접적인 것과 내재적인 것이 자신들의 관점에서 실제적이며, 우리가 의미 있게 말할 수 있는 유일한 실재인 "순수한 본성"이라는 초기 근대적 관념을 믿는 자와도 구분되는

44 Ricoeur, *The Symbolism of Evil*, 175-98 참조.

45 Brueggemann, *The Prophetic Imagination*; Jurgen Moltmann, *Theology of Hope* 참조.

46 Hauerwas, *The Peaceable Kingdom*; Yoder, *The Politics of Jesus*.

점이다. 하지만 니체는 단순한 우연성(이성)을 넘어서는 어떤 것에 호소하지 않고 왜 내재성[47]만이 있는가에 대한 '이유'(reason)를 제시할 수 없다. 사려 깊은 논증은 즉각적인 직접성의, 그러니까 단순히 나타나는 것의 실재를 수용하는 실재론의 이름으로 이러한 논증을 사용하는 사람들의 손에서 산산조각이 날 수밖에 없다. 이러한 작태는 이성을 내재성과 떼어놓고, 단순한 의지와 단순한 의지적 상상에 대해서 근본적으로 불합리하고 비이성적인 점을 옹호한다.

공평하게 말해서, 이성은 이성이 아닌 것의 관점에서 이성이 아닌 것이 틀렸음을 입증할 수 없지만 이성이 아닌 것이 이성의 관점에서 이성을 파괴할 수도 없다. 여러분이 이성이 아닌 것을 신뢰한다면, 니체에게로 가게 될 것이다. 만일 이성을 신뢰한다면, 플라톤에게 갈 것이다. 여러분이 하느님의 신적 이성[로고스]으로서 그리스도를 신뢰한다면, 그리스도교 플라톤주의로 가게 될 것이다. 하지만 니체가 그리스도교를 대중을 위한 플라톤주의로 이성적이지 않게 이해하는 것은 그리스도교 자체가 무엇인가를 설명하는 '이유'가 될 수는 없다.

4) 그리스도교 신앙은 플라톤주의 신학과 교회 권력에 의해 식민지화된다

로버트 뱅크스의 놀라운 연구서인 『공동체에 대한 바오로의 관념』

---

47 [역주] 여기서 내재성은 초월자를 전제하지 않고, 모든 것을 구체적인 관계 속에서, 서로 규정하고 서로 규정받는 관계 속에서, 그러한 조건이나 관계의 변화에 따라 항상 변화하는 것으로 사유하는 것이다. 따라서 니체에게 있어서 영원히 되풀이되는 것은 직접적인 것으로서 변화, 우연성 그 자체이다. 이러한 우연과 변화의 원인은 그 자체 안에 '내재'한다. 이러한 내재성은 즉각적이고 직접적인 것으로서 현실적인 것의 생성원리이다.

은 마음을 사로잡는 학문적 작업으로서, 바오로와 그가 설립한 교회들이 살았던 사회-문화적 세계를 아름답게 서술하고 있다.[48] 바오로가 발전시킨 그리스도교 공동체들은 "유기체적인" 인간적 유대감으로 형성되었다. 가르침은 맨 처음부터 중요했지만, 이러한 교회의 활력은 교회가 살아가는 삶의 방식에서 발견될 수 있었으며, 거룩한 영의 열매와 선물들은 교회 한가운데서 발휘되었다. 중앙집권화된 교의적 통제, 확립된 전례와 예식, 많은 분야에 걸친 제도적 지원과 위계 제도, 부와 권력은 이 순간에 교회에 아직 있지 않았던 것으로 교회와 함께 발전한 고도의 문화이다. 요약하자면 흔히 이루어진 형태로, 확립된 종교의 제도적 구조를 증식하고 통제한 것은 그리스도교의 본래 형태가 아니었다. 바오로 이후 3백 년에 중앙집권화된 교계 제도와 빽빽한 교의적 정의로 확립된 종교의 모든 전략은 이와 같은 바오로의 출발에서 발전했다.[49] 이렇게 바오로에서 에우세비우스까지 이르는 이러한 움직임이 원래의 그리스도교 신앙을 왜곡한 것인가? 아니면 이 움직임은 심지어 원래보다 더 퇴화했는가? 왜냐하면 바오로는 그리스-로마 세계의 여행자로서 결코 (육신을 지닌 사람으로는) 만나지 못한, 시골의 유다인인 나자렛 출신 예수로부터 이미 긴 여정

---

48 Banks, *Paul's Idea of Community*.

49 조지 린드벡(George Lindbeck)의 매력적인 연구서 『교의의 본성』은 교의가 교회의 역사적인 삶 안에서 기능을 조절하는 핵심적인 역할을 한다는 것을 매우 설득력 있게 말한다. 교회에서 교의는 내부인들의 개념을 확립하고 이 내부인들 안에서 삶의 실천점들을 만들어 낸다. 이는 이러한 개념과 실천점들이 보존되고 모방되고 발전되기 위해 삶에 대해 정의된 방식을 가능하게 하는 방식으로 이루어진다. 린드벡은 이러한 기능을 전적으로 긍정적인 관점에서 보고 있으며, 반면에 교의를 반대하는 측은 동일한 기능을 완전히 부정적인 관점으로 본다. 교의가 본질적으로 조정적인지, 교의의 조정적인 기능이 좋고 나쁘거나, 그 자체로는 좋거나 나쁜 것이 아닌지 하는 것은 상당히 주목할 만한 아주 거시적인 물음이다.

을 떠나왔기 때문이다. 원래 예수 운동이 바오로에 의해 처음으로 이식되었다면, 올바른 신앙을 교의적으로 정의하고 획일적인 것을 가르치기를 강요하는 지배적 구조를 수립하는 중앙집권화된 교단에 의해, 황제는 미래의 그의 통치의 목적을 달성하게 되는가? 이와 같은 이식은 그것의 근원적인 본성에 근본적으로 대립되는 플라톤의 교의와 권력과 권위에 대한 그리스-로마적 관념을 포함하는가? 4세기의 그리스도교는 정말로 나자렛 예수와 관련이 없는 것인가?

예수를 따르는 이들이 그리스도인이 되는 방식은 참으로 엄청난 변화의 이야기이다. 하지만 이러한 변화가 쇠퇴하는 것인지 발전하는 것인지 하는 것은 당시 초기 교회의 학문이 이에 대한 대답을 허용하지 않은 것처럼 보이는 사안이다. 오히려 두 가지 모두를 의미한다. 신학적으로 볼 때, 성령이 참으로 잘못할 수 있으며 아직 완전하지 않은 그리스도인들의 실제 육신 안에 내재한다면, 이는 항상 두 가지 모두에 해당되어야 한다. 하지만 여기서 정통적인 그리스도교 교의에 대한 접근은 도움을 줄 수 없지만, 이와 같은 놀랍고 복잡한 역사를 어떻게 읽어야 하는가에 대한 해석학적인 렌즈를 제공한다. 왜냐하면 그리스도가 죽은 이들로부터 부활한 하느님의 아들이고 그의 성령이 그의 교회의 생명이라는 것을 믿는다면, 교회가 오류를 범할 수 있는 사람들의 동반자이며, 신성은 어떤 쇠퇴도 '단순한' 쇠퇴가 아니고 어떤 발전도 '단순히' 신적이지 않다는 것을 의미하기 때문이다. 그러나 그리스도가 부활한 하늘과 땅의 주님이라는 것을 믿지 않는다면, 어떤 인간적 제도의 발전을 이해하는 유일하게 유효한 방식이 그 권력과 통제를 증가시키기 위한 형태를 취해야 한다는 관점에서 믿는다면, 온전히 인간의 기획으로 간주되는 "종교"는 쇠퇴와 발전 간의 어떠한 의미 있는 구분도 제공하지 않는다.

교회의 발전에 대한 물음들이 분명 매혹적이고 중요하긴 하지만, 우리는 여기서 더 나아가지 않고 계속해서 플라톤주의와 그리스도교의 관련성에 주목할 것이다.

우리는 실재에 대한 광범위한 플라톤주의적 이해가 신약성서에서 수용되었음을 입증했다. 이로써 플라톤주의적 특징들을 지닌 좀더 분명한 교의적 정식들을 점차적으로 활용하는 것은 그 원래적인 원천과 조화되지 않는 것은 아니다. 원로들인 '가부장'(pater familiar)에 의해 감독되는 예언적 임무는 단일 주교단을 본뜬 가르치는 주교들로 대체되었으며, 교회의 권력 구조의 "군주적" 개념은 교의의 발전으로 발생하게 되며 제도로서 더욱 조직화된다. 그러나 이와 같은 연관성이 그리스도교 교의와 권력의 발전 내에서 플라톤주의의 역할을 설명해 주는가 그렇지 않은가 하는 것을 다시 묻게 된다. "자연적"으로 측정되고 이해될 수 있는 사물들만이 실제적인 곳에서 현대적으로 해석하는 렌즈를 통해서 보인다면, 좀더 정치적이고 제도적인 필요성은 우리에게 교의와 교회적 권위 구조에 대한 총체적인 설명을 제공해 준다. 그러나 물론 이러한 방식으로 사물들을 보는 것은 표면상 우리가 "바라는", 유일하게 가능한 대답을 '전제하는' 것이다. 이러한 물음을 의미가 지식보다 앞서며, 신성이 인간성보다 앞서고, 우리의 인간적 앎과 행위가 항상 (어느 정도로) 존재론적으로 우리보다 앞서는 것에 참여한다는 고대의 인식론적 렌즈를 통해서 본다면, 내재성의 관점은 상실되지 않지만, 이는 초월적인 것의 빛에서만 설명될 수 있다.[50] 이 역시 필연적으로 신약성서의 관점이며, 나는 실재에 대한 어떤 그리스도교적 이해도 교회의 본성에 대해서 현대적으로 환원하는 자연주의적 설명을 거부하지 않고서는 이 종교의 신약성서적 원천과의 연결을 주장할 수 없다고 말하고 싶다.

요약하자면, 플라톤주의의 개념적인 범주들이 고대 교회에서 초기 고대 문화에서 사용한 용어의 일부가 됨으로써 동시에 교의적 정의가 더 분명해졌다는 것은 사실이다. 그리고 이러한 점은 동시에 교회의 권위 구조가 질서와 체계에 있어서 로마 제국적 관념 모델로 발전하게 만들었다. 이러한 역사적 사실들이 무엇을 설명하는지, 또는 이러한 사실들이 적어도 어떤 설명이 되는지 하는 것은 이러한 발전을 바라볼 때, 우리가 끼고 있는 해석적인 렌즈가 무엇인가에 달려 있다. 현대적으로 해석하는 렌즈는 18세기 후반에서 20세기 후반에 이르기까지 성서 해석에서 고도의 학문적인 독일 개신교의 경향에서 아주 인기가 많았는데, 이러한 렌즈는 의심의 여지 없이 고대 교회의 광범위하게 수용된 세계관과 주된 삶의 형태에는 낯설다. 이렇게 현대적으로 해석하는 렌즈는 초기 교회를 면밀하게 살펴서, 지식이 의미보다 우선적인 곳에서 환원적인 과학적 시각을 통해서 역사적으로 동떨어진 관점에서 '실제로' 무슨 일이 일어나고 있었는지 안다고 생

---

50 물론 어떤 것이 초월성의 빛에서 "설명될 수 있다"고 말하는 것은 현대적으로 해석하는 관점 내에서는 불가능하다. 왜냐하면 여기서 설명이라는 관념은 엄밀하게 자연적이고 정의적으로 우리의 이해"보다 못하기" 때문이다. 이 점은 '설명하다'(explanation)라는 용어가 라틴어에서 파생(ex는 무엇으로부터를 planus는 편평함을 의미한다.)되었다는 것을 반영한다. 이 용어는 지성적으로 편평한 전경을 떨어져서 보는 것을 함축한다. 이 전경에서 모든 것은 우리의 시선 아래에서 명료해진다. 이와는 대조적으로 지성성의 원천으로서 플라톤의 태양에 대한 이미지를 우리가 '쳐다' 볼 수는 없지만 그 빛에 '의해서'만 볼 수 있다.

각한다. 해석적으로 현대적인 유리한 관점에서 우리는 설명들이 전적으로 자연적일뿐만 아니라, 원칙적으로 자연적인 설명으로 환원될 수 없는 현상들은 없다고 추정한다. 이러한 관점을 그리스도인으로 남기를 원하는 그리스도인들은 믿을 '수 없다.' 인간의 수용을 넘어서는 신적 행위의 우위와 인간의 지식을 넘어서는 신적 의미의 우위를 그리스도교 신앙에서 빼 버린다면, 우리는 믿음과 믿음을 형성하는 실천에서 정통 그리스도교 공동체에 대한 역사적 연속성을 상실할 것이다.

하르낙이 그리는 궤적에서 현대 신학자들은 실제의 역사적 예수에게 돌아가려는 강력한 열망을 표현한다. 이 예수는 놀라운 윤리적 가르침을 주는 비범하게 영감을 지닌 사람이었지만, 확실히 세상의 죄를 위해서 죽었고 물리적으로 죽은 이들 가운데서 일어난 하느님의 기적적인 일을 하는 아들은 아니다. 이처럼 학문적으로 훌륭한 관점은 현대 과학에 의해 정의되는 것으로서 가능한 바에 대한 참된 담론을 믿으며, "자연" 내에서 "초자연적인 것"에 대한 모든 이야기를 기만적인 것으로 읽는다. 그 때문에 이러한 관점은 교회와 공식적으로 승인된 교의에 의해 해석된 놀랄 만한 사건들에 대한 온갖 미신과 정치적인 부패를 벗어나려고 한다. 하지만 이는 그저 마르키온의 다른 버전일 뿐이다. 이러한 입장은 그리스도교 역사의 의미와 타당성을, 세속적 모더니티의 거대한 지성적 문화에 존경할 만한 것으로서 수용된 비그리스도교의 과학적 진리의 렌즈를 통해서 해석하기를 원한다. 하지만 어떤 그리스도인들도 그리스도교 플라톤주의의 등장에 대한 이러한 설명을 받아들일 수 없다. 이러한 점은 어느 정도 현대적으로 짜이고 재구성된, 역사적 예수에 대한 사색적인 허구를 만들기 위해서 역사적 그리스도교를 거부하는 것에 해당되기 때문이다.

결론

우리는 이제 강한 자의식을 지닌 현대 신학적 관점에 의해 드러나는 그리스도교 플라톤주의에 대한 반성적인 경멸을 재고하는 길 위에 있다. 그리스도교 플라톤주의의 발전은 그리스의 철학적 관념이 별도의 유다인들의 원시 예수 운동에 외래적으로 침투된 것으로서 발생하지 않았다. 오히려 유다이즘은 신약성서 시대 이전에 그리스-로마적 사유와 문화에 의해 깊이 영향을 받았다. 그리고 신약성서는 그리스어로 쓰였고, 그 핵심적 용어들은 70인역에 의해 형성되었다. 신약성서는 종교와 그 시대에 일반적이었던 광범위한 플라톤주의의 철학적 관심사를 종합하는 세계관으로 흠뻑 젖었다. 이렇게 '로고스'와 '독사'에 대한 그리스적 관념에 대한 핵심적인 유다적 독법은 그리스도교 신앙에는 본래적이었으며, 확고하게 그리스도교 정통성으로 이전되었다. 더 나아가서 영지주의적 분파들과 그리스도교 이단들은 참으로 중기 플라톤주의의 이원론(예컨대 물질은 악하고 정신은 좋다는 관념)을 수용한 반면에, 강생과 창조의 선성에 대한 그리스도교 교의는 이러한 관점이 정통 그리스도교 신학과 정통 그리스도교 플라톤주의로 접근하는 것을 전적으로 방지했다. 간략하게 말해서, 그리스도교 플라톤주의가 원래의 그리스도교에서 시작한 것과는 다른, 온전한 정통성과는 다른 어떤 것으로 보여야 하는 타당한 신학적 이유들은 없는 듯하다.

우리는 그리스도교 플라톤주의가 그것이 플라톤주의이기 이전에 그리스도교라는 것을 보았다. 물질적인 실재의 선성에 대해서, (강생의 교의에서) 인간 육신의 선성에 대해서, 인간의 역사적 영역에서 신의 업적에 대해서 그리스도교 플라톤주의는 고대 후기에 번창했던 플라톤주의의 다른 형태들에 직접 맞서게 된다. 더 나아가서 플라톤의 철학과 그리스도교 교의가 보조를 맞추는 정도는 문화적 조건에서는 분명하게 나타나지 않지만, 문화와 역사를 통해서 이루어지는, 하지만 이를 넘어서는 신의 업적의 기능으로 나타난다. 시공간과 문화의 특수한 지점에서 그리스도의 등장은 단순히 우연적인 사건이 아니라, 신에 의해 선택된 특수한 사건으로 이해된다.

이렇게 그리스도교 플라톤주의는 참으로 그리스도교이며, 그리스도교의 정통성은 핵심적인 우주론적, 윤리적, 형이상학적 입장에 있어서 특별한 의미를 지닌 플라톤주의이다. 하지만 이 모든 것이 사실이라면, 그리스도교 플라톤주의가 왜 두드러지게 서구 신학적 사유의 관심에서 멀어지고, 더 심각하게는 전 세계 그리스도교 국가들에 깊숙이 자리잡은 서구문화에서 떨어져 나갔는가? 이는 우리가 다음 장에서 살펴볼 문제다.

6. 무엇이 잘못되었는가?

이 점에 대해서 나는 이 책에서, 현대 서구 철학과 신학에 반영되어 그리스도교 플라톤주의를 향한 깊숙이 자리잡은 반감에 대해서 살펴보았다. 이러한 반감은 그리스도교 플라톤주의에 대해서 말해주는 것보다 현대와 19세기의 진보주의에 대해서 더 많은 것을 우리에게 잘 말해 줄 것이라는 점을 인식하기 위한 충분한 배경이 되었다고 생각한다. 더 나아가서 나는 이제 더이상 그리스도교 플라톤주의가 철학과 신학 양자에 있어서 조악한 모방품으로서 형편없는 죽은 관념이라고 단순히 '추정하지' 않을 수 있기를 강하게 희망한다. 하지만 나는 그리스도교 플라톤주의가 (감사하게도) 자립적이고 진지한 철학적 입장으로서 오랫동안 대신해 왔다는 점이 우리 시대의 학문과 정신에 의해 광범위하게 받아들여지지 않았다면, 이 책을 쓰지 않았을 것이다.

그렇다면 역사적으로 무엇이 잘못되었는가? 내가 주장하듯 그리스도교 플라톤주의가 그처럼 좋은 이념이고 서구의 정신에서 여전히 강력한 지위를 차지하고 있다면 (비록 상상적인 이야기의 영역에서"만"이라고 하더라도), 왜 지금은 그리스도교 플라톤주의가 진지한 철학적 관심에서 완전히 배제된 것으로 대부분이 생각하는 것인가?

이 장에서 나는 그리스도교 플라톤주의가 실제로 무엇인가를 좀더 충분하게 정의할 것이다. 그다음에는 지성적으로 존중하는 관점에서 서구 그리스도교 플라톤주의의 역사적인 경우에 대해서 아주 짧게 개관할 것이다. 여기서 그리스도교 플라톤주의가 오늘날 외면받는 큰 이유들 중의 하나를 입증할 것이다. 하지만 17세기 이후의 서구인들에게 강력하고 거의 거부할 수 없는 매력을 지닌 진리와 지식을 향한 기본적인 문화적 태도에 있어서 중대한 변화가 있다. 이러한 변화는 지금은 불가능하게 여겨지는 것으로서, 그리스도교 플라톤주의에서 주장되는 실재에 대해 접근하는 유형에 있어서 중세와 고대적인 것을 존중하게 만든다. 상상과는 다른 관점들에서 그리스도교 플라톤주의에 대해서 생각할 수 있다면, 우리는 이러한 변화를 이해함으로써, 이에 대한 전제들을 드러낼 필요가 있게 된다. 하지만 우선 그리스도교 플라톤주의가 실제로 무엇인가를 명확하게 규정해 보기로 하자.

처음의 융성기에서 그리스도교 플라톤주의

오늘날 그리스도교 플라톤주의를 다루는 데 있어서 가장 큰 문제는 철학의 본성 자체를 현대적인 세속적 삶의 방식과 양립될 수 없다는 관점에서 이해하는 것이다. 이는 그리스도교 플라톤주의의 주된 원리가 니케아 신경에 대한 언급에 의해 가장 간략하게 윤곽을 드러낼 수 있음을 말함으로써 쉽게 지적된다. 말하자면 고대에서 '그리스도교' 플라톤주의는 그리스도교 계시가 참되며, 가장 중심에 있는 진리와 모든 진리의 원천이 그리스도 자신이라는 것을 핵심적으로 믿었다. 그 때문에 독특하게 역사적으로 정착되고 공동적으로 전달된 것으로서 하느님의 생명을 우리 안에 불어넣는 진리의 영에 의해 우리를 활기 있게 만드는 계시는 '유효한 철학을 위한 유일한 근거'로서 그리스도교 플라톤주의에 의해 수용되었다. 이는 그리스도교 플라톤주의가 처음에 자신의 부흥에 있어서 철학과 종교가 어느 정도 혼합된 것, 그러니까 어떤 관점에서는 철학적으로, 다른 관점에서는 교의적이고 종교적으로 볼 수 있는 혼종이 아니었다고 말하는 것이다. 오히려 그리스도교 플라톤주의는 가장 중요한 것으로 그리스도교 신앙과 교회의 삶 안에 토대를 둔 입장이었다. 5장에서 언급했던 것처럼 고전 후기 시대의 초기 교회 교부들은 플라톤을 모세와 다르지 않게 신적 영감을 받은 그리스도교 신앙의 이교도 선구자로 보았다. 여기서 하느님의 말씀은 직접적인 신현에서가 아니라 지성에서 발설되었다. 이렇게 플라톤의 철학은 그리스도교에서 완성될 것으로 믿어졌으며, 그리스도교는 플라톤이 향하는 참된 철학으로 여겨졌다. 그다음에 그리스도교 플라톤주의에서 플라톤은 그리스도교 계시에 의해 측정되고 수정되었고, 플라톤의 최고의 통찰과 가장 심오한 열망은 그리스도에 의해 성취된 것으로 여겨지며, 그 반대는 아니었다.

여기서 그리스도교 플라톤주의에 대해서 이해하는 첫 번째 요소는 우리가 교부 시대에 이러한 관점에 대한 정통적인 지지자로 여기는 사람들이 자신들을 그리스도교 '플라톤주의자'가 아니라 단순히 그리스도인들로 생각했다는 점이다. 더 나아가서 이들은 철학과 종교를 분리된 것으로 생각하지 않았다. '종교와 철학은 한 사안에 대한 두 용어이다.' 삶의 방식은 사람들이 열망할 수 있는 최고의 진리를 신적으로 가능하게 추구함에 의해 올바로 질서 지어진다. 말하자면 삶의 실천으로서 지혜에 대한 사랑(철학)은 고대에서 온 마음, 정신, 육체, 영으로 이루어진 어떤 것이며, 정말로 그리스도교에 있어서 이러한 점은 온 존재로 하느님을 사랑하고 하느님에 앞서서 다른 신을 소유하지 않으려는 것으로서 동일한 기획이었다. 말하자면 올바른 숭배와 진리와 의미에 대한 올바른 사유, 올바른 행위는 모두 불가피하게 각각의 것과 통합적인 것으로 여겨졌다. 철학과 신학의 관념들이 서로 다른 대상, 다른 방법론, 다른 출발점을 지닌다는 것은 중세 전성기에 출현하기 시작하는 관념들로서 대체로 고대 후기의 그리스도교 사상가들에게는 낯설었다.

오늘날 우리는 전형적으로 신학과 종교를 철학과 과학으로부터 분리시켰지만, 분명하게 표현되고 이성적으로 옹호되는 신경에 의해 핵심적으로 식별될 수 있는 것으로서 철학적 입장을 생각하려고 한다.[1] 우리에게 있어서 특정한 철학적 입장이 명백하게 구별되는 명제들의 관점에서 서술될 수 없다면 이러한 입장이 무엇일 수 있는가를 이해하기가 어렵다. 철학적 입장이 무엇인가를 '우리가' 이해하는 방식 때문에, 우리는 철학적 명제들의 조합으로서 그리스도교 플라톤주의가 무엇인가를 식별할 필요를 느낀다. 하지만 이 점은 그것이 '어느' 정도로 실행될 수 있다고 하더라도, 실제로는 실행될 수 없는 과

1 흥미롭게도 서구에서 철학은 점차 몇 가지 핵심적인 믿음으로 지속되는 신앙의 실천과 삶의 실천적 입장 주변에서 교리적으로 발전하는 이성적 "신학들"에서 종교를 따르는 것처럼 보인다. 그래서 예컨대 무신론자는 신이 없다고 믿을 수 있으며, 이러한 교리를 이성적으로 정당화하려고 시도할 수 있고, 이러한 믿음에 실천적으로 함축되는 것들을 생각할 수 있다.

제이다.

그리스도교 플라톤주의에 대한 정의

많은 이유들 때문에 그리스도교 플라톤주의를 "철학적으로" 정의하는 것은 쉽지 않다. 우선 그리스도교 플라톤주의는 본성과 은총 간에 날카로운 구별이 있다는 관념을 수용하지 않았다. 명제들의 체계를 종교와는 구분되는 뚜렷한 철학적 입장으로 명시하는 것은, 철학이 본성과, 그리고 "자연적인 지식"과 별개로 관련을 맺고 있으며, 종교와 신학은 별개로 신적이고 "초자연적인" 것들과 관련을 맺고 있다고 추정할 때에만 가능하다. 앞서 명시한 대로 그리스도교 플라톤주의는 플라톤주의이기 전에 그리스도교적이다. 하지만 이는 신앙과 이성, 본성과 은총, 진리와 믿음이 구별되는 이원론적인 것으로 다루어질 수 있다는 것을 가정하는 방식으로는 아니다. 이 점이 그리스도교 플라톤주의를 적어도 철학적인 것으로 간주되는 것으로부터 배제한다면, 그것은 양자택일 또는 이원론이 앞의 쌍이 되는 목록에서 전제되기 때문이다. 더욱이 이 쌍이 되는 목록은 우리 현대인들이 종교로부터 철학이 의미 있게 분리될 '수' 있다고 생각할 수 있도록 만든다. 지금의 '개연적인' 현대 철학자들은 이런 식으로 생각할 수 있겠지만, 나는 (믿기 힘들게도) 그렇다면 어떻게 '그리스도교'일 수 있는가 하는 점은 볼 수 없다. 예수가 신성의 강생한 두 번째 위격이라면, 그리고 부활하고 살아 있는 아들이 천상과 지상의 주님이라면, 복음은 (천상과 지상에서) 전체적으로 참이거나, 그렇지 않다면 복음이 아니며 전혀 참이 아닐 것이다.

두 번째로 현대의 철학적 입장과는 달리, "플라톤주의"에 대한 표면적인 이해만이 명제적으로 표현될 수 있는 노선들을 지녔을 수 있다. 참으로 플라톤은 "플라톤주의"를 글로 표현하는 것이 매우 어렵다고 분명하게 토로한다. 자신의 모든 대화 작품에서 플라톤은 한 번도 "이것이 바로 나 플라톤이 참되다고 생각하는 바이다."라고 말한 적이 없다. 플라톤은 매우 특별한 이유 때문에, 우리 앞에 자신의 철학을 분명한 명제들로 표현하는 것을 거부한다. 이러한 이유에 따르면, 그는 참된 철학적 삶의 공동적이고 개별적인 영적 실천에 있어서 쓰인 언명들을 "죽은" 명제적 대체물로 간주해서 신뢰하지 않는다.[2] 이 점을 조금 풀어 보자.

플라톤은 모든 대화 작품에서 자기 자신을 세 번만 언급한다. 두 번은 소크라테스의 재판에서 플라톤의 설명(『변론』), 그리고 한 번은 대화에서 소크라테스의 죽음을 묘사하는 곳(『파이돈』)에서이다.[3] 플라톤의 대화 작품에서 자신을 언급하는 것이 드문 것은 이 작품들을 특별한 것으로 주목하게 하는데, 우리가 "플라톤주의"를 정의하기를 원한다면 특별히 그렇다. 플라톤 자신의 이름을 부르는 데 있어서 우리는 문자로 된 플라톤 자신의 모든 작품에서 우리만의 분명한 특징적인 계기들을 지니고 있다. (비록 이러한 언급들이 조심스럽게 부수적으로 여겨지

---

2 플라톤의 『일곱 번째 편지』 342a-345a 참조. 플라톤의 편지들 중 어떤 것은 실제로 플라톤에 의해 쓰였는가를 아는 것이 매우 어려운 반면에, 일곱 번째 편지는 많은 학자들에 따르면 플라톤이 썼을 가능성이 가장 높은 것으로 생각된다. 분명히 이 편지의 내용은 플라톤이 분명하게 사용하는 "간접적 소통"의 대화와 방식으로 구성되어 있다.

3 Plato, *Meno and Phaedo*, edited by Sedley and Long, 44n.4 참조. 여기서의 주석들은 『변론』 34a, 38b와 『파이돈』 59b를 플라톤이 이름으로 자신을 언급하는 플라톤의 대화 작품에서 유일한 출처들이라고 밝힌다.

는 것처럼 보이더라도 말이다.) 『변론』에서 플라톤이 자신에 대해서 언급하는 점은 소크라테스의 변론에 대한 플라톤의 설명은 플라톤 자신의 결정인 것으로 보인다. 여기서 플라톤은 단순히 자기 자신의 관념들에 대한 문자적 수단이 아니라, 자신의 스승의 사유와 행위에 대해 깊고 친밀한 앎에서, 그리고 자신이 물리적으로 자신의 스승 가까이 서 있던 법정 공판에서 직접적으로 얻은 지식에서도 토대를 두고 있다는 것을 분명히 하고 있다. 하지만 『파이돈』에서의 언급은 다르다. 『파이돈』은 소크라테스가 독약을 들이킬 지정된 시간이 다가왔을 때, 눈물을 흘리는 소크라테스의 친구들이 그 주변에 모이는 동적인 장면들에 개방된다. 깊은 감동을 주는 한편에서, 플라톤은 아팠기 때문에, 자신이 소크라테스가 죽음을 맞는 침대에서의 이어지는 대화에는 부재했다는 점은 언급되지 않는다. 추론하자면 플라톤은 자신이 사랑하는 스승의 죽음을 기다리면서 너무 괴로운 나머지, 스승이 죽었을 때 거기에 있을 수 없었을 것이다. 이렇게 플라톤이 대화 작품에서 비록 여전히 간접적으로 언급되더라도, 우리에게 자신과 자신의 신념에 대해서 말하는 유일하게 명백한 점들은 아테네인들이 소크라테스에게 등을 돌렸을 때, 그는 선고를 받은 스승과 함께 꼿꼿이 서 있었고, 소크라테스를 소중하고 강한 감정으로 사랑했다는 것이다.[4] 플

---

4 단순히 지성적이고 육체를 부정하는 것에 너무 치우쳐서 "플라톤적 사랑"을 생각하는 경향이 있다. 하지만 이해가 되는 가능한 대안적인 해석은 자신이 사랑하는 스승과 함께하는 플라톤의 우정이 그의 작품에서 이 우정을 거론하기에는 플라톤에게는 너무 사적인 사안이라는 것이다. 왜냐하면 우리는 왜 주어진 주제가 죽음과 영혼의 존속인 이 대화와의 어떤 관련성에서 플라톤이 자신을 위치시켜야 하는가를 볼 수 있기 때문이다. 『파이돈』을 안내서로 생각한다면, 이는 분명히 철학이 죽음의 한 유형이며 확실히 죽음에 대한 준비라는 것을 옹호하는 것이다. 이는 심판을 위해 불멸의 영혼을 준비한다는 것을 의미한다. 따라서 삶의 마지막은 철학의 정점이다. 이렇게 플라톤이 자기 스승의 죽음을 앞둔 대화에 부재한 인상적인 이유를 발견했다는 것은 명백해 보인

라톤 자신이 우리에게 추론하도록 허용하는 유일하게 결정적인 "플라톤주의"는 군중의 뜻에 맞서서 정의를 주장하고, 삶과 죽음 양자에 있어서 좋음의 확실한 아름다움을 심오하게 표현하는 사람들을 온몸으로 사랑할 준비를 포함한다.

활동적이고 효과적이며 미학적이고 체현된 실존적 입장 외에, 플라톤주의가 무엇인가에 대해서 사실 너무 많은 것들이 말해질 수 있는데, 왜냐하면 특히 플라톤은 자신의 이름을 말하지 않는 것에 매우 신중했기 때문이다. 나는 플라톤이 고수했던 어떤 믿음을 우리가 발견할 수 없다고 암시하려는 것은 아니다. 오히려 우리는 그와 같은 믿음을 영혼의 불멸성, 실재의 궁극적 원천이 되는 것을 넘어서는 좋음, 부분적으로 알 수 있지만 윤리적이고 미학적이며 초월적인 영원히 현존하는 실재의 실존으로서 발견할 수 있다. 그러나 플라톤은 미묘하게 지혜를 열렬히 추구하는 삶의 지고한 방식을 옹호하며, 분명하고 공공연하게 우리에게 추상적인 "철학적" 물음에 대한 지성적 답변의 목록을 제공하는 것을 단호하게 거부한다.[5]

나에게는 플라톤이 플라톤주의라는 관념을 혐오한 것이 분명해 보

다. 왜냐하면 철학의 어떤 참된 제자도 자기 스승의 철학의 정점을 벗어나지 못하는 것처럼 보이기 때문이다. "플라톤은 아팠다."는 추론이 강한 감정적인 장애 중의 하나거나 아니면 경건함 중의 하나이든 간에, 두 경우에 있어서 사용되지 않았던 것으로서 플라톤과 소크라테스 간의 친밀하고 깊은 우정이 함축되어 있다.

5 정말로 어떤 뚜렷한 결론 없이 끝이 나는 이른바 "소크라테스적 대화들"이 플라톤 자신의 성숙한 사유로서 "극복하는" 회의적인 무지를 고취시키는 "초기"의 대화들보다 플라톤의 가르침의 정점으로 입증되는 것이 합리적이라고 생각된다. 이와 같은 발전 모델은 심각한 문제가 있으며, 미해결된 대화들과 더욱 "교의적인" 대화들 양자를 가로지르는 플라톤 사유의 깊은 단일성을 간과한다. 이 점에 대해서는 제이컵 하울랜드의 매우 중요한 다음의 저작 참조: Jacob Howland, *"Rereading Plato: The Problem of Platonic Chronology."*

인다. 왜냐하면 우리는 플라톤으로부터 명제적인 추론을 끌어낼 수 있는 반면에, — 하지만 심지어 대화 작품들에서 유명한 "형태들"은 엄격한 명제적인 추론들보다 복합적인 유비적 제안들이다.[6] — 명제적인 추론은 우리의 추론이며, 플라톤은 우리가 이러한 추론에 대한 철학적 책임을 지기를 바란다. 참으로 앞에서 언급된 활동적이고 정서적인 플라톤주의의 관념은 분명히 실제로 사는 삶에서 올바른 행위와 올바른 느낌이 현명하게 생각하는 것보다 플라톤의 철학적 정당성에 대한 더 중요한 척도라는 것을 암시한다.[7] 달리 말해서 플라톤은 '체현된 지혜'를 추구하도록 장려했다. "책상"의 형상의 초월적 실존을 단순히 지성적으로 "믿는다"고 해서 (그리고 이와는 다른 것에 대한 플라톤의 사유가 가장 단순한 개념적 구체화가 '아니었다'는 것을 정확하게 실제로 아는 사람은) 철학자나 플라톤주의자가 되지는 않는다.

그렇기 때문에 지성적인 현대의 사상가들이 종종 마치 플라톤이 18세기 합리론자와 같거나 19세기 관념론자와 같은 것처럼 플라톤

---

6 플라톤의 대화 『파르메니데스』에서 우리가 영원히 실제적인 (그리고 실제적이지 않은) 형태들이 어떻게 물리적 실재와 연결되는가를 이해할 수 있는 방식은 상당한 깊이로 연구될 수 있다. 이 대화의 주된 대상들 중의 하나는 불변하는 지성적 본질이 생성, 변화, 해체에 의해 규정되는 물질적 실재와 어떻게 연결되는가를 이해하는 것이 얼마나 어려운가에 주목하는 것처럼 보인다. 플라톤은 우리가 형상에 대한 손쉽거나 자기만족적인 관념을 지니기를 원하지 않는다. 여기서 나는 플라톤을 물질적 실재가 형상들을 위해서 존재하지 않았다면, 전혀 지성적이지 않다고 말하는 것으로서 읽는다. 그래서 확실한 (그러니까 물질적인 것으로 말해지는) 인간적 지식의 범주에서 형상들을 이해하려고 하는 것은 파생적인 것의 빛에 의해 주요한 것을 이해하려는 것으로서는 결코 적합할 수 없다. 어떤 형상들이 실제적이든지, 이것들은 일반적인 인간 언어의 관점에서 이것들에 대해서 우리가 이성적으로 말할 수 있는 바보다 선행하고 이를 대신한다.

7 플라톤이 학문적 철학에 관심이 없다고 말하는 것은 날카롭게 참된 동시에 고도로 아이러니할 것이다. 정말로 이 점은 정확하게 우리가 이제는 중기 플라톤주의로 부르는 바의 창시자가 주장한 바이다. 그래서 아마도 지혜를 참으로 사랑하는 자는 오늘날 학문적 철학과 더이상 그렇게 큰 관심을 갖지 않을 수도 있을 것이다.

을 다른 방식으로 해석하는 것은 항상 나를 놀라게 한다. 이와 같은 해석학적 반달리즘(vandalism)처럼 명백하게 역사적인 시대착오적 생각 외에도, 최근의 다른 경로보다 종종 간접적으로 말해진 키에르케고르의 종교적 실존주의와 플라톤이 더 많은 공통점을 지닌다는 것은 나에게는 불가피하게 명백하게 여겨진다.[8]

내 견해로는 데이빗 쉰들러는 플라톤에 대한 최고의 동시대 학자들 중의 한 명으로서, 플라톤의 대화 작품에서 종종 실존적이고 종교적으로, 그리고 상관적으로 대화가 관련을 맺는 것을 소크라테스가 어떻게 구현하는가에 관심을 기울인다.[9] 더 나아가서 쉰들러는 플라톤의 대화 작품의 풍부한 극적인 구조가, 신중한 독자가 단순히 말해지거나 쓰일 수 있는 것보다 더 잘 "보도록" 하는 시작을 가능하게 만드는 방식에 관심을 가진다.[10] 플라톤은 셰익스피어가 그런 것처럼 맥락적인 이야기의 미묘함을 표현하는 데 천재적이었다. 그의 작품의 두드러진 특징들 중의 하나는 그의 대화들이 이 대화들 너머를 가리키는 방식이다. 더 나아가서 플라톤은 우리의 영적인 발전에 있어서 좋다고 생각하는 것을 우리가 느끼는 선한 행위와 옳은 느낌을 결정하는 유형들에서 독자를 항상 매혹적으로 만들기를 원했다. 하지만 이렇게 만드는 것은 단순히 논증적인 힘에 의해 이루어질 수 없으며, 단순한 증명으로 "얻어질" 수 없다.[11] 이렇게 플라톤 작품의 본질

8 키에르케고르가 헤겔을 비난한 반면, 플라톤을 흠모한 것은 의미 깊다. 이에 대해서는 다음을 참조: Stewart and Nun, *Kierkegaard and the Greek World*.

9 Schindler, *Plato's Critique of Impure Reason*, 167-75, 78-84.

10 Ibid., 78-84. 플라톤에 대해 아주 세심한 다른 독자들은 다음을 참조: Jacob Howland, *The Republic: The Odyssey of Philosophy*, 25-55.

11 소크라테스가 『국가』 1권에서 트라시마쿠스를 단순히 논쟁에서 이기기 위해서 어떻게 애쓰

적으로 미묘하고 매혹적인 특징들은 명제적으로 정식화하는 데 있어서 이 특징들을 지속시키는 힘과 이들을 더이상 단순화시킬 수 없음을 설명하는 몇 가지 것들이다. 따라서 단순히 명제로 이루어진, 차분한 형이상학적 체계를 포함하는 지성적 정식들로 이루어진 어떤 "플라톤주의"는 진짜 플라톤주의가 아니며, 참으로 플라톤주의는 이러한 관점에서 규정될 수 없다.

이렇게 우리가 "그리스도교 플라톤주의"라는 용어를 사용할 때, 그와 같은 용어가 실제로 도달할 수 있는 것과 관련해서 어느 정도 가벼운 아이러니와, 어느 정도 웃으면서 알게 되는 것과 최고로 관련된다는 것을 인식하는 것이 중요하다. 내가 잠깐 언급할 테지만, 이는 의미 있는 관점으로서, 그 의미는 "그리스도교 플라톤주의자들"이 정신적으로 승인하는 따로 떨어진 개념적 명제들의 "철학적" 묶음으로 축소될 수 있는 어떤 것은 아니다.[12] 그렇지 않다면 정말로 플라톤이 보는 것처럼 철학과 그리스도교 양자의 전체적 관점을 놓쳐 버릴 것이다. 그리스도교 플라톤주의는 현대 철학적 논문들의 명제적이고 표면상 객관적으로 입증될 수 있는 관점으로 정의될 수 있는 어떤 것이 아니다.

위에서 우리에게 한 경고와 함께 그리스도교 플라톤주의가 무엇인가를 느슨하게 개념적으로 파악하도록 해 보자. 여기서 네 가지 점들이 특별히 중요하다.

지 않는가를 주목하라.

12 양자의 상세한 학문의, 물론 플라톤의 대화 작품의 가치를 옹호함으로써, 윌리엄 데스몬드는 멋진 방식으로 "플라톤주의"의 위험을 피하고 있다: "전체적으로 나는 플라톤을 연구 생산의 '대상'이 아니라 영감을 주는 동반자로서 선호한다"(William Desmond, *Art, Origins, Otherness*, 21).

우선, 그리스도교 플라톤주의는 온전히 '통합적인' 관점이지만, 이는 환원적이거나 닫힌 (개념적으로 완전한) 관점은 아니다. 말하자면 이러한 입장은 우주(신)에서 이성과 실존을 지배하는 항상적인 능동 원인이 있다는 것을 가정하며, 그 때문에 모든 참된 의미는 서로 밀착되어 있으며 어떤 연결도 없는 다른 유형의 진리와 의미로 이루어진 독립적인 영역은 없다. 그럼에도 신이 전체를 알고 지속시키는 반면에, 우리는 부분적인 것만 알며 부분적으로 안다. 하지만 어떤 종류의, 어느 정도의 진리에 대한 우리의 앎은 신적 계시의 은총의 역할이며, 항상 신과 존재론적이고 인식론적인 관계 내에 "자리잡고" 있다. 따라서 앎은 본질적으로 종교적이며 우리는 항상 계시하는 신의 말씀에서 더 깊은 평온함을 통해서 실재에 대한 통합적이고 더 참된 관점을 모을 수 있다. 이렇게 해서 수용적인 기도, 고요한 집중, 올바른 숭배는 의미 있는 지식을 능동적으로 추구함에 있어서 진리와 성공에 대한 핵심이다. 여기서 서구 대학이 수도원과 주교좌 학교에서 유래했으며, 이렇게 진리와 관상적인 종교적 분위기가 연결되어 있는 것이 대학의 원래적인 유전자에 박혀 있다는 것을 상기하는 것은 가치가 있다. 이것이 바로 진리가 무슨 소용이 있든지 (아니면 부족하든지), 또는 (아무리 모호하다 해도) 어떤 주제가 진리 추구자의 관심사인지와는 상관없이 우리가 진리 추구는 그 자체로 가치 있다고 계속해서 생각할 수 있는 이유이다.[13]

두 번째로 그리스도교 플라톤주의는 "순수한 본성"에 대한 현대적

13 신자유주의 대학에서는 '그 자체의 목적을 위해서' 진리를 방해받지 않고 추구하는 이와 같은 유의 비실용적인 연구는 이제 점차 이해될 수 없게 되고 있다.

이념이 전혀 타당하다고 생각하지 않는다. 아우구스티누스적인 방식에서 모든 창조는 창조주에 의해 영속적으로 유지되는 것으로 이해됨으로써, 어떤 존재의 지성성과 실존은 실제로 구현된, 신적으로 선사된 형태의 현현이다.

세 번째로, 그리스도교 플라톤주의는 윤리적, 미학적, 영적으로 질적인 의미들이 실제적이며, 물질적이고 양적인 요소들보다 더 근본적이라고 주장한다. 이러한 점은 물질적인 것과 양적인 것을 비실제적으로 만드는 것은 아니지만, 감각적인 것에 나타나는 것은 물질적으로 드러나는 모든 것이 의존하는 영적인 실재들에서 파생된 관계와는 다른 어떤 것에서 지성적이거나 실제적인 것으로 이해되지는 않는다. 더 나아가서 초월적인 의미의 실재성은 우리에게 충분히 이해되지는 않지만, 우리 자신(과 모든 창조)가 우리 존재에 대한 영적인 의미와 실재에 의존하기 때문에, 우리가 선천적으로 진리에 부분적인 정도로 참여하는 지식을 지님으로써, 우리는 그러한 지식을 지닐 수 있을 뿐만 아니라 이러한 지식에 개방될 수 있다.

네 번째로, 그리스도교 플라톤주의는 존재론적 참여의 관념을 고수한다. 고전적인 그리스에서 '온'(on)이라는 용어는 "존재"를 의미한다. 따라서 존재론은 있는 것, 실존적인 것의 실재의 본성과 의미에 관련된다.

존재론적인 참여는 손에 있는 책이나 소크라테스와 같은 구체적으로 부분적인 존재들이 스스로를 유지하는 독립체가 아니라, 오히려 시공간적인 특수성을 초월하는 존재의 질적인 힘에 참여한다는 관념이다. 참으로 시간적인 존재의 본성을 이해하는 플라톤주의는 직접적이고 감각적으로 물리적인 차원에 나타나는 것이 참으로 존재하는 (말하자면 영원히 존재하는) 것으로 평가될 수 없다고 주장한다. 여기서 현상과 실재 간의 분명한 구분이 작동되며, 이러한 구분은 단계들의 쌍에서 작용한다. 플라톤에게 있어서 어떤 존재의 지성적인 본질은 실제적이며, 물리적인 현실성에서 그러한 존재의 시공간적인 표현은 부분적이며 파생적이다. 바로 이렇게 불완전하게 파생된 것이 감각에 의해 우리에게 드러나는 실재의 질서 구조를 구성한다. 이렇게 파생적인 관계 때문에, 눈으로 마주치는 바보다 어떤 존재에는 항상 그보다 더한 것이 있다. 따라서 현상과 실재는 서로 독립적이지 않지만, 현상은 그것의 지성성과 그것의 시공간적으로 표현된 현실성의 신비에 있어서 실재에 의존적이다. 이러한 실재는 어떤 현상에 대해서 그 자체로 설명될 수는 없다.

그리스도교 플라톤주의의 사유에서 은폐되어 있는 신은 항상 자신의 시간적인 창조의 영원하고 지성적인 토대로서 현재한다. 신은 그로부터 모든 존재가 자신의 지성적인 본질(이들의 형상)과 자신의 부분적인 실존을 얻는 존재론적인 원천이다. (우리와 같은 존재에게 있어서 시공간에 있는 물질은 우리 실존의 매개이다.) 따라서 실제적인 것은 직접적으로 가시적이지 않으며, 현상적인 것보다 항상 존재론적으로 더 근본적이다. 말하자면 그리스도교 신앙은 역사적으로 근본적인 것과 파생적인 것 간의 관계에서 물질적인 것에 대한 정신적인 것의 우위를 보았다. 이렇게 존재론적인 관점은 (서구 형이상학은 이러한 관점에 따라 전적으로 규정되곤 했다. 바로 이것이 최근 수 세기 동안 서구 형이상학 자체가 너무도 단호하게 해체되고 재정의되어 온 이유다.) 우리가 쉽게 볼 수 없는 바가 볼 수 있는 바보다 더 실제적이라는 입장을 견지한다. 비록 그리스도교가 신 자신이 강생에서 취한 감각적으로 물질화된 영역을 결코 폄하하지 않는다고 하더라도, 그리스도교는 이와 같은 존재론적인 관점이 부정된다면 전혀 이해될 수 없다.

존재론적인 참여는 존재의 능력들이 있다는 관념을 전제하고 있다. 존재의 가장 근본적인 능력은 신 자신이다. 바오로 사도는 에피메니데스를 인용하면서 이러한 입장의 요지를 다음과 같이 표현한다. "우리는 그분 안에서 살고 움직이며 존재합니다"(사도 17,28). 여기서 신은 "어떤" 존재가 아니라 모든 존재("있는" 모든 것)의 근거이다. 이 근거 안에서 모든 존재는 적어도 어떤 것으로 있기 위해서 신에 참여하며, 따라서 신은 각 개별적인 존재의 구체적인 실존과 지성적인 본질의 근본적인 존재론적 원천이다. 이 점은 우주가 "작대기 위의 신"[십자가상의 그리스도]임을 의미하는 것이 아니다. 그리스도교 신앙은 명시적으로 신이 총체적으로 자신이 창조한 존재의 질서를 초월하며, 자신으로 실제적 자율성의 정도를 지닌 존재를 선사한다는 것을 견지한다. 따라서 오히려 이는 모든 실재가 그 존재적 실존과 본질적이고 지성적인 본성에 있어서 근본적으로 신에 의지한다는 것을 의미한다. 이렇게 존재론적인 참여는 내가 가장 근본적으로 실제적으로 존재하는 바의 수준에서 내가 나 자신의 존재의 가장 기본적인 실재를 규정하고 스스로를 만들어 내지 않는다는 것을 의미한다. 신에 의해 존재로 불려진 신의 피조물로서 나는 존재론적으로 신에 참여한다. 이렇게 아우구스티누스가 말하듯이, 신은 내가 나 자신에게 있는 것

보다 나에게 더 가깝다.[14]

존재론적인 참여라는 관념은 우리가 교회의 생명과 창조에 대한 그리스도교의 관계를 어떻게 이해하는가에 대해서 두드러진 의미를 지닌다. 한 가지 점에서 (사회와 구별되는) '공동체'(communion)라는 관념은 존재론적인 참여가 가능할 뿐만 아니라 실제적이라는 것을 믿을 때에만 이해가 된다. 공동체라는 관념과는 대조적으로 '사회'(societas)라는 라틴어는 상업 용어이며, 이 용어는 대개 사회의 각 구성원이 개인적으로 그 단체의 집합적인 힘에서 이익을 얻는 방식으로 함께 연결되는 개인들의 집합을 나타낸다. 이는 개별적인 관념을 염두에 두고 있다. 우리가 교회를 개별적인 그리스도교 신자들의 '사회'로 생각한다면, 우리는 공동생활(공동체의 관념)에서의 어떤 일치에 대해서 말하고 있는 것은 아니다. 대조적으로 그리스도교적 유대감(koinonia)에 대해서 신약성서의 세계는 그리스도 '안에서' 공동생활을 함께하는 신자들의 유대감을 말하고 있다. 각 그리스도교인은 그리스도 "안에" 있기 때문에, 각자가 개별적으로 참여하는 교회에 공동생활, 심지어 공동 존재가 있다. 교회는 그리스도교가 거기에 참여하는 존재의 존재론적인 힘이다. 이러한 관점에 대해 주목할 것은 "존재"가 여기서 원자적인 일원화된 관념이라기보다 다중적인 관념이라는 점이

14 아우구스티누스는 『교사』에서 신적 진리인 그리스도는 내적 인간 안에 거주하며, 영혼에게 말을 걸고 영혼으로부터의 모든 지성적 응답을 불러일으키는 분이라고 주장한다. 지성적인 내적인 목소리로서 영혼은 진리와 모방적인 대화 상대자이며, 따라서 "나"는 그리스도와 아는 영혼 간의 이와 같은 본질적인 내적인 관계에서 파생된다. 물론 영혼은 그리스도가 아니지만, 아우구스티누스는 그리스도 없이는 지성적 영혼도 있을 수 없다고 주장한다. 이 본문의 멋진 번역과 학문적인 도움에 대해서는 피터 킹의 입문과 각주를 담고 있는 다음의 번역 참조: Augustine, *Against the Academicians and The Teacher*, translated with introduction and notes by Peter King.

다. 이렇게 특별한 존재로서 나는 동시에 실재의 다중적인 질서에 참여할 수 있다. 여기서 내가 실제로 나임(내 존재의 "있음")은 단순히 나 자신 내에서 포함된 관점에서 또는 시공간의 한 (또는 어떤) 지점에 자리잡은 관점에서 규정될 수 없다. 이로써 여러분은 존재론적인 참여가 신약성서에서 즉시 심오하게 받아들여진 관념이고, 정통 그리스도교의 거의 모든 깊이 있는 신학적 이해에 결정적이지만, 우리가 살고 있는 현대 삶의 세계에는 근본적으로 낯설다는 것을 알 수 있다.

지금으로서는 그리스도교 플라톤주의의 "정의"에 대해서는 이것으로 충분하다. 이와 같은 불충분한 윤곽을 마음속에 그림으로써 서구에서 이러한 관점에 대한 역사적인 종말의 이야기로 되돌아가 보자.

서구에서 그리스도교 플라톤주의의 몰락

앞서 말했던 것처럼, 그리스도교는 지금은 중기 플라톤주의라 부르는 헬레니즘의 지성적 시기 동안 그리스-로마의 팔레스티나에서 생겨났다. 근본적으로 양립 불가능한 영역을 부인하지 않으면서도, 명백히 형이상학적, 윤리적, 신학적으로 동일한 공감대가 있었다. 이러한 공감대는 그리스도교 신앙이 플라톤의 대화 작품들과 플라톤과 아리스토텔레스를 결합시킨 뒤의 신플라톤주의와 공유했다. 중기 플라톤주의와 신플라톤주의 양자는 어쨌든 뚜렷이 종교적 본성을 지니고 있었기 때문에, 적합한 플라톤주의의 관념들을 그리스도교 신학으로 결합시키고 적용시키는 것은 초세기 교회의 삶에서 매우 유기적으로 일어났다. 아우구스티누스는 높은 수준의 플라톤주의의 형이상학적 관념들을 그리스도교 신학에 결합시키고 적용한 서구의 위대한 천재이다. 그러나 그리스도교 교의와 플라톤주의 철학의 높은 수준의 독해 간의 지평을 이렇게 결합하는 것은 근본적인 과도기를 겪었다. 이러한 과도기는 더하거나 덜한 정도로 아우구스티누스의 죽음, 곧 고전적 고대 자체의 종말과 동시대에 이루어졌다.

고전적 고대가 몰락하기 직전, 수도회 운동이 시작돼 눈에 띄게 활발해졌다. 발전된 철학적 사유는 수도회의 위대한 선교 시기 동안 (켈트족 가운데서 산발적으로 일어난 것을 예외로 친다면) 어떤 특징도 없었다. 그럼에도 수도원은 적어도 다음에 올 7세기에 서구의 영적 에너지를 구성하는 지배적인 매개체가 된다.

"암흑시대" 동안 계속된 야만족의 침입과 "영주들" 간의 무정부 상태는 제국의 해체 후 권력이 공백 상태로 남겨진 데서 발생한 것으로, 켈트족 선교 및 수도 공동체들이 놀라운 성공을 거둔 결과인 유럽의 그리스도교화와 일치한다. 10세기 유럽에서 부유한 도시들이 출현하기 시작했을 때, 이 도시들은 그리스도교 국가의 도시의 형태로 나타났다. 이 그리스도교 국가 형태는 비록 아우구스티누스에서 찾게 되는 철학적 사상에 있어서 동일한 종류의 관심에 의해 특징지어지지 않았다고 하더라도, 근본적으로는 아우구스티누스의 신학에 의해 만들어졌다. 하지만 서구에서 철학적 사상이 다시 활기를 되찾았을 때, 이 사상은 눈에 띄게 플라톤을 외면하고 아리스토텔레스를 향하게 되었다.

11세기에서 토마스 아퀴나스의 시대를 지나는 동안 새로운 지성적 문화가 서구 유럽에서 탄생하고 있었다. 주교좌 학교에서 출현했기에 교회 안에 깊숙이 자리잡은 이와 같은 새로운 사상은 스스로를 고전적 고대와의 연속선상에 있는 것으로 보았지만, 사실은 과거 서구에서 맹위를 떨쳤던 고도의 지성적 문화의 원전에는 거의 접근하지 못했다.

12세기 초의 가장 위대한 사상가로는 아마도 페트루스 아벨라르두스를 꼽을 수 있을 것이다. 아벨라르두스의 순수한 지성적 능력과 생기 넘치는 걸출함은 서구 대학의 다가오는 시대의 미래였다. 그는 이러한 능력을 자신이 동의하지 않았던 이들을 조롱하는 데 사용한 것으로 유명했다. 그가 좋아한 공격 대상 중 하나는 당시에 실재론이라고 불렸던 플라톤주의 유형의 형이상학적 입장이었다.

아벨라르두스 시대에 "플라톤주의"의 지지자들은 거의 플라톤의 원전에 접근하지 못했으며, 철학적 교양에 있어서 실로 부족했다. 따라서 이들은 (아벨라르두스에 따르면 그것이 누구였든지 간에) 전혀 아벨라르두스의 지성적 수준에 이르지 못했다. 이 플라톤주의자들은 실재론자로 알려졌는데, 왜냐하면 이들은 "인간"과 같은 '보편적인 것'이 '실제로' 초월적인 "사물들"이라고 주장했기 때문이다. 보편적으로 주어진 것의 모든 '특수한' 경우들(존, 사라와 같은 개별 인간)은 존재론적으로 이 사물들에 참여한다. 아벨라르두스는 지성적으로 실재론자들을 맹렬히 공격한다. 이렇게 대학 시대의 여명에서 존재론적인 실재론의 사유였던 것은 손쉽게 아벨라르두스의 탐색적인 논쟁, 파괴적인 아리스토텔레스의 논리학, 정교한 언어적 분석에 의해 요리되었다. 참으로 아벨라르두스는 형이상학적 실재론에 대해서 가장 이른, 그리고 가장 가공할 만한 유명론적 적수들 중의 한 명이었다. 하지만 서구 그리스도교 신학이 아우구스티누스적인 형이상학적 관점에 깊이 뿌리를 박고 있다는 것은 아벨라르두스가 (불가피하게) 플라톤주의적 실재론의 짚으로 된 모형을 태운 것이 이 사안에 대한 마지막 말과는 동떨어져 있었다는 것을 의미했다.[15]

아벨라르두스가 죽고 83년 뒤에 태어난 토마스 아퀴나스는 서구 대학 시대의 밝은 여명기에 등장했고 서구 그리스도교에서 아리스토텔레스 전집을 보편적 형태로 변형해서 복구하는 동안 살았다. 그러나 토마스는 아벨라르두스처럼 매우 확장적이고 섬세한 정신을 지니고서 아리스토텔레스 논리학과 지성적 토론의 대가였을뿐만 아니라, 아우구스티누스의 형이상학과 위-디오니시우스의 지성적 겸허에도 깊이 뿌리를 박고 있었다.[16] 따라서 토마스의 형이상학은 그리스도교 플라톤주의 사상에 의해 주목할 만큼 형성되었다. 하지만 토마스의 생애에서 플라톤의 원문들은 여전히 대부분 서구에서 손에 넣을 수 없었으며, 교부 시대와는 달리 지성적 관심의 중심은 그리스도교 교의와 신학에 대한 아리스토텔레스의 이교 철학과의 관계였다. (토마스 자신은 정통 그리스도교 신학으로 들어갈 수 있기 위해서, 아리스토텔레스 철학과 같은 것을 복합적으로 종합해서 중심에 끌어들였다.) 아리스토텔레스와 그리스도교 교의에

---

15 그럼에도 아벨라르두스는 이용할 수 있는 1차적 원천의 부족 때문에 그저 순진하기만 했던 것은 아니다. 마렌본은 플라톤주의에 대한 아벨라르두스의 가장 전형적인 논쟁적 접근들 중의 하나를 서술한다. 아벨라르두스에게 "플라톤주의는 쓰레기통이었는데, 왜냐하면… 플라톤주의는 [여기서] 아벨라르두스가 던지기를 원하는 자리를 위한 편리한 보관소를 제공하기 때문이다"(*Aristotelian Logic*, XII 109). 사실 나에게는 "쓰레기통 플라톤주의"가 아벨라르두스 이래로 서구에서 플라톤에 관해 말해진 많은 것들을 잘 서술하는 것으로 보인다.

16 (사도 17,34에서 유래하는 것으로, 자신을 디오니시우스 아레오파기타로 부르는) 위-디오니시우스는 익명의 7세기 시리아 출신 저자의 이름이다. 그는 "부정"신학의 관념을 발전시켰다. 말하자면 성서의 계시를 예외로 한다면, 우리가 신에 대해서 알 수 없는 것은 우리가 신에 대해서 알 수 있는 바보다 신이 누구인가에 대한 더 나은 단서이다.

대한 이러한 핵심적인 지성적 관심은 가장 발전된 (그리고 매우 아리스토텔레스적인) 고전적으로 영향을 받은 그 시대의, 이슬람 세계의 철학적 문화와의 대화 속에서 자리잡았다. 이러한 맥락에서 플라톤의 작품들은 서구에서 이용할 수 없었을 뿐만 아니라, 비록 아리스토텔레스와 그리스도교 교의와 신학의 관계가 그리스도교 플라톤주의의 어떤 플라톤주의적 형태가 정통적이었던 오랜 전통 내에서 실제로 자리잡았다고 하더라도, 그 시대의 정신은 이에 대해 다소 흥미를 잃었다.

이렇게 그리스도교 철학의 고대 규범, 곧 수정되었지만 많은 부분에서 플라톤주의적 사유와 그리스도교 교의의 진리가 자연적인 조화를 이루도록 유지시키는 규범에 대한 첫 번째 철학적 공격은 순진한 12세기 실재론에 대한 아벨라르두스의 유명론적 공격이었다. 이러한 공격은 그 자체로 12세기 그리스도교 국가들에서 그리스도교 플라톤주의를 배경적으로 추정하는 데 있어서 엄청난 충격을 주지는 않았지만, 다가오는 사태에 대한 불길한 경고였다. 보편적인 것에 대한 특수한 사물들의 관계는 중세 철학의 뜨거운 주제로 남아 있었다. 하지만 두 가지 사태가 12세기에 일어나게 되었다. 첫 번째로, 이러한 "논쟁"은 아벨라르두스가 파괴한 순진하고 단순한 실재론의 관점에서 적합하게 이루어질 수 없었다. 두 번째로, 이러한 논쟁과 연관된 형이상학의 문제들은 추상적인 지성적 관심의 사안들로부터 멀리 떨어져 있었다.

토마스의 정교한 아우구스티누스적인 형이상학적 관점에서 중세의 실재주의는 능숙하고 미묘한 한 지지자를 받아들이게 된다. 이제 플라톤 자신이 초월적인 형상들을 실존하는 특수한 것들의 완전하고 특별한 모델들로서가 아니라, (비록 이러한 입장과 같은 어떤 것이 아벨라르두스의 목표였다고 하더라도) 천상의 영원한 사물들 자체로서 생각한다고 여겨졌다. 더 나아가서 고전 후기 시대에 그리스도교 플라톤주의는 형상들이 일종의 영원한 자기 충족적인 실존을 지녔다는 관념에 동의하지 않았을 것이다. 아우구스티누스적인 접근은 형상들을 '신의 정신 안에 있는 이데아들'로 생각했다. 신은 필연적으로 어떤 실제적이고 특수하고 실존하는 사물에게 그 지성적인 본질을 '내적으로' 불어넣는다. 이렇게 창조된 우주 안에 실존하는 어떤 것에 있어서 어떤 것의 특수한 경우가 — 우리와 같은 존재들에 있어서 물질은 특수한 실존의 매개이다. — 만들어져야 한다. 하지만 동일시될 수 있는 어떤 "사물"의 특수한 경우의 지성적인 본질은 형상을 물질 안에다 말하는, 신의 정신 안에 있는 한 이데아를 구체적인 물질적 현실성으로 표현하는 신의 말씀에 의해 이 사물에 주어진다. 이렇게 창조는 존재하는 모든 것이 신에 의해 존재 안으로 불리게 되는 계속 진행 중인 과정이다. 그리고 확실한 종류의 존재의 특수한 경우로서 이러한 실존이 지속되는 동안 그 존재는 자신의 본질적인 본성과 구체적으로 드러나는 경우에 있어서 항상 신에 의존하고 있다. 존재하는 것은 존재론적으로 그리고 본질적으로 신에게 묶여 있지만, 존재하는 것은 창조를 신 자신의 의식의 단순한 기능으로 되게 하지는 않는다. 이는 창조가 그의 본성이 사랑인 신에 의해 만들어지는 것이 아니라 야기되기 때문이다. 말하자면 존재하는 것이 존재론적으로 또는 실존적으로 신으로부터 독립해서는 어떤 정도로도 실존하지 않는다고 하더라도, (왜냐하면 신은 충분히 창조된 존재를 넘어서면서 창조된 모든 존재의 근거이기 때문이다.) 창조된 존재들은 신으로부터 사랑의 가능성 안팎에서 어느 정도로는 구분되기 때문에, 창조된 존재들은 신의 꼭두각시가 아니다.

이러한 관점에서 창조주와 피조물들의 존재론적 관계를 이해하는 것은 우리가 세상에서 살아가는 모든 측면을 구성하는 완전한 삶의 세계를 내포한다. 이러한 관점에 대한 삶의 세계의 네 가지 관념들인 지식, 능력, 인격적 동일성, 공동체를 아주 간략하게 보도록 하자.

지식은 이처럼 작용한다. 어떤 존재가 최종적으로 "무엇인지"는 신에게만 충만하게 알려지지만, 신에 의해 모든 존재에게 선사되는 가지적인 본질이 있다. 말하자면 우리의 관점에서 볼 때, 우리의 정신이 본성에 표현된 것으로서 신의 정신과 조화된다면, 어느 정도로 우리에게 알려질 수 있는 존재들에 대한 대상적인 진리가 존재한다. 따라서 "과학"은 신과 정신이 통하는 우애의 형태이다. 어떤 존재가 충만하게 존재하는 바는 그것의 순전히 감각적인 표현들이 지시하는 것보다 훨씬 더한 정도로 존재하는 것이다. 목적, 의미, 가치, 아름다움 등은 어떤 존재가 신에 의해 존재하도록 부여되는 바의 심오한 기능이다. 따라서 "무엇이 있다"와 "해야 한다"는 어떤 존재의 본질적인 본성에 동일하게 부여됨으로써, 우리가 단순히 어떤 "주관적, 윤리적, 목적론적"("해야 한다") 진술이 없는 어떤 것에 대해서 단지 "대상적인"("무엇이 있다"는) 진술을 할 수 있다는 관념은 이러한 관점에서는 이해될 수 없다. 우리가 가치들 없이 이러한 요소들을 지닐 수 있다는 관념은 비이성적이다. 마찬가지로 지식이 인간 정신 내부의 속성이라는 관념은 지식이 대상적으로 의미 없는 실재의 단순한 재현이라는 의미가 된다. 우리는 이러한 실재를 우리가 선택하는, 의미 없는 대상성에 대한 조작적인 능력이 무엇이든지 간에 단순히 이용할 수 있을 뿐이다. 이는 솔직히 아우구스티누스와 토마스적인 관점에서는 용납될 수 없다.

능력은 항상 존재론적인 통교 내에 자리잡고 있다. 왕은 농노를 혹사시킬 수 있지만, 왕과 농노 양자는 신 안에서 공통적인 존재론적 토대를 지님으로써, 전체 평화와 창조의 단일성은 어떤 한 행위에 의해 영향을 받게 되며, 각 존재의 내면에서 신에 의해 직접적이고 친밀하게 알려지고, 목적론적으로 신이 본성 안에다 형성한 본질적인 윤리적, 지성적 실재들로 구성된다. 여기서 능력은 명령 유형, 지위적 주권의 유형, 자기 결정이라는 개인적 권리가 아니다.

나 자신의 본질적인 본성이 신에 의해 나에게 주어졌다면, 내가 의미 있는 삶을 성숙하게 하고 윤리적이고 종교적인 선택을 하는 것으로서 다른 이들과 내가 그러한 본질을 시간 내에서 "펼칠"(또는 올바로 펼치는 데 실패할) 수 있다 하더라도, 단순히 거기에 존재하는 나에 대한 존재론적인 진리는 있다. 나는 그저 내가 좋아하거나 좋아하는 것처럼 보이는 인격체들을 단순히 "구성"하거나 "투사"할 수는 없다. 여기서 인격적 동일성은 존재론적인 토대를 지닌다.

이미 다루어졌듯이, 참된 (형이상학적으로 실제적이며 존재론적으로 공유하는) 공동선에 함께 토대를 두는 삶은 원자적인 개인의 실존을 전제하는 "사회적" 구조의 어떤 형태와는 완전히 다르다.

이렇게 지식, 능력, 동일성, 공동체에서 초기 교회와 중세의 많은 그리스도교 국가들은 현대의 사회적 생활 세계와 일치하는 어떤 형태와는 매우 다르게 보였다. 따라서 현대의 생활 세계는 존재론적 참여를 "믿지" 않고 창조에 대한 아우구스티누스적 신학을 이해하지 못한다. 역사적으로 연속되는 사건들로 돌아가서, 우리는 아벨라르두스가 순진하게 중세 실재론을 정의하는 방식에 대해서 어느 정도 간단하게 언급했으며, 여기서는 아마도 부지불식간에 플라톤주의의 형이상학적 사유와 그리스도교 교의 간의 동반 관계에 대한 온전한 역사를 거부하는 위험이 존재할 것이다. 이러한 동반 관계는 교회 초세기부터 12세기에 이르기까지 서구 그리스도교 내에서 광범위하게 받아들여졌다. 따라서 우리는 아주 간략하게 그리스도교 신앙 내에서 신플라톤주의의 형이상학적 사유를 받아들이거나 기각하는 것과 연관되는 거대한 삶의 세계의 연속적 사건들을 주목해 보았다. 이렇게 해서 나는 간단하게 12세기 초에 아벨라르두스의 유명론이 신플라톤주의의 형이상학을 몰아내지 않았지만 역사적 관성 때문에 이런 인상이 남아 있다는 점을 언급했다. 하지만 사태는 중세적 사유에서 결정적인 변화의 계기가 된 1277년의 아리스토텔레스 금지령을 기점으로 하여 근본적으로 변화되었다.[17] 이제 우리는 이 계기로 돌아가야 한다.

아벨라르두스와 1277년 (토마스가 죽은 지 몇 년 뒤이다.) 파리의 주교에 의해 작성된 교의적이고 철학적인 금지령의 목록 사이의 기간에 아주 큰 변화들이 서구 그리스도교 국가들에서 진행되고 있었다. 세 가지 큰 사건이 일어났다. 첫 번째로, 서구 유럽은 강력하고 부유해졌으며, 고도의 지성적인 삶은 고전적 고대 시대의 끝과 더불어 시작된

17 Pieper, *Scholasticism*, 126-162.

긴 겨울 뒤에, 활기찬 복구와 새로운 탐색의 봄으로 급격히 접어들었다. 두 번째로, 서구 그리스도교 국가들은 십자군 전쟁을 통해서 이슬람 세계를 알게 되었다. 여기서 비그리스도교 문명은 스페인에서 인도네시아에 이르는 놀랄 만큼 거대한 물리적 크기를 지녔으며, 학문과 기술을 통해 서구 유럽의 발전에 이바지했다. 세 번째는 가장 중요한데, 아리스토텔레스가 복원되었다는 점이다.

고대 시대에 아리스토텔레스는 중요한 인물이긴 했지만 종종 플라톤 다음으로 평가되었고, 종종 플라톤주의 형이상학의 빛에서 해석되었다. 고전 후기의 그리스도교 사유 내에서 물질이 영원하다는 아리스토텔레스의 믿음, 대체로 종교에 대해 깔보는 태도, 우리와는 전혀 무관한, 전적으로 멀고 높은 신성에 대한 그의 믿음은 그리스도교가 철학의 발전에서 손쉽게 이용할 수 있었던 매개로서 그를 상당히 분명하게 "나쁜" 선택지로 만들었다. 반면에 플라톤은 소통 형태에 있어서 가르치려 들지 않았기 때문에 훨씬 더 용이하게 그리스도교 계시에 적합했으며, 어쨌든 더 영향력이 있었다. 결과적으로 아리스토텔레스가 윤리적 사유와 논리학에서는 중요했지만, 고대 교회의 지성적 문화의 발전에 있어서 그에게서 전형적으로 형이상학적 또는 신학적 사유를 얻으려고는 하지 않았다. 하지만 동시에 서구의 문화적 부흥이 잃어버린 과거의 지성적 보물들을 수용하는 데 적합했을 때, 찾았던 인물은 플라톤이 아니라 아리스토텔레스였다. 아리스토텔레스야말로 이슬람의 지성적 전통에 의해 매우 충분히 수용된 사상가였기 때문이다. 이 전통은 아리스토텔레스를 해석하는 광범위하고 수준 높은 유산을 지니고 있었으며, 철학에서든, 수학에서든, 과학적에서든, 서구 세계가 접할 수 있었던 그 무엇보다 대단히 앞선 것이었다. 말하자면 지성적인 열광은 이미 아리스토텔레스와 더불어 시작되었고, 동시에 서구는 다시 고도의 배움에 대한 준비가 되어 있었으며, 이러한 선물은 위대한 아랍 학자들을 통해서, 그리고 아랍어로 된 아리스토텔레스 전집의 라틴어 번역을 통해서 서구에 전해졌다.

이와 같이 발전된 비그리스도교의 지성적 문화를 통해서 서구에 전해졌고 남아 있던[18] 원시 그리스도교와 별도의 이교 철학자의 영향은 엄청났다. 신앙과 이성을 어떻게 함께 취하는가의 문제는 대학들과 가장 밀접하게 연결된 (파리의 주교와 같은) 교회 권위와 핵심적으로 관련되었다. 논리학에 대한 중세의 열광적인 사랑은 (중세 시대는 서구에서 타의 추종을 불허하는 고도의 논리학 시대였다.) 아리스토텔레스 사유의 엄밀함과 아름다움을 반겼다. 그러나 논리가 보편적인 범위에 해당된다면, 이는 신 자신이 일종의 엄격한 이성적 결정론에 스스로 구속시킴으로써 어떤 의미 있는 방식으로도 우주의 지배자가 되는 것에서 자유로울 수 없으리라는 두려움 역시 존재했다. 간략히 말해 아리스토텔레스의 복원은 신학에 의해 통합되고 일관성 있었던, 그리고 실재에 대한 독특한 신학적 관점(신플라톤주의를 말한다.)과 충분히 연결되어 있던 생활 세계를 이룬 문명에서 심각한 신학적 위기를 야기했다.

1277년에 파리의 주교는 신학적이고 철학적인 입장들의 다양성을 단죄했는데, 이 입장들 중의 많은 것은 토마스 아퀴나스와 연관되었

18 Rubenstein, *Aristotle's Children* 참조.

다. 왜냐하면 토마스는 아리스토텔레스를 그리스도교 신학에 결합시키는 데 있어서 열렬한 지지자였기 때문이다. 토마스의 확신에 따르면, 그리스도교 계시와 교회 교부들의 신플라톤주의 형이상학 양자는 아리스토텔레스를 두려워할 필요가 없을 정도로 자신들의 진리에 단단한 기반을 지니고 있었으며, 이에 따라 새로운 지식을 실존하는 그리스도교 신학으로 종합할 뿐만 아니라 그리스도교 철학의 범위와 능력을 확장하고 강력하게 하는 수단이 있어야 했다. 필요로 했던 모든 것은 확고한 종교적 신심과 정통 교의 내에서 자리잡은 적절하게 섬세하고 확장적인 사고였다. 분명히 파리의 주교는 이와 동일한 방식으로 사태를 보지 못했다. 그는 새로운 학문이 중세 그리스도교 국가들의 삶의 형태가 이성적 일관성을 통합하는 데 있어서 의존하는 신앙과 이성의 종합을 파괴할 것을 두려워했다.

여기서 흥미로운 사태가 발생한다. 역사적으로 파리의 주교는 당시에 신앙과 이성의 종합이 지니는 취약함에 대해서 제대로 파악했다. 하지만 이후의 역사적 경향으로부터 이러한 두려움을 변호하는 것은 새로운 학문을 그리스도교의 신앙으로 세례를 주는 토마스의 접근이 틀렸다는 것을 의미하는 것은 아니었다. 그럼에도 13세기부터 신앙과 이성은 양자가 완전히 개념적으로 분리될 때까지 (심지어 단일한 개인적 삶 내에서조차) 서구문화에서 다른 방향으로 움직였다. 이러한 분리는 그리스도교 플라톤주의의 실재에 대한 관점을 역사적으로 우리의 고도의 지성적 문화에서 옹호될 수 없게 만들었다. 하지만 신앙과 이성의 분열은 14세기에 이르기까지 서구의 지성적 문화 내에서 실제로 강력한 영향을 발휘하지는 못했다.

이미 약술했듯이, 14세기에 주의주의, 존재의 일의성(univocity), 재현(representation), 복구된 유명론을 우리에게 전해 준 인물은 둔스 스코투스와 윌리엄 오캄이었다. 더 나아가서 오캄과 함께 우리는 교회의 권위에 적합한 권력과 세속적 권위들의 권력을 뚜렷하게 구분한 최초의 원시적 근대주의 지지자를 얻게 된다. 지식과 행위를 구분하는 분야로 가는 이러한 움직임은 특히 거룩한 것과 불경한 것 간의 축 주변에 초점이 맞춰져 있다. 이 움직임은 16세기에, 분리된 종교적 영역을 고수하는 교회뿐만이 아니라 실제로는 신과 천국, 천사, 악마, 지옥도 인간성의 영역에 적합한 본성에 영향을 받지 않는다는 관념으로 꽃을 피운다. 따라서 우리는 어느 정도 자연 밖에 있는 "초자연적인 것"의 영역으로부터 완전히 구분되어 있을 뿐만 아니라, 현대적 의미에서 전적으로 자연적인 "순수한 본성"의 관념을 얻는다.[19] 그 때문에 우주는 환상에서 벗어나고 본성 내의 어떤 것도 인간의 지식과 지고한 의지를 넘어서지 못한다. 문명적인 의식에 대한 이와 같은 거대한 변화들은 서구적인 것이 무엇을 의미하는지에 근본적인 영향을 주었다. 이러한 변화들은 신앙과 이성이 서로 기능적으로 자율적이 될 수 있게 했다. 이러한 변화들은 서구문화로부터 존재론적인 참여의 문명적 일관성을 제거했다. 시간이 지나면서 이러한 변화들은 원자적인 개인들의 사회와 세속적인 자유 정치와 국가적으로 허용된 강압에 의한 통치로 이루어진 모더니티로 안내했다. 이러한 움직

19 오캄과 데카르트 사이에서 모더니티의 출현은 아주 복잡하고 종종 거의 알려지지 않은 연구의 영역이다. 이 시기에 대해 가장 잘 접근할 수 있고 통찰할 수 있는 논문들은 다음을 참조: Louis Dupré, *Passage to Modernity*.

임들은 가치중립적으로 도구적인 과학적 능력을 우리에게 부여했다. 이러한 점들은 경제적인 비윤리성과 소비사회의 정신적인 진부함을 가능하게 만들었다. 이 모든 점에서 모더니티는 어떤 지성적인 환경에서 탄생했다. 이 지성적인 환경에서 신앙과 이성의 어떤 깊은 통합은 사유 구조에 대해서뿐만 아니라, 현대의 생활 세계의 작용적인 규범에 대해서도 퇴보적이고 억압적으로 여겨졌으며, 존재론적인 참여의 관념도 전혀 이해될 수 없었다. 이렇게 대체로 그리스도교 플라톤주의는 지금 상실한 세계에 대한 향수 어린, 또는 끔찍한 서사적 기억의 자취로 살아남았다.[20] 이 상실한 세계는 상상을 통해 낭만적으로 묘사되거나 강력한 반그리스도교로 비난받으면서 서구 역사에서 우리의 문화적 과거를 개작하는 이야기로 받아들여진다.[21]

서구의 지성적 문화에서 그리스도교 플라톤주의를 야기한, 역사적

---

20 피터 베르거는 초자연적인 것이 현대 정신의 외설물이라고 지적한다. 여기에 대해서는 Peter Berger, *Facing Up to Modernity*, 253-57, 17장 "현대 정신의 악마와 외설"을 참조. 그 때문에 우리의 대중 오락 문화에서는 "주술" 이야기에 대해 엄청난 매력이 만연한다. 여기서는 어떤 것도 악마보다 더 "성적인 것"은 없다. 그러나 이 무대에서 황홀한 우주에 대한 낭만적인 향수는 우리의 이해를 넘어서서 여전히 우리의 실제적 실존의 모든 특징을 추적하는 초월이나 타락을 이해하는 어떤 실제적 수단도 없는 현대적 맥락에서 악마에 대한 공포스러운 매력과 연결된다.

21 플라톤의 본문은 15세기부터 서구에서 다른 방식으로 복원된다. 하지만 이러한 영향은 도처에서 부차적 영향을 미쳤다. 플라톤의 통찰들은 종종 세속화된 "아리스토텔레스주의적" 유명론의 실재론 속으로 재통합되었다. 또는 "플라톤주의"는 순진한 중세 실재론의 철학적 조잡함을 대체했으며, 마법으로부터 강하게 기술되거나 "플라톤주의"는 현저하게 해석학적이고 실존적으로 대화 작품들 자체와 보조를 맞추지 않고 추상적인 지성적 명제들의 "분석적인" 세트로 이루어졌다. 나의 견해로는 (비록 우리에게 항상 그리스도교 플라톤주의의 전통 내에서 루이스와 같이 철학적으로 제대로 인정받지 '못한' 위대한 사상가들이 있었다고 하더라도) 우리가 인정받은 철학적 서클에서 유망한 플라톤주의의 형이상학적 사유를 보았던 것은 아주 최근에 일어났다. 신학과 윌리엄 데스몬드, 데이빗 쉰들러, 스튜어트 웨이어터, 야콥 하울랜드에 의해 이루어진 작업의 철학적 진지함을 인식하는 것은 플라톤주의의 형이상학적 사유에서 새로운 가능성들을 암시한다. 이러한 사유는 플라톤의 작품들이 서구에 유용했던 이래로, 5세기를 지나서는 거의 산소를 공급받지 못했다.

으로 "우연한 것"을 대략 진술하자면, 서구에서 고도의 지성적 문화가 부흥하던 시기에 이슬람 문화에서의 아리스토텔레스적 사유의 활력이었다. 이것이 '일어났던' 바이며, 역사적 관점에서 왜 그리스도교 플라톤주의가 중단되었고, 거의 800년 동안 거기에 남아 있었는가를 "설명해" 준다. (비록 그리스도교 신플라톤주의의 형이상학적 자궁에서 서구의 지성적 문화가 나온 실제 과정이 결정적인 완성에 이르는 데 400년 정도 걸렸다고 해도 말이다.) 그러나 옛 중세적 길을 포기하는 타당성과 활력에 대한 현대적 주장의 힘은 17세기 과학적 혁명에 토대를 두고 있다. '여기가' 현대 세계가 의심, 사색, 비합리적인 폭력적 권위로부터 나와 진리, 이성, 자유로 들어가는 세계라는 주장이 가장 솔직하게 주장되는 지점이다. 이는 쉽게 제쳐놓을 수 있는 주장이 아니다. 하지만 17세기를 살펴보기 전에 우리는 멈추어서 간략하게 서구 철학사의 "상실된" 시기, 그러니까 14세기 초에서 17세기 초까지의 시기를 가로질러 진행되었던 문명적 변화의 가장 근본적인 본성을 고려해야 한다.[22]

거의 틀림없이 그리스도교 플라톤주의의 퇴색과 최초의 현대적 사유의 발생을 동반하는, 문명적 생활 세계의 변화에서 가장 중요한 측면은 지식(scientia)과 지혜(sapientia)의 추정적 관계에 있어서 참으로 엄청난 변화이다. 이러한 변화는 모더니티에 대한 개선적 진리 이야기에 핵심적이기 때문에, 이는 우리가 그리스도교 플라톤주의가 여전히

---

22 찰스 슈미트는 서구 지성사에서 최소로 이해된 기간이 서구사에서 아리스토텔레스 철학의 가장 활기찬 기간이라는 것을 주목한다. 이 시기는 모더니티를 일으킨 시기이다. "대체로 과학의 역사에서도 마찬가지로, 철학사에서 가장 적게 연구된 기간은 오캄과 오레스모를 갈릴레오와 데카르트에서 분리시키는 시기이다. 따라서 아리스토텔레스 전통의 약 300년간, 곧 지성적 활동이 더욱 강렬했던 동안, 그 이전과 이후의 어떤 시기보다 출판물들은 어마어마하게 발간되었는데, 이 점은 크게 간과되었다"(Schmitt, *Aristotle and the Renaissance*, 3).

자립할 수 있을 가능성을 진지하게 고려해야 한다면, 잘 이해할 필요가 있는 변화이다.

지식과 지혜

모더니티를 고대성과, 그리고 중세 안의 '고전적 방법'(via antiqua)과 단절시키는 가장 결정적인 것은 진리와 해석 간의 관계를 모더니티가 매우 독특하게 이해하기 시작했다는 점이다. 근대주의자들은 종종 이러한 관계를 사색적인 형이상학적 해석과 대상적 진리 '간의' 차이로 서술하지만, 사안이 결코 단순한 것이 아니라고 하더라도, 이러한 주장들은 다소 솔직하지 못한 것이다.

이러한 쟁점의 전반적 흐름은 이와 같이 진행된다. 신플라톤주의의 형이상학적 사유가 서구문화에서 (적어도 이미 3세기부터 17세기 초까지 이르는 모든 노선에서) 존중되었을 때, 지혜는 진리와의 관계에서 지식보다 우선적이었다. 이러한 입장은 대부분 그리스도교의 문화적 맥락에서 수용되고 권위적인 신적 계시가 철학보다 우선적인 것으로 해석된 곳에서 세계에 대한 통합된 지성적인 관점을 가능하게 했다. 여기서 철학은 해석적으로 과학에 앞서고, (윤리적, 사회-정치적, 기술론적) 지식의 다양한 형태를 적용하는 것보다 앞선다. 이러한 관점은 의미와 목적이 신에 의해 전체로서의 우주에, 우주 내의 각 존재에 주어진다는 관념에 전제되었다. 말하자면 이는 신학적으로 토대를 두는 실재론의 관점이다. (여기서 초월적으로 언급된 의미는 '실재적'으로 취해진다.)

중세주의에 대한 관계에서 모더니티에 의해 무시되는 중요한 서사적 계기들 중의 하나는 1610년에 갈릴레오가 케플러에게 쓴 편지에서 우주의 지구 중심적 모델의 결함들에 대한 천문학적 증거에 반대한 철학자들이 자신들의 눈으로 그 증거를 보기 위하여 망원경을 들여다보지도 않았던 때이다. (이제 이러한 지적은 갈릴레오의 명백하게 근거된 이론화 작업에 대한 참된 저항을 반영하지만, 역사적인 요소들은 갈릴레오의 가장 과학적인 반대자들이 망원경을 통해서 조심스럽게 천체들을 연구했다는 점이다.) 따라서 모더니티의 생성 이야기는 중세주의가 사실들을 보려고 하지도 않고 책에 따라, 교의에 따라, 권위에 따라 진리를 판단했다고 주장한다. 반면에 모더니티는 무엇보다 먼저 사실들을 관찰하고, 그다음에 사실들에 적합한 것으로 여겨지는 진리에 대한 이론들을 생각해 낸다. 그런 다음 거듭해서 사실들에 반대되는 이론들을 검증한다. 중세주의에서는 무엇이 사실인가를 검증하는 진리의 필터에 대한 선결정된 신학적이고 형이상학적 관점들이 우리가 사실들이 가지게 될 이론적인 의미가 무엇인가를 미리 볼 수 있고 결정할 수 있다고 주장한다. 반면에 모더니티에서는 사실들이 대상적으로 관찰된 다음, 이 사실들의 의미에 대한 이론들이 구성되고 사실들이 이론에 의해 예상대로 설명될 수 있는가에 따라서 개정된다.

이제 13세기 이래로 진행되었던, 이성으로부터 신앙을 분리하는 과정이 없었다면, 그리고 17세기에 막을 내린 이 과정이 지금 우리가 과학적 지식이라고 부르는 바를 신학에서뿐만 아니라 철학에서도 분리하려는 욕망을 잠재적으로 지니지 않았다면, 근대적 관점은 불가능했을 것이다. 이렇게 모더니티는 사실 본성에 대한 이론적인 지식에 양자가 종교적 권위에서 전적으로 독립적이며, 따라서 철학적으로 중립적인 방법론을 부여하는 방식으로 지식(scientia)을 지혜(sapientia)

로부터 분리시키는 기능이다. 이로써 과학적 진리는 신학적 또는 철학적 의미와는 어떤 본질적인 관련도 없는 사실에 대해서 객관적인 관계를 지니며, 해석하는 권위를 전혀 존중하지 않는다. 진실이 무엇인지 말해 보자!

다음 장에서 살펴볼 것으로서 이러한 입장에는 실재와 본성이 객관적인 의미를 '갖지' 않는다는 주목할 만한 문화적 추정에서 귀결되는 것뿐만 아니라, 몇 가지 심각한 내적 어려움들이 있다. 이러한 문화적 추정에 있어서 우리가 본성의 일부분이라면, 우리 자신과 우리의 언어, 그리고 정말로 우리의 지식은 객관적 의미가 없게 된다. 따라서 모더니티는 밤이 가면 낮이 오듯이 포스트모더니티를 만들어낸다. 모더니티는 신학과 철학을 죽이고 우리에게 지식만을 남겨 두었다. (지식에 대한 실제적 의미까지도 죽인 것이 아니라면 말이다.) 아마도 심지어 '지혜'(sapientia)도 이제 현대적 '지식'(scientia)의 손에 장렬하게 죽었다. 이와 같은 어떤 일이 일어났다면, 이는 문화적으로 왜 환상이나 개인적인 종교적 믿음이라는 어느 정도 주관적 영역에서만 우리가 우주적 의미를 지닐 수 있는가를 설명할 것이다.

하지만 이는 17세기 초에 교회의 권위에 의해 보증된 아리스토텔레스적 우주론의 그리스도교적 버전이 행성 운동의 본성과 태양계에서 태양의 위치에 대해서 그저 '사실상 틀린' 경우이다. 우리는 지식이 과학혁명에 이르기까지 종교와 철학에 의해, 그리고 폭력과 억압적으로 교의적으로 짜인 정치에 의해 억제되지 않았는가라고 그럴듯하게 물을 수 있다. 모더니티는 미신과 본성과 본성의 의미에 대한 사실상 틀린 이론으로부터 우리를 자유롭게 하지 않았는가? 그래서 모더니티는 우리에게 지혜와 지식의 관계를 다르게 이해하는 중세주의가 결코 우리에게 주지 못한 것을 인간의 상황을 발전시키는 이성적이고 강력한 수단으로 주지 않았는가? 이러한 물음들이 그리스도교 플라톤주의로 들어가는 문을 여는 방식으로 간략하게 다루어질 수 있는가를 보도록 하자.

진리와 객관성

12세기 헝가리의 이론 화학자인 마이클 폴라니는 획기적으로 과학을 관찰했고, 과학의 실천이 실제로 어떻게 작동하는가에 대해 매력적인 다양한 결론에 이르렀다.[23] 폴라니는 대상적인 실재가 진리에 대한 과학적 탐색의 한 축이며, 언어, 앞선 지식, 우정, 제도적인 정치, 과학자들의 해석적 공동체의 문화적 헌신이 다른 축이라는 것을 알아냈다. 폴라니에 따르면, 우리는 두 축으로 과학을 해야 한다. 그가 여기서 말하는 점들 중 하나는 "대상성"이 단순하고 명백한 관념이 아니라는 것이다. 예를 들어서 "대상성"에서 우리는 세 가지 점을 의미할 수 있다. (1) 대상적 실재는 질적인 의미들과 관련되는 것이 아니라, 오직 단순히 양적으로 "거기" 있는 바와만 관련된다. (2) 대상적인 실재는 직접적이고 단순하게 감각적 자극과 논리적 분석에 의해 우리에게 접근될 수 있다. 이로써 방법론적으로 선한 과학자를 위한 복합적으로 해석적인 쟁점들은 없다. (3) 실재를 대상적으로 관찰하는 사람은 실제로 단순하고 대상적으로 "거기" 있는 것에 대한 자신의

23 Polanyi, *Personal Knowledge* 참조.

정밀한 묘사를 채색하는 판단된 가치나 믿음을 허용하지 않는다. 그러나 폴라니는 과학자들이 중요한 것을 발견해서 의미 있는 이론적 돌파구에 이르렀을 때, 이와 같이 대상성에 대한 명백하고 공정한 관념(이러한 대상성을 "OI[Obvious Impartial] 대상성"이라고 부른다.)이 실제로는 불가능하며 실제로 진행되는 바를 반영하지 못한다는 점에 주목한다. 여기서 폴라니가 대상적 실재의 관념을 결코 단순히 거부하는 것이 아니라는 점에 주목하자. 왜냐하면 실재에 대한 의미 있는 모든 과학적 해석은 항상 인간적으로 자리를 잡으며, 놀라운 (아마도 영감과 같은) 상상적 도약을 요구하고, 풍부하게 문화적 역사적 사회적으로 형성된 의미 있는 지식에 대한 일련의 관계에 의지하기 때문이다. 오히려 폴라니는 실재와 인간 지식 간에 실존하는 매력적인 '실제적' 관계로 우리의 관심을 돌린다. 이로써 언어적, 상호 인격적, 정치적 역동성들은 항상 진리에 대한 과학적 탐구에 필수적이다. 더 나아가서 대상적 실재가 본질적으로 의미 있다고 단순히 전제할 어떤 이유도 없다. 좀더 단호하게 진술한다면, 실재가 "단순히" 대상적이라고 추정하기 위한 사전의 해석적 약속(유효한 지식은 오직 양적이며, 모든 질적인 것들과 해석들은 인간적 주석에 불과하다는 점)이 바로 대상성의 개념이 부인하는 유형이라고 말할 수 있겠다.

말하자면 해석적인 중개는 그가 위대하건 무명이건 실재의 본성을 숙고하는 '어떤' 사상가에게도 선택적인 것이 아니다. 따라서 위대한 사상가들이 실재가 의미하는 바와 실재가 무엇인가에 대한 독특한 관점을 지닌 해석의 한 가지 틀을 거부할 때, 이들은 단순히 적나라한 대상적 진리를 직접적으로 이해하는 것보다 해석에 대한 대안적인 틀을 취하게 된다. 정말로 이 점은 정확히 갈릴레오가 했던 바이다. 그는 이 점을 통해 실재를 이해하는 해석적인 틀로서 특수하게 형이상학적이고 신학적으로 채색된 중세 후기의 본성에 대한 아리스토텔레스적 철학을 거부했고, 다른 해석적 틀을 취했다. 이는 중세 후기 대학의 지성적인 환경 내에 잠재되어 있었다.

추상적인 수학적 사유는 갈릴레오가 실재에 대한 진리를 이해하기 위해서 사용한 해석적인 틀이 되었다. 갈릴레오가 선택한 해석적 틀은 당시에 수학적으로 서술될 수 있는 양과 움직임의 관계로 실재를 축소하는 것이 실재에 대해 참되게 이해하는 것이라는 점을 기능적으로 상정했다. 이러한 실재는 참된 지식의 과업에 전적으로 적합했을 뿐만 아니라, 참된 지식으로서 이 실재는 형이상학적이고 신학적인 의미보다 해석적으로 앞선다. 따라서 양, 기간, 힘, 덩어리에 대한 추상적인 지식은 실제적인 것에 대한 최고의 지식이다. (말하자면 이러한 지식은 기능적으로 "제일철학"이 된다.) 이로써 의미가 벗겨진 추상적인 '지식'(scientia)은 이제 '지혜'(sapientia)를 지배하기 시작한다.

이렇게 모더니티는 한갓 양적이고 단순히 현상적인 "자료"로부터 과학을 만들어 내려고 한다. 더 나아가서 우리가 과학으로부터 지혜를 얻기를 원한다면, 사실적으로 참된 지혜를 원할 때, 이렇게 원하든지 그렇지 않든지 간에 이는 과학자와 관련이 없는 것을 하는 셈이 된다. 과학자는 오직 사실만을 다룬다. 이는 모더니티가 아직 무르익지 않았을 때는 합당한 것처럼 보였다. 왜냐하면 문화적으로 암묵적인 신학적이고 형이상학적 의미들이 여전히 차갑고 딱딱한 대상적인 과학의 진리보다 앞섰다는 것이 실제로는 여전히 추정되었기 때문이다. 갈릴레오와 데카르트는 로마 가톨릭 신자였고, 베이컨은 영국 성공회 신자였다. 사람들은 일반적으로 새로운 과학이 여전히 창조 안에서, 그리고 창조에 대해서 탐구하는 어떤 것이었다고 생각했다. 비록 서구문화의 종교적 가정 내에서 이러한 새로운 지식을 고려하는 방식으로 우주를 재해석해야 하고 근본적으로 다시 생각해야 하는데도 말이다. 말하자면 초기와 전성기의 모더니티는 과학적 지식이 형이상학적이고 신학적 의미들을 지녔다고 추정하려는 경향을 지녔다. 비록 (갈릴레오와 데카르트처럼, 17세기에 과학적 방법의 개척자들의 설득력 있는 설명력에 감사하면서) 과학적 지식의 '방법론'이 그러한 의미를 분명하게 알지 못했다고 하더라도 말이다. 하지만 성숙된 모더니티에서는 사실적 지식에 대한 과학적 개념을, 의미에 대해 인식할 수 있는 일련의 신학적이고 철학적인 진지한 입장들과 통합하는 것이 점점 더 어려워졌다.

모더니티의 위대한 철학자들은 의미, 목적, 윤리성, 정치, 초월, 지식, 논리, 정신, 신, 생명, 죽음, 물리적 현상들의 본성과 의미를 해결하려고 노력했지만, 이들 모두는 모더니티의 논리를 통해 어떤 풍요롭고 의미 있는 실체적 결과를 단락시키는 입장에 이르렀다. 왜냐하면 "대상적인 과학적 진리"가 현대 철학을 형성하고 지배적으로 해석하는 것을 이야기하는 곳에서, "한갓된" 지식은 모더니티 내에서 지혜, 철학, 신학을 구분되는 가치와 맹목적인 의미로 만들고 한정 짓기 때문이다. 당연하게도 우리가 어떤 것으로도 시작하지 않는다면, 목표점에서 어떤 것도 얻지 못한다. 우리의 해석적인 엔진이 지속되기를 원할 때 필요한 연료가 "없는" 곳에서, 실재의 의미는 당연히 의미에 대해 엄청난 자멸적인 소멸이 되고 만다. 이렇게 모더니티가 철학적으로 죽는 마지막은 이제 "포스트모던" 이론가들에 의해 어느 정도 기념된다. 대상적 실재에 대해 의미 없음이라는 견해가 주어진다면, 문제는 이제 철학(또는 인간의 실존)은 어떻게 전혀 의미가 없을 수 있는가? 그렇다면 우리는 아마도 의미를 필요로 하지 않으며 의미 없음을 기념해야 하는 것일까?

그리스도교 플라톤주의의 몰락에 대한 개요

문제들로 돌아가는 것은 제목 직전에 제기되었다. 17세기 초에 로마 가톨릭교회가 인정한, 공식적으로 보증된 태양계에 대한 물리적 이해는 참으로 잘못되었지만, 명백하고 공정한 대상적 진리와 교의적으로 권위를 지닌 사실적인 오류 간의 단순한 갈등이라는 사안은 좀더 복잡하다. 우리가 이러한 상황의 복잡성을 어느 정도 분석할 수 있는가를 보기로 하자.

현대 과학은 이러한 분석에 정말로 해당되는 어떤 것들을 가지고 있다. 먼저, 현대 과학은 구체적인 실재에서 관찰할 수 있는 바를 존중한다. 이로써 우리의 이론적인 모델들은 입증에 의해 관찰될 수 있는 것에 비해서 부차적이다. 두 번째로 우리 자신의 수학적 사유의 논리적 구조들이 정확하게 물리적 우주의 실제 질서를 반영한다는 가정을 받아들이는 태도는 참으로 놀랍도록 발전하는 지식-구조의 방법론을 가능하게 했다. 물론 과학적 사유에 대한 열쇠는 지식이 항상 과정에서 작용한다는 확신이다. 이로써 심지어 뉴턴의 물리법칙으로서 강력하고 존재론적으로 유효한 어떤 것은 지금은 자연에 대한 궁극적인 마지막 진리로 여겨지지는 않는다. 자연은 우리가 그것에 대해서 확실하게 알면 알수록, 그 지식은 더욱 새로운 비밀을 나타내며, 우리의 이전의 기능적인 확실성들이 요구하는 것으로 되돌아가는 것을 더욱 필요로 한다. 이렇게 엄밀하게 말하자면, 현대 과학은 우리에게 진리를 주는 것이 아니라, 적어도 자연적인 실재를 어느 정도 장악하고 있어야 하는 자연에 대한 잠정적인 이론들을 우리에게 준다. 그렇지 않다면 이러한 이론들은 우리가 기대하는 바와 실제로 일어나는 바의 조화를 보여 주는 잠정적인 이론들이 아닐 것이다. (하지만 아마도 자연은 자신에 대한 우리의 추론을 항상 넘어설 것이다. 아마도 이러한 점은 자연이 자연 내에서 드러나는 것에서는 접근 불가능한 신비에 토대를 두고 있다는 것을 나타낸다.) 하지만 분명히 현대 과학은 그것이 '최종적으로' 진리는 아니지만, '기능적으로' 참된, 관찰될 수 있는 물리적 실재에 대한 것들을 우리에게 말해 준다. 그렇기 때문에 당분간 이러한 것들은 우리가 가지고 있는 물리적 필연성들에 대한 최고의 이해이다.

17세기 초에 로마 가톨릭교회의 교도권은 스스로를 진리의 횃불로 종교개혁과 싸우는 궁지에 몰린 지킴이로 여김으로써, 우주에 대한 통합적인 관점의 타당성에 전적으로 헌신했다. 여기서 신학과 철학의 지혜 담론은 우리가 이제는 자연과학이라고 부르는 지식 담론에 근본적이었다. 이러한 헌신은 당시에 대학 내에서 확립되어 존경받은 아리스토텔레스적 권위와 조화를 이루었다. 하지만 이 무대에 있어서 확립된 지혜의 궤도, 그리스도교 국가들의 분열, 아리스토텔레스적 힘과 매우 실용적인 관심을 가진 상인 계급 간의 기능적 동맹 내에서 유명론과 일의성의 역할은 근본적으로 중세 후기의 삶의 형태에서 플라톤주의의 형이상학적 단일성을 약화시키는 것이었다. 이러한 맥락에서 지성적인 규범들도 변화되고 있었다. 이러한 규범들 '내에서' 초기 근대 자연주의의 아리스토텔레스주의적 형태는 혁신자들에게 우리가 지금은 단순히 실재에 대한 과학적 관점이라고 부르는 바에 좀더 개방될 수 있게 만들고 있었다. 이러한 맥락에서 로마 가톨릭교회 교도권이 스스로를 신학적이고 형이상학적으로 옹호하는 지구 중심적 우주론이 이후에 사실적으로 오류라고 입증되었을 때, 이는 교회가 지지하는 지구 중심의 우주론이 단순히 대체되는 것보다 훨씬 더 큰 결과를 초래했다. 가장 의미심장한 점은 17세기까지 고전 철학이 부흥한 이래로 지배적인 서구 지성 전통의 핵심적인 부분이었던 직접적인 지식보다 더 상위의 지혜가 지녔던 우위성을 현대 과학의 부흥이 대체했다는 것이다. 아이러니하게도 지구 중심론의 추락은 그리스도교 플라톤주의의 가장 큰 마지막 문젯거리가 되었다.[24]

이렇게 그리스도교 플라톤주의의 몰락은 사용하지 않은 그랜드피아노처럼, 현대 서구 정신의 바닥을 뚫고 가라앉을 때까지, (여전히 풍부하지만) 그러한 정신 아래의 집단적 잠재의식의 진창 속으로 가라앉을 때까지 많은 부분이 썩은 바닥을 뚫어 버린다. 첫 번째 몰락은 순진한 실재론에 대한 아벨라르두스의 공격이다. 두 번째 몰락은 1277년 이후에 신앙과 이성을 가르려는 경향을 통해서이다. 세 번째 몰락은 스코투스와 오캄이 크게 영향을 준 것으로서 존재론적 참여를 과소

24 코페르니쿠스 이전에 피치노의 르네상스 플라톤주의는 지구에 대한 태양의 우주론적 우위성을 지지했지만, 이는 우리가 다음 장에서 간략하게 다루게 될 것과는 다른 이야기이다.

평가하고, 신적 이성과 사랑을 군주적인 의지로 대체하며, 자연과 힘으로부터 종교를 구분하는 혁신을 통해서이다. 네 번째 몰락은 16세기에 "순수한 자연"과 우주에 대한 각성이라는 관념의 발전이다. 다섯 번째로서 마지막 몰락은 17세기에 지식이 지혜로 해석되는 과학혁명을 통해서이다. 이렇게 해서 우리는 서구 정신의 핵심적인 지성적 에너지들이 어떻게 해서 그리스도교 플라톤주의의 악기를 상실했을 뿐만 아니라, 음악마저도 상실하게 되었는지를 보게 된다. 하지만 이는 모더니티에는 상실로 여겨지지 않았고, 오히려 해방으로 여겨졌다. 그렇다면 우리는 '정말로' 해방되었는가? 그렇다면 정말 실제로 잃어버린 것이 있었을까? 비록 실제로 잃어버린 것이 있었다고 하더라도, 이 악기는 이제 복구될 수 있었고, 이 음악은 새로운 건반과 우리 시대에 적합한 새로운 발전으로 연주될 수 있었지 않은가? 이러한 문제들에 대해서 이제 다루어 볼 것이다.

7. 현대의 진리를 지혜 없이 신뢰할 수 있는가?

이 장에서 나는 현대의 진리에 대한 관념을 비판하고, 그리스도교 플라톤주의의 진리에 대한 접근이 결코 비합리적이거나 본질적으로 한물간 대안이 아니라는 점을 보여 주려고 노력할 것이다.

지식에 대한 근대적 접근은 무엇인가?

라틴어에서 근대라는 의미의 '모데르누스'(modernus)는 "바로 지금"을 의미하는 '모도'(modo)에서 나왔다. 근대주의자를 다른 사유가들의 유형과 차별화하는 것은 단순히 전자가 여기서 "바로 지금"에 있다는 것뿐만 아니라, — 모든 사람에게는 자신들의 시대와 같은 당대에 살고 있다. — 이들은 과거로부터의 권위들을 그리 진지하게 수용하지 않기도 한다는 점이다. 말하자면 어떤 과거의 지식이 더이상 "최신의" 것이 아니기 때문에, 근대주의자들은 수월하게 최신의 지식을 수용하는데, 이는 현재의 우리의 지식이 위대한 인물들이 과거에 말한 지식보다 더 발전되었다고 생각하기 때문이다.

다른 한편, 모더니즘에 대해서 새로운 어떤 것은 없다. 전통적인 진리들에 의문을 갖는 현대주의자들은 모든 시대에 늘 있었으며, 이들 중 일부는 진짜 천재적인 위대한 혁신가들이었다. 이렇게 항상 시대에 뒤떨어져서 적합하지 않은 것으로 여겨지는 옛 접근법을 넘어서 세상을 이해하기 위한 어떤 동시대의 접근에 특권을 부여하는 지성적인 유행은 있어 왔다. 하지만 항상 그 시대의 현대주의자들이 있어 왔던 반면에 항상 근대 '시대', 모더니티가 있었던 것은 아니다.

모더니티에 대해서 말할 때, 우리는 17세기 서구 유럽 문화 전역에 퍼지기 시작했던 과거와 현재에 대한 어떤 특별한 접근법에 대해서 말하고 있는 것이다. 이러한 문명화의 핵심적인 특징은 종종 과학혁명, 곧 지식에 있어서 혁명이라 불리는 현재를 향한다는 것이다. 이러한 혁명이 어떻게 일어났는가에 대한 개요를 서술하는 것은 중요하다. 그것은 근대 시대에 지식의 본성을 평가하는 깊이 있는 어떤 문명적 추정이 무엇인가를 이해하기 위해서이다. 이에 대해서 아주 간략하게 살펴보자.

과학혁명에 대한 역사적 배경

6세기에 고전 그리스-로마 문명의 고도의 학문은 서구 유럽에서 대부분 사라졌다. 하지만 이러한 학문의 흔적들은 살아남았고, 위대한 그리스-로마 문명의 문화적 기억은 지속되었다. 13세기에 아랍어를 사용하는 이슬람 문명을 통해서 아리스토텔레스의 많은 학식들이 서구에서 복구되었다. 이러한 복구에 대한 두 가지 반응이 나타났다. 첫 번째로는 경외감이다. 13세기에는 아리스토텔레스의 과학과 철학이 지니는 고도의 지성적인 교양에 견줄 수 있는 것이 없었다. 두 번째로, 지식에 대한 일종의 도취가 유럽을 휩쓸었고, 고대인들을 따르고 실재에 대한 지식의 비밀을 여는 새로운 통로를 구축하려는 열망이 유행했다. 이렇게 고대의 권위들을 경외하는 경향들(때로 이러한 경향은 '옛길'via antiqua로 불린다.)이 우리 스스로 사물을 탐구하려는, 심지어 가능하다면 고대 권위들로 대체하려는 열망과 합치되는 것을 볼 수 있다. 이러한 두 가지 경향은 논리학에 대한 관심과 헌신에 의해 지속됨으로써 뒷받침되었다. 왜냐하면 고대에서 중세로 전수된 고대 지식의 몇 가지 완전한 체계 중의 하나가 아리스토텔레스의 논리학이었기 때문이다. 중세 전성기에서 17세기에 이르기까지 아리스토텔레스적인 방식으로 이루어진 아리스토텔레스의 철학과 신학이 아리스토텔레스의 논리학에 첨가되었으며, 아리스토텔레스는 유럽 대학들의 전체 학문적 문화를 지배하게 되었다. 17세기에 서구 유럽은 대학에 중심을 두는 자신감 있고 발전된 지성적 삶을 영위했으며, 과거에 대한 경외와 우리 자신의 지식을 계속 유지하려는 열망 사이의 긴장은 혁신과 재창조의 힘들이 과거와의 연속성을 이루는 거슬리는 담벽을 허물기 시작한 것을 토대로 한 다른 것들과 결합되었다.[1]

이러한 맥락에서 17세기와 18세기에 근대 과학과 계몽주의의 아버지들은 스스로를 지식과 사회적 조직의 전혀 새로운 지형을 선취적으로 탐험한 인물로 생각했으며, 정말로 그들이 그랬다는 것을 상기하는 것은 중요하다. 과거의 전통, 권위, 권력 구조가 이들을 저지했지만, 이들은 과거를 거부하고 앞으로 나아가기 시작했다. 그 때문에 우리의 과학적이고 세속적인 선구자들의 근대 시대는 스스로에

1 특히 종교개혁 후의 유럽의 종교적 분열, 상업주의, 근대적 신용 거래의 시작, 유럽 바깥에서의 정복과 식민지 확장, 대규모 전쟁, 근대적 국가의 탄생, 베스트팔렌 평화조약 등.

대하여 본질적으로 진보적이며 '앞으로 나아가면서' 바라보고 혁신적이며 자기 확신적인 것이라고 여겼다. 따라서 과거에 뿌리박고 있는 과거의 지혜와 권위 구조는 퇴보하고 시대에 뒤떨어지며 미신적이고 지성적으로 빈사 상태로 추정되었다. 참으로 근대 이전의 과거와 연결된 권위들은 본질적으로 흔히 여러 가지 믿음들을 존중하는 것으로 여겨지지만, 이러한 믿음들은 단지 전통에만, 단순히 참되지 않은 실재에 대한 개념에, 자신의 이익을 찾는 권력 게임에 기초한 것이었다.

우리가 근대 초기 또는 중세 시기를 방영하는 텔레비전에서 시청하는 대부분의 역사적 다큐멘터리는 (우리 근대주의자들에게는) 아마도 자기만족적으로 해석해서 수정된 것이다. 여기서 우리는 무지, 미신, 전통의 퇴행적이지만 강력한 힘과 싸웠던 자신들의 시대보다 앞선 용감한 혁신가들을 분명하게 선택할 수 있다. 호기심 많고 지성적인 혁신가들은 자신들의 미신의 시대에는 위험한 돌팔이 의사처럼 보였을 것이다. 하지만 우리는 마법에 대한 연금술사의 연구와 대상적 진리에 대한 원시 과학자들의 연구 간의 차이를 말할 수 있다. 따라서 원시 근대주의자는 영웅인 반면에, 과거 회고적인 중세주의자 또는 확립된 권위의 보수적인 수호자는 학문을 발전시키고 이성에 주의를 기울이며 현대적 자유를 수호하려는 투쟁에서 미신의 장본인인 셈이다.

이러한 점에서 내가 설명하려고 하는 것은 근대 시대가 아주 강력한 의미로 자신을 서구 중세와 고대의 과거와 단절된 것으로 규정한다는 점이다. 이러한 단절은 단순히 역사의 객관적 사실은 아니지만,

이미 만들어진 해석적 편향이다. 여기서 "한물간 전통적인"은 당연히 퇴보적이고 무지한 (그리고 종종 억압적인) 것으로 여겨지며, 반면에 "새롭고 근대적인"은 당연히 진취적으로 진리에 토대를 두며 자유를 향해 우리를 나아가게 하는 것으로 여겨진다. 우리는 이러한 단절에 대한 문화적 의미의 본성을 분석할 필요가 있다. 조금 더 나아가면 이러한 단절은 근본적으로 "근대적 지식"과 얽혀 있다.

근대적 지식과 서구의 지나간 고전 시기와 중세의 단절

그리스도교 플라톤주의가 왜 단순히 근대 시대에 진지한 입장으로 고려되지 않는가라는 점에서 중요한 요소는 우리 시대와 과거와의 불화가 돌이킬 수 없을 뿐만 아니라 이러한 불화가 의심할 여지 없이 좋다는 뿌리깊은 문화적 확신이다. 물론 이러한 점은 논증에 해당되지는 않지만, 심지어 피터 베르거 같은 지식사회학자들은 이러한 본성에 대한 문화적 추정의 힘이 어떤 주어진 논증의 가시적인 비판 아래에 있는 빙산의 거의 전부를 전형적으로 구성한다는 점을 잘 지적했다.

3장에서 다루었듯이, 모더니티의 신화는 매우 강력하다. 사실 17세기에 대한 우리의 개작된 이야기는 전형적으로 성서적 관점이나 다름없는 현재 시대의 심오한 우주론적인 이야기를 고려하고 있다. 말하자면 갈릴레오, 데카르트, 뉴턴은 (고전적이고 중세적인 유산인) 이집트의 노예살이에서 놀라운 탈출로 우리를 이끌었던 우리 시대의 모세와 같은 인물이다. 이러한 거대한 파열, 곧 위대한 탈출에서 우리의 새로운 과학적인 진리 담론의 혁신가들은 우리를 새로운 사람들로 규정하고, 우리를 새로운 땅으로 이끄는데, 이 땅은 자유의 장소이다. 더 나아가서 과거의 물결이 우리 이전 시대의 권력과 생활 세계를 덮친 뒤에는, 쉽사리 다시 돌아갈 길은 없다.

이렇게 우리는 과학혁명이라고 부르는 바가 현대 세계를 과거에서 분리시키며 우리를 미래로 향하게 하는 날카로운 역사적 구분을 통해 자리잡는 문화적인 메타 이야기를 믿기에 이르렀다. 이는 우리가 왜 과정에 대한 이와 같은 암묵적인 문화적 이야기를 확신하는가에 대한 어떤 것을 설명해 준다. 중세 아리스토텔레스주의는 우리를 멀리까지 데려갔지만, 우주론, 중력, 목적에 대해서는 전혀 잘못되었다. 그 때문에 우리가 권위 있는 중세 후기 아리스토텔레스주의와의 연결점을 끊어 버렸을 때, 고대를 대체함으로써 과거로부터 더이상 어떤 것도 배울 수 없게 되었다. 나아가 우리가 고대와 중세에서보다 진리에 대한 더 나은 범주를 갖는다는 것은 기정사실로 간주된다. 이로써 우리는 고대에서 할 수 없었던 방식으로 실재가 정말로 지금처럼 무엇인가를 생각할 수 있다. 우리가 과거 고대 시대에 위대한 사상가들이 있었다는 것을 인정하더라도, 그들은 근대적 의미에서 과학적 사상가들은 아니었으므로 정말로 실재를 이해했던 것은 아니다. 보편적이고 입증될 수 있는 참이자 지식에 대한 형이상학적이고 신학적인 모든 주장을 능가해서 참이라는 과학적 지식에 대한 우리의 개념은, 우리와 비교해서 정말로 위대한 과거의 사상가들을 더 쉽게 믿거나 심지어 유치한 실재의 개념을 갖고 있는 인물로서 읽는다는 것을 의미한다. 그래서 우리는 플라톤이 위대한 현자였다고 생각하는 반면, 비감각적인 이상적인 형상들에 대한 그의 관념들은 그것들이 과학적으로 입증될 수 없기 '때문에', 기이하고 우스꽝스럽다고 여긴다. 왜냐하면 근대적인 어떤 사람은 지식의 대상이 과학적 관점에서 규정될 수 있을 때에만, 지식만이 참된 것으로 생각될 수 있다는 것을 알기 때문이다. 이렇게 평범한 근대인은 플라톤과 같이 과거의 위대한 현자보다 진리를 더 잘 파악한다. 우리는 분명히 과학 이전 시대의 사람들보다 좀더 발전된 실재에 대한 지식을 가지고 있다. 우리는 비행기를 탈 수 있고 원자폭탄을 제조할 수 있으며 소아마비를 뿌리뽑을 수 있고 우리의 지식으로 공간을 탐험할 수 있기 때문에 이 점은 확실하다. 고대인들 누구도 또는 지구상의 비서구인들은 우리에 앞서서 그렇게 할 수 없었다.

근대 시대는 "최신이" 아닌 어떤 지식을 주장하는 것을 싫어한다. 오히려 과학을 이해하는 우리 자신의 시대 내에서 유효한 지식에 대한 우리의 개념은 너무 강력해서, 우리는 모든 신화, 모든 종교적인 주장, 의학과 실재에 대한 비서구적인 온갖 접근들을 우리 과학의 렌즈를 통해서 본다. 우리는 우리의 렌즈가 참된 렌즈이며, 진리와 의미에 대한 다른 접근들은 가치가 있을 수 있지만, 이런 접근들의 '참된' 가치는 오직 근대 서구 과학의 관점을 통해서만 적합하게 이해될 수 있다고 여긴다.

따라서 17세기의 과학혁명은 우리에게는 문화적이고 인식론적인 인간성의 혁명을 향한 중대한 도약이며, 이러한 도약은 모더니티를 나머지 시기의 인간 역사에서 영구적으로 분리하는 거대한 벽이다. 현재에는 지식이 있지만, 과거에는 이야기만 있었다. 현재에는 진리가 있지만, 과거에는 직관적인 숙고만 있었다. 과거에 이것들 중 일부는 (물질과 실재의 본성에 대한 고대 원자론자들의 숙고처럼) 놀랄 만큼 운이 좋았다. 반면 대부분은 동화와 같은 것이었다. 현재에는 힘이 있지만, 과거에는 마법만 있었다. 현재에는 과학이 있지만, 과거에는 종교만 있었다. 이렇게 모더니스트는 오직 근대의 과학적 지식만이 타당한 지식이라는 것을 확신하거나 추정할 뿐이다. 따라서 근대적이지 않은 지식에 대한 어떤 주장도 최신이 아니며, 심지어 그것이 과학이 얻을 수 있는 것보다 더 나은 지식에 대한 주장인가를 고려하더라도 별 의미가 없다.

실재의 본성에 대한 어떤 종류의 근대 이전의 개념도 능가하는 근대 과학적 지식의 추정적인 우월성은 단순한 자만심이 아니라, 지식의 본성에 대해서 매우 독특하게 이해하는 놀라운 설명적인 힘에 전제되어 있다. 특별히 이미 지적한 것처럼, 근대 사상가들은 과학적이고 대상적인 지식에는 종교와 지혜의 주장으로부터 자율적인 참된 범주가 있다고 주장한다. 반대로 이 점은 종교와 지혜가 실제 세계에 대한 지식의 주장으로서 존중받기를 원하는 것이 과학적 지식의 참된 범주 하에서 검열을 통과해야 한다고 주장한다는 것을 암시한다. 따라서 과학적 지식의 검증을 통과할 수 없는 종교와 지혜의 주장은 지식의 주장이 아니라, 참된 지식의 시금석들이 적용될 수 없는 한갓된 믿음의 주장이다. 우리 모더니스트들에게 있어서는 이러한 관점에 대해서 심각하게 논란이 되는 어떤 것도 없는 것처럼 여겨진다. 하지만 사실 이러한 관점은 과학혁명의 가장 혁신적인 특징이다. 여기서 우리는 '지혜'(sapientia)에서 '과학'(scientia)이 분리되는 것과 과학적 지식과 철학적 지혜 양자가 '계시'(revelatio)에서 분리되는 것에 대해서 말하고 있다. 정말로 전례 없는 문화운동에서 과학혁명은 인간의 사유를 해체시키고 놀라운 도구적 능력을 촉발시키는 기능이다. 이와 같은 도구적 능력은 언급된 대상에 대해 환원적인 과학적 틀에서만 입증될 수 있고 적용될 수 있는 진리를 자리매김함으로써 귀결된다. 근대 시대 이후에 우리는 더이상 통합적인 단일성으로서 마음, 몸, 정신으로, 또는 양자를 초월하는 종교적 범주에서 통합되는 공동체와 개인으로 생각할 수 없다. 실재에 대한 우리의 견해는 이제 명백히 파편화되어서, 통합적인 관점이나 초월적으로 언급되는 공동선에 대한 어떤 시도에도 구조적인 저항감을 드러낸다.

근대적 지식은 지혜와 계시로부터 자율적이다

모더니티의 다른 중요한 구조적 특징들처럼, 지혜에서 지식의 분리와 계시에서 양자의 분리에는 중세 신학 내에서 뿌리깊게 시작되는 오랜 배경 이야기가 있다. 신앙과 이성의 연관성과 교회 권위와 현세적 권력의 연관성의 본성에 대한 논쟁들은 중세 후기를 크게 휩쓸었고 점차 통합은 구분으로 기울어졌다. 종교개혁으로 두드러지게 가속화되는 이와 같은 긴 과정은 17세기에 선구자들이 활발하게 함께한 지혜에서 지식을 단절시키게끔 이동하는 문화적인 배경 이야기이다. 현세적 권력에서 신성한 권위의 분리와 자연철학에서 계시의 분리가 이러한 단절과 무관할 수 없다고 하더라도, 우리는 17세기에 지식이 지혜에서 분리되는 것에 초점을 맞출 것이다.

적어도 두 가지 강력한 역사적 요소가 지혜에서 지식이 분리되는 관점에서 구성되는 모더니티의 기원 이야기에 힘을 실어 준다.

첫 번째로, 신학적으로 짜인 아리스토텔레스적 기풍이 풍미하는 대학 내에서 지혜와 지식의 결합은 확고하게 자리잡은 것으로서 베이컨, 갈릴레오, 데카르트가 정식화했던 자율적이고 실험적이며 도구적인 새로운 과학에 반대했다. 17세기 초에는 어떤 대학에도 과학 분과가 없었으며, 오히려 우리가 지금 과학이라고 부르는 바는 자연철학의 보호 아래서 활동했다. 심지어 17세기 초에 자연철학은 전형적으로 중세 대학의 주요 담론인 신학에 비해서 부차적인 지위를 점하고 있었다. 철학적이고 신학적 잣대에 따른 검열을 통과한 어떤 사람의 이론과 실험 없이 "그냥 과학을 하라."는 것은 공식적으로 인정된 전문적인 학식의 방법에서 크게 벗어나야 하는 것이었다. 그렇기는 했지만 새로운 "물리적-수학적인 실험적 학식"[2]을 촉진하는 것에 매력을 느낀 대부분의 지성인들은 종종 물리학자들과 교구 사제들로서 학문적 세력권에 속했다.

두 번째로, 강력한 상업적, 귀족적, 종교적 권력(개신교, 청교도, 비국교도)은 확립된 교회 권위의 약화로부터 자유와 부의 관점에서 많은 이익을 얻었다.[3] 14세기의 거대한 상업 도시 국가에서부터 국제적으로 종교적인 권위를 지닌 권력과의 독특한 균형을 지녔고, 사회적 계층이라는 독특한 형태를 지녔던 봉건사회는 새로운 도시와 국가에서

---

2 이는 런던의 왕립학회가 프랜시스 베이컨의 소설 『새로운 아틀란티스』에 영감을 받아서 1660년에 설립하기 시작한 바에 대한 서술이다.

3 참조: 이는 확실히 많은 칼뱅주의와 개신교 분파들이 신정국가를 구성했던 경우이다. 이러한 신정국가는 로마 가톨릭이 이전에 시도했거나 생각했던 것보다 더 급속히 퍼지고 더 완벽했다. 하지만 이와 같은 프로테스탄트적 신정국가들은 모두 실수할 수 있는 지상 교회의 교의 위에, 그리고 공식적인 제도적 해석의 권위를 넘어서는 성서의 권위 위에 세워졌다. 이렇게 진리의 범주는 신정국가 자신들을 포함해서 확고한 교회론적 제도의 숙고에서 자율적이라는 의미에 놓여 있었다.

부와 권력의 중심에 있는 자들에게 가차없이 이양되었다. 16세기로 넘어가면, 에라스무스의 그리스어 신약성서는 종교개혁에 엄청나게 중요했다. 원래의 원천에 접근할 기회를 가짐으로써, 원래 성서 본문의 조심스러운 학문적 주석에 의해 가능했던 성서의 "있는 그대로의 의미"는 교회 권력 및 로마의 권위와 충돌하게 되었다. 종교개혁가들은 대담하게도 16세기 로마의 부, 권력, 방탕함과 비교하면서 매우 거친 방식으로 성서 본문을 해석했다. 이렇게 로마 교회의 권위로부터 성서를 자유롭게 해석하는 것은 지상의 종교 권위를 넘어선 진리의 관점에 호소함으로써, 이미 16세기부터 유럽에 깊이 각인되었다. 진리는 권위에 의해 인정되는 것이 아니며 스콜라적으로 다듬어지는 것이 아니라 즉각적으로 자명한 것이라는, 자명하게 세워진 진리 개념에 대한 열정적 헌신이라는 이러한 관념은 관념론의 생사 여부의 대부분을 감당했다. 관념론은 종교개혁에서 베스트팔렌 평화조약에 이르기까지 유럽을 특징지었던 소름끼치는 집단 학살과 종교적으로 짜인 전쟁으로 흐르는 피로 물든 강과 섞였다.[4]

따라서 과학혁명을 일으킨 인물들은 지혜로부터 자율적인 것으로

---

4 윌리엄 카바노프의 "종교의 전쟁"에 대한 독법은 중요하고 매우 흥미롭다. 그의 핵심적인 주장은 국가적 권력과 합치되는 전쟁과 가톨릭 그리스도교 국가들의 종말은 폭력에 대한 최고 권리라는 세속국가의 주장을 정당화시키는 데 사용되었다는 것이다(Cavanaugh, *The Myth of Religious Violence* 참조). 카바노프의 논증은 베스트팔렌 평화조약에서 야만족의 종교적 폭력에 대한 세속적인 정치적 평화와 이성의 승리를 서술한 아주 단순한 모든 이야기에서 매우 꼼꼼하고 세부적이다. 하지만 이른바 '종교 전쟁들'을 오직 종교에 관한 것으로만 해석하는 것이 그릇된 만큼이나 그것들을 종교와는 무관하게 보는 것 역시 오류이다. (카바노프는 이렇게 한 것은 아니다.) 확실히 조심스럽지만 "있는 그대로의 의미"로 교회적 권위를 인정하는 것으로서 성서적 권위를 해석하는 것의 관념과 진리가 모든 지상 권력으로부터 자율적이라는 관념은 종교개혁에서 없어서는 안 될 요소이다. 이러한 관념은 참으로 과학혁명에 중요한 배경을 형성했다.

지식을 생각하는 것을 가능하게 만들었을 뿐만 아니라 매우 매력적으로 만든 강력한 힘으로부터 분리되어 있지 않았다. 이렇게 갈릴레오, 베이컨, 데카르트에게 다가갈 때, 우리는 아리스토텔레스 철학의 지혜 담론으로부터 참된 지식의 자율성에 대한, 그리고 중세 아리스토텔레스 철학과 그리스도교 교의의 결혼으로부터 과학의 자율성에 대한 명백히 암묵적인 헌신을 보게 된다. 이 세 가지 중 어떤 것도 스스로를 확고한 종교의 반대자라고 보지 못했는데도 말이다.

과학이라 불리게 되는 이러한 새롭고 자율적인 본성의 지식이 어떻게 착상되었는지 좀더 자세히 보기로 하자.

학문(scientia)에 대한 특정한 이해로서 근대 과학

진리를 아는 독특한 방식으로서 근대 과학에 대해서 정말로 독특한 것이 무엇인가를 이해하기 위해서, 우리는 과학혁명의 역사에 대해 우리가 근대적으로 당연하게 개선주의적으로 해석하는 관점으로 추정하는 것을 유보하려고 해야 한다. 우리가 의문 없이 과학혁명의 긍정적 의미에 대한 일반적인 근대적 해석을 받아들이는 한, 우리 자신의 매우 강력한 해석적 편견을 보지 못하게 될 것이다. 무비판적인 근대의 관점이 허용하는 것보다 과학혁명에 대한 더 넓은 해석적 관점을 모으기 위해서, 나는 아주 도움이 되는 세 가지 원천에 의존하려고 한다. 그 첫 번째는 코페르니쿠스 혁명의 역사에 대한 토마스 쿤의 사회론적 분석이고, 두 번째는 갈릴레오의 물리-수학적 환원에 대한 미셸 앙리의 독특한 현상학적 이해이며, 세 번째는 고대 인식론이 갖는 지속적인 동시대적 타당성에 대한 로이드 거슨의 논증이다.

코페르니쿠스 혁명에 대한 쿤의 분석

토마스 쿤의 획기적인 작품인『코페르니쿠스 혁명』은 1543년에 코페르니쿠스가 초기에 상정한 태양 중심적 태양계로부터 1687년에 천체의 움직임에 대한 뉴턴의 수학적 설명을 통해 서구 유럽에서 최종적으로 수용되기까지의 긴 여정을 그리고 있다.[5] 쿤은 실재에 대한 어떤 과학적 개념도 영원히 단순하게 사실적이지 않다는 점을 지적한다. 왜냐하면 사실들의 의미는 항상 더 넓은 문화적 맥락에 들어 있으며, 모든 이론은 학자들의 공동체 내에서 형성되기 때문이다. 이렇게 학자들의 공동체에서 권위가 부여된 개념적인 패러다임은 현상들에게 질서를 부여함으로써, 관찰의 의미는 그 시대에서 높이 평가되는 학문적 공동체의 합의에 의해 준비되고 형성된다. 이러한 이유로 사실들의 해석에서 근본적인 변화는 급격하게 일어나지 않는다.

1957년 쿤이 이 논증을 내놓았을 때 가장 눈에 띄었던 것은, 그가 오늘날 지식-구조가 어떻게 이루어지는가는 코페르니쿠스 혁명 이전에 그것이 어떻게 이루어졌는가와 본질적으로 전혀 다르지 않다고 주장했다는 점이다. 더 나아가서 발상이 변하는 방식에서는 정말로 악인과 영웅이 없으며, 당시에 코페르니쿠스 혁명의 측면에서 볼 때 이성과 관찰은 명백하거나 반론의 여지가 없지 않았다. 더 나아가서 재차, 오늘날 과학에서 적어도 절대 깨지지 않는 몇 가지 "진리들"이 미래의 어느 시점에서는 죽은 지식의 패러다임의 요소들로 증명되지 않으리라는 보장은 없다. 쿤에게 있어서 어떤 해석적인 패러다임 내

---

5 Kuhn, *The Copernican Revolution*.

에서 사유 과정들은 그 패러다임이 그것이 설명하고 있는 바에 대해서 더이상 이해할 수 없을 때까지 유지된다. 뒤늦게 깨닫게 되지만, 우리는 (태양이 지구 주위를 도는) 지구 중심적 패러다임이 프톨레마이오스에 의해 확립된 것임을 알 수 있다. 이 패러다임은 오랜 기간 동안 기능적으로 가치가 있고 지성적으로 만족스러웠다. 하지만 이 패러다임은 코페르니쿠스와 동등한 수준에서 배운 이들에게는 세상을 효과적으로 해석할 수 없기 시작했다. 하지만 이 점은 코페르니쿠스 시대의 가장 능력 있는 많은 사상가들에게는 분명하지 않았다. 그렇다면 실재에 대한 현재의 우리 이론들, 그러니까 우리가 사실적으로 여기는 이론들이 이미 엎어지고 있는지 누가 알겠는가? 이를테면 현재의 어떤 패러다임이 "한계에 부딪히는" 데에는, 그리고 (지금은 괴짜로 여기는) 현재의 어떤 비주류에 속하는 인물이 시대에 앞선 위대한 혁신자가 되는 데에는 아마도 150년이나 그 이상 걸릴 것이다.

여기서 내가 쿤의 작업에서 얻기를 원하는 두 가지 점이 있다. 첫 번째로, 쿤은 우리에게 과학혁명에 대한 매우 세심한 현대적 독법을 제공하고 있다. 이러한 독법은 현대의 정확한 독법에는 어울리지 않는다. 왜냐하면 이러한 독법은 현대적 진리에 대한 칭찬 일색의 신화를 믿지 않기 때문이다. 두 번째로, 쿤의 독법은 가장 혁명적인 의미에서 정확하게 현대적 독법이다. 여기서 쿤은 자신의 프로젝트에서 지식으로부터 지혜와 계시의 분리를 얼마나 강하게 수행하고 있는가를 의식하지 못한다. 첫 번째 점은 모더니티의 기원에 대해서 더 문화적으로 전형적인 아주 단순하고 편향된 이야기 비유보다 훨씬 더 역사적으로 의식하고 훨씬 더 해석적으로 공정하다는 점에서 쿤의 아주 실제적인 성공과 관련된다. 그러나 두 번째 점은 특별히 17세기에 지식으로의 전환이 (그리고 지혜와 계시에서 벗어나는 것이) 실제로 무엇을 의미하는가를 정확하게 설명하는 데 유용하다.

쿤은 방법론적인 무신론을 가정하는 역사에 대한 접근법을 사용한다. 이러한 접근법은 훗설의 현상론적인 궤적 내에 자리잡고 있다. 여기서 어떤 주어진 지각된 현상들을 이해하려는 개방성은 어떤 주어진 현상들의 원인이 되는 바에 대해서 또는 초월적인 "실재"가 어떤 주어진 현상론적인 "나타남" 아래에 또는 넘어서서 있는 바에 대해서 경험적이지 않고 추정된 믿음을 "괄호로 묶어야" 한다. 훗설은 결과적으로 경험된 모습들의 영역을 이해하려고 시도하는 이러한 접근에 도달하는 데서 칸트에 영향을 받는다. 칸트는 잘 알려진 대로 자신 안의 사물들(noumena)과 우리가 경험하는 대로의 사물들(phenomena)을 구분한다. 칸트는 우리가 오직 사물들에 대한 경험을 알 뿐이라는 것을 확신했다. (우리는 오직 현상들의 세계만을 안다.) 그리고 우리는 결코 사물들이 그들 자신 안에 있는 대로 알지 못한다. (말하자면 우리가 아는 모든 것은 우리가 경험으로써 아는 것이다.) 이는 진리가 나의 관념들과 "저기 바깥의" 세계 간의 확실하고 정확한 상관관계의 기능이 아니라는 것을 의미한다. 하지만 모든 지식은 "이 안에서", 경험된 현상들에 대한 우리의 의식적인 인식에서 이루어진다. 이렇게 타당한 지식을 얻게 되자, 칸트는 오직 두 가지 원천만 있다고 생각한다. 먼저, 우리 정신의 내적인 필연적인 구조들이다. 이 구조들은 이성적으로 "선험적"(a priori)인 형식적 확실성들을 얻는 곳에 있다. 두 번째로, 우리가 경험하는 많은 현상적인 것이 있다. 여기서 우리는 경험적으로 "후험적"(a posterioi)인 실체적 내용을 얻는다. 말하자면 우리는 항상 시간과 공간의 형식적인 범주 내에서 세상에 대한 우리의 경험을 구성한다. 시간과 공간은 우리가 사물들을 경험하는 방식에 선험적으로 주어진다. 하지만 예컨대 내가 바닥에 앉아 있는 고양이를 보는 것처럼, 우리가 경험하는 '바'에 대한 감각의 내용은 시각적 지각을 하는 단순한 감각들이 내가 선험적으로 지각하는 틀에 의해 구성되고 의미 있게 진행된 뒤에 나온다("후험적"). 이 틀은 내가 세상을 이해할 수 있게 해 준다. 구조와 내용은 항상 우리의 의식 안에서 결합되고, ('우리 의식의' 작업과 내용의) 확실한 지식은 우리가 조심스럽게 우리의 정신이 경험을 질서 짓는 데 있어서 필수적인 구조들을 수반하는 바를 이해할 때에만 얻을 수 있다. 주목할 것은, 실재가 우리 의식의 "바깥에" 있기 때문에 실재 그 자체는 알 수 없다는 것이다. (왜냐하면 지식은 오로지 세상에 대한 우리의 '의식적 경험'의 기능이기 때문이다.) 이렇게 타당한 지식으로 주장되는 어떤 것은 그 자체로의(noumenal) 실재에 대한 고찰은 포기해야 하고, 그 범위를 우리 의식에 필수적인 이성적 구조들에, 그리고 경험된 모습들의 현상적인 내용에 한정해야 한다. 이와 같은 확실한 지식의 의미에 도달함으로써 칸트는 18세기의 합리론과 경험론의 궤적들을 철학적으로 결합하고 있으며, 어떻게 우리가 경험하는 대로 세상에 대한 확실한 지식을 얻을 수 있는가라는 현대철학의 근본적인 문제를 풀려고 시도하고 있다. 합리론자들은 이성과 사유가 사물 자체의 실재를, 심지어 초월적인 실재를 참되게 파악하는 사유하는 자 안에 나 있는 길이라는 견해로 기울어졌다. 경험론자들은 경험이 실재에 속하지만, (우리에게는 감각적으로 드러나는 것과 다른 실재는 없다.) 경험은 관습에 의해 오직 이성적이고 대상적이라는 견해를 지닌 경향으로 기울어진다. 칸트는 이 두 접근법 모두를 근본적으로 우리 자신에게 적합하지 않다고 보았다. 합리론은 칸트가 형이상학이라고 부른, 입증될 수 없는 사색적 추정으로 너무 나아간 경향을 보였다. 경험론은 현상들을 단순히 식별할 수 있는 우연적인 것들의 주관적인 흐름으로 보는 쪽으로 너무 기울어졌다. 이로써 칸트는 합리론과 경험론을 조심스럽게 결합하는 것은 현대적 지식에 합리적이고 과학적이었던 확실한 발판을 마련할 것이라고 생각했다. 칸트가 실제로 현대의 지식이 안고 있는 문제를 풀었는지와는 상관없이, 나는 우선 독자들이 칸트가 여기서 분명하게 행하고 있는 것이 '지식을 형이상학과 종교에서 분리시키는 것'이고 지식을 그 자체의 관점에서 스스로를 정당화하는 것으로서 일으켜 세우려는 것이라는 점에 주목하길 바란다. 참으로 이는 (나는 이것이 불가능하다고 생각하지만) 근대 철학의 위대한 도전이다.

쿤에게로 돌아가 보자. 역사적 현상들을 경험하는 우리의 눈을 통해서 코페르니쿠스 혁명에 대한 광범위한 칸트의 관점을 취하는 데 있어서, 우리가 역사적 지식들을 구성할 수 있는 이론들은 정말로 실제로 일어난 바에 대한 참된 의미에 대한 것이 아니며, 역사적 지식 자체는 실제로 일어난 바에 대해서 최종적인 것이 아니다. 왜냐하면 우리의 지식은 항상 인간의 의식 내에 자리잡고 있으며, 항상 최종적으로 인간의 의식에 대한 것이기 때문이다. 쿤에 따르면, 인간의 의식은 정신이 구조적으로 우리의 경험을 질서 짓는 방식으로 정신의 이성적 구조들과 분명한 의미의 기능이기 때문에, 쿤은 인간의 의식이 문화, 역사, 언어, 정치, 경제, 종교, 예술, 오락, 순전한 우유성과 우연성의 충분한 기능이라는 것을 칸트보다 더 잘 이해했다. 이렇게 쿤에게 있어서 "과학"은 사물들이 종교나 마법이 아닌 방식으로 '실제로' 어떻게 존재하는가를 우리에게 말해 주는 몇 가지 주요한 진리 담론과 같은 특별한 인식론적 특권을 누리지 않는다. 과학은 인간 의식의 기능으로서, 이러한 기능은 인간 의식과 이 의식의 놀랍도록 풍부한 사회-문화적 상황의 다른 모든 측면을 넘어서는 것이 아니라, 이러한 측면과 통합된다. 그렇다고 하더라도 쿤은 근대주의자이다. 쿤은 모든 지식을 감각적 현상의 입력이라고 이해한다. 이로써 쿤에게 있어서 지혜와 신성은 인간 의식의 기능이지만, 인간의 의식이 신적 지혜의 기능일 수는 없게 된다.

이 점을 명확하게 살펴보자. 쿤에게는 지성적이고 의미 있는 해석적 지식의 두 체계로서 코페르니쿠스 이전의 중세적 사유의 지구 중심적인 우주론적 패러다임과 코페르니쿠스 이후의 태양 중심적인 우주론적인 패러다임 간에 근본적 차이가 없는데도,[6] 오늘날의 우주론을 단순히 신학적 진리의 기능으로 이해할 수 있었던 관념은 쿤에게는 일어나지 않는다. 형이상학과 신학은 지식에서 분리되지 않았다.

---

6 이 점은 다소 복잡하다. 쿤은 자신이 상대론자가 아니라고 주장하며, 정말로 그는 분명히 지구 중심적 관점이 틀린 반면에, 태양계에 대한 태양 중심적 이해가 참이라는 것을 고수한다. 대상적인 실재 자체는 과학에 대한 쿤의 이해에서 중요한 역할을 한다. 그렇다고 하더라도, 그는 정확하게 모든 지식을 풍부한 인간의 역사적이고 문화적으로 자리잡은 맥락 내에서 "과학" 안에서 그리고 과학을 하는 사람들에 의해 해석되는 것으로 받아들이기 때문에, 그리고 내가 의식하는 것을 정당화하지 않고서 그는 분명히 실재의 어떤 참된 의미의 어떤 신적, 초월적 원천에 대해서는 불가지론자이기 때문에, 인간의 세계는 해석의 전체 맥락이기에, 대상성 자체는 그 자체로 진리를 보증하지 못한다. 왜냐하면 참된 의미의 실존만이 인간의 해석을 적어도 부분적으로 또는 유비적으로 참된 지식과 연계된 것으로 만들 수 있었기 때문이다. 이렇게 불가지론자 쿤은 상대주의자이며, 아이러니하게도 교조적인 상대주의자이고, 그가 반대에 대해서 얼마나 항변하는가는 상관없다.

방법론적인 무신론이 적용되었다. 아니 오히려 형이상학과 신학은 그 자체로 형이상학적으로 또는 신학적으로 형성된 지식의 관점 내에 포함되었다. 이 점은 현대의 과학혁명의 진짜 핵심이다. 이는 모더니티 내에서 지식의 본성이다.

우리는 나중에 이 점으로 돌아갈 것이지만, 나는 독자들이 실재의 참된 의미에 대한 지식이 무엇보다 지식 자체에 닻을 내린 진리에 대한 혁명적인 현대적 이해에서 배제되었기 때문에, 우리가 진리 담론에서 근본적인 상대주의에 매몰되고, 실재에 대한 근본적인 무지에 매몰된다는 것을 직시하기를 바란다. 이러한 두 가지 매몰됨은 근본적으로 자멸적이다. 우선, 근본적인 상대주의에 따르면, 진정 초월적으로 언급되는 실재에 대한 이해는 신성이 이런저런 모습으로 인간성에 진리를 드러낸다는 관점으로서 실재에 대한 과학적 관점보다 덜 참된 것으로 다루어져야 한다. 두 관점이 인간 의식의 기능으로 여겨져야 한다고 말할 수 있는 것은 우리에게 그 자체로서의 실재에 대한 참된 지식을 제공할 수 없다는 것이다. 하지만 진리에 대한 계시적 접근은 인간 의식의 한계를 넘어선다고 주장하는데, 이러한 주장을 우리 근대주의자들은 단순히 잘못된 것으로 "안다." 명백히 근대주의자들은 우리의 의식에 의해 알려진 분명한 세계가 유일하게 알려질 수 있는 세계라는 단순하게 주장된 진리에 토대를 두고 있다. 말하자면 쿤은 계시의 진리에 대한 가설이 현상적인 과학의 진리 가설만큼 진지한 것으로 받아들여지는 곳에서 진짜 상대주의를 옹호하지 않는다. 쿤의 상대주의는 진짜 상대주의는 아니다. 두 번째로, 이러한 점 때문에 쿤의 절대주의는 실재에 대한 근본적인 무지에 깊이 매몰되어 있다. 하지만 근본적인 무지는 자멸적인 관념이다. 왜냐하면 어떤 것이 지금 참이라면, 그것이 과거에 참이었다는 것은 알지 못했을 수 있기 때문이다. 그리고 그것이 지금 참이라는 것을 알 수 없다면, 우리가 정말로 참된 지식을 가질 수 없다는 것을 확신하게 만드는 것은 무엇인가?

쿤은 내가 여기서 내세우는 과학혁명의 측면을 잘 묘사한다. 지식은 지혜와 계시에서 분리되었고, 모더니티의 주요 담론이 되었다. 지식은 17세기에 문화적으로 정말로 확산되기 시작했으며, 참으로 이와 같은 놀라운 문화적 혁명에 영향을 미치는 그 어떤 철학적 가치보다 우리가 지금 과학이라고 부르는 새로운 수학적-실험적 지식이 야기하는 '도구적 힘'이 되었다. 이제는 어떤 것이 어떻게 "작용하는"가에 대해서 우리가 이해하는 것을 지식을 어떻게 사용해야 하고, 자연에서 신의 의도된 목적이 무엇인가라는 물음에서 분리시킬 수 있다. 철학적으로 볼 때 단순한 지식을 그 자체의 진리 범주로 만드는 것은 항상 근본적으로 문제가 되었고, 참으로 (놀랍게도) 플라톤은 아주 오래 전에 이러한 것이 불가능한 기획이라는 것을 지적했다.[7] 그럼에도 이제 모더니티의 물리적-수학적인 환원에 대한 미셸 앙리의 매력적인 연구로 돌아가서 현대적 지식의 본성에 대해 좀더 자세하게 보도록 하자.

7 Plato, *Theaetetus* 참조. 지식의 본성에 대한 이 놀라우리만큼 통찰력 있는 대화에 관해 매우 도움이 되는 주석으로는 다음을 참조: Burnyeat, *The Theaetetus of Plato*.

미셸 앙리의 물리적-수학적 환원으로서 진리에 대한 연구

미셸 앙리는 현대적 지식이 진리를 지혜와 계시에서 분리시키면서 대상적, 과학적, 실용적 관점에서 진리를 규정하는 방식에 대해서 근본적으로 이해한다. 그가 의미와 신성함으로부터 진리를 현대적으로 떼어내기 위해서 사용하는 축약된 용어는 "갈릴레오식 과학"이다. 비록 지식에 대한 현대적 접근의 영향에 대한 그의 이해가 현대의 과학적 지식 자체의 가치를 비판하는 것이 아닐뿐더러, 현대 초기의 면밀한 역사적 분석에 토대를 두고 있지 않더라도, 그는 이를 타당한 이유에서 수행했다. 왜 "갈릴레오식 과학"이 가치 있는 용어인가를 보여 주기 위해서, 하지만 또한 이는 앙리가 의미하는 것이고 이 용어에 의해 의미하지 않는 바이기도 한데, 우리는 역사적으로 갈릴레오를 살짝 엿봄으로써 이 장을 시작할 것이다.

학식의 중심이었던 파두아, 베네치아, 피렌체에서 17세기의 첫 10년은 계속되는 지성적 놀라움의 시대였다. 이와 같은 학식의 세계들은 갈릴레오의 수학, 그가 조심스럽게 조정한 운동에 대한 분석, 천체에 대한 개선된 관찰, 질적인 철학으로부터 양적 과학의 자율성에 대한 주장, 신학으로부터 철학과 과학의 자율성에 대한 주장, 자연현상들과 관찰 가능한 우주의 작용들의 이론들에 대한 강력한 현실적 옹호로 떠들썩했다. 더 나아가서 그의 망원경과 항법 계산은 유럽에서 부유하고 힘있는 활동가들에게 매우 직접적으로 군사적이고 경제적인 관심을 유발했다.

당시 분위기에서 흥분과 이해, 행운과 불확실성, 혼란과 가능성들을 파악하는 것은 우리에게는 거의 불가능하다. 이러한 점은 당시에

30년 전쟁이 유럽을 파멸시켰고, 종교개혁 이전의 유럽에서 문화-종교적 단일성의 분열이 더이상 스쳐가는 어떤 것이 아니라, 단일성이 이룰 수 없는 기억으로 멀어지게 되었을 때였고, 강력한 국가적, 제국적, 교황적, 이슬람의 군사적 힘들이 패권을 두고 서로 겨루면서 움직이는 중이었을 때였다. 무역과 정복에서 아메리카를 식민지화하고 약탈하던 이 시대에 동반되는 것으로서 강탈된 금이 유럽으로 대규모로 유입되고, 힘의 균형이 이동되고, 유럽 국가들 간에 식민지 쟁탈이 추진되었고, 초기 근대 자본주의의 재투자 문화에 대한 추진력이 주어졌다. 치열한 해양 활동 때문에 세계는 가만히 있지 못하고 무척이나 굶주렸던 유럽인들에게는 갑자기 더 커지게 되었다. 이제 유럽인들은 자연의 지배와 전 지구 사람들을 정복하는 데에 열중했다. 철학과 신학과 관련해서 이때는 친숙하게 생각되었던 실재의 틀이 해체되고 재건되었지만, 새로운 관념들의 영향과 최종적인 의미는 전혀 알려지지 않았으며, 놀라운 새로운 발견들이 드러났고 아주 오래 된 지평들은 상시적으로 대체되던 시대였다.

(지금은 우리가 과학이라고 부르는) 자연철학에서 변화에 대한 가속도는 그러나 분명히 숙고와 목적에 대한 중세적 패턴에 여전히 뿌리박고 있었던 학식의 위대한 한가운데에서 만들어졌다. 갈릴레오는 분명히 수학자였고, 철학의 전문가가 아니었으며 신학자가 아니었는데도, 당시의 학문적인 주도층 출신이었다. 예컨대 1588년에 촉망받는 젊은 수학자로서 갈릴레오는 단테가 『신곡』에 통합했던 우주론으로 작업한 것으로서 지옥의 위치와 크기에 대한 연구서를 피렌체 아카데미에 보냈다. 1580년대에 갈릴레오는 철학적이며 신학적으로 지지를

받는 자연에 대한 견해 및 자연 연구에서 수학의 역할에 관해 '가톨릭 이태리'에서 그리스도교 아리스토텔레스주의의 주류에 전적으로 속했다. 여기서 수학은 형식적으로 중요했지만, 대체로 철학과 신학에 종속되었다. 하지만 성숙한 인물로서, 그리고 사유의 참된 독립성과 결부된 타고난 설득력 있는 힘을 지닌 사상가로서 갈릴레오는 당시의 존경받는 많은 아리스토텔레스 전문가들과 날카롭게 충돌하게 되었다. 근본적으로 정확히 그가 자연에 대한 아리스토텔레스적 이해의 토대에 도전한다고 보았던 철학자들과의 충돌은, 당시에 바오로 5세 교황이 가톨릭교회 내에서 논쟁과 혁신을 줄이기로 결심했을 때, 그를 교회의 권위와의 논쟁에 휘말리게 했다. 당시는 로마 가톨릭교회의 핵심적인 권위들이 적대 세력의 바다로 둘러싸였다고 생각했을 때였다. 이 적대 세력은 교회의 권위들을 서구의 문화, 권력, 삶의 중심에서 신이 주신 장소에서 제거하려고 했다. 유럽의 정치적이고 지성적인 삶에서, 루터와 헨리 8세가 17세기 초의 가장 의미 있는 거대 문화적 특징이 된 이후에, 종교개혁의 강화는 참으로 서구에서 그리스도교 신앙의 분열에 대한 로마 가톨릭교회의 응답과 연결되었다. 우리가 여기서는 가볍게 다룰 수밖에 없지만, 이러한 종교적 맥락은 과학혁명의 궤적을 일으키고 형성하는 역동성에 있어서 중요하다.

성서에 대한 개인적인 해석을 로마 가톨릭교회에서 금지한다는 트렌트 공의회의 결정은, 로마가 갈릴레오를 받아들인 방식에 직접적으로 영향을 미친 중추적인 종교적 역동성 중의 하나였다.[8] 이러한

---

8 다음을 참조: Pope Paul III, "Decree Concerning the Edition and Use of the Sacred Books," Council of Trent, Session IV, 8 April 1546.

움직임은 개신교적 성서 읽기 방식에 대한 직접적 반박이었다. 그리스도교의 적법성에 대한 개신교도들의 주장은 — 로마 가톨릭교회에 대한 배교로 보았던 것에 대한 비판에서 교회의 권위가 사용했던 근거들은 — 성서의 "있는 그대로의 의미"가 선한 믿음으로 신중하게 성서에 마음을 열고 성령의 직접적인 조명을 추구하는 주의깊은 독자에게는 이해될 수 있다는 관념으로부터 유래했다.[9] 따라서 특히 기성 권위에 반대하는 "개인적인" 권위에 대한 호소는 아주 예민한 빛에서 보이는 어떤 것이었다. 갈릴레오는 자연철학에 접근하는 데 있어서 아주 "프로테스탄트"처럼 보일 수 있었다. 왜냐하면 그는 정말로 당시의 권위화된 지혜를 무시하고 한 개인에 의해 해석된 감각의 증거에 대한 있는 그대로의 의미에 호소하고 있었기 때문이다.[10] 갈릴레오는 자신의 관점에서 패배할 수 없었다. 이는 단순히 양화될 수

9 주목할 점: 로마 가톨릭교회는 프로테스탄티즘의 분리적인 경향을 보았다. 이는 로마와의 관계에서뿐만 아니라 자신들과의 짜증스러운 관계에서도 드러났다. 이러한 경향은 개신교의 성서 독해에서 권위 있는 해석적 중심이 결여된 것에 기인했다. 말하자면 많은 중요한 성서 구절에서 유일한 "있는 그대로의 의미"는 없다. 그 때문에 권위 있는 해석이 요구된다. 개신교인들은 자신들에게 성령으로부터 성서의 의미에 대한 옳은 해석을 받아들이게 할 수 있는 사도적 권위를 지니지 않기 때문에, 이는 이들이 진리에서 떨어져 나와서 이교(Schism)와 이단으로 가득했던 이유이다. 다른 한편 개신교인들은 어느 정도 권위에 대한 추문적인 남용, 어느 정도 신약성서의 아주 분명하고 직접적인 가르침에서 명백히 벗어나는 것을 보았다. 그 때문에 제도적인 특권과 권력을 인간적으로 나쁘게 움켜쥐려는 것이 신적 권위화에 대한 로마의 옹호 뒤에 숨어 있었다는 것을 눈으로 목격했던 어떤 이에 대해서 설명함으로써, 그러한 권위가 틀렸다는 명백한 증거에 대한 권한을 맹목적으로 신뢰하는 데 기대게 된다. 이렇게 여기서 너무 뒤엉키지 않으면서, 양쪽 측면이 어느 정도 좋은 점과 어느 정도 진지한 내면적 어려움들도 있다고 주장하는 것은 그럴듯해 보인다. 이는 아마도 당시에 가톨릭과 프로테스탄트의 주장들과 반대 주장들이 얼마나 심각하게 부딪혔는지를 설명해 주는 것 같다.

10 그럼에도 루터에서 출발한 개신교인들은 분명히 17세기 초까지 코페르니쿠스에 대해서 로마의 교도권보다 더 적대적이었다. 다시 아이러니에 빠져드는데, 참으로 코페르니쿠스를 거부하는 프로테스탄트의 토대는 성서의 "있는 그대로의 의미"였다. 이는 바로 17세기 초에 로마 가톨릭 신학자들이 코페르니쿠스와 갈릴레오에 반대해서 취했던 이유였다.

있는 수학적 논리에 의해 해석된 것으로서 감각의 명백한 의미에 대한 단순하고 직접적인 호소였다. 그의 철학적 반대자들은 신학적 수단으로 그를 침묵하게 만들려고 했다. 그 때문에 갈릴레오를 가장 맹렬하게 반대했던 철학자들은 높은 수준의 신학자들을 설득하는 것이 어렵다고 생각하지 않았다. 왜냐하면 추상적인 사색적 장치와는 다른 어떤 것으로 취해진 코페르니쿠스의 이론은 태양이 뜨고 지는 것에 대한 성서의 가르침에 대해 적합한 권위적 해석에 위배되는 것이었기 때문이다. 따라서 코페르니쿠스의 태양 중심설에 대한 갈릴레오의 관찰적이고 수학적인 지원은 교회에 의해 권위가 주어지지 않은 성서에 대한 개인적인 해석을 구상한 것이었다. 지속적인 폭력적 충돌을 포함하는 엄청난 논쟁에서 로마 가톨릭 신앙의 안정성과 단일성을 더 위협하는 것처럼 갈릴레오를 다루는 교황을 상상하는 것은 어렵지 않았다. 한 갈릴레오 연구가는 다음과 같이 묘사한다.

> "[17세기 초에] 가톨릭과 개신교 간의 논쟁에 있어서 주요한 영역은 성서를 해석하는 자유였다… 자유의지라는 확실한 쟁점에 대한 도미니코회와 예수회 간의 논쟁은 여전히 [바오로 5세에게] 기억되었다. 왜냐하면 교황은 1607년에 두 거대한 교육 수도원들의 회원들에게 서로에 대해서 이단이라고 비방하는 것을 멈추도록 조치를 취했기 때문이다. 이러한 사안들은 바오로 5세가 기질상 반지성적이지 않았다면, 그 어떤 지성적 논쟁도 미연에 방지하는 습관을 형성했을 것이라고 암시한다. 이와 같은 논쟁은 교회 내에서 파벌주의로 성장했을 수 있고 개신교도들의 논쟁에서 힘의 원천이 되었을

수도 있다."[11]

당시의 교황권은 가톨릭교회 내의 현상황을 지키려는 강한 원의가 있었으며, 그 때문에 내부적인 논쟁과 파벌 싸움을 피했다. 이때 안성맞춤으로 갈릴레오의 과학에 반대했던 아리스토텔레스 철학자들과 이들의 우주론적이고 철학적인 결과들은 갈릴레오를 쉽게 진압할 수 있는 전통적인 현상황을 지지하려는 이와 같은 교황의 원의를 발견했다. 그 때문에 높은 수준의 신학자들은 권위 있는 성서 해석을 위반했다는 이유에서 갈릴레오를 공격했으며, 철학적이고 과학적인 가치들이나 갈릴레오의 작업의 결함들에 대해 토론도 하지 않았다. 이렇게 해서 1616년에 코페르니쿠스의 태양 중심적 모델은 갈릴레오가 망원경으로 관찰한 증거가 제기하는 것이 무엇인가에 관계 없이 이단으로 간주되었고, 동일한 접근법은 이후 1633년에 그가 이단 심문을 받아들이도록 하는 데 있어서 갈릴레오에 반대하는 증거로 사용되었다. 흥미롭게도 이 사안에 대해서 갈릴레오와 관련해서 잘못되었다는 것을 바티칸이 인정한 것은 1992년에서야 이루어졌다. 비록 1922년에 갈릴레오에 대한 교황 심의회가 여전히 신학적 오류에 정말로 머물러 있었던 이탈리아 과학자들을 발견했는데도 말이다.

이것으로 17세기 초에 갈릴레오와 자연철학에 대한 충분한 배경 설명이 되었다. 여기에 현대 지식의 본성에 대한 이와 같은 논증의 중요한 쟁점들이 있다.

---

11 Drake, *Galileo*, 63.

과학혁명 이전에 서구 대학의 부흥 이후에 서구 지성 계급의 지배적인 관점은 실용적이고 "이 세상과 관련된" 지식이 분명히 유용하더라도, 본질적으로 철학의 지혜와 신적 계시의 진리보다 덜 가치 있다는 입장을 견지했다. 더 나아가서 감각적 지식은 존재론적으로 파생적일뿐만 아니라 해석적으로도 신학과 철학의 상위의 진리 틀에 의존적이라고 간주되었다. 성서와 교회는 중세 문화에서 학식의 중심에 있었다. 왜냐하면 더 높은 진리 분야인 신학과 철학은 교회의 교도권에 의해 진리 안에 보존되었기 때문이다. 말하자면 진리는 섭리적으로 정해진 위계 안에 뿌리를 두고 있는 것으로 여겨졌다. 이 위계는 모든 인간의 목적을 위해서 지상에서 그리스도의 교회의 머리인 로마 주교의 핵심적인 교도권에서 나왔다. 종교개혁 이전에 로마 가톨릭교회는 유럽 교회가 관련되는 한, 보편 교회로서 분명하게 확신하고 있었다. 이로써 주교들, 사제들, 질서들, 지성인들, 성인들, 평신도들, 사회 계급들, 세속 권위들, 도시들, 급진적인 단체들의 역동적인 다수성 내에서 상대적인 단일성을 유지하는 것은, 이것이 성취된 요소가 아니라면, 적어도 상대적으로 안정되게 운영되는 이상이었다. 종교개혁은 가장 근본적인 모든 것에 도전했다. 섭리적인 위계의 올바른 질서와 확립된 가시적인 인간 제도들의 권위 구조들 간의 문명적인 연결은 허물어졌다. 어떤 의미에서 진리는 복합적으로 매개하는 인간 제도들의 구조로부터 자유로워지고 있었고, 진리는 통합된 문명적 삶의 형태의 일관성으로부터 분리되고 있었다. 중세 그리스도교에서 우주에 대한 관점은 매우 통합적이었다. 여기서 의미, 지식, 가치, 믿음, 내재와 초월, 일과 휴일, 공동체와 개인은 모두 일관되지만 역동적인 단일성 내에 있는 것으로 생각될 수 있었다. 이러한 단일성은 (현대의 정치적 자유주의 이후에) 가치와 의미의 영역에서 분열, 다원주의, 개인주의에 깊이 몰입하는 데 있어서 전제된 삶의 형태에 넘겨지기 시작했다. 여기서 질적이고 인간적인 진리에 대한 깊은 공통적 의미 관계는 완성되지 않았고, 최종적으로 거의 전적으로 양적이며 대상적인 의미로 될 수 있었던 진리와 공통적 의미 관계로 대체되었다. 반면에 진리가 지혜와 계시에 의존하면서 살아 있는 실존이라는 구체적인 인간 실재들에 뿌리를 두는 곳은 '질적인' 문명적 단일성이다. 하지만 진리는 이러한 단일성으로부터 진리가 과학에 의존하고 추상적인 수학적이고 대상적인 범주에 뿌리를 두는 '양적인' 문명적 단일성으로서의 근본적 변화를 맞게 된다. 이러한 변화를 미셸 앙리는 과학혁명, 곧 "갈릴레오식 과학"과 동일시한다.

중세적 삶의 형태를 구성하는 해석적이고 통합적인 권위의 질서가 있었다. 이러한 질서의 정점에서 교회는 계시되는 정통적인 교의의 수호자이고 성서에 대한 올바른 해석을 감독한다. 교회 아래 권위의 다음 수준에는 유효한 철학을 감독하는, 자연적 조화와 창조의 목적에 대한 유용한 지식을 감독하는 유효한 신학이 있다. 이러한 구조는 이 구조 안에서 피드백 과정을 지니며, 이 구조 내에는 상대적인 자율성의 영역이 있었다. 하지만 이러한 영역은 이와 같은 인간의 위계들을 신적인 질서를 반영하는 것으로 간주하면서 구조적으로는 위계적으로 남아 있다. 갈릴레오는 위계의 사슬과 이와 같은 질적이고 위계적인 실재의 관점을 훼손했다. 갈릴레오는 자연에 대한 유효한 지식은 양적이고 대상적인 관찰과 목적이 없고 가치중립적인 수학적인 자연법에 대한 건전한 이해와는 다른 어떤 것에 의해 규정되지 않아야 한다고 주장했다.

일단 양적이며 수학적인 자연적 지식이 계시, 신학, 철학으로부터의 자율성을 보장받으면, 둘 중 하나가 발생할 수 있다. 과학의 자유를 인정하는 가운데 자연적 지식에 대한 계시와 지혜의 우위가 유지될 수 있다. 아니면 과학이 진리의 유일한 잣대가 되고, 계시와 지혜는 사실상 과학의 권위 아래 놓이게 될 수도 있다. 미셸 앙리가 갈릴레오식 과학에 대해 말할 때, 그는 후자의 변화에 대해서 말하는 것이었다. 말하자면 "갈릴레오식 과학"에서 '진리'는 양적인 수학적 지식으로 축소된다. 이러한 "진리"는 질에 대한 이해, 의미에 대한 이해가 없으며, (주체들이 아니라) 대상들, (질들이 아니라) 양들, (본질적 관계가 아니라) 외적인 관계, (보편성에 대한 자유롭고 존재론적인 관념들이 아니라) 보편성에 대한 순수하게 기계적이고 형식적인 관념들의 관점에서 구성된다. 더 나아가서 이러한 추상적 지식은 조작적으로 유용하지만, 단순히 조작적인 지식의 이용은 이용에 대한 추상적인 유형이다. 왜냐하면 마치 사람들이 윤리적 또는 종교적인 함축 없이 행위할 수 있는 것처럼, 추상적 지식은 이용의 범주로부터 윤리적이고 신성한 숙고들을 거르기 때문이다.

앙리는 진리의 주요한 형태들이 철학적이고 신학적이라고 주장한다. 왜냐하면 이러한 형태들은 본질적으로 실존하는 사람들의 실제 삶의 상황에 통합적인 추상적이지 않은 진리의 형태들이기 때문이다. 그러나 추상적이고 도구적인 지식의 개념은 진리를 규정하게 될 때, 이는 앙리가 조심스럽게 야만주의라고 부르는 갈릴레이적 환원이다. 앙리는 현대의 과학적 지식이 어떻게 외적인 확실성과 도구적인 타당성의 관념을 진리의 관념으로 끌어올렸는가를 봄으로써, 진리의 관념으로부터 추상적이지 않은 인간의 의미 영역을 몰아내었다. 그 때문에 갈릴레오적 환원은 추상적이고 가치에서 자유롭고 대상적인 진리의 관념을 구성했고, 이와 같은 근대적 진리는 궁극적으로 강력하게 우리의 인간성뿐만 아니라 지식과 진리의 관념도 파괴한다.

분명하게 말하자면, 앙리는 근대 과학을 발견하게 되는데, 적절하게 이해하자면, 타당하고 아주 강력한 이러한 지식을 기술적으로 이용하는 것을 발견한다. 하지만 이러한 유형의 지식은 이 지식이 정당화하지 않는 지식의 추상적이고 이차적인 형태라는 것을 유념할 때, 적절하게 이해된다. 하지만 우리가 추상적인, 단순히 도구적인, 실존적으로 파생적인 과학적 진리의 개념을 진리 자체의 표준으로 이용한 다음, 근대 과학의 범주에 의해 지혜와 계시의 지식을 판단한다면, 우리는 문화, 실제 삶, 실제 의미를 파괴하는 것이며, 이는 앙리가 우리 시대의 위대한 야만인으로 기술하는 바의 핵심이다.

앙리에 따르면, 야만주의의 과정은 17세기의 과학혁명으로 가능해지나, 이러한 관점이 산업혁명을 야기하기 전까지 문화적으로는 실제로 사라지지 않는다. 야만주의는 현대적 생산과 현대적 경제를 통해 문명적으로 된다.

> "생산이 '경제적으로 되었을' 때, 그리고 돈을 벌기 위해서 행동할 때, 말하자면 경제적인 실재가 물건들의 장소를 삶을 위해 유용하게 여기고 이를

위해 할당할 때, 세상의 모든 얼굴이 변화된다⋯ 생산은 그것이 돈을 생산하고 더이상 이용가치가 없을 때, 완전히 변화된다⋯ [인간 실재들이 이와 같이 비인간적이고 기계적인 논리로 대체되는 것은 다음에서만 일어난다.] 그것은 자연적 과정이 과학에 의해 추상적이고 이상적인 한도로, 갈릴레오 과학의 세계의 물리적-수학적 측정으로 축소[환원]되었을 때이다."[12]

인적 자원 관리, 진리가 본질적으로 인간 이성에게 숙고되는 장소로서 대학의 종말, 정치적 이념들이 경제적 경영으로 대체됨, 실제 생활을 넘어서는 오락의 승리, 기술에 대한 인간의 종속, 경제적 현실주의에 대한 자연의 종속, 세계 경제의 본질적인 착취, 서구 소비주의에 따른 모든 살아 있는 영적 문화의 저하, 현대적 실재가 지닌 이 모든 평범한 비인간화, 세속화, 비하를 야기하는 특징들이 바로 앙리가 야만주의라고 부르는 바의 기능이다. 이와 같은 야만주의는 대상적 진리에 대해 환원적으로 추상적인 과학적 시각이 근대 세계에서 '진리 자체'로 정의될 때 시작된다.

그렇다면 우리는 이 모든 것으로 무엇을 이루는가?

갈릴레오는 한갓 대상적이고, 한갓 양적이고, 직접적으로 지각되고, 수학적으로 해석되는 진리에 대한 관점을 옹호했다. 이는 실재를 보는 방식으로서 근대 과학의 발명품이다. 이는 참으로 근본적인 문명적 혁명이어서, 이와 비교해서 오히려 프랑스혁명을 실체가 없을 정도로 만든다. 더 나아가서 진리를 보는 이러한 방식은 매우 강력해

---

12 Henry, *Barbarism*, 48-49. ' ' 안은 원문이다.

서, 물질적 대상들이 실제로 어떻게 작용하는가에 대해서 놀랍게 드러내는 능력을 지니고 있다. 대상적 실재에 대한 우리의 관점은 근대과학 때문에 크게 강화되었다. 하지만 진리를 보는 이러한 방식은 매우 제한적인 대역폭 내에서, 인간 경험의 범위 내에서 작동한다. 왜냐하면 진리를 보는 이러한 방식은 가치에, 의미에, 초월에, 신성한 것에, 신에, 인간의 존엄성에, 사랑에, 신비에, 아름다움에, 우리를 구체적인 인간으로 만드는 이 모든 것에는 눈을 감아 버리기 때문이다. 오히려 현대의 진리에 대한 과학적 관점이 우리가 가치, 의미, 사랑, 신성한 것 등을 어떻게 측정하고 기계적으로 조정할 수 있는가를 이해하는 데 적용될 때, 이러한 본질적인 인간의 실재들은 대상적으로 양화시키고 수학적으로 기계화시키는 것의 범주로 축소된다. 따라서 과학의 환원적인 시선이 "가치", "의미" 등으로 보고 딱지를 붙이는 것은 정확히 진짜 인간 존재가 가치와 의미를 표현하는 것과 같은 가치와 의미가 '아니다.' 모든 생명에 적용되는 과학적 진리는 우리에게 축소된 추상적인 것들을 준다. 추상적인 것들은 조작할 수 있는 것으로서 강력할 수 있지만, 근본적으로는 이것들이 설명하려고 하는 실재들을 왜곡하고 훼손한다. 그 때문에 사랑은 결국 사회적으로 길들여진 성적 본능이 된다. 성적 본능은 (최종적으로) "한갓된" 생물학의 기능이며, 그 자체로는 (최종적으로) "한갓된", 말하자면 대상적이고 본래적으로 의미가 들어 있지 않은 화학과 물리학의 기능이고, 물질적 실존의 맹목적인 무의미함의 기능이다. 그리하여 생명 자체는 추상적이지만 수량화되고 기계적으로 이해된 아무 의미 없는 대상 속으로 사라지게 된다.

그리스도교 플라톤주의는 인간 실존으로 가득 찬 대역폭에 토대를 두는 진리와 실재를 추구하는 방식이다. 진정으로 질적이고 초월적으로 유래된 실재들은 그리스도교 플라톤주의에 의해 주된 진리들로 받아들여진다. 하지만 진리에 대한 그러한 개념은 현대의 양적이고 물질적으로 조작될 수 있는 과학적 진리의 대역폭 밖에 있다. 따라서 그리스도교 플라톤주의의 가장 심오한 통찰들은 현대 과학적 진리의 렌즈를 통해서 보이고 낱낱이 해명될 때는 이해될 수 없거나 이해하는 것이 불가능하다. 여기서 중요한 물음이 제기된다. 앙리가 보편적으로 대상화하고 양화하는 갈릴레오식 과학의 시선을 야만주의로 부르는 것은 실제로 사물들이 그렇게 존재하는 방식인가? 또는 진리에 대한 이러한 관점은 (아이러니하게도) 그것이 발원하는 인간 경험의 토대를 훼손하는 불가능하고 섬뜩한 축소가 아닌가? 여기서 제기되는 물음은 갈릴레이 과학의 환원적인 시선이 참'일 수' 있었던 것이 가능한가이다. 이제 이 물음으로 돌아가 보자.

고대 진리 대 근대 진리 — 로이드 거슨

캐나다의 고전학자인 로이드 거슨은 세심하고 통찰력 있는 『고대 인식론』이라는 제목의 작품을 썼다.[13] (인식론은 지식의 본성을 다루는 철학의 분과이다.)[14] 이 책은 섬세하게 곳곳에서 기술적인 문제를 다루는 책으로

---

13 Gerson, *Ancient Epistemology*.

14 주목하자면, 독특한 지식의 종류와 진리에 대한 독특한 접근은 근대 생활 세계의 핵심이다. 많은 "포스트모더니티" 비판자들이 예리하게 지적하듯이, 진리, 윤리성, 높은 이상들, 의미와 관련해서 모더니티에 풀리지 않는 문제들이 있다면, 우리의 전체 생활 세계적 관점에 대한 참으로 새로운 접근은 우리가 지식과 진리에 대한 새로운 긍정적 이해를 가질 때까지, 생겨나지 않을 것이다. 단순히 부정적 입장으로서, 단순히 근대적 지식의 진리에 대한 거부로서 "포스트모더니티"

서 당시 최고의 근대 인식론(특히 옥스퍼드의 학자인 티모시 윌리엄슨)의 어려움들을 직시한다. 거슨은 고대 인식론을 이와 같은 관심사들과 접속하는 것을 해결하려고 하고 이를 추구한다. 말하자면 거슨은 고대 인식론이 근대 인식론이 지금까지 풀 수 없었던 몇 가지 심각한 난문제에 대해서 잘 대답했을 것이라는 점을 주장하고 있다.

내가 여기서 소개하려는 거슨의 단순한 논의에서 논증들에 대한 철학적 세부 사항들을 철저하게 검증하지는 않을 것이다. 왜냐하면 깊이 사유하는 모든 독자가 내가 쓴 이 책을 쉽게 이해하기를 바라기 때문이다. 하지만 여러분이 이미 관련된 철학적 원전들을 읽은 독자라면, 이 책을 구해 주의 깊게 읽기를 매우 권한다.

모더니티와 인식론에 대한 몇 가지 폭넓은 관찰을 담고 있는 거슨의 본문을 살펴보자.

원래 지식의 본성에 대한 철학적 물음들은 위대한 프랑스 수학자인 르네 데카르트의 『성찰』과 더불어 시작된 이래로 근대 철학의 중심에 있었다. (데카르트는 갈릴레오보다 더 젊었던 동시대 인물로서 가톨릭 신자였다.) 모더니티는 과학혁명과 밀접한 관련을 맺고 있기에, 그리고 진리에 대한 과학적 접근은 양화되고 수학화된 감각적 지식에 토대를 두고 있기 때문에, 모더니티가 진리에 대한 주된 관점에서 진리를 정당화할 수 없다면, 이는 심각한 철학적 문제가 된다. 이렇게 실재는 근대의 과학적 지식의 본성과 관련된 철학적 논쟁으로 항상 존재했으며, 철

는 실제로는 우리를 어디로도 데려갈 수 없다. 그 때문에 인식론은 모더니티의 심장일뿐만 아니라, 모더니티가 우리에게 준 난제로부터 정말로 새로운 접근을 우리가 발견하려고 한다면, 실제적 관심을 필요로 하는 영역이다.

학적 지뢰밭으로 남아 있다.

여기서 철학적 지형의 본성에 대한 윤곽을 대체적으로 그려 보자. 17세기에는 새로운 수학적-실험적 학식이 유행했다. 아이작 뉴턴은 자신의 운동의 법칙, 광학, 놀라울 정도로 정확한 천체 운동, 미분학의 발전을 통해 이러한 새로운 학식에서 대단한 스타가 되었다. 뉴턴은 인간 역사에서 타의 추종을 불허하는 물질적 대상들의 운동에 대한 미분적인 지식에 바탕을 두는 능력을 우리에게 선사했다. 뉴턴 이후에 지식에 대한 이러한 접근은 서구 학계에서 주요한 흐름으로 깊이 뿌리박혔다. 하지만 심지어 뉴턴 이전에 새로운 수학적-경험적 지식은 물론 직접적으로 기술적으로 유용했고, 군사와 무역에 아주 빠른 속도로 적용되는 중이었다. 이러한 지식은 정말로 막강한 힘이었다. 이미 프랜시스 베이컨은 아리스토텔레스 철학에서 자유로운 새로운 지식이 지구를 통치하는 인간의 권한을 실현시킬 열쇠라는 생각을 내놓았다. 베이컨은 창조의 자연적 경향을 인간성의 발전을 향해 돌리게 하는 힘을 우리에게 주는 것이 과학적 지식을 바탕으로 하는 새로운 시대의 운명임을 보았다. 신세계에 대한 베이컨의 상상은 칼뱅주의에 영향을 받은 배경을 지니는 의지론과 아리스토텔레스 형이상학에 대한 전적인 무관심에 입각한 것으로서 특별히 신학적이고 실용적이었다. 베이컨이 보기에 신의 본성이 지닌 본질적인 특징은 '총체적 힘'이며, 신의 모상으로 만들어진 피조물로서 우리 인간은 우리 소유의 정당한 무대인 자연에 힘을 행사할 때, 인간성이 무엇인지의 본질을 표현한다. 새로운 실험적인 과학적 방법을 통해서, 본성이 그렇게 하려고 하든지 아니든지에 상관없이 우리는 그야말로 본성을 사로잡아서 추궁해서 (대개는 고문을 통해서) 본성을 지배하는 힘을 우리에게 주는 본성의 비밀을 추출할 수 있다. 본성을 지배하는 힘을 발휘하는 것은 본성의 파괴적인 변덕으로부터 우리를 자유롭게 하며, 신으로부터 주어진 것으로서 신이 우리에게 준 세상을 통치하는 우리의 권리를 행사할 수 있게 한다.[15] 이렇게 새로운 학식은 17세기에 급속도로 퍼졌다. 왜냐하면 이러한 학식은 결정적으로 아리스토텔레스의 물리적 우주론에 대한 과학적 승리를 얻었기 때문이며, 당시에 떠오르던 부에 의해 동기가 부여되고 권력과 가까웠던 중산층과 상류층에게 유용했기 때문이었다. 이렇게 해서 새로운 과학 시대의 철학자들은 자연철학에 대한 질적인 접근의 장점과 단점을 넘어서는 양적인 접근의 장점과 단점을 신중하게 평가하는 데 있어서 지속적인 관심을 보여 주지 못했다. 잘나가는 현대 철학자들은 단순히 옛 아리스토텔레스적 접근이 물리적 과학과 관련해서 더이상 쓸모가 없으며, 그 때문에 관찰 가능한 질적이고 목적적인 자연의 차원들에 대한 아리스토텔레스적 관념들이 한물갔다고 생각했다. (하지만 가톨릭의 윤리 사상은 아리스토텔레스를 포기하지 않았고, 아리스토텔레스적인 자연적 목적과 현대 과학적 신뢰를 동시에 갖기 위하여 온갖 종류의 상당한 지적 훈련을 했다.) 그 때문에 아리스토텔레스의 위대한 시대는 지나가 버렸다. 한물갔다고 생각된 것은 자세하게 검증되지 않았고 현대의 과학적 진리를 새롭게 정당화한 것들은 실제로 유일하게 이용할 수 있는 것이었다. 하지만 거시적인 철학적 문제들은 처음부터 분명했다.

---

15 Bacon, *New Atlantis*. 또한 참조: Merchant, *The Death of Nature*. 다음도 참조: Matthews, *Theology and Science in the Thought of Francis Bacon*.

처음부터 데카르트는 정신과 물질 간의 근본적인 차이를 전제하는데, 여기서 한낱 물질적인 사안, 곧 대상적이고 양적이며 기계적으로 결정되고 수학적으로 설명할 수 있는 사안은 알려지는 것이며, 정신은 아는 것이다. 여기서부터 몇 가지 심각한 철학적 문제가 생겨난다. 우리가 데카르트의 정신-물질의 이원론을 받아들인다면, 이는 정신이 정말로 비물질적이라면, 비물질적인 정신이 어떻게 뇌의 물질적 실재와 접촉할 수 있었는지를 보기가 어렵다. 하지만 정신이 물질적이라면, 정신이 단순히 뇌로 '존재'한다면, (말하자면 우리가 정말로 정신을 양화될 수 있고 결정론적이며 현대 과학의 대상적인 관점에서 이해할 수 있다면), 주관적인 의식은 단지 공상적인 환상에 불과한 것인가? 만일 그렇다면, 정신이 주의 깊은 사유의 과정을 통해서 환상이라는 관념에 도달하는 데 있어서 몇 가지 근본적인 아이러니와 몇 가지 절차적 비일관성이 있는 것처럼 여겨진다. 더 나아가서 주관적인 의식이 우리가 실제로 아는 전부라면, 우리의 지각과 관계없이 주관적으로 알려진 지각과 물질적인 대상의 실제 세계와의 상응성을 확인할 수 있는 길은 없다. 그렇다면 우리는 우리 지각의 직접적인 대상들의 세계가 우리에게 실제로 존재하는 것으로 알게 해 준다는 것을 우리는 어떻게 알게 되는 것인가?

달리 말해서 진리에 대한 현대 과학적 관념에서 기본적으로 작용하는 전제로서 양적이고 비정신적인 대상들을 아는 정신적 주체의 신비한 질적 경험을 어떻게 적합하게 이해하는가 하는 문제는 현대 철학의 시초부터 놀랄 만큼 어려운 문제로 판명되었다. 이러한 어려움은 현대 철학이 이제는 신학에 완전히 이성적으로 독립적으로 간주된 이래로 특히 도전받고 있다. 이와 같은 새로운 세속 철학은 중세 형이상학을 연상시키는 방식에서 드러나는 것에 반대된다. 이렇게 해서 인식론은 모더니티의 진리의 본성을 정당화하는 엄청난 짐을 짊어져야 했으며, 이러한 인식론의 유형은 신학과 사색적 (비과학적) 형이상학으로부터 완전히 자율적이어야 했다.

대략적으로 말해서 17세기와 18세기 동안 ("이성"이 개별적 정신의 의식을 아는 것 내에서 자리잡은) 합리론의 궤적과 ("지각"이 개별적 관찰자의 의식을 아는 것 내에서 자리잡은) 경험론의 궤적은 신학과 관계없이, 그리고 점차 아리스토텔레스나 플라톤주의 형이상학과 같은 어떤 것과 관계없이 현대의 과학적 진리를 수립하는 데 있어서 다른 시도를 제기한다. 칸트는 최종적으로 초월의 형이상학을 폐기하려는, 그리고 이성, 윤리성, 과학에 대한 타당한 신뢰에 있어서 전적으로 비신학적이고 인식론적으로 견고한 토대를 수립하려는 활발한 현대적 방식으로 19세기의 전환을 향해서 이와 같은 두 가지 접근을 통합한다. 그러나 칸트가 성취한 것들은 인상 깊은 만큼 적합하지 않은 것으로 입증되었다. 말하자면 이렇게 성취한 것들은 직접적으로 하만의 언어적 비판에 의해 이의가 제기되었다. 이때 칸트의 입장은 근본적으로 헤겔적인 관념론에 의해 재작업되었으며, 이와 같은 전환에서 키에르케고르의 종교적 실존주의에 의해, 마르크스에 의한 헤겔의 전도에 의해, (이로써 철학은 정치적 행위에 의해 대체된다.) 그리고 영국과 미국에서 전적으로 실용적이고 유물론적이며 공리주의적이고 분석적인 철학에 의해 직접적으로 이의가 제기되었다. 활발한 유물론적이고 과학적인 철학의 전성기는 러셀과 에이어 시대의 20세기 영국에서였다. 이 철학은 근본적으로 수축적인 것으로 특징지어짐으로써, 중요한 모든 핵심적인 철학의 문제는 언어분석적 수단을 통해서 의미 없는 것으로 축소된다. 하지만 물론 이렇게 축소적인 영국의 유물론적 환원주의는 너무 지나쳐서, 에이어와 러셀 스타일의 영국 언어철학은 극히 일부만 이해하는 상징적 수학의 불가사의한 분야가 되었다. 따라서 이 철학은 보통 사람들이 사는 인간 세계에 대해서는 거의 관심을 가지지 않거나 거의 적용하지 않는 것처럼 여겨졌다. 그다음에 포스트모더니티는 근대 인식론의 전체 프로젝트의 타당성에 의문을 가지게 되었으며, 지금 우리는 진리 자체에 대한 어떤 거대한 그림이 철학적으로 불가능한 것으로 여겨지는 입장에 서 있으며, 누구도 모더니티가 정말로 어떻게 될 것인가를 알지 못한다.

앞선 간략한 윤곽으로부터 내가 원하는 점은, 근대의 과학적 지식이 참이라고 정말로 믿어야 하는 이유에 대한 매우 일관성 있고 설득력 있는 설명과 관련해서, 근대 철학이 가장 기본적으로 정당화될 수 있는 몇몇 문제들을 결코 거의 해결하지 못한다는 것이다. 심지어 이러한 점은 '오직' 근대의 과학적인 진리 관념이 타당한 진리의 관념이라는 추정에 문화적 삶의 형태로서의 모더니티가 적용되는 것을 중단시키지 못했다. 타당하게 만드는 것은 그야말로 그것이 '작용하는' 힘이다. 지식을 전적으로 양적이며 도구적으로 이해하는 것은 물질적 대상들에 대한 힘을 우리에게 주며, 이에 대한 철학적 문제들이 무엇이든지 간에 이 힘은 분명한 사실이다.

이제 거슨에게 돌아가 보자. 현대 철학은 개별적으로 아는 사람의 관점에서 출발한다. 갈릴레오는 세계를 관찰하며, 그의 마음속에서 일어나는 물질세계의 재현을 수학적으로 파악함으로써, 외부 대상들의 운동이 그 운동을 지배하는 물리적인 규칙성으로 이해하게 되는 것으로 존재할 것이라는 점을 설명할 수 있었다. 이성은 그의 마음 안의 능력이며, 대상들의 세상은 양적인 것과 필연적인 기계적 인과관계의 범주로 환원될 수 있으며, 즉시 과학적 진리에 도달하게 된다. 형이상학과 신학의 모든 사안은 이러한 진리와는 무관하며, 이러한 진리의 보증은 동일하게 세심하게 관찰하고 기계적인 대상적 필연성을 지배하는 동일한 인과관계의 수학적 법칙을 아는 어떤 개인에 의해 얻어질 수 있다. 하지만 정신이 어떻게 물질과 결합하는가에 대한, 정신이 물질인지 아닌지에 대한, 주관적인 의식이 물질적 대상들의 실제 세계를 재현적으로 파악하는 것이 어떻게 참으로 확실할 수 있는가에 대한 철학적 어려움들은 데카르트의 시대에서 현재에 이르는 이러한 관점을 괴롭혔다. 아마도 거슨은 고대인들이 지식에 더 잘 접근했다고 생각했을 것이다.

우리가 개별적으로 아는 사람의 정신으로, 그리고 순수하게 대상적인 양적인 세계의 실재에 대한 추정으로 시작한다면, 즉시 풀 수 없는 문제에 연루된다. 특별히 플라톤은 오래전에 이러한 종류의 덫을 보았으며, 그 흔적을 따라가기를 거부했다. 지식에 대한 플라톤의 대화인 『테아이테토스』는 아주 다루기 힘든 몇 가지 문제들을 상세하게 설명한다. 이 문제들은 진리에 대한 별개의 인식론적인 토대를 확립하려고 하는 것이 결코 철학적으로 성공할 수 없다는 것을 보여 준다. 지식은 스스로를 정당화할 수 없다. 이렇게 플라톤을 따라가면서 읽는다면, 고대인들은 마치 물질적 대상들에 대해 직접적으로 감각적인 지식이 참된 지식에 철학적으로 적합하게 접근하는 방법을 제공해 주는 것처럼, 그렇게 단순히 진리에 대해 사유를 시작하지 않았다는 것을 알 수 있다.[16] 오히려 고대인들의 출발점은 완전히 인간의 주관적인 의식 밖에 있었다.

일반적으로 말하자면, 그리고 거슨이 고대 인식론에서 알아볼 수 있는 주류가 동반하는 바를 특징지어서 잘 해명하는 것처럼, 고대인들은 환원적으로 개별적으로 아는 사람의 대상화된 감각적 관점으로 시작하기보다 우주에서의 사유와 의미의 요소로 시작한다. 갈릴레오처럼 우리는 고대의 "큰 그림"인 우주 안의 고유한 지성과 내재적으로 목적적인 지향의 형이상학이 우리의 세상에 대한 해석적인 관점을 어떻게 다소 수정할 수 있는가를 볼 수 있음으로써, 물질적 실재의 단순한 대상에 전제된 강력한 수학적-실험적 방법론은 이 토대를 벗어날 수 없을 것이다. (그래서 정말로 고대 자연철학의 한계 때문에, 고대인들은 어떻게 비행기, 원자폭탄, 심박 조율기를 만드는가를 생각하지 못했다.) 하지만 이는 진리에 대한 사유에 있어서 다른 출발점이며, 우리의 정신이 모든 변화 내에서 사는 지성적인 영역이다.

신적 이성을 실재에 내재적인 것으로 다루고, 인간적으로 아는 사람을 그러한 실재의 부분 집합으로 다룬다면, 감각적 경험을 통해서

---

16 물론 아리스토텔레스와 그를 따르는 토마스는 감각이 그것에 의해 지식이 인간 정신이 되는 유일한 진입로라고 주장한다. 그러나 이러한 점은 고대인들이나 전성기 중세인들에게 있어서 감각의 물질성만으로 작업하는 인간 정신의 지식-능력들이 진리를 규정할 수 있다는 것을 암시하지는 않는다. 아리스토텔레스와 토마스는 그야말로 감각을 통해 자연적으로 계시된 것에 대한 지식에 매료되었지만, 이들은 이러한 지식을 여전히 우주 안에서 작용하는 신적 로고스의 기능인 우주의 본질적인 지성성에 전제된 것으로 보고 있다. 그 때문에 아리스토텔레스가 "제일철학" 또는 "형이상학"이라고 의미하는 신학은 자연적 지식의 토대지만, 자연적 지식은 마치 자기발생적인 것처럼 그 자신의 근거를 제공해 줄 수 없다.

알려진 바는 결코 단순히 대상적이고 양적인 것이 아니라, 더이상 축소될 수 없는 신적 은총의 역할이다. 이로써 모든 감각적인 물질적 실재는 근본적으로 질적이며, 그것이 대상적이고 양적인 만큼 본질적으로 지성적이다.

고대인들은 지혜와 이러한 방식에 따라 우리가 과학(science)이라고 부르는 것을 구분했다. 지혜는 존재론적으로 감각적인 지식보다 앞서는 근본적인 진리들과 관련된다. 지혜는 본질적으로 (영적이고 기도와 같은) 관상적인 통찰로서 견해나 근사치의 사안일 수 없으며, 누가 이것을 조금이라도 가지고 있다면, 참된 지식이다. 모든 과학적 지식은 더 나은 견해와 더 개정될 수 있는 이론이지만, 그 자체로는 진리에 이를 수 없다. 따라서 타당한 인식론은 타당한 형이상학에 근거를 두어야 한다. 이러한 형이상학은 결국 진리를 참되게 추구하는 이에게 신적으로 드러나는 일종의 선물에 근거를 두고 있다. 이렇게 비록 아리스토텔레스가 분명히 자연 세계에 대한 가장 통찰력 있고 눈부신 관찰자이자 이론가였는데도, 고대인들은 단순히 우리가 과학으로 이해하는 그런 지식에 관심을 두지 않았다.

여기서 그리스도교 독자들에게 분명히 해야 하는 것은 고대인들이 지식 자체를 그리스도교 신앙에서 당연한 그런 관점에서 보았다는 점이다. 아우구스티누스는 창조의 심오한 참된 지식의 생생한 토대로서 창조주와 사랑하는 친교를 보았다. 창조된 의미와 실재의 원천에 개방함으로써, 이로부터 유래된 인간적으로 아는 사람이 본질적으로 의미 있는 실재에 대한 참된 지식을 얻게 할 수 있다. 따라서 고대 그리스도교를 아는 사람은 자신이 진리의 발생지가 아니라, 진리와 제대로 관련됨으로써 (어느 정도의 수준에서) 진리를 알 수 있다. 고대인들에게 있어서 "아는 나"는 타당한 지식에서 독립해 있는 중심이 아니며 그런 중심일 수 없다. 하지만 모더니티에서 "아는 나"는 대상적으로 양적인 진리의 타당한 지식의 중심이자 기원이다.

고대인들이 정말 옳았다고 생각할 만한 몇 가지 명백한 이유가 있다. 이러한 이유들에 따르면 분명히 근대의 인식론적 근본주의의 풀릴 수 없는 문제들은 단순히 계속해서 작용 중인 고대적 입장의 힘을 인식하지 못한 데서 비롯되며, 진리에 대한 근대적 이해가 해결할 수 없는 풀리지 않는 난제들에 대해서 정직하지 않아서 야기된다.

이러한 이유 가운데 첫 번째로, 고대인들에게 진리 관념은 나의 의식 외부에 있는 실재의 가지성이 전제하는 범주로 짜인다. 참된 실재에 대한 의미들은 "내가 아는 바"가 전적으로 인간의 주관성의 범주 내에 자리잡을 때, 알려질 수 있는 어떤 것이 아니다. 이는 모더니티의 경우이다. 우리가 심지어 진리의 관념까지 의미 있게 생각할 수 있는 관념은, 우리가 자신의 주관적인 인식적 풍경의 내적인 은신처를 넘어서는 것들에 대한 어떤 의미와 실재의 선물을 거부한다면, 모순된 것으로 붕괴되고 만다. 모든 철학자가 이러한 상황을 우려하는 것은 아니다. 리처드 로티 같은 사상가들은 우리가 진리의 관념을 단순히 내려놓아야 한다고 말한다.[17] 하지만 우리가 진리의 관념을 내려놓는다면, "지식"은 우리가 관습적으로 외부의 양적인 물질을 조

17 [역주] 로티에 따르면 진리는 인간의 정신을 떠나서 독립적으로 존재할 수 없다. 플라톤이 말하는 보편적이고 절대적 진리는 없으며, 진리는 언제나 오류가 있을 수 있기 때문에, 보편적인 과학도 존재하지 않는다. 세계도 인간 정신 밖에 독립적으로 존재하는 것이 아니라 항상 인간의 언어를 통한 서술을 통해서만 참과 거짓일 수 있는 우연적인 특성을 지닌다.

작해서 취하는 바 안의 가치를 이용하기 위한 용어일 뿐이다. 그리고 "의미"는 단순히 사물들에 대해 문화적으로 교류하는 느낌들을 예술적으로 구성하는 종류일 뿐이다. 그러나 이것이 사실이라면, 우리는 진지하게 로티가 관심을 갖는 복잡한 논증들을 거의 받아들일 수 없을 것이다. (왜냐하면 의미 없는 요소들에 대해 문화적으로 자리잡은 느낌들을 넘어서는 실재와 연결된 어떤 참된 지식도, 어떤 의미도 로티에 따르면 가능하거나 유용한 것으로 생각되지 않기 때문이다.) 이렇게 한편으로 과학은 그것이 참이기 때문에, 중세 아리스토텔레스의 우주론을 대체했던 것으로 생각된다. 다른 한편 우리는 진리 자체의 관념이 근대 철학과 포스트모더니티 철학의 의미 있는 형식들 내에서 더이상 쓸모가 없게 되었다는 것을 발견하게 된다.

논쟁의 여지 없이 확실한 근대 철학의 정점을 성취하는 칸트는 이성적이고 감각적인 지식을 철학적으로 타당한 진리의 중심인 개별적인 인식 주체에게 접근하도록 만든다. 여기서 알 수 있는 실재는 개별적인 인식 주체를 중심으로 다루어진다. 이 점은 타당한 진리에 대한 현대적 이해의 핵심이지만, 이는 어떤 방식으로 이성적인가? 지식 자체가 근본적으로 복합적이고 신비로운 것이어서 실제로 측정될 수 없는데, 지식이 진리의 관념을 정당화할 수 있는가? 지식을 개별적인 인식 주체보다 우선적인 의미와 지성의 파생된 기능으로 생각하는 것이 타당한가? 나 자신의 의식이 최종적 진리의 유일한 장소라면, 최종적으로 유아론(soliptism)의 문제에서 어떻게 벗어날 수 있겠는가?

거슨은 고대인들이 진리에 대해 매우 다른 관점을 가지고 있었다고 지적한다. 고대인들은 물질적 대상들에 대해 양적으로 수학화된 이해를 진리와 혼동할 수 없었다는 것이다. 아마도 이 점을 가장 쉽게 지적하는 방법은 정보와 지식에 대한 현대적 관념들의 관계에 대해서 생각해 보는 것이다.

지식이 지식이 되기 위하여 정보를 요구한다고 하더라도, 정보의 양은 지식을 단순히 증가시키지 못한다. (이와 같은 논의를 목적으로 하는) 지식은 정보에 대한 지성적인 해석이기 때문에, 정보는 원하는 것으로서 대상 세계가 실제로 어떻게 있는가에 대해서 실재를 반영하는, 전달되는 의미를 지닌다. 이렇게 지식은 정보의 축적보다 사유에서 상위의 질서이다. 그것은 지식이 정보보다 더 근본적이기 때문이 아니라, 오히려 지식이 정보에 의존하지만 그 자체로는 정보로 축소될 수 없기 때문이다. 이와 유사하게 단순한 현대적 관점에서 약간 옆으로 움직인다면, 지식의 양은 결코 지혜를 축적하지 못한다. 대상의 세계가 어떻게 실제적으로 '존재하는'가에 대한 지성적인 지식의 많은 양은 세계가 어떻게 존재'해야 하는가'를, 또는 질적인 '가치'가 어떤 수준, 실재, 인격을 지니는지 또는 성취를 이루는가를 우리에게 말해주지 못할 것이다. 다시 말해서 지혜는 지식보다 사유의 상위의 질서이다. 그것은 지혜가 지식보다 더 근본적이기 때문이 아니라, 정확히 지혜가 지식에 의존하지만 지식으로 축소될 수 없기 때문이다. 이렇게 사유의 다른 형태들의 이와 같은 위계에서 물질적이고 발생적인 관점에서 더 높은 것은 항상 더 낮은 것에 의존하지만, 더 높은 것은 더 낮은 것에 의해 해명될 수 없으며, 진정으로 더 낮은 것은 더 높은 것과의 관계라는 관점에서만 오직 본질적으로 의미를 지닌다. 말하자면 더 낮은 것은 더 높은 것에 대해서 어떤 의미에서는 기능적인 관점에서 볼 때 기계적 우위성을 지님에도, 더 높은 것은 더 낮은 것에 대해 존재론적인 우위를 지닌다.

여기서 우리는 과학적 진리에 대한 양적-수학적-실험적 개념의 힘이 고대의 진리에 대한 개념과 얼마나 심하게 다른가를 보게 된다. 왜냐하면 특히 다윈 이래로 우리 현대인에게 있어서 더 낮은 것은 항상 더 높은 것을 설명하고, 기계적인 필연성의 단순한 법칙은 궁극적으로 바닥에서부터 꼭대기에 있는 것까지 모든 것을 규정하기 때문이다. (우리의 지성적 문화에서 '창세기'를 '종의 기원'으로 기능적으로 대체하는 것은 근본적으로 실재의 기원에 대한 우리의 문명적 관점을 재조직함으로써, 더 낮은 것의 원인이 되는 더 높은 것에 대한 광범위한 문화적 신뢰는 더 높은 것의 원인이 되는 더 낮은 것에 대한 광범위한 문화적 신뢰로 대체된다.) 이렇게 모더니티에 있어서 정보는 지식을 생산해야 하고, "해야 한다"와 가치의 사안들은 대상적 실재를 갖지 못하기 때문에, 지혜는 존재하지 않게 된다. 하지만 고대인들에게 지혜는 정보보다 존재론적으로 더 우선적인 지식보다 더 존재론적으로 우선적이었다. 정말로 우리가 지식이라고 부르는 바는 고대인들에게는 참이 될 수 없었다. 왜냐하면 지식은 항상 불완전하고 우연적인 정보의 기능이며, 우리가 변화와 현상의 영역에 대해서 이론적으로 구성하는 것은 항상 수정될 수 있고 결코 최종적으로 확실한 것은 아니기 때문이다. 오직 지혜의 영역에서만 우리는 진리를 찾을 수 있으며, (또는 더 정확하게 말하자면, 우리가 진리'에 의해서' 발견될 수 있다.) 지혜의 영역은 물리적 실재의 수준과 관련되는 정보에 대해 명제적으로 표현될 수 있는 지식의 관점으로 축소될 수 없다. 하지만 사유 그 자체는 지각, 지각에 대한 지식의 해석, 가치, 의미, 목적, 질 등과의 만남을 위해서 필요하지만, 엄밀하게 보자면 '사태로 축소될 수 없다.' 높은 것은 사실 근본적으로 일종의 정신적 작용에서 전제되기에, 높은 것이 낮은 것에 의해 산출될 수 있다는 것을 주장하는 것은 타당하지 않다. 하지만 낮은 것이 궁극적으로 높은 것의, 본질적으로 지성적이며 존재 자체의 지성적 본성의 기능이라고 주장하는 것은 타당하다. 여기서 고대인들을 거부하기란 매우 힘들다.

지성과 가지성이 세상을 관찰하는 데 있어서, 이러한 관찰들을 지성적 의미로 질서 지우고 세상에 적합한 가치와 목적을 파악하는 데 있어서 주된 것이라면, 이는 사유, 생명, 윤리적 행위의 일반적인 과정으로서 완전한 의미를 만든다. 반면에 지성과 가지성이 어떻든지 단순한 양적인, 의미 없는 물질적인 사실성의 이차적 부산물에 불과하다면, 이는 애당초에 사유와 지식의 가치에 대해서 자멸적인 것으로 보인다. 이는 가지적인 우주 내에서 사는 것, 사유하는 것으로서 우리의 일상적인 경험의 모든 측면이 (아이러니하게도) 지성적인 사람들이 진지하게 받아들일 수 없는 일종의 망상이라는 것을 암시하기 때문이다.

하지만 고대인들에게 있어서 참된 지식은 물질적 세계에 대한 과학적 이론의 범위 안에 있지 않다. 참된 지식은 심지어 과학이 어떤 주어진 대상의 물리적 속성들에 대해서 관찰하고 이론화할 수 있는 것처럼, 직접적으로 관련된 명제들의 범위 내에 있지도 않다. 오히려 참된 지식은 지성의 최상위 질서인 지혜의 질서 안에 거주한다. 이는 지식의 누적된 습득에 의해서가 아니라 숙고에 의해, 존재 자체의 지성적인 토대에 대한 존재론적인 개방에 의해 얻어지는 지성이 빛을 발하는 형태이다. 지혜는 근대 과학과 근대 철학이 관심을 가지는 물질적인 우주의 상태에 대한 믿음과 같은 관점에서 형성될 수 없다.

근대적 관점은 기본적으로 어떤 것이 수학적으로 필연적이고 경험적으로 관찰될 수 있는 관점에서 입증될 수 없다면, 그것은 존재하지 않는다는 점을 고수한다. 지혜는 진리로 존재하는 것이 아니라, 오히려 가치 있는 것들에 대한 사람들의 믿음에 있어서 정의될 수 있는 심리적-명제적 주장들로 존재한다는 것이다. 하지만 이와 같은 근대적 관점을 제시하기 위해서는 생각해야 하지만, 생각하는 것 자체는 여전히 과학적으로 양적인 것에 적합하지 않다. 그렇다면 근대적 진리가 존재한다면, 이는 말이 되지 않지 않은가?

근대적 지식의 본성은 대상적이고 양적이며 수학적이고, 형이상학을 싫어하며, 진리에 대한 보증을 드러내는 토대들을 거부한다. 더 나아가서 모더니티의 야만주의는 인간 실재의 모든 영역을 가로질러 적용되는 진리에 대해서 이처럼 뚜렷하게 근대적으로 접근하는 기능이다. 그러나 근대의 인식론적 토대주의는 깊이 박힌 내적 문제들을 안고 있다. 고대인들은 이와 같은 접근이 철학적으로 작용한다고 생각하지 않았다. 그러나 진리에 대한 플라톤의 접근이 우리에게 불가능하게 여겨지는 이유는 우리가 문화적으로 진리 자체에 대한 근대적 관점에 몰두하기 때문이다. 우리는 지식으로부터 항상 떨어져 있는 신성을 원하기 때문에, 우리는 (지식의 주장보다 '우선하는' 일차적 의미에의 전념으로서) 형이상학적인 추정들을 원한다. 이러한 형이상학적 추정들은 인식론에서 분리되며, "순수한 이성"과 무관하고, 정당한 이유에 대해서는 논란이 있지만, 플라톤은 이러한 입장들 중 어떤 것도 받아들이려고 하지 않았다. 이렇게 아마도 우리는 오늘날 플라톤 또는 그리스도교 플라톤주의를 진지하게 받아들일 수 없다. 왜냐하면 우리는 눈이 멀 정도로 모더니즘에 빠져 있고, 우리가 진리의 관념에 대해 포스트모던적인 거부로 아주 자연스럽게 이끄는 데 있어서 근대적으로 참된 지식을 받아들이는 것이 근본적으로 문제가 있을 가능성을 고려하기를 거부하기 때문이다.

그리스도교 플라톤주의는 모더니티 내에서 회복될 수 있을까?

앞서 언급한 것이 사실이라면, 그리스도교 플라톤주의는 그저 우리가 거기서 알아봐 주기를 기다리고 있을 것이며, 모더니티와 포스트모더니티 양자에게 잠재적으로 결실 풍부하며 실행 가능한 철학적인 대안으로 재가공될 것이다. 이렇게 참으로 거슨이 보여 주듯이, 근대적 진리에 대한 철학적 어려움들이 주어지고, 인식론에 대한 광범위한 고대적 접근에 대해서 진행 중인 활기가 주어진다면, 나는 이러한 선택이 오늘날 아주 진지하게 고려돼서는 안 될 어떤 이유도 볼 수 없다.

하지만… 그리스도교 플라톤주의가 오늘날 이론적으로 실행 가능하다고 하더라도, 현대 생활 세계 내에서 어떤 식으로든 '실천적으로 실행 가능'한가? 이 물음에 대한 대답은 그렇지 않다는 것이다. 현대의 생활 세계는 오직 (실재 자체가 의미를 갖지 않는) 현대의 존재론적 무신론에서 작용하는 가정들 하에 정상적으로 제 기능을 할 수 있는 범위 내에서 사는 사람들만 허용한다. 그리스도교 플라톤주의가 활기를 띤다면, 이는 현재 생활 세계에 반하는 몇 가지 형태를, 모더니티에서는 일반적인 삶에 근본적으로 대안적인 방식인 공동적인 삶의 새로운 형태에 있어서 몇 명의 위대한 개척자들을 요구할 것이다. 우리가 이 책에서 보았던 것처럼, 문명적 삶의 세계에서 그러한 놀라운 변화가 이전에 일어났다면, 왜 지금은 그런 변화가 일어날 수 없다는 말인가?

이 책의 마지막 장은 근대 시대의 지배적인 원리들을 규정하는 형이상학적이고 실천적인 한도에 대안이 되는 실행 가능한 생활 세계로서 실재를 이해하는 그리스도교 플라톤주의로 돌아가는 과업을 어떻게 해결하기 시작해야 하는가를 검토해 볼 것이다. 나는 이러한 과업이 두 가지 이유에서 시도되어야 한다고 믿는다. 첫 번째로, 그리스도교의 형이상학적 관점은 그리스도교인들에게 있어서 선택적인 것이 아니다. 두 번째로, 우리가 근대 시대의 실재 틀 내에 머무른다면, 우리는 의미, 목적, 도덕적 진리, 거룩함, 그리고 신이라는 주요한 실재들을 볼 수 있는 능력을 저변에서부터 기능적으로 상실했기에 (전 지구와 함께) 자신을 소진시키는 모더니티의 막을 수 없는 파괴적인 경향을 수정할 만한 어떠한 행동에도 무력할 것이기 때문이다.

Ⅲ부

그리스도교 형이상학에 적용하기

8. 실재로 돌아가다

지난 3일 사이에 내 두 딸은 음악 캠프를 다녀왔다. 우리는 호주의 동부 해안에 위치한 아름다운 아열대 도시인 브리즈번에 살고 있다. 이번 음악 캠프에서 오로라와 클레어는 북쪽 교외에서 온 또래의 다른 초등학교의 400명의 음악을 하는 학생들과 함께 바이올린을 연주했다. 이 밤에 우리는 아이들이 천 명이 넘는 부모들과 친척들이 감탄하는 가운데 연주를 하는 곳에서 두 시간 동안 콘서트를 감상했다. 아이들은 두 파트의 현악 오케스트라와 세 파트의 무대 밴드로 나누어 음악을 연주했지만, 최고의 하이라이트는 마지막에 등장한 대규모 합창단이었다. 이들은 몇 곡의 재미있는 노래를 불렀고, 그 다음에 "샬롬 샤베림"이라는 제목의 유다교 축복 성가를 불렀다. 노래는 가장 아름다웠고, 아이들의 얼굴은 빛을 발했으며, 축복의 노래 가사는 부드러웠고, 부모들의 눈에서는 꿀이 떨어졌으며, 지휘자는 기쁨을 숨기지 않았다. 아름다움을 공유하는 이 생동적인 공연에서 나는 나 자신이 풍요로움과 순박함, 놀라운 영적인 풍요로움에 경탄하고 있음을 발견했다. 우리 모두는 놀라운 어떤 것을 건드렸고, 이 어떤 것에 의해 건드려졌다. 미셸 앙리의 관점에서 우리는 인간 삶의 주요한 진리 안에 있었다. 우리는 이것이 말을 뛰어넘어서 심오한 차원에서 주요하다는 것을 알았다. 주요한 진리와의 이러한 접촉은 말을 넘어설 뿐만 아니라, 언어와 우리의 사회적 실재에 대한 믿음 바깥에 있었다. 우리 모두는 현대 서구의 세속적 소비자들이기 때문에, 형이상학적 실재에 대한 말도 관념도 논리도 공통된 종교도 '없다.' 이러한 실재 안에 이 주요하고 가장 신성한 진리가 자리잡고 있어서, 이 진리의 의미가 우리를 건드리지만 놀랍게도 우리를 벗어난다. 우리는 대상적인 의미에 대해서 추론할 수 없다. 우리는 진리의 관점에서 의미에 대해서 말할 수 없다. 우리는 이 의미를 느낄 수만 있으며, 우리 각자가 개별적으로 어떻게 느끼는가의 관점에서 우리의 기쁨을 표현할 수 있다. 의미는 우리 현대인들에게 대상적이고 입증될 수 있고 유용한 "진리"의 "실제 세계"가 관련될 수 있는 어떤 실제의 것이 아니라, 주관적이고 인격적인 느낌의 상태이다.

유감스럽게도, 비록 우리 안에 주요한 진리가 깊고도 근본적으로 박혀 있다 하더라도, 가장 중요한 대중적인 맥락 안에서 이 실재를 토대로 추론하고 행동하기는 그야말로 우리를 벗어나고 만다는 것이 너무나 명백하다. 실재, 대중적 삶, 경제적 실재, 권력, 학식, 행위에 대한 우리의 지배적인 담론은 주요한 진리를 말하지 않는 한도 내에서 작용한다.

이 놀라운 음악 캠프가 열리기 바로 한 주 전에, 근대적 실재가 주요한 진리로부터 동떨어진 방식은 호주의 연방 선거에서 너무도 강력하게 표출되었다. 우리는 평화롭고 안전하게 부요한 국가에서 살고 있는데도, 우리 아이들 모두 물질적으로 필요한 것을 모두 가지고 있고 걱정할 것이 없는데도, 우리는 부모로서 지배적인 두 정당의 공약들이 거의 완전히 기대 이하였던 선거에서 투표했다. 선거의 "실제" 대상적인 쟁점들은 단순히 양적인 경제적 이슈들이었고, 선거의 "실제" 주관적인 쟁점들은 두려움과 탐욕에 대한 기본적이고 명백히 비윤리적인 관념들의 관점에서 규정되었다. 더 나아가서 이 선거에서 두 주요 정당은 매스미디어를 고도로 기술적이며 심리적으로 능숙하게 사용함으로써 정치적으로 대중을 기만했다. 이렇게 대중은 원자화되고 집합적으로 경쟁적인 장점을 지닌, 놀랍도록 비열하게 계산된 "논리"에 따라서 투표하는 데 길들여졌다. 선거에서는 두 정당 가운데 어느 편이 망명 오는 이들에게 더 비인간적일 수 있는지에 관하여 싸웠고, 어느 편이 우리의 주머니에 더 많은 돈을 넣어 줄 것이며, 외국 광산 업체들과 대기업에게 더 매력적일 것이며, 국가 재정의 적자를 줄이기 위해서 (교육과 대학에서 적자를 더 많이 줄이는 것을 포함해서) 공공 지출을 삭감시킬 것인지에 대해 논쟁했다. 앙리의 관점에서 볼 때, 추상적이고 부차적이며 양적이고 실용적이며 "가치 중립적인" 관심들만이 우리의 대중 정치적 논의에서 "실제적"으로 고려되었다. 그래서 우리는 좁게 자신의 이익을 따지는, 비윤리적인 실용주의자처럼 투표했고, 그것이 우리가 할 수 있는 정치적 선택에 있어서 유일하게 실제적인 유형이었다고 생각했던 것 같다. 하지만 우리 아이들의 노래를 들을 때는, 완전히 다른 종류의 진리, 실제로 참이며 추상적이지 않은 진리를 건드린다. 그러나 이러한 진리는 우리가 하는 실제 대중적 결정을 지배하는 "실재론"에 대한 논의 밖에 있을 뿐이다.

다른 세상을 상상해 보자. 이 다른 세상에서 우리는 양적인 것에 대한 질적인 것의 우위, 도구적으로 실용적인 것에 대해 본질적으로 인간의 우위, 과학에 대한 지혜의 우위에 대해 공동적으로 이해할 수 있고 신적 선물로서 지혜에 대해서 이해할 수 있을 것이다. 말하자면 우리가 그리스도교 플라톤주의자들이었다는 것을 상상해 보라. 또는 적어도 그리스도인들이 현대 세계에서 지배적인 대중적 진리 논의에 대한 실재 관념을 가진 형이상학적 무신론과는 다른 박자로 걸어가는 그리스도교 플라톤주의자들이었다는 것을 상상해 보라. 교회가 우리 시대에 일차적 진리를 '보면서 살아가는' 완전히 다른 방식의 증인이었다고 상상해 보라. 그리스도인들이 지혜를 한갓 양적이고 대상적인 지식과 권력에 대해 우위를 점하는 곳으로 되돌리려고 노력했다는 것을 상상해 보라.

무엇이 교회를 그렇게 보이게 하고, 어떻게 교회가 현대적 진리와 권력의 거대한 "야만" 세계로 움직일까? 그것은 이 세계를 변형시킴으로써 우리의 행위와 추론을 우리가 주로 그 안에 뿌리를 두고 있는 형이상학적 진리에 보조를 맞추게 하기 위해서 말이다. 우리의 과학과 기술, 사업과 교육, 공동적인 염려 능력들이 의식적으로 신적으로 주어진 진리의 낱알을 이해하지 않고 오히려 이러한 낱알을 잘라 버린다면 어떨 것인가? 초월적으로 말해지는 공동적인 아름다움은 무엇이고, 참으로 공동적인 부유함은 무엇이며, 우리가 그 부분인 신적 좋음의 반영은 무엇인가? 우리 각자가 알고 행위하면서 신적 좋음에 참여하는 의미는 무엇인가?

사회학자들이 혼란(anomie)이라고 부르는 바가 "발전된" 현대 서구 생활의 특징들을 규정하는 것 중의 하나라는 것은 흥미롭지만 놀랍지는 않다. 혼란은 우주적인 혼돈에 대한 개인의 자기 파괴적 의미이다. 이는 공유된 사회적 가치의 붕괴로부터, 신성함과 본질적인 의미의 공동적인 틀이 부식됨으로부터, 가족적이고 지역적인 유대의 균열로부터, 우리 삶의 다른 기능적 맥락의 다중화와 분리 때문에 일관성 있는 인격적 정체성의 분열로부터, 질적인 실재의 언어를 파괴함으로부터 귀결된다. 본질적으로 무의미함의 의미와 관련된 우울증, 자살, 정신병은 강력하게 서구화된 도시적 삶의 부흥에 원인이 있다.

1999년에 개봉한 영화 『파이트 클럽』은 척 팔라닉의 동일 제목의 소설에 기반한 작품으로서 그 시대 서구에서 도시적 혼란의 근원적인 지형에 대한 통찰력 있는 예술적 탐험이다. 이야기는 어떤 사람과의 실체적인 인간적 유대도 없는 이케아의 상품 목록에 중독된 주인공을 묘사함으로써 시작된다. 이 어떤 사람이 의미와 만족에 접근하는 것은 단지 반짝거리는 광고의 얄팍한 환상의 세계이고 초점 없는 작업이며, 강박적인 소비이다. 이 영화는 혼란을 강하게 묘사했기 때문에 흥미로울 뿐만 아니라, 우리 사회의 구조가 실존적인 무중력 상태이고 본질적으로 착취적이라는 것을 분명하게 볼 수 있다면, 영화의 플롯 전개가 철저한 혁명의 실천과 통합된 일상성에 대한 근본적인 형이상학적 재구성을 필요로 하는 관념을 탐색하고 있기 때문에도 흥미롭다.

이 영화의 신학과 형이상학은 초월의 부재가 참된 것으로 여겨지는 포스트-소비주의적 무신론 안에 자리잡고 있다. 이러한 끊임없는 어둠은 우리가 이 책의 그리스도교 플라톤주의의 입장에서 비판했던 일차원적인 초월적인 최대 한계를 결코 벗어나지 못한다. 실재에 대한『파이트 클럽』의 묘사는 항상 초월적 의미의 흔적을 간직하는 실제 삶보다 실제적으로 참이지 않다. 그리고 여러분이 혼란에 대한 분노를 통해서 혁명적인 강화를 발견할 수 있다는 관념은 고도로 이상적이다. 하지만 우리 문화에서 증가하는 혼란의 토대가 되는 신화와 권력 구조를 교묘하게 표현함으로써 이 영화는 매우 의미가 있다. 가장 놀라운 것은, 실제적인 초월이 사람들이 살아가는 의미, 평범성, 권력의 실행에 의해 근본적으로 부정될 때, 신-국수주의적인 니체의 권력에의 의지가 형이상학적이고 신학적으로 섬세하게 모두 남아 있다는 점이 잘 포착된다는 것이다.[1]

호주에서 지나친 삼림 벌채, 과도한 방목, 반건조 지역인 이 땅에서의 지나친 경작은 대지를 부석거리는 표층토로 분해시키고, 지하수면이 올라가서 광대한 토지가 염류 작용으로 생명이 살 수 없게 만드는 결과를 초래했다. 근대의 서구적 방식은 이 방대하고 아름다운 나라를 대부분 쓸모없는 땅으로 만들어 버렸다. 문화적으로 우리는 이와 유사한 어떤 것을 목격하고 있다. 우리는 질적으로 변화되

---

1 흥미로운 점으로서『파이트 클럽』의 무신론적 관점이 근본적인 성화와 죽음과 재탄생이라는 그리스도교적 모티브들을 끌어내는 방식은, 비록 이러한 모티브들이 초월적인 언급이 없고, 그 때문에 반전된다고 하더라도, 매우 의미가 있다. 우리는 종교적 전통을 살아가는 실체적인 형이상학적 확신으로부터 모티브와 실천을 빌리고 반전시키지 않고서는 목적과 자유로운 행위로 구성된 삶을 제작해 내는 관점을 만들어 낼 수 없을 것이다. 신화적-종교적 모티브들로서 집합적인 의미에서 제국주의, 민족주의, 나치즘, 마르크스주의, 소비주의와 같은 현대의 거대한 불운을 생각하는 것은 단순히 우연적인 내재와 권력의 의미를 창조해 내려는 어떤 공동의 삶의 형태에서는 불가피하다. 근대 민족주의와 전쟁에서 피의 희생이라는 의례 행위에 대한 관계의 사회적-심리학에 대한 리차드 퀘닉스버그(Richard A. Koenigsberg)의 연구는 이러한 사안들을 매우 통찰력 있게 파고든다. 그의 작품『국가들은 죽일 권리를 갖고 있다』를 보라. 소비문화의 의례들과 전례에 대한 제임스 스미스(James K. A. Smith)의 연구도 매우 흥미롭다. 그의 작품『왕국에 대한 열망』을 보라.

는 황무지의 지속적인 확장을 목격하고 있다. 이 황무지는 "옛" 의미, 믿음, 지역사회 조직의 양식들을 말끔하게 도려낸 결과이다. 이렇게 "옛것"을 말끔하게 쓸어 내는 것은 문화 산업의 원활한 가동을 용이하게 만들기 위해서 발생할 수밖에 없다. 이러한 문화 산업은 인간과 영적인 의미를 우리의 "자유롭고" 쾌락적으로 스스로 결정한 사회적 지형으로 대체하는, 항상 새로운 인격적 정체성 양식을 만들어 낸다. 지금 우리는 철사와 파이프, 그리고 도로로 이루어진, 인위적으로 만들어진 끝이 없는 미로에 살고 있다. 이 미로는 원자적인 개인적 정체성을 대규모로 생산된 상품, 서비스, 정보와 연결시킨다. 왜냐하면 모더니티는 영적이고 관계적인 불모지를 만들 뿐만 아니라, 이를 다루기 때문이다.

모더니티의 기술집약적인 대상성을 따라가면서 옛 의미를 지나쳐 버림에 대한 지배적인 문화적 응답은 소비주의이다. 우리는 우리를 진정시키고 흥분시키며 산만하게 하는 물건, 경험, 오락거리를 사들이고, 자기 홍보 작업과 자신 실현 행위의 억척스러운 삶에 열중한다. 주의를 딴 곳으로 분산시키기 위해서 우리는 이렇게 한다. 이로써 우리는 우리의 개인적 삶뿐만 아니라 우리가 살고 있는, 공동적인 인간의 문화적 맥락의 배경을 형성하는 의미의 몸서리치는 침묵을 들을 필요가 없게 된다. 사실 지금의 그리스도교 교회는 소비문화의 의미 없는 어리석음의 부단하게 "시끄럽고 정신없음"에 깊이 뿌리박고 있다.

대부분의 현대 서구 그리스도인들이 근대와 서구적 범주에서 그리스도인이 된다는 것이 무엇을 의미하는가에 대해서 다음과 같이 이해하는 것은 놀랍지 않다.

- 유명론과 주의주의적인 생각은 우리의 신학을 매우 깊이 형성한다.
- 객관성에 대한 세속적이고 과학적인 개념과 종교적 믿음에 대한 주관적이고 개인적인 개념을 받아들이는 것은 그야말로 타당하고 좋은 것으로 여겨진다.
- 과학혁명과 그 기술, 그리고 그것이 매스미디어에서 사회적으로 드러나는 현상 등은 눈에 띄지 않는 실용적이고 지성적인 실재들로서 세상에 대한 우리의 관점을 규정한다.
- "사회"에 대한 근대적 관념들과 개인적 의식의 자유는 교회가 무엇인가에 대한 우리의 이해를 지배한다.
- "비윤리적인" 소비주의는 우리의 삶의 방식에서 눈에 띄지 않는 바탕이다.
- 형이상학적 추론은 우리가 이해하기 어렵다.

이 가운데 어느 것도 놀랍지 않다. 중세 후기의 유명론과 주의주의 신학과 종교개혁 이후의 진리와 권위에 대한 개별적인 관념들이 우리가 살고 있는 현대 세계를 대부분 형성시켰다는 충격적인 이유 때문이다. 하지만 근대적 대상성의 관점에서 진리를 규정하는 것이 정말로 신학적으로 정통 그리스도교 신앙에 불가능하다면 어떻게 될까? 현대 세계와 현대 서구 그리스도교를 만든 대부분의 중세 후기와 근세 초기 신학이 진리와 실재를 이해하는 데 있어서 정말로 부적절하다면 어떻게 될까? 그것을 통해서 실재를 현대 서구 그리스도교로 보는 개념적인 렌즈가 우리가 그리스도인으로서 누구인지, 세상이 신의 창조로서 무엇인지에 대한 왜곡된 관점을 보여 준다면 어떻게 될까?

그러나 그림은 복잡하다. 그리스도교 플라톤주의에서 초월적으로 말해지는 실재는 그것이 실용적인 모더니티에 의해 실제인 것으로 여겨지거나 그렇지 않거나 간에 진짜로 실제적인 것이다. 정말로 양적인 노하우[실질적 지식과 경험]는 질적인 진리에 기여하는 위대한 인간의 선이다. 그 때문에 근대 과학은 정말로 좋음에 기여하는 아름다운 도구일 수 있다. 아니면 반대로 한낱 도구적으로 조직적인 효율성의 기여로 냉정하고 저질적인 도구일 수 있거나, 탐욕과 한갓된 힘, 정말 악의 기여로 신성모독과 폭력을 유발하는 소름 끼치는 도구일 수 있다. 근대 과학은 그 자체로 나쁜 것은 아니다. 문제는 진리가 근대 과학적 한도 내에서만 구성된다는 가정에 있다. 실재에 대한 일차원적이고 삼차원적인 형이상학적 관점에 대한 1장의 논의를 소환한다면, 우리는 사람들이 실제로 삼차원적인 실재에 뿌리를 박고 있고, 실제로 질적인 의미의 진리 내에서 살고 있다는 것을 보았다. 하지만 일차원적인 양적인 관점은 권력, 잠재성, 상업, 유용성에 대한 대중적 논의를 통제했으며, 지금은 우리가 (잘못되게) 믿는 바의 영역에서 근대 서구 정신에 대한 추정들을 집합적이고 대상적인 실재로 만들었다. 우리의 집단적 정신은 실재에 대해 완전히 비실제적인 관점에 강력하게 매료되었다.

하지만 이러한 점은 복잡하다. 왜냐하면 요한복음에서 강력하게 강조하는 바로서 우리가 실재의 본성에 대해서 믿는 바는 우리가 어떻게 사는가에 대해서 근본적으로 영향을 주기 때문이다.[2] 이렇게 우리 현대 그리스도인이 직면한 첫 번째 장애물은 정말로 보이지 않는 실재를 믿는가 하는 것이다. 우선 온갖 실용적인 목적을 위해서 전적으로 감각적이고 실용적인 관점에서 우리는 종교생활을 함으로써 행복할 수 있다고 생각할 수 있다. 우리는 기금 조성, 세심한 경영, 프로그램, 청중에게 다가가는 전략, 카리스마적인 연사들, 아름다우며 음악적으로 타고난 찬양 인도자 등으로 교회가 돌아가게 만든다. 그렇다면 기도는 어떻게 되는가? 명상은 어떻게 되는가? 하느님에 대한 내적인 침묵과 내적인 개방성에 대해 집중하는 정신적 수련은 어떻게 되는가? 우리는 때때로 여전히 이런 비본질적인 것들을 하며, 전례적인 교회에서 여전히 이러한 진리들에 대한 감각적인 표현보다 "더 큰" 영적인 실재에 참여하는 지상의 것들에 대한 성사적인 의식을 지니고 있다. 그러나 정말로 이 모든 것은 현대의 진리와 현대의 권력의 궤도를 그리는 감각적인 것, 활동가, 지식의 습득에 역행한다. 그리스도인들로서도, 전례 참여자들로서도 우리 사회에 추정적인 대중적 진리의 "여기, 그리고 지금"이라는 기본 골격이 주어진다

---

2 요한은 98번에 걸쳐서 "믿다"라는 그리스어의 여러 가지 다른 형태들을 사용한다. 실재에 대한 자신들의 관점을 변화시키고(metanoia), 하느님의 왕국에서 그리스도의 해방하는 통치를 행동적으로 '믿는' 사람들은 구원되고 빛의 자녀들로 변화되지만, 믿지 않는 사람들은 이들에게 말해진 말씀으로 심판받는다. 믿는 것, "보는 것", 행동하는 것은 구원과 심판에서 요한에서 통합된다. 그 때문에 논리상 믿지 않는 것은 보지 않는 것을 수반하고, 행동하지 않는 것을 수반하며, 실재에 대한 잘못된 관점을 필연적으로 나타낸다. 이는 우리 영혼의 적인 "세상의 우두머리"(요한 14,30)에 의해 투사된 관점이다. 신약성서는 형이상학적인 중립성의 여지를 주지 않는다. 모든 형이상학적인 관점들은 권력의 질서와 연결되어 있다. 이는 하느님의 나라의 권력과 권위이거나 "지금의 이 악한 세상"(갈라 1,4)의 권력과 권위이다.

면, 우리는 정말로 눈에 보이지 않고 개념적으로 수용할 수 없는 하느님이 우리가 볼 수 있고 조작할 수 있는 대상들보다 더 실제적이라고 믿는가? 우리는 기도가 근본적인 것이고, 우리의 그리스도교적인 행위가 기도의 역할과 확장이며, 하느님 나라의 타당성을 가능하게 하는 신적인 것에 의존한다는 것을 정말로 믿는가? 우리는 지혜와 지식을 그가 선택하는 이에게 주는 분이 하느님이어서(다니 2,20-21), (지혜와 지식 양자에서) 진리의 타당성을 생각하고 조사하고 연구할 때, 이러한 행위가 전적으로 하느님의 은총에 의존한다는 것을 믿는가? 그렇다면 기도의 사람이 되지 않고, 그리스도의 제자인 사람이 되지 않고, 성인들의 좁은 길을 가는 사람이 되지 않고서 참된 사상가가 되는 것이 가능한가?[3]

분명하게 말하자면, 나는 여기서 영적인 삶과 실천적인 행위 간의 단절을 결코 옹호하지 않는다. 오히려 나는 우리가 삶의 현대적 방식의 지식과 행위 개념 내에서 쉽게 영적인 삶을 실천적인 행위로, 또는 단순한 명제적 지식으로 '대체'할 수 있다는 점을 경고한다. 우리

3 9세기 켈트족 현자인 요한 스코투스 에리우제나의 관점을 생각해 보자. "감각적인 것들의 형태와 아름다움을 관찰하라. 그러면 하느님의 말씀을 그 안에서 이해하게 된다. 여러분이 그렇게 한다면, 진리는 여러분에게 오직 그분만이 만든 모든 것에서 드러날 것이다. 그분 바깥에서는 아무것도 생각하지 못한다. 왜냐하면 그분 자신이 모든 것이기 때문이다. 참된 것은 무엇이든지, 존재하는 모든 것 안에 그분이 계신다. 참으로 그분 밖에서 어떤 실체적 선도 존재하지 않듯이, 그분이 아닌 본질이나 실체는 존재하지 않는다." 반포드(Christopher Barnford, *The Voice of the Eagle*, 89)가 번역한 요한복음 서문에 대한 에리우제나의 설교 XI로부터 여기서 에리우제나는 요한복음 서문을 주석하고 있다. 여기서 그는 범신론을 옹호하는 것이 아니라, 근본적으로 창조는 그리스도에 대한 존재론적이고 실존적인 의존성 외에 아무것도 아니라는 것을 말한다. (창조 자체에 대해서는 "무로부터"라고 불린다.) 이러한 이유로 모든 학식은 경배이며, 모든 지식은 창조에서 표현된 하느님(로고스)의 의미에 대한 앎이다. 세속적인 진리는 없으며, 진리는 신적이다. 왜냐하면 모든 창조된 실재는 하느님에 의해 주어지고 유지되기 때문이다.

는 감각적인 것, 양적인 것, 실용적으로 활발한 것에 대해서 보이지 않는 것, 비감각적인 것, 본질적으로 질적인 것, 존재론적으로 의존적인 것, 본질적으로 관계적인 것의 우위성을 재발견할 필요가 있다. 우리가 신약성서의 실재 관점과는 전혀 낯선 관점에서 우리의 믿음을 규정하는 현대 세계의 문화적 권력에 저항하려고 한다면 말이다.

이는 믿음, 상상, 실재가 다시 연결되는 곳에서 이루어진다. 비가시적인 것의 실재를 믿으려면, 우리는 그러한 주요한 진리들을 향해 창의적인 상상적인 오솔길들을 내야만 한다. 비록 길들 자체가 진리는 아닐지라도, 그것들은 추상화되고 겨우 대상화된 어떤 "실재론"이 허용하는 것보다 우리를 더 실제적으로 실재에 연결시켜 준다는 것을 우리는 안다. 여기서 존 밀뱅크는 매우 유익하게 토론된 방식을 제공한다. 여기서 시인들, 현명한 사람들, 다양한 종교적 전통의 성인들, 우리 자신의 중세의 서구적 유산은 전혀 비현대적인 방식으로 종종 상상을 진리와 깊이 연관된 것으로 이해했다.[4] 물론 이 점은 고대 플라톤 전통과도 연결된다. 이러한 전통에서 질적인 것은 양적인 것으로부터 도출될 수 없다. 그렇다면, 현대의 실재론의 범주 내에서 우선적인 진리를 담기를 기대하는 것은 본질적으로 무의미하다. 유비, 이야기, 시, 예술, 음악, 기도, 종교, 대화, 삶은 진, 선, 미에 대해서 숙고해서 규정하는 것이다. 바로 '이것'이 지혜에 대해서 철학이 다루는 것이다. 이는 플라톤의 대화들이 왜 그렇게 풍부한 상상력으로 구성되는가에 대한 이유이며, 왜 플라톤이 자신의 가장 핵심적인

---

4 참조: John Milbanks Stanton Lectures of 2011. Online: http://theologyphilosophycenter.co.uk/online-papers/.

몇 가지 통찰들을 전달하기 위해서 단순하게 신화를 만들었는가에 대한 이유이다. 그리고 이는 플라톤의 대화들이 왜 항상 인간 언어와 사유의 더듬거리며 불완전한 범주에서 진리에 대해서 명제적으로 표현될 수 있는 바를 넘어서 진리 자체에 대해서 나타내는가를 말해 주며, 왜 소크라테스가 (부당하게) 확실한 인간의 지식이라는 관점에서 단순히 진리에 대해서 교훈적으로 자세하게 설명하기보다 플라톤이 전달하려는 진리들을 '구현'하는가를 말해 준다. 그래서 이러한 점은 루이스와 톨킨의 작품들이 왜 그토록 강력하게 실증주의적 심리학 설명서가 건드릴 수 없는 인간적 진리들에 대해서 우리에게 말해 주는가에 대한 의미이다.

또한 여기서 개인과 공동체도 다시 다루어져야 한다. 어떤 독특한 실재의 관점에 대한 실천적인 신뢰로서 믿음은 개인적이고도 공동적인 역동성을 지닌다. 이는 (현대 개인주의가 그렇게 생각하듯이) 단순히 개인적이지도 ("현실주의자"로 경영하는 공동적인 "지도력"이 그렇게 받아들이듯이, 그리고 "시장의 신뢰"가 믿듯이) 단순히 공동적이지도 않다. 우리 시대에 "정상적 상태"는 공동적으로 소속되는 것과 개인적인 자율성 간에 역동성이 작동하는 특징인 심각한 불균형 내에 자리잡고 있다. 우리는 개인의 자율성에서 우리의 권리와 자유를 강력하게 믿는다. 하지만 우리의 세속적인 공동적이고 경제적인 세상에는 권력에 대한 모든 인간적 구성물을 넘어서 있는 초월적 실재에 대한 어떤 개념도 없기 때문에, 우리는 임의적인 개인적 자유와 비윤리적인 한갓된 제도적 권력에 "현실주의적으로" 정치적으로 순응하는 것에 집착하는 문화 속에 살고 있다. 따라서 원자화된 개인적인 수준에서 자유주의 이념의 필연적인 결과는 경영 능력에 대한 현저한 비윤리적 개념이다.[5] 우리가 개인적 자유와 공동적인 현실주의에 대한 이러한 태도를 교회로 받아들인다면, 우리는 교회에 대한 그리스도교적 관점을 포기했어야 할 것이다. 그러나 이러한 관점 없이는 "세상"의 전복된 "현실주의"에 대한 대안적인 '실재'를 분명하게 보여 줄 수 없으며, 하늘나라가 구원적으로 들어섬으로써 나타난 것으로서 창조의 관점을 목격하려는 시도는 신뢰성이 없어진다.

우리가 실재에 대해서 믿는 바는 우리가 사는 문화적 세계 내에서 가능한 것의 경계를 구성한다. 이러한 이유로 실재와 가능한 것의 본성과 관련해서, 우리의 기본적인 상상의 경계를 규정하고 통제하는 힘보다 더 근본적인 힘은 없다.[6] 그렇기 때문에 실용적인 지식을 넘어서는 신적으로 주어진 지혜의 우위성, 물질적인 것을 넘어서는 영적인 것의 우위성, 양과 단순히 조작적인 힘을 넘어서는 질과 의미의 우위성에 대한 그리스도교적 이해의 성취는 공동체에서 이루어져야 한다. 그리스도교인들은 본질적으로 의미 없는 실재에 대한 현대적 관념과 이와 함께 가는 소비적인 개인주의의 삶의 세계와는 다른 어떤 실재를 함께 상상할 수 있는가? 우리는 우리 시대의 현대적 현실주의와는 다른 삶의 실천을 건설할 수 있는가? 그럴 수 없다면, 나는 그리스도교가 서구의 모더니티 또는 포스트모더니티에 완전히 지고 말 것이 아닌가 하고 생각한다. 서구가 자신의 본래적인 영적 유산을

---

5 참조: Hamilton and Maddison, *Silencing Dissent*.

6 이는 플라톤의 『국가』에서 유명한 동굴의 비유의 핵심적인 메시지일뿐만 아니라, 루이스가 『은의자』에서 플라톤의 동굴의 비유에 대한 자신의 그리스도교 버전에서 전달하는 핵심적인 메시지이다.

상실하게 된다면, 이로써 서구는 영적인 연료를 다 써 버려서 붕괴되고, 자신의 자만심, 자신의 구속되지 않은 지배 의지, 실존적인 실재에 적합한 언어의 부족, 형이상학적인 내용의 부재, 인간의 존엄성과 신적 실재에 대한 고도의 관점의 상실로 파괴될 것이다.

예수 자신은 맛을 잃은 소금이 아무짝에도 쓸모없으며, 자신의 추종자들이 세상의 소금으로서 세상에서 보존하고 맛을 내는 역할을 하는 점에 주목했다. 나는 서구 문명이 본질적으로 질적이며 영적인 실재에 대한 생기 있는 이해를 빼앗긴 뒤에도 오래 유지될 수 있을까 하는 의구심을 지니고 있다. 영적으로 생기 있는 다른 문명은 서구의 폐허가 과거의 먼지로 사라진 뒤에도 일어날 것이다. 하지만 그리스도가 하늘과 땅의 주님이라는 것이 정말로 참이라면, 이는 세상에 심각한 손실이 될 것이다. 그렇다면 다시금 서구적인 것은 지금 세계적으로 강력한 힘을 발휘해서 모든 영적인 생기를 죽임으로써, 그 마지막 작품은 인간 문명 자체에 대재앙을 불러일으킬 수 있다. 서구는 교회를 필요로 하며, 더욱이 우리 시대의 형이상학적인 무지를 따르지 않는 그리스도교 증인을 필요로 하며, 교회'와' 세계 양자에서 진지하게 그리스도가 주님이라는 근본적인 주장을 받아들이는 그리스도교 증인을 필요로 한다.

주님이신 예수

한 가지 결정적인 점에서 그리스도교는 자신의 문명적 모태인 거대한 그리스-로마 세계와는 근본적으로 다른 실재의 관점으로 탄생했다. 이러한 차이의 중심은 실재가 본질적으로 의미 있다는, 지혜가 신적 선물이라는, 보이지 않는 것이 보이는 것보다 더 우선적이라는 확신이 아니었다. 오히려 핵심적인 차이는 하느님이 나자렛 예수 안에서 인간이 되었고, 이 예수가 무덤을 넘어서 승리했고, 하느님의 영원한 '로고스'일뿐만 아니라 모든 실재의 주님이라는 확고한 확신에 있다. 초기 교회의 핵심적인 고대 신경의 진술은 '주님이신 예수'(Kurios Iesuos, "예수는 주님이시다."[로마 10,9])였다. 이 두 단어는 예수의 추종자들이 당시의 현실주의를 근본적으로 따르지 않았다는 것을 암시한다. 물론 현실적으로 말하자면 카이사르가 주인이라는 것은 모두가 알았다. 그리고 카이사르에게는 자신의 주장을 뒷받침할 만한 군대, 부, 권력과 정의를 제공하는 가시적인 제도들, 자신의 주장을 지원하는 시민적 신성과 공동의 신화가 있었다. 따라서 초대 교회의 신앙 고백적 진술은 당시의 구체적인 정치적이고 종교적인 현실주의에 대한 거부 외에 다른 것이 아니었다. 그리스도교는 그리스-로마 세계 안에서 내적인 신비, 정신이 무아경으로 바뀌는 상태, 특별한 가르침, 역동적인 전례를 갖춘 개인적인 구원의 종교들의 거대한 집합일 뿐만 아니라 사적인 숭배로서 행복하게 있을 수 있었다. 그러나 예수가 '주님'이라고 선언함으로써, 그리스도교는 사적 숭배의 특권과 보호를 빼앗겨 버렸다. 왜냐하면 이러한 선언은 황제에 대한 대중적 숭배에 대한 직접적인 저항을 표명하는 것이었기 때문이다. 사적으로 좋아하는 것은 무엇이든지 믿어도 좋지만, 공적으로는 그의 구체적인 권력과 영광이 그리스-로마 문명의 광대한 제국에서 사람들에게 필요한 것을 제공하고, 질서와 통일을 유지하는 황제에게 순종하는 적합한 전례적 표현을 해야 했다. 이를 소홀히 하는 것은 삶과 활력,

그리스-로마 문명의 영광을 지속시키는 권력에 대한 선동적인 배은망덕을 드러내는 것이다.[7] 이렇게 선동을 했다는 이유로 많은 사도들과 초기의 많은 성인들이 순교를 당했다. 이 모든 것은, 카이사르의 제단에 향을 조금 뿌리기를 거부했기 때문이었다. (교회가 작은 전례적 행위를 한 깊은 의미가 무엇인가에 주목하라.)

우리 시대에 카이사르가 주인이라는 것은 의미가 없는 경제, 기술, 군사, 감시, 정보, 대중매체 권력이 이루는 견고한 현실주의들에서 표현된다. 이것들이 "실제적인" 기능적 지배자이며 우리는 그 아래서 살아간다. 고대에서 지상의 주인들은 사적인 종교적 경신례들을 준비했다. 물론 이러한 경신례들은 이것들이 사람들이 그 아래 사는 권력자들의 지위에 도전할 어떤 시도도 하지 않기 때문에만 허용된다. 그리고 이러한 경신례들은 심지어 궁극적인 (그러나 사적인) 목적과 의미라는 점에서 그것을 요구하는 것처럼 보이는 사람들에게 부여함으로써 권력자들을 잘 보충하기까지 했다. 초자연적으로 위로를 주는 사적인 경신례들의 제공은 의미 없는 현실에서 모든 것을 통제하기 위해 나아가야 하는 권력자들의 차갑고 딱딱한 현실주의를 넘어서 안전하게 자리잡는다.[8] 이 경신례들이 평온하게 몸, 시간, 일, 기부, 믿

---

7 모든 인간의 권력 구조들은 그것이 작동하기 위한 집단적인 믿음에 의존한다. 유효한 권위를 떠받치는 신화, 힘의 적법한 사용, 확립된 제도들과 절차들의 우주론적 타당성이 대중에게 그저 수용된다면, 집합적인 권력이 의존하고 있는 뒷받침적인 신화와 관련된 올바른 믿음을 옹호하려고 힘을 과시할 필요가 없다. 그러나 주어진 사회의 권력과 권위가 드러나는 주요한 신화들의 타당성이 어떤 식으로든지 기초를 흔들 정도로 도전을 받는다면, 그리고 이와 같은 도전이 세를 불린다면, 권력을 지닌 지배층의 치세는 자신들의 군대의 규모가 아무리 크더라도 위협을 받게 된다. 고대 로마는 이를 아주 분명히 이해했다.

8 Budde, *The (Magic) Kingdom of God*과 Budde and Brimlow, *Christianity Incorporated* 참조. 이 책들은 현재의 모든 서구 교회가 우리가 현재 살고 있는 세상을 움직이는 세속 국가와 상업 권력

음, 삶의 실천, 소규모의 전례적 충실성을 지금의 이 차갑고 딱딱한 현실주의에 부여하는 한에서, 개인적인 무아적 의미, 좋은 시간에 함께 노래하는 경신의 의미, 죽음 후의 삶의 구원을 갖게 한다.

이렇게 그리스도가 주인이시라는 타협하지 않는 충성을 표현하는 믿음으로서, 그리고 근본적으로 바오로 사도가 "자연적 인간"[현세적 인간]이라고 부르는 것(1코린 2,14)에 항상 "비현실적"일 실재에 대한 관점에 근본적으로 연결되는 믿음으로서 그리스도교가 직면하는 문제는 '우리가 너무 쉽게 따르지 않았는가?' 하는 것이다. 그리스도교 신앙은 원자화되고 주관적이며 구성적이고 상품화되며 사유화되고 별개로 초자연화되며 오락화된, 현대 세속적 서구 사회가 종교를 위해서 따로 마련한 개인적인 구원 무대 내에서 적합한가? 만일 적합하다면, 우리의 종교는 빠르게 암흑 속으로 사라지게 될 것이다. 그럼에도 대안은 있다. 여기서 성령은 불가능한 것을 가능하게 한다. 그러나 이렇게 희망할 수 있으려면, 우리는 형이상학적 매력을 회복해야 하고, 많은 그림자들은 지금은 성숙한 우리에게 아주 익숙한 현대 현실주의의 동굴 벽에 투사되어 의존하게 하고 유혹하는 역할을 한다. 실재에 활기를 불어넣고 실재로 되돌아가는 것은 쉽지 않을 것이다. 그러나 그리스도교인들이여, 예수가 주님이라는 것이 정말로 참되다면, 이러한 실재는 초기 교회의 사도들과 순교자들에게 요구했던 것처럼, 우리에게 우리 시대의 현실주의에 반대하는 가장 기본적인 충실함을 선택하도록 요구한다.

을 지원해 주는 사제의 역할을 너무 쉽게 발견하는 방식에 대해서 어느 정도 관통하는, 신학적으로 예민한 사회학적 사유에 대해서 다룬다.

현대의 현실주의에 대항하는 그리스도교 형이상학을 (정말로) 실제 세계에 적용하기

지금까지 이 장에서는 모더니티의 지배적인 일차원적인 현실주의가 그리스도교의 신앙에 대한 삼차원적 이해와 얼마나 양립할 수 없는가에 대한 큰 그림의 윤곽을 스케치했다. 그리스도교 플라톤주의의 실재에 대한 관점이 그리스도교인에게 진지하게 받아들여진다면, 여기에는 교회가 근본적으로 저항하지 않았던 현대적 삶의 어떤 일반적 특징이 거의 없다. 하지만 양립불가능함이 전반적이라면, 실재에 대한 삼차원적인 그리스도교적 이해를 실제적으로 현대 세계와 어떻게 관련시킬 수 있겠는가?

신약성서는 우리에게 나아갈 길을 보여 주는 세 마디의 강력한 용어를 우리에게 제공한다. 이 용어들은 모두 삼차원적 본성을 지닌 그리스도교 형이상학과 관련된다. 이 용어들은 메타노이아(metanoia, 회개), 피스테우오(pisteuo, 믿다), 코이노니아(koinonia, 친교)이다. '메타노이아'는 정신의 변화, 형이상학적 관점의 변화를 가리킨다. 이러한 관점은 그리스도교 계시가 선언하는 더 높은 실재들을 파악한다. '피스테우오'는 동사로서, 그리스도교 계시가 참으로 선언하는 실재를 믿는 실천적 행위이다. '코이노니아'는 그리스도교적 우애의 맥락이다. 이 우애에서 그리스도교 계시의 공유된 관점은 실제로 행동이 된다.

메타노이아 — 탈바꿈된 형이상학적 관점

그리스어 '메타노이아'는 "이후"를 의미하는 '메타'(meta)와 "정신" 또는 "의식"을 의미하는 '노이아'(noia)의 합성어이다. 신약성서에서 '메타노이아'는 정신의 근본적인 변화, 의식의 변화, 영적으로 어두운 정신, 곧 "자연적[현세적] 인간"의 거듭나지 않은 '프로토노이아'(protonoia, "이전의 정신")로부터 그리스도 안에서 새로운 창조의 신적 진리에 의해 조명받고 변형된 정신(metanoia, "이후의 정신")으로의 움직임을 나타낸다.

오늘날 영어본 신약성서에서 '메타노이아'라는 용어는 종종 "회개 또는 뉘우침"이라는 말로 번역된다. 이는 논란이 많은 언어적 선택이다. 이러한 논란은 그리스어 신약성서를 라틴어로 가장 이르게 번역한 번역본으로 거슬러 올라간다. 테르툴리아누스는 그리스어 '메타노이아'를 라틴어 구절 '페니텐시암 아지테'(paenitentiam agite, "속죄하다")로 번역하는 것에 반대했다. 이 라틴어 구절에서 '메타노이아'의 번역어로 사용된 뉘우침이라는 영어적 의미가 최종적으로 유래한다.[9] 뉘우

---

9 테르툴리아누스에 관한 이 내용을 포함해서(33쪽) '메타노이아'가 라틴어와 영어로 번역되어 온 방식에 관한 간략하고 도움이 되는 역사에 대해서는 다음을 참조: Anton, *Repentance*, 27-43. 아마도 라틴어 번역이 "정신의 변화"로서 '메타노이아'를 번역하는 것을 회피했던 이유들 중의 하나는 그리스도교적 회심이 존재(육체, 영혼, 정신, 행위, 영)의 전적인 변화가 아니라 단순히 영지(gnosis, 지식의 한 형태)로 여겨질 것이라는 소심한 걱정이었다. 영지주의는 교회의 초세기에 강력한 힘을 발휘했다. 다양한 영지주의 분파들은 특별히 계시된 지식이 구원에 이르는 오솔길이라고 주장했다. 이 분파들은 육체와 세상이 뒤에 남겨지는 것들이라는 점에서 매우 지성화되었고 비의적이며 "영성적"이었다. 또한 이 분파들은 흔히 더 넓은 그리스-로마 세계 안에서 로마 황제의 권력에 대해서나, 물질적이고 일시적인 권력을 넘어서는 그리스도의 주권에 대해서는 전혀 관심이 없는 사적 숭배 집단들로서 안전을 향유했다. '메타노이아'의 번역에서 개인적인 느낌과 대중적 행위를 강조함으로써 서구 교회는 그리스도교적 회심을 영지주의적인 신비적 종교들의 입교 과정과 구별했다. 하지만 이는 '메타노이아'에 대한 그리스도교적 의미가 정말로 개인적인 느낌과 대중적 행위를 포함하고, 그리스도교적 회심이 영지주의적인 구원이 아닌 반면에, 신약성서가 '정신'의 변화는 세례성사를 통해 교회와의 존재론적인 결합과 더불어 그리스도인의 온 정신-육체-영혼 존재의 변형에 영향을 미치는 성령의 작업이 이루어지는 곳임을 분명하며 나타낸다는 것을 타당하게 주목하는 것처럼 여겨진다. 단지 느낌의 상태로, 과거의 잘못에 대한 벌의 수행으로 이해된 그리스도교적 회심은 신약성서의 회심의 역동성에서 정신의 중심적 역할을 심하게 간과하는 것이다. 정신의 깊은 실재에 대한 추정들에 대한 관심의 부족을 수반하는, 형이상학에 대한 관심의 결핍은 현대 서구 그리스도교에서는 교회의 초세기에 영지주의에 저항하는 필수적인 방어를 하는 데 있어서 의도하지 않은 유산의 형태가 되었다.

침은 우선은 회고적인 슬픔에 대해, 그다음에는 앞으로 행위에서 변화됨을 강하게 함축하고 있다. 그래서 '뉘우침'(repentance)이라는 영어 단어의 뿌리들은 고통(pain)과 속죄(penance) 양자와 연결된다. 느낌과 행위는 이러한 단어 선택에서 강조된다. '정신'의 관점은 핵심이 아니다. 하지만 '메타노이아'는 핵심적으로 정신에 초점이 맞춰져 있다. 이는 우선 우리가 '어떤 것으로부터' 마음을 변화시키는 바보다 우리의 마음을 '어떤 것으로' 변화시키는 바와 더 많이 관련된다. 그 때문에 메타노이아는 계시의 자유와 변화된 관점으로부터 흘러나오는 행위들과 연결된 단어인 '앞을 바라봄'이며, 하느님으로부터 받는 참으로 변화된 존재가 된다. 이렇게 "회개하고 믿음"(마르 1,15)은 더욱 자구적으로 (그리고 더욱 정확하게) "너희의 정신을 변화시켜서 믿는 것"으로 번역될 수 있다.

영어로 표현된 "너희 정신을 바꿔라."는 별것 아닌 것처럼 보이지만, '메타노이아'는 신약성서에서 우선적이고 포괄적인 변화의 말이다. 왜냐하면 그리스어 '노이아'(noia)는 정신의 최고의 능력들을 의미하기 때문이다. 이 능력들은 영원한 실재들과 연결된다. (또는 연결하는 데 실패한다.) 따라서 "정신을 바꿈"은 통찰의 이 최우선적인 수준에서 삶의 전면적인 변화를 의미하며, 그러한 회심, 곧 우리의 정신과 마음과 행위의 탈바꿈이야말로 '메타노이아'의 귀결이다. 이로써 '메타노이아'의 핵심은 회한에 대한 감정적인 경험이 아니며, 과거의 잘못을 행위로 보상하려는 결정이 아니라, 믿는 사람의 능동적인 신뢰와 조화를 이루면서 성령에 의해 이루어지는 의식의 변화이다. '메타노이아'는 우리의 존재를 신적으로 가능하게 하는 변화에 수반되는 실재에 대한 이해의 변화이다. '메타노이아'는 우리가 살고 있는 비그리스도교 문화 세계의 가장 기본적인 실재에 대한 생각을 당연시해서 따르지 않는 역동적 과정의 핵심이다. "이 세상"에서 받아들이는 실재의 관점의 구조들을 당연시해서 따르지 않는 것은 바오로 사도가 설명하듯이, 우리의 정신이 새로워짐으로써(로마 12,2) 실재에 대한 '우리의' 이해가 탈바꿈될 때(자구적으로는 "변신하는"metamorphized, 예컨대 애벌레라는 "이전의 형태" 뒤에 나비가 되는 것처럼 "이후의 형태"로 움직일 때) 가능하다.

피스테우오 — 믿음의 행위

마르 1,15에서 묘사하듯이, 예수는 다음과 같은 혁명적인 선언과 함께 공생활 한가운데에 들어섰다. "때가 차서 하느님의 나라가 가까이 왔다. 회개하고(metanoeite) 복음을 믿어라(pisteuete en to euangelio)." 여기서 "회개, 뉘우침"은 의식의 근본적인 변화로의 요청이다. 예수의 인격 안에서, 육신 안에서 계시된 것으로서 하느님 나라의 영적인 실재를 감지하는 것은 새로운 사고방식, 그것을 통해서 실재를 보게 되는 새로운 렌즈, 새로운 의식을 받아들이는 것이다. 하지만 이러한 관점은 능동적이고 헌신적인 관점으로서 기쁜 소식을 믿는 것이다.

그리스어 어근 '피스트'(pist-)는 그리스어 명사 '피스티스'(pistis, "믿음")와 그리스어 동사 '피스테우오'(pisteuo, "믿다") 양자의 어근이다. 이 어근의 우선적인 의미는 '신뢰'이다. ('신뢰'confidence의 라틴어 기원은 "함께"를 의미하는 con과 "믿음"을 의미하는 fide이다.) 철학적, 신학적 함의를 갖기에 앞서 어근 '피스트'는 공적 신뢰, 믿을 만한 평판, 사업적 신뢰와 관련이 있는 용어이다. 이 오래된 의미는 관계적 신뢰와 적극적이고 공공적으로 인정된 신뢰를 나타낸다. 믿음/신뢰의 이와 같은 "시장"에서의 의미와 조화를 이루면서, 그리스도교의 예수에 대한 "믿음"은 단순히 수동적이고 개인적인 확신이 아니다. 왜냐하면 요한은 예수를 믿는 것은 하느님이 우리에게 요구하는 '일'이며(요한 6,29), 기쁜 소식은 공적으로 살고 선언되는 것이라는 점을 분명하게 했기 때문이다. 관계적인 신뢰는 신뢰를 얻는 사람에 대한 능동적이고 공적인 의존에서 표현된다. 이렇게 예수를 믿는 것은 단순히 예수가 하느님의 아들(마르 1,1), 신적 로고스(요한 1,1), 우주의 주님(콜로 2,9-10)이라는 계시를 "보는 것"이 아니다. 이는 마치 이러한 "앎, 지식"이 사적이고 주관적인 종교적 믿음인 것처럼 여기는 것이다. 오히려 예수를 믿는 것은 그리스도가 누구이며 그리스도의 창조 능력을 위해서 창조된 실재가 무엇인지에 관한 이 전망에 대한 능동적이고 공적인 신뢰를 실천하는 것이다.

나는 여기서 신약성서가 연결하는 방식으로 '메타노이아'를 '피스테우오'와 연결시키고 있다. 말하자면 그리스도의 신성과 주님의 지위에 대한 계시가 만드는 의식의 변화는 하늘과 땅의 거룩한 왕에 대한 관계적 충실성에서 진행되어야 하며, 이러한 충실성은 공적으로, 그리고 모든 권위와 거짓된 높은 권력들, 믿지 않는 사람들을 눈멀게 하고 기만하는, 당연한 것으로 여기는 실재들에 대한 저항으로 진행되어야 한다는 것이다. 현대가 자유롭고 과학적으로 듣는 귀를 가졌다는 측면에서 보자면, 이러한 점은 혁명적인 종교적 광기, 편협하고 오만한 근본주의, 미신적인 열광이나 다름없다. 하지만 그리스도교의 복음이 영적인 힘이 없고 문화적, 윤리적이고 세상에서 공적인 일을 형성하는 영향이 거의 없다면, 누군가는 그것이 정말로 우리가 믿는 그리스도교의 복음인지 생각해 봐야만 한다.

적어도 과학적인 세속적 모더니티의 현실주의, 가치, 감수성에 어느 정도 반감을 일으킨다는 것을 인정하면서, 만일 우리가 정말로 하늘과 땅에 대한 예수 그리스도의 지위에 대한 공인된 신뢰로 마음과 행위를 바꾼다면, 마치 그리스도교의 "회개의 믿음"이 이 세상을 뒤엎으려고 하는 것처럼 여겨지거나, 아니면 그리스도교인들이 정말로 대단히 멍청하고 그리스도교의 실재에 대한 관점이 망상일 뿐이라는 것을 입증할 것처럼 여겨질 것이다. 실제 사정이 후자이기보다 전자일 가능성에 대해서 검토해 보자. 여기서 예수 안에서 하느님에 의해 계시된 진리와 실재에 대한 관점은 그리스도의 권위 주장에 주의를 기울이지 않는 "세상"을 구성하는 실재에 대한 잘못된 관점에 직접적으로 저항하는 데 있어서 세상에 적용될 수 있다. 하느님의 계시에 대한 참된 겸손과 순종의 기능으로서 이러한 관점은 무지하고 야만적인 편협함이나 교조적인 오만함 또는 현대 학식의 타당성과 가치, 사회적 생활 형태에 대한 타당성과 가치에 대한 전면적 거부를 수반하지 않아야 한다. 하지만 본질적으로 실재에 대한 삼차원적인 형이상학적 관점, 그리고 성서와 교회의 삶에서 하느님의 계시를 기꺼이 능동적으로 믿는 것은 인간 역사에서 활동적으로 관련을 맺는 살아 있는 하느님의 가능성을 그야말로 거부하는 모더니티의 측면들과 충돌할 수밖에 없다. 모더니티가 실재에 대한 잘못된 관점을 지닌다면, 말하자면 실재가 기능적으로 물리적 본성에 대한 우리의 도구적 힘을 통해 실행되는 인간의 통치권에 의해 지배된다고 생각한다면, 지금 현재 시대의 규범과 작용적인 규칙을 형성하는 지배적인 사회 문화적 주권과 권력은 그리스도교인들이 자신들의 믿음의 의미에 충실할 때, 교회에 의해 적극적으로 반대될 수밖에 없다.

코이노니아 ― 믿음을 공유한 삶: 그리스도교적 친교

신약성서에서 사용된 용어인 '코이노니아'(koinonia)는 "친교"를 의미한다. 우리는 신적 진리를 깨달아야 하고 궁극적 실재의 본성에 대해서 우리의 마음을 변화시켜야 하며, 이러한 관점을 적극적으로 믿으려고 해야 한다. 하지만 사실 우리는 믿음에 의해 보이는 실재를 포함해서 공유하는 삶의 세계의 맥락에서 항상 실재를 보고 있다. 그 때문에 때가 되어서 하느님 나라가 가까이 왔다는 것을 알리는 것처럼, 실재에 대해 확립된 문화적으로 자리잡은 관점을 재고하는 것은 한 사람에 의해 수행될 수는 없다. 믿음의 발걸음은 사적인 별도의 개인적 걸음이 아니다. 그리스도 안에 있다는 것은 그분의 몸 안에 있다는 것이며, 이는 교회로 통합되어야 한다. 예수는 당신의 제자들을 한데 모았고, 성령의 힘에 의해 이러한 모음은 실재를 다양하게 보고 실행한 공적 모임(ekklesia)으로 탈바꿈되었다. 이 모임은 "교회"라는 용어의 신약성서적 의미이다. 성령 강림 후에 거대한 그리스-로마 문화의 "공동 정신"에서 공통적으로 수용된 규범들과 형이상학적 전제들을 지배하는 확립된 가시적 실재들과 권력들은 교회에서 다른 관점, 다른 정신, 다른 권력과 상충되었다. 이렇게 막 젖을 뗀 교회는 신적인 정신으로 탈바꿈된 활동적으로 믿는 사람들의 친교였다. 이렇게 믿는 사람들은 함께 살았던 이교 그리스-로마 세계의 이야기, 권력, 고전적 구조, 정치적이고 경제적 필요들, 성별 관계, 종교, 운영

규범에 있어서 실재에 대한 다른 이해를 도모했다.[10]

우리가 별도의 개인적, 비정치적, 자율적으로 가치를 결정하는, 자유로운 모더니티의 지배 권력들이 우리를 위해 따로 마련한 울타리 '내에서' 그저 그리스도인들이라면, 우리가 '코이노니아'가 무엇인가, 또는 예수가 주님이라는 것을 선언하는 실재의 관점에 대한 근본적인 주장이 무엇인가를 한눈에 알아보기는 어렵다. 세속적인 자유로운 소비사회에서 종교에 자리를 내주는 조건하에서, 우리는 그리스도가 주님이심을 의미 있게 선언할 수 없으며, 오히려 기능적인 유물론적이고 비윤리적으로 실용적이며 근본적으로 해체적이고 원자적인 소비사회의 현실주의를 인정하게 된다. 이러한 소비사회는 우리 시대의 신 없는 우상숭배적인 정신에 암울하게 속박되어 있다.

세상을 위해 현대 현실주의의 원자주의와 제국주의에 대항하는 것

형이상학적으로 회개하고자 하며 현대 세계를 살아가는 그리스도인이라면 누구든 직면하게 될 첫 번째 도전은 원자화의 문제일 것이다. 말하자면 사회학자인 지그문트 바우만이 표현하듯이 "유동적 모더니티"의 세계는 모든 공동적인 끈, 모든 지역적인 끈, 과거와 미래에 대한 모든 끈, 모든 공통적이며 초월적으로 언급되는 가치가 용해되는 곳에 있다. 개인은 점차 자신이 세계적 경제, 소비사회, 민족 국가, 매스미디어에 의해 만들어진 강력한 문화적이고 정치적인 경향

10 확실히 과정은 두 가지 방식으로 이루어졌다. 그리스-로마 시대의 문화 세계는 참으로 그리스도교 공동체들이 자신들을 이해했던 방식을 형성했다. 하지만 이러한 방식에서 순교자들의 교회는 종종 무모하게 저항한 그리스-로마 세계의 핵심적 권력과 의미 구조들은 그들이 살았던 세상의 실재와 최종적 충실성에 대한 다른 이해에 의해 지배된 이들의 존재에 대한 증언이다.

들로 자유롭게 흘러가는 것을 발견한다. 다른 사상가인 유르겐 하버마스가 지적하듯이, 이 점에 대해서 두드러진 것은 우리에게 개인들의 이와 같은 원자화와 강력한 집합적 경향의 자유로운 흐름에 저항하는 중간 질서의 사회 제도들이 없다면, 말과 의미의 역할은 현대의 자유로운 사회에서 완전히 상실된다는 점이다. 말하자면 한편으로 우리에게 개인적인 것만이 있고, 다른 한편으로는 거대한 "효율적"이고 개인적이지 않은 기업적이고 관료주의적인 권력들이 있다면, 분명한 권력에 대한 개인적인 필요성과 비개인적인 필요성 사이의 공적 영역은 사라진다. 비록 대중의 투표라는 민주주의적인 의례가 여전히 이루어진다 하더라도, 인간적으로 관련되고 지역적인 규모의 시민적 삶의 부재는 공적 영역의 죽음으로 귀결된다. 달리 말해서, 살아 있는 공적 영역 없이는 인간과 의미 있는 목적을 향해서 시민을 위한, 시민에 의한 통치의 이념은 쓸모없게 된다. 그 때문에 인간적으로 불충하게 뿌리를 내리고 있는, 말하자면 사람들이 거기서 살아가는 거대한 환경을 형성하는 아주 제한된 힘을 지니는 중간 질서의 공동체들과 더불어 개인적인 것들을 함유하는 원자화된 "사회"는 거대한 도구적 권력이 다스리기에 놀라울 만큼 쉬운 처지에 놓이게 된다. 정치가들이 거대 기업 관계자들에 의해 준비된 경제적인 필요성에 점차 지배되기 때문에, 그리고 시민들이 대중 생활에서 그들 자신의 비대중적인 공간의 영역으로 물러나기 때문에, 우리는 정치적 이념들, 시민적 의식, 참여적인 공동체 관계의 죽음을 보고 있다.[11] 이는

11 인터넷과 휴대전화는 상위 수준의 힘(정치적 또는 시장의 힘)과 공유하면서 사이버 공간의 뿌리 없고 개인화된 가상성이 맥락 없는 개인적 자유를 재강화시키려는 경향이 있기 때문에, 중

사람들의 공동선에 관심을 두고 윤리적 통치를 하려는 시도에 있어서 매우 부정적이다. 취약한 이들, 가난한 이들, 인간 이외의 존재를 착취하는 모든 방식, 부유한 이들과 힘있는 이들을 위한 자유의 모든 방식이 갈수록 우리가 사는 인류 공간들에 그늘을 드리우고 있다. 그리스도인들에게 있어 대중적 삶으로부터 윤리적 실재를 배제하는 것에 대해서 옛 예언자들은 끊임없이 분노했고, 이는 하느님의 사람들이 결코 단순히 받아들일 수 없는 웃음거리이다.

아우구스티누스 성인과 스탠리 하우어워스는 교회가 정치적 조직체이며, 신국이 모더니티가 수행하는 단체적이고 지역적인 것을 해체하는 원자화에 저항해야 한다는 것을 제대로 인식했다. 우리가 넓은 사회에서, 참으로 우리의 포괄적인 맥락에서 권력의 과정에서 이와 같은 비인간화에 저항해야 한다면, 교회의 정치 조직체를 재건해야 한다. 왜냐하면 이러한 점은 인격적 수준에서 소비사회의 견고한 착취와 불멸성에 대한 소규모 저항의 다양한 행위를 수행하는 것에 해당되기 때문이다. 윤리적 소비, 개인적 차량 이동의 거부, 정치인들에게 글쓰기, 우리 자신의 먹거리를 재배하는 것, 텔레비전의 거부, 지역 공동체의 관심사에서 자원봉사 등과 같이 우리 시대의 윤리적 결점에 대한 소규모 저항은 모두 좋은 것이지만, 이러한 저항의 범위는 본질적으로 개인적인 윤리성의 무대에까지 미친다. 권력에 저항하는 데 필요한 것은 인간적으로 조직되고 지역적으로 뿌리를

간 질서의 정치적 영역을 좀처럼 되살리지 못한다. "바이러스성" 페이스북과 같은 수단을 통해 상위 수준의 권력에 영향을 끼치는 것은 물론 가능하지만, 이러한 유형의 힘은 본질적으로 상위 권력이 자연적으로 통용시키는 이미지 및 여론과 결합되어 있다. 따라서 상위 권력의 영역 내에서 그것의 통제하에 머문다.

내린 친교의 수준에서 소규모로 저항하는 '단체적인' 행위이다. 그리스도인들이 윤리적 맹목성에, 가치와 의미에 대한 도구적 무관심에 또는 진짜 사람들이 추상적인 재정적 필요성에 예속되는 것에 답하는 것이 우리의 사적 자유의 실행에서 종교적이고 윤리적인 정통성에 대한 우리의 개인적인 의미와 관련되는 개인적인 응답으로만 남게 된다면, 주류를 지배하는 권력들은 사적인 불만에서 나온 우리의 헛된 미소한 주장들에 계속 전적으로 무관심하게 된다.

여기서 회개하고 믿는 것(metanoeite kai pisteuete)은 우리가 원자화로 간주하는 것에서 효과가 나타난다. 과연 우리가 믿는 이들로서 거기에 참여하고, 그리스도 안에서 독특한 중심이자 생명을 지닌, 대중적으로 모인 정치적 조직체인 존재론적인 실재가 교회이며, 지상에서 그리스도의 몸인 계시된 진리를 파악할 수 있는가? 또는 우리는 단체로서, 각자가 자신의 개인적인 종교적 확신을 지니는, 자율적으로 자유로운 개인들의 집합으로서 교회를 보고 있는가? 우리는 그리스도의 주님이심을 거부하면서 고개를 쳐드는 모든 우월한 것들과 권력들에 직면해서 교회의 선교를 세상에서 그리스도의 삶을 표현하는 것으로 보고 있는가? 아니면 우리는 더 큰 세상은 그대로 남겨둔 채, 교회의 사명을 오직 사람들의 영혼을 구원하는 것을 목적으로 삼는 그리스도의 업적에 대한 그저 개인적이고 "영적인" 응답을 전파하는 것으로 보고 있는 것은 아닌가? 우리는 우리의 세상이 거대하게 살아 있는 그 아래서 힘, 가치, 목적의 평범한 역동성을 구성하는 권력들이 주인임을 내세우는 것과 싸우면서 그리스도의 주님이심에 충실하게 살아가는 모든 그리스도인에게서 친교에서 교회의 일을 완결된 어떤 것으로 보고 있는가? 또는 우리는 교회의 선교를 이에 대해 걱정하는 종교적 전문가들을 위해 헌금을 하는 어떤 것으로 보고 있지는 않은가? 우리는 개인적인 소비를 만족시키는 규범들과 기업적이고 관료주의적인 권력에 의존하는 실재를 원자적으로 수용하는 관점에 저항하면서 교회의 형이상학적 관점의 진리에 대해 참된 신뢰를 표현하는 능동적인 방식으로 교회의 이러한 관점을 '믿고' 있는가?

우리는 교회가 사회적 실재에 대한 근대의 관점에게 무엇이라고 간주되는 것에 불과하지 않음을 "직시"할 수 있는가? 현대적 관점에서 교회들은 솔직하게 자기들끼리 따로 놀며, 시간이 지나면서 자신들을 선전하는 개인들과 제도들의 느슨한 종교적 연합이다. 그렇다면 우리는 교회가 정말로 '그리스도의 몸의 존재적 실재'라는 것을 볼 수 있는가? 이렇게 보이지 않는 실재가 이 실재에 참여하는 그리스도인들의 개별적인 인격적 정체성을 초월하는 곳에서 말이다. 그렇다면 우리가 살아가는 방식을 형성하는 그러한 방식에서 적극적으로 이런 실재를 믿을 수 있는가? 우리가 그렇게 믿을 수 있다면, 물 흐르듯이 밀려오는 모더니티의 원자화와 비인격화에 반대하는 집합적인 소규모 저항의 실천에 대해서 진지해져야 한다.

그리스도의 주님이심 아래서 인간적으로 의미 있는 지역화된 공동체들을 재건설하는 교회는 우리 시대의 권력들과 충돌하고 있다. 왜냐하면 이런 모습의 교회는 현대 세계의 권력을 지속시키는 신화를 강화하는 것과는 거리가 멀 것이기 때문이다. 현대의 자유로운 소비사회에서 신성불가침의 자유는 (사적) 가치와 의미에 대해서는 명백히 중립적으로 여겨지는 대중 공간의 법과 "대상성"에 상응하는 순응과 함께하는 개인적 가치, 개인적 믿음, 개인적 연대일 뿐이다. 그렇다면 이렇게 대중적 힘과 대상적인 사실성에 대해서 "몰가치적"으로 작용하는 영역은 윤리적 제약에서 놀라울 정도로 자유롭게 된다. 거대 금융과 세계적 기업의 세계에서 이러한 점은 어마어마한 돈의 양을 투자해서 착취하는 것을, 그리고 "국가 없는" 기업의 천문학적인 이익에 대해서 세금을 거의 내지 않는 것을 고안하는 데 있어서 독창적으로 창조하는 방식들로 나타난다. 이러한 권력들이 매우 강력하기 때문에, 그러니까 돈이 권력의 통화이기 때문에, 정치가들은 국고와 시민 정치로부터 이런 막대한 개인적 부를 지키는 것을 아주 용이하게 만들어 준다. 넌더리 나게도 이는 2008년 미국의 재정 위기 때 "망하기엔 너무 큰" 민간 금융기관들에게 상상도 못할 거대한 액수의 공금이 기탁되면서 드러났다. 기업 세계에서 돈을 축적하려는 관심, 대중을 착취하고 타락시키는 권력, 정부와의 기능적인 제휴는 "여러분을 억누르는 사람들이 바로 부자가 아닙니까?"(야고 2,6)라는 야고보의 고대 수사학적 물음에 대한 흥미로운 주석을 낳았다.

현대 세계가 근본적으로 옳고, 현대 서구 그리스도교인들이 이 안에서 사물들이 이미 존재하는 방식에 긍정적으로 적응할 수 있다면, 이 책에서 그리스도교 플라톤주의의 형이상학적 관점과 '메타노이아'에 대해서 말했던 모든 것은 헛소리에 불과할 것이다. 그렇다면 현대적 실재는 그저 좋을 뿐이고 우리는 정신을 근본적으로 변화시킬 필요가 없다. 하지만 진리, 의미, 인격적 정체성, 시장, 돈, 권력에 대한 현대적 관념이 우리를 파괴하고 있을 뿐만 아니라, 근본적으로 그리스도교의 형이상학적 관점과는 다르기도 하다면, 현대 세계에 아무리 긍정적으로 적응한다고 하더라도 우리를 (또는 이러한 관점을) 돕지는 못할 것이다. 외설물들과의 싸움, 가족 단위의 그리스도교 관념의 수호, 그리스도교 학교와 대학교의 운영, "그리스도교적으로" 운영하는 마케팅, 비즈니스, 연예 사업, 성공적인 사목 대상을 선정하는 데 있어서 전략과 수행 등은 그것이 우리가 할 수 있는 모든 것이라면, 이는 거의 아무 소용도 없을 것이다. 왜냐하면 이렇게 문명적인 방향으로 근본적으로 이동하려는 희망은 실재의 본성에 대한 대안적인 관점을 필요로 하기 때문이다. 그래서 그리스도의 주님이심과 지상의 그리스도의 몸에 그리스도인들이 참여하는 존재론적인 실재를 전제로 하면서 지성적으로 공동적인 소규모 저항의 행동을 통해서 공동체, 삶에 대한 대안적인 방식을 상상하고 실현시키는 믿는 이들의 친교를 이루는 것이 필요하다. 이와 같은 후자의 시나리오가 맞다면, 형이상학이 '정말 중요하며', 자신들의 믿음이 형이상학적으로 함축하는 것을 진지하게 여기기는커녕 이해하지 못하는 그리스도인들은 선을 보존하고 진리를 조명하는 소금과 빛이기보다 우리 시대의 문제의 일부분이다.

긍정적으로 말하자면, 현대의 현실주의가 가치와 의미에 대한 비현실적인 전망이라고 볼 수밖에 없는 것만이 우리에게 문명적 방향을 바꿀 수 있는 영적인 연료를 제공할 수 있다. 이미 부자인 사람들이 비윤리적인 사리사욕에 몰두하는 도구적 힘의 논리는, 아무리 이성적이고 아무리 윤리적으로 필요하다고 하더라도, 장기적 재난 또는 불안하게 확립된 자원 착취의 유형들을 바꾸려는 어떤 이성적인 조치도 취하지 않을 것이다. 우리는 정치인들에 대한 일말의 동정심을 가질 수밖에 할 수 없다. 이들이 봉사하는 대중처럼, 이들은 본질적으로 영향을 미치는 데 무력하게 여겨지는 거대 권력의 견고한 게임에서 작은 볼모들이다. 언론은 이들이 자신을 통해 대중을 통제하는 것처럼 이들을 통제하며, 세계적으로 활동하는 대기업은 가장 중요한 점이 가장 싼 가격인 정치적 환경에서 공동 정책과 국가법에 의해 할 수 있는 것과 할 수 없는 것에 대해서 마지노선을 설정한다.

그렇다면 우리는 이를 어떻게 변화시켜야 하는가?

그리스도의 주권 아래서의 교회와 시민 세계의 구원

하느님 나라는 하느님의 통치가 사람들에 의해 기꺼이 공경받는 "장소"이다. 말하자면 복음은 권력과 권위에 대한 것이며, 이는 사람들과 공동체의 총체적인 변화에 대한 것이기에, 하느님의 뜻이 하늘에서와 같이 땅에서도 이루어질 것이다. 복음이 죽은 뒤에 사람들의 영혼을 구원하는 것에 대한 것이라고만 생각하는 것은 우리 시대의 가장 놀라운 이단일 수밖에 없다.[12]

이미 지적했듯이, 모더니티의 조건들은 인간적으로 중요하고 지역적으로 뿌리를 둔 관심들('에클레시아'의 관심사들)의 중간 질서가 개인들과

---

12 물론 하느님과 인간 사이에서 속죄는 십자가를 통해서 그리스도에 의해 이루어졌다. 참으로 속죄는 우리의 영혼을 구원하며 참으로 우리가 그리스도의 삶에서 그리스도의 죽음의 부활에 접근하게 한다. 하지만 속죄는 우주적이지 단순히 개인적이고 "다른 세상적"이지 않다. 십자가를 통해 죄, 죽음, 악에 대한 그리스도의 승리는 하느님의 사랑과 힘을 나타낸다. 하지만 속죄는 모든 권력과 권위를 넘어서는 하느님의 나라와 그리스도의 통치로 들어가는 수단이지, 구원의 최종점은 아니다. 마치 그리스도가 구원하러 온(요한 3,17) 이 세상의 권력과 사건들이 복음과 아무런 관련이 없는 것처럼, 우리의 영혼을 구원하지 않고 무덤을 넘어서 그분 안에서 우리의 생명을 보존한다는 것을 주장하는 것은 이단적인 것에 가깝다.

거대 권력들을 매개하는 대중적 영역을 무너뜨린다. 흐르는 모더니티 내에서 개인들은 자아를 구성하는 자아도취적인 환상적 영역으로 손쉽게 사라져 버린다. 그리고 거대 권력들은 지혜에 토대를 두지 않고, 또는 신성함을 의식하지 않고 자신의 역할을 하려는 경향을 지닌다. 그리고 도구적으로 경제력의 축적의 정도가 우리가 그 아래 사는 통치적 규범이 되는 경향을 보인다. 이러한 설정을 뒷받침하는 형이상학적 역동성은 의미와 가치를 사적이고 개인적인 자유의 영역으로 밀어내는 것이다. '실제' 의미와 '실제' 가치에 대한, 그리스도교의 공동적 삶에 그리스도인들의 존재론적인 참여에 대한, 그리고 하늘과 땅을 지배하는 그리스도의 주권에 대한 교회의 형이상학적 관점은 현대 세계가 형성되는 토대가 되는 구조들과 그 근본적인 신화에 맞서야 한다. 이렇게 함으로써 교회에서 표현된 그리스도의 삶으로 사회적 실재의 중간 질서에 생기를 불어넣어야 한다.

이하에서 나는 특별히 공적 영역에 자리잡은 것으로서 하늘나라 공동체의 변화에 대한 가상적인 시나리오를 통해서 생각할 것이다. 여기서 내가 선택한 특별한 가상적 예는 주요 관심사는 아니다. 오히려 이는 주요 관심인 교회에 주어진 실재의 관점 아래서 하느님 나라의 발전에 대한 대중적 본성의 복원이다.

변화에 대한 가상적 시나리오로서 호주에 적용되는 국내 에너지에 대한 쟁점들을 생각해 보자.

호주에서 우리는 급상승하는 가정 에너지 고지서를 받는다. 우리는 석탄을 연소하는 발전기를 사용한다. 이 발전기는 국가에서 운영하는 것으로서 호주가 필요로 하는 전력의 압도적인 부족을 보충한다. 석탄 산업과 에너지 회사들을 사유화하는 회사 주인들은 상황이 어떻게 돌아가는가에 따라 상당한 수익을 얻는다. 하지만 우리는 전적으로 재생 가능한 수단을 통해 우리나라의 에너지 수요를 해결하기 위한 모든 천연자원과 기술적인 노하우를 가지고 있다. (비록 이러한 점이 결코 단순한 대처가 되지 못하더라도 말이다.) 이러한 대처에 착수함으로써 호주에서 최고의 기술을 지닌 제조자들이 자리를 뜨고 있는 시대에 거대한 제조업체들이 유용한 기술적 직업을 위한 대규모 일자리를 만들 수 있다. 하지만 호주의 에너지 수요의 아주 작은 한 부분 이상을 국가 주도의 재생 가능한 에너지 발전소가 제공하는 일은 결코 일어나지 않을 것이다. 비록 과학이 기상 변화에 대해서 말한다고 하더라도, 비록 평범한 호주 소비자와 노동자에게 이것이 아무리 좋다고 하더라도, 높은 재정적 권력과 여론 조작, 정당 정치는 단순히 그런 목적을 현실적이라고 볼 수 없을 것이다. 권력은 자신을 위한 것이기 때문에, 일반 사람에게는, 또는 공동선 또는 상식을 위해서는 존재하지 않는다. 권력은 그것이 어디서 발견되든지 간에, 권력이 존재하는 구조 내에서 자기 자신의 보존을 위해서 존재한다. 이렇게 우리가 정치적 권력을 보는 방식 때문에, 우리는 이를 변화시킬 수 없다. 우리에게는 '권력을 진리에 종속시키는', 지혜가 단기적인 사리사욕에 앞서는, 그리고 보통 사람의 존엄성과 인간 자원을 경영의 대상으로 보고 관료적인 능률과 재정적 필요성을 중시하는 비인간적인 권력을 넘어서 지역 공동체들의 통합을 옹호하는 의미 있는 어떤 실재에 대한 관점도 없다. 성서가 표현하듯이, 어떤 관점 없이는 사람들은 사라지게 된다. 어리석음과 파멸은 지혜가 침묵할 때 얻어지는 것이다.

하지만 안타깝게도 우리를 통치하는 권력들은 의미 있는 어떤 진리도 '볼 수 없다.' 이 권력들은 오직 도구적 필요성만, 비윤리적인 힘의 현실주의만, 그 안에서 권력들이 작동해야 하는 실존하는 한계의 메트릭스만 볼 수 있다. 영적인 관점이 거의 없기 때문에, 더 나은 세상에 대한 어떤 희망도 현재 우리를 통치하는 권력들로부터 바라지 못할 것이다.

나는 그리스도인들이 공적 영역을 단념하는 것을 결코 지지하지 않는다. 하지만 나는 우리가 정치적 권력의 공식적인 구조 안에 뿌리를 내린 것들이 아닌 다른 수단으로 대중 세계의 공유된 실재를 만회하기 위해 역할을 해야 한다고 주장한다.

이를 위한 한 가지 아이디어가 있다. 캐나다와 마찬가지로 호주는 1960년대와 1970년대에 활동적인 교회 연대에서 심각한 인구통계학적 붕괴를 목격했다. 그럼에도 호주인 다섯 명 중의 한 명은 여전히 적어도 한 달에 한 번은 교회에 다닌다고 한다. 이렇게 호주에서 그리스도교 인구의 "남은 부분"은 결코 적지 않다. 호주 그리스도인들이 토지관리를 성서에 대한 충실성의 문제로 보게 되었다고 상상해 보자. 호주 그리스도교 단체와 호주 그리스도교인들에게 입소문을 타고 번진 앨런 데이비스의 주목하지 않을 수 없는 논쟁적인 작품 『성서, 문화, 농업』을 통해서 지역적으로 생산된 재생 가능 에너지를 이러한 맥락에서 중요한 이슈로 보게 되었다고 가정해 보자. 정말로 데이비스의 작품은 지역적으로 관련된 토지관리가 근본적으로 의미 있는 성서적 이슈이며, 윤리적이고 자연적인 착취의 모든 방식이 이러한 사안들에 관해 하느님의 뜻에 반대되는 견고한 권력들을 뒷받침하는 제국주의적 권력과 연결되었다는 것이 불가피하다고 보고 있다. 그리스도인들이 지역적으로 관련된 영역에서 (호주의 인구는 거의 대부분 20여 개의 거대 도시보다 더 적은 지역에 몰려 있다.) 자원을 어느 정도 통합함으로써 풍력발전 지역을 건설할 수 있는 부동산을 사는 것을 결정하는 데 정당화했다고 상상해 보자. 이렇게 해서 부동산이 팔리고, 그 자금은 풍력발전의 터빈을 사는 데 이용된다. 그렇다면 이러한 자금은 엄밀하게는 재생 가능한 에너지 회사의 이익을 위한 것은 아니며, 수익을 올리려는 재정적 목적을 지닌 각 지역에서 만들어진다. 이로써 각 지역은 더 많은 사람들을 고용하고 더 많은 터빈을 사고, 전체 지역 범위에 최종적으로 힘을 부여할 목적으로, 말하자면 사적 이익이 아니라 그 지역의 선을 위해서 재생 가능한 에너지를 확장시킬 수 있을 것이다. 하지만 이러한 점은 출발점에 있는 목적일 뿐이다. 왜냐하면 더 큰 관점은 우리 자신의 재생 가능한 에너지 설비를 제조하고, 변동하는 수요를 충족시키기에 적합한 형태로 에너지를 저장하는, 재생 가능한 에너지의 핵심적인 부분의 연구 투자에 충분한 것을 얻을 수 있기 때문이다. 그리스도교 교회들이 인간과 초월적으로 말해지는 목적에 신중하게 초점을 맞춘 경영 논리를 지키기 위해서 이와 같은 전체 과정을 정부의 자금으로부터, 그리고 "영리 목적의" 사업으로부터 분리하기로 결정했다고 상상해 보자. (이는 '그것이 좋기 때문에', 그리고 '하느님이 그것을 요구하기 때문에' 좋은 어떤 것을 하는 것이다.) 지성과 힘든 일을 통해서, 그리고 하느님의 축복을 통해서 이렇게 호주를 100퍼센트 재생 가능한 에너지 국가로 변화시키려는 그리스도교에 토대를 둔 계획이 뜨거운 반응을 얻어서 정말로 실행되었다고 상상해 보자.

충분히 시간이 지나면서 사람들은 지역적으로 토대를 둔 재생 가능한 에너지로 일할 것이다. 이러한 관심들은 진지한 방식으로 유권자의 마음을 관통하기 시작할 것이다. 정당들은 이러한 분위기에 편승할 것이고 재생 가능한 에너지는 불가피하게 정치적으로 필요한 것이 될 것이다. 합법적이고 상업적인 구조들은 사람들의 뜻과 조화를 이루면서 통치 규정들에 맞게 조정되어야 할 것이다. 권력들도 사람들의 관점에 적응해야 할 것이다.

이와 같은 가상적인 시나리오에서 '메타노이아, 피스테우오, 코이노니아'는 모두 호주에서 끼리끼리 나누어진 개인적 종교 모임 형태의 느슨한 집단으로부터 그 아래서 우리가 살고 있는 지위와 권력을 변화시키는 데 능동적으로 참여하는 대중적 모임으로 교회를 변화시키는 데 결정적인 역할을 할 것이다. 이와 같은 길에서 교회는 세상에서 빛과 소금이 될 것이며, 그리스도의 주님이심을 확언할 것이다. 이와 상응하게 그와 같은 기업이 생기지 않고 그렇게 생각도 못하는 이유는 '메타노이아, 피스테우오, 코이노니아'에서 실패하기 때문이다.

먼저 '메타노이아'가 고려된다. 그 안에서 우리가 살고 있는 궁극적일뿐만 아니라 작용적인 실재들에 대한 우리의 의식이 권력들 '가운데' 그리스도를 둔다면, 우리는 그리스도를 정치, 상업, 교육, 외국인 정책, 토지 사용의 무대에 넣는 셈이 되지만, 그것은 그러한 세속적 영역을 통치하는 현존하는 권력의 대상으로서 그러하다. 이러한 생각으로는 우리가 그리스도의 주님이심에 반대해서 일어서는 모든 권력과 권위에 대항하지 못할 뿐만 아니라, 실제로 권력들의 권위에 암묵적인 종교적 지지를 보냄으로써 현존하는 권력들을 강화시키기까지 한다. 모더니티의 권력들은 의미와 가치에 대해 대중적으로 실제적 관념을 인식하지만, 모든 의미와 가치를 인간적으로 구성된 본성적인 무대에 위치시킨다. 이러한 점을 고려한다면, 공동적으로 수용될 수 있는 의미, 가치, 규정은 비윤리적이고 의미 없는 실용적인 권력 자체가 단순히 손에 넣는 어떤 수단이든지 간에 그 수단으로 권력이 추구하는 대로 자신의 유리한 점을 만들거나 유리한 점과 다투는 하나의 권력이 될 뿐이다. 교회가 실제 의미와 가치에 전념하지 않는다면, 교회가 우리 시대의 비윤리적인 실용주의에 굴종적으로 사는 것을 거부함으로써 참된 의미와 가치를 실제로 '믿을' 준비가 되어 있지 않다면, 교회는 그리스도의 정신을 지니지 않는 것이며, 교회는 세상에서 그리스도의 몸의 역할을 할 수 없고, 종말의 성사로서 하느님 나라를 발전시킬 수 없다. 만일 그렇다면, 교회와 단순히 실재를 받아들이는, 다른 어떤 비전문적인 사회단체 간에 더 큰 실제적인 차이는 없게 된다. 그렇다면 교회는 그러한 실재 안에 자리하고 있으며, 더 나아가서 그러한 실재 내에 자신의 관심을 갖고 있는 셈이다.

'메타노이아'의 다른 중대한 영역은 우리가 참으로 받아들이는 교회의 관점과 관련된다. 전문적인 종교주의자들이 주로 자신들의 지역 신자들과 제도적 구조들에서 내부적으로 정치적 실재들과 관련된다면, 이들이 경영, 마케팅, 양화될 수 있는 "비전", 프로그램, 그들 무리의 윤리와 문화적 정체성의 보호라는 관점에서 "질주하는" 교회의 삶을 본다면, 이들은 전적으로 현대의 현실주의 내에 자리잡은 방식으로 작용하는 환경의 실용적인 실재들 내에서 작용할 것이다. 더 나아가서 신자들 모임과 교구의 그리스도인들이 자신들의 믿음을 별개의 개인적이거나 전례적인 믿음의 관점에서 본다면, 그리고 그 안에서 이들이 (그리스도의 종, 가족, 개인적인 정체성보다 더욱 근본적인 존재론적인 실재의 구성원이 아닌) 자율적인 현대의 개인들로서 자유롭게 유대를 이루는 사회처럼 교회를 다룬다면, 다시 그들이 참여하는 존재론적인 실재로서 교회의 성서적 관점은 없다. 하지만 이 존재론적 실재 안에서 사람들은 인간의 육신과 의지에 의해서가 아니라 바로 하느님의 영에 의해 생동적으로 된다. 여기에 교회적인 지역주의가 있게 된다. 요한 17장에서 예수는 특별히 자신의 추종자들이 하나 되도록 기도하며, 우리에게 하나 됨은 하느님이 구원하는 주님으로서 예수를 세상으로 보냈다는 진리의 말씀의 강력한 증거가 될 것이라고 말한다. 하지만 우리는 가톨릭, 세례파, 정교회, 오순절교회, 성공회 등으로 나누어져 있으며, 우리가 사는 지역에서 그리스도의 한 몸으로 행동하는 데 거의 관심을 갖지 않는다. 우리는 그리스도교의 단일성에 대한 그리스도의 관점을 보지 못하며, 그러한 관점을 실천적으로 믿지 않지만, 그럼에도 도시 이곳저곳에서 대체로 우리의 친절을 내보인다. 나는 그리스도의 공통된 주권 아래서 다른 "교회들"("교회들"은 신약성서와도, 니케아 신경과도 병립될 수 없는 개념이다.)로부터 나온 그리스도인들이 함께 활동하고자 했을 때, 얼버무리고 넘어갈 수 없는, 교리적 차이들과 역사적인 사건들의 아주 의미 있는 사안들을 약화시키려고 의도하지 않는다. 하지만 우리가 요한 17장을 진지하게 받아들인다면, 나는 단체적 행위의 노력이 무시될 수 있다고 생각하지 않는다. 현실에서 우리의 "교회들"은 자신들의 생각대로 세상들로서 나서며, 이는 우리 시대의 원자적인 경향에 적합하다. 우리 시대에 제한된 단체적인 행동은 개인화의 강력한 문화적 힘들, 관료화, 매스미디어, 민영화에 대항해서 좀처럼 성공하지 못한다. 그러나 아마도 제한된 지역에서 믿는 이들의 모임만이 지역 공동체들의 인간적 활력을 회복시킬 수 있을 것이다. 왜냐하면 이들은 본질적으로 의미 있는 실재에 대한 관점을 지니고 있기 때문이다. 말하자면 이는 윤리적으로 실재론이며, 교회에서 표현된 그리스도의 존재론적인 삶에 접근한다. 교회가 우리 시대의 반인간적이고 착취적인 권력에 도전하지 않는다면, 세상에 대해서 어떤 희망이 있겠는가?

'메타노이아'가 중요하지만, 교회가 실제로 지상에서 하느님 나라의 발전을 실행해야 한다면, '피스테우오'와 '코이노니아'는 '메타노이아'와 통합되어야 한다. 이러한 통합이 우리가 종말 이전에 교회의 시대에 '하늘에서와 같이 땅에서도 이루어지소서.'라는 주님의 기도에 대답하는 핵심적인 방식이어야 한다면 말이다. 우리는 우리 시대에 세상의 최대 관심을 위해 효과적으로 살기 위한 "세상"의 실재의 관점과 그것이 작용하는 방식에 저항해야 한다. 세상은 볼 수 없는 실재들에 우리 정신이 고정돼 있다면, 우리는 이렇게밖에 할 수 없다.

루이스는 다음과 같이 유명한 구절을 말했다.

"여러분이 역사를 읽는다면, 현재 세계를 위해 최선으로 행동한 그리스도인들은 다음의 세계를 위해 가장 잘 생각한 사람들이었음을 발견할 것입니다. 로마 제국의 개종을 시작하게 만든 사도들 자신, 중세 시대를 건설한 위대한 사람들, 노예무역을 폐지한 영국 복음주의자들, 지상에 자신들의 흔적을 남긴 모든 사람은 정확하게 이들의 정신이 천국에 전념했기 때문에 그렇게 했습니다. 그리스도인들이 대체로 다른 세상에 대해서 생각하기를 그만둔 이래로, 그들은 이 점에 대해서 효과적이지 못하게 되었습니다. 목표를 천국에 둔다면, 여러분은 지상을 '덤으로' 얻을 것이고, 목표를 지상에 둔다면, 아무것도 얻지 못할 것입니다."[13]

우리는 본성이 참으로 영적이고 초월적인 기원을 갖는다는 계시된 진리에 토대를 두는 실재에 대한 관점으로 돌아와야 한다. 이러한 관점 없이는 우리에게는 비윤리적인 권력, 도구적 착취, 우리의 실존에 의미와 목적을 부여하는 실제적인 인간의 진리들에 대해서 악화되는 맹목성만이 있게 될 것이다. 그리스도인들은 이처럼 실재에 대해 신적으로 주어진 관점이라는 심오한 유산을 지니고 있다. 하지만 이 유산은 최근 세기에 실재론 형태의 발전으로 몹시 비하되었다. 이 실재론은 본질적인 인간 또는 본성적 의미들을 알지 못하며, 인간 권력 위의 신적 실재를 알아보지 못한다.

그렇다면 근대적 현실주의는 정말로 믿을 수 있는가? 의미와 가치는 단지 주관적일 뿐인가? 진, 선, 미에 대한 온갖 감각적인 표현에서 추적되는 초월은 단순히 환상인가? 신 자신은 우리 자신의 이미지로 만들어진 우상에, 단순히 인간의 문화적이고 경제적이며 심리학적이고 생물학적인 필요에 의한 산물에 지나지 않는가? 그리스도인들이 일차원적인 근대적 실재론의 이와 같은 필연적인 결과를 받아들

13 Lewis, *Mere Christianity*, 116-17.

인다면, 이는 오직 한 가지 사실만을, 곧 우리의 믿음은 죽었다는 것만을 보여 준다. 우리가 우리의 믿음에서 삶을 찾는다면, 우리는 근대적 실재론의 형이상학적 관점을 거부해야 하며, 복음의 부유한 실재의 관점으로 돌아가야 하고, 다른 믿는 이들과의 우애에서 그러한 관점을 실제로 믿어야 한다. 이와 같은 능동적인 믿음은 하느님 나라가 가까이 있다는 것을 다시 선언해야 한다. 이러한 선언은 단순히 말로만이 아니라, 현대 세계에 깊이 뿌리박고 있고 우리의 평범한 삶의 모든 측면을 조용하게 받치고 있는 폭력과 착취를 일삼는 권력들의 어둠과 무용함을 밀쳐 내면서 공동체의 변화를 통해서 유효하게 된다. 하지만 이렇게 근대의 실재 관점이 맞서고 있는 것은 루이스가 앞서 잘 서술했듯이, 근본적으로 세상의 참된 선을 '위해서' 맞서는 것이다. 우리는 정말로 지상을 더 낫게 변화시키기 위해 마음속에 천국의 관점으로 천국을 목표로 삼아야 한다. 오직 그러한 관점만이 우리가 그 아래 살고 있는 권력과 권위의 구조들을 변화시킬 '수' 있다. 형이상학적 진리는 윤리적으로 효력 있는 정치로 가는 유일한 길이다. *

감사의 글

감사해야 할 사람들이 많다. 이들 중 일부는 국제적인 지성적 슈퍼스타들이며, 일부는 학문과 관련 없는 친구들이며, 일부는 이전의 학생들이고, 일부는 아주 순수한 학자들이며, 일부는 아주 너그럽고 품위 있는 논쟁자들이고, 일부는 이 책을 읽으려고 하지 않더라도, 놀라운 실천과 영성을 보여 주었다.

내 아내와 내 딸들은 다소 가난하고 불안정한 시절을 견뎠기 때문에, 나는 이처럼 큰 그림에 해당되는 사안에 대해서 생각하고 집필할 수 있었다. 특별히 가족들에게 갚을 수 있는 것보다 더 많은 것을 빚지고 있는 셈이다. 에네트, 한나, 클레어, 오로라, 엠마에게 감사한다. 가족들의 사랑과 인내가 없었다면, 나에 대한 가족들의 놀라운 믿음이 없었다면 이 책은 쓰이지 못했을 것이다. 여러 해 동안 물질적인 도움을 준 칼과 우르술라 위트호프에게 감사한다. 오랜 기간 자신의 차를 빌려준 존과 돈나 옵저크에게 감사한다. 자신의 커피숍에서 멋진 환대를 보여 줌으로써 집필하는 동안 무척이나 행복하게 만들어 준 앤소니와 앨리슨 바르톨로에게 감사한다. 정신과 마음의 우애, 그리고 이 책에서 다루려고 했던 관심사들을 분명하게 이해해 준 것에 대해서 벤 테런, 스튜어트 와이어터, 데이비드 레이놀즈, 메튜 텐에게 감사한다.

아주 훌륭한 학자들 몇 분이 이 책을 읽고, 나에게 세심하고 통찰력 있는 피드백을 해 주었다. 앤드류 데이비슨, 스타이크 버클로우, 찰스 링마, 미셸 핸비, 데이빗 쉰들러, 트레이시 롤랜드, 요한네스 호프, 리처드 칼리지에게 아주 고마운 마음을 전한다. 존과 앨리슨 밀뱅크는 처음부터 이 프로젝트를 강력하게 지원해 주었다. 윌리엄 데스먼드의 격려와 피드백은 값을 헤아릴 수 없을 정도이다. 여기서 언급한 학자들과 아름다운 마음씨를 가진 모든 사람은 자신들의 시간과 깊고 건설적인 통찰을 나에게 선사함으로써 놀라운 너그러움을 보여 주었다.

본문을 꼼꼼하게 수정해 주고 (또는 적어도 본문을 점검해 주고) 전문적인 철학과 신학 바깥의 세상에서 지적인 피드백을 준 앤드류 스터머, 캐서린 개이니, 루크 코스타, 수 개르릭, 앤드류 타이슨, 셀리아 더피에게 특별히 감사드린다.

이 프로젝트를 완성해서 실제로 책으로 출판하도록 해 준 모든 사람 중에서 위프와 스톡 편집자인 로빈 패리에게 처음으로 감사를 드린다. 처음으로 이 프로젝트를 수행하고, 그다음에 언론에 홍보하는 데 많은 훌륭한 작업을 해 준 데 대해서 로빈에게 감사한다.

이 책을 집필하는 데 있어서 이렇게 많은 사람들의 눈부신 도움이 있었으니, 독자들은 이 책이 걸작이리라고 추측할 수 있을 것이다. 하지만 나는 이에 대해서 장담할 수는 없다. 왜냐하면 앞서 언급한 분들의 도움이 잘못되고 틀린 많은 언급들, 의미를 통하는 것이 불가능한 일반화로부터 나를 구해 내었다고 하더라도, 이 책은 나 자신의 작품으로 남고, 내가 책임을 지기 때문이다. 이 점은 책을 쓰는 데 있어서 부담이자 기쁨이었고, 내가 얼마나 많은 사람들을 아는가를 발견한 것은 큰 용기가 되었다. 이 사람들은 동일한 종류의 사안에 대해서 생각하고 있었고, 이 점은 이 책에서 제기된다.

참고 도서

Anton, Edward J. Repentance: A Cosmic Shift of Mind and Heart. Spring Hill, TN: DPI, 2005.

Aristotle. The Complete Works of Aristotle. Edited by Jonathan Barnes. Princeton, NJ: Princeton University Press, 1984.

Augustine. Against the Academicians and The Teacher. Translated with introduction and notes by Peter King. Indianapolis: Hackett, 1995.

———. City of God. Translated by Henry Bettenson. New York: Penguin Classics, 1984.

Bacon, Francis. New Atlantis and the Great Instauration. Wheeling, IL: Davidson, 1991.

Banks, Robert. Paul's Idea of Community. Peabody, MA: Hendrickson, 1994.

Bercot, David W., editor. We Don't Speak Great Things—e Live Them. Amberson, PA: Scroll, 1989.

Berger, Peter L. Facing Up To Modernity: Excursion in Society, Politics, and Religion. New York: Penguin, 1979.

Betz, John R. After Enlightenment: Hamann as Post-secular Visionary. Oxford: Wiley-Blackwell, 2009.

Boersma, Hans. Heavenly Participation: Tlte Weaving of a Sacramental Tapestry. Grand Rapids: Eerdmans, 2011.

Brueggemann, Walter. The Prophetic Imagination. Minneapolis: Fortress, 2001.

Brunschwig, J., and Geoffrey E. R. Lloyd, editors. Greek Thought: A Guide to Classical Knowledge. Cambridge, MA: Harvard University Press, 2000.

Budde, Michael. The (Magic) Kingdom of God: Christianity and Global Culture Industries. Boulder, CO: Westview, 1997.

Budde, Michael, and Robert Brimlow. Christianity Incorporated: How Big Business is Buying the Church. Grand Rapids: Eerdmans, 2002.

Burkert, Walter. Babylon, Memphis, Persepolis: Eastern Contexts of Greek Culture. Cambridge, MA: Harvard University Press, 2007.

———. Greek Religion. Oxford: Blackwell, 1987.

Burnyeat, Myles. The Theaetetus of Plato. Indianapolis: Hackett, 1990.

Cavanaugh, William T. The Myth of Religious Violence. Oxford: Oxford University Press, 2009.

Chesterton, G. K. Heretics. London: Baronius, 2006.

———. The Man Who Whs Thursday. Fairford, UK: The Echo Library, 2006.

Copleston, Frederick. A History of Philosophy. Volume 1. London: Continuum, 2003.

Cornford, Francis M. From Religion to Philosophy. Princeton, NJ: Princeton University Press, 1991.

Davis, Ellen F. Scripture, Culture and Agriculture. Cambridge, MA: Cambridge University Press, 2009.

De Lubac, Henri. Paradoxes of Faith. San Francisco: Ignatius, 1987.

Desmond, William. Art, Origins, Otherness. New York: SUNY, 2003.

Dodds, Eric R. The Greeks and the Irrational. Berkley, CA: University of California Press, 1951.

———. Pagan and Christian in an Age of Anxiety. Cambridge, MA: Cambridge University Press, 1965.

Drake, Stilman. Galileo. Oxford: Oxford University Press, 1980.

Dupré, Louise. Passage to Modernity. New Haven, CT: Yale University Press, 1993.

Eriugena, John Scotus. The Voice of the Eagle: The Heart of Celtic Christianity. Translated by Christopher Bamford. Great Barrington, MA: Lindisfarne, 2000.

Ferguson, Everett. Backgrounds of Early Christianity. Grand Rapids: Eerdmans, 2003.

Gadamer, Hans-Georg. Truth and Method. New York: Continuum, 2004.

Gerson, Lloyd P. Ancient Epistemology. Cambridge, MA: Cambridge University Press, 2009.

———. Aristotle and Other Platonists. New York: Cornell University Press, 2005.

Gilson, Etienne. History of Christian Philosophy in the Middle Ages. London: Sheed and Ward, 1953.

Hadot, Pierre. Philosophy as a Way of Life. Oxford: Blackwell, 1995.

———. What is Ancient Philosophy? Cambridge, MA: Harvard University Press, 2004.

Hamilton, Clive, and Sarah Maddison. Silencing Dissent: How the Australian Government Is Controlling Public Opinion and Stißing Debate. Sydney: Allen & Unwin, 2007.

Harnack, Adolph von. History of Dogma. Volume 1. Translated by Neil Buchanan. Reprint. Charleston, SC: BiblioBazaar, no date given.

Hauerwas, Stanley. The Peaceable Kingdom. South Bend, IN: University of Notre Dame Press, 1991.

Henry, Michel. Barbarism. New York: Continuum, 2012.

Heschel, Abraham. The Sabbath. New York: Farrar, Straus and Giroux, 1951.

Hopkins, Gerard Manley. Poems and Prose: London: Penguin Classics, 1963.

Howland, Jacob. The Republic: The Odyssey of Philosophy. Philadelphia: Dry, 2004.

———. "Re-reading Plato: The Problem of Platonic Chronology." Phoenix 45.3 (1991) 189-214.

Jaegar, Werner. The Theology of the Early Greek Philosophers. Eugene, OR: Wipf and Stock, 2003.

Kierkegaard, Soren. Concluding Unscientific Postscript to the Philosophical Fragments. Princeton, NJ: Princeton University Press, 1992.

Klein, Jacob. Greek Mathematical Thought and the Origin of Algebra. New York: Dover, 1992.

Koenigsberg, Richard A. Nations Have the Right to Kill. New York: Library of Social Science, 2009.

Kuhn, Thomas S. The Copernican Revolution. Cambridge: Harvard University Press, 1957.

Lewis, C. S. The Abolition of Man. Reprint. London: Fount, 1999.

———. The Last Battle. Reprint. London: Penguin, 1964.

———. Mere Christianity. Reprint. Glasgow: Collins, 1977.

———. Perelandra. Reprint. New York: Scribner, 1996.

———. The Silver Chair. Reprint. London: HarperCollins, 1980.

Lindbeck, George. The Nature of Doctrine. London: Westminster John Knox, 1984.

MacDonald, George. The Princess and the Goblins. London: Puffin Classics, 1997.

Marenbon, John. Aristotelian Logic, Platonism, and the Context of Early Medieval Philosophy in the West. Farnham, UK: Ashgate, 2000.

Matthews, Steven. Theology and Science in the Thought of Francis Bacon. Farnham, UK: Ashgate, 2008.

Merchant, Carolyn. The Death of Nature: Women, Ecology, and the Scientific Revolution. New York: HarperOne, 1989.

Milbank, John. The Stanton Lectures of 2011. Online: hltp://thcologyphilosophycentre. co.uk/onine-papers/.

———. Theology and Social Theory. 2nd ed. Oxford: Blackwell, 2006.

Moltmann, Jurgen. Theology of Hope. Minneapolis: Fortress, 1993.

Nietzsche, Friedrich. Beyond Good and Evil. New York: Dover, 1997.

Osborn, Eric. The Beginning of Christian Philosophy. Cambridge, MA: Cambridge University Press, 1981.

———. Tertullian, First Theologian of the West. Cambridge, MA: Cambridge University Press, 1997.

Osborne, Catherine. Eros Unveiled: Plato and the God of Love. Oxford: Clarendon, 1994.

———. Presocralic Philosophy: A Very Short Introduction. Oxford: Oxford University Press, 2004.

Pieper, Josef. Scholasticism: Personalities and Problems of Medieval Philosophy. South Bend, IN: St. Augustine's, 2009.

———. The Silence of St. Thomas. South Bend, IN: St. Augustine's, 1957.

Plato. Complete Works. Edited by John M. Cooper. Indianapolis: Hackett, 1997.

———. The Dialogues of Plato. 5 vols. 3rd ed. Translated by Benjamin Jowett. Oxford: Oxford University Press, 1892.

———. Meno and Phaedo. Edited by David Scdley and translated by Alex Long. Cambridge: Cambridge University Press, 2010.

———. Plato. 12 volumes. Loeb Classical Library. Cambridge, MA: Harvard

University Press, 1930–89.

Polanyi, Michael. Personal Knowledge. Chicago: University of Chicago Press, 1958.

Ricoeur, Paul. The Symbolism of Evil. New York: Harper & Row, 1967.

Rubenstein, Richard. Aristotle's Children: How Christians, Muslims, and Jews Rediscovered Ancient Wisdom and Illuminated the Middle Ages. New York: Harcourt, 2003.

Schindler, D. C. Plato's Critique of Impure Reason. Washington, DC: The Catholic University of America Press, 2008.

Schmidt, Charles. Aristotle and the Renaissance. Cambridge, MA: Harvard University Press, 1983.

Shakespeare, William. The Oxford Shakespeare: Complete Works. Oxford: Clarendon, 2005.

Siegle, Lucy. To Die For: Is Fashion Wearing Out the World? London: HarperCollins, 2011.

Simpson, Christopher B. The Truth is the Way: Kierkegaard's Theological Viatorum. Veritas. Eugene, OR: Cascade, 2011.

Smith, James K. A. Desiring the Kingdom: Worship, Worldview, and Cultural Formation. Cultural Liturgies. Grand Rapids: Baker Academic, 2009.

Smith, Ronald G.). G. Hamann 1730–1788: A Study in Christian Existence. New York: Harper, 1960.

Stewart, Jon, and Katalin Nun, editors. Kierkegaard and the Greek World, Tome I: Socrates and Plato. Farnham, UK: Ashgate, 2010.

Tertullian. Tertullian: Treatises on Penance: On Penitence and On Purity. Ancient Christian Writers Series vol. 28. Mahwah, NJ: Paulist, 1958.

Twain, Mark. Following the Equator. Hartford, CT: American, 1898.

Weierter, Stuart. Understanding Life and Death through Plato and Socrates. Lewiston, NY: Mellon, 2012.

Weil, Simone. Waiting for God. New York: Harper & Row, 1973.

Wink, Walter. Engaging the Powers: Discernment and Resistance in a World of Domination. Minneapolis: Fortress, 1992.

Wright, N. T. Paul. Minneapolis: Fortress, 2009.

Yoder, J. H. The Politics of Jesus. Grand Rapids: Eerdmans, 1994.

인명 색인

역자 후기

오늘날 우리의 문명은 '과학적 실재론'과 '신자유주의'가 주장하는 가시적이고 물질적인 것에 기반을 둔 결과 유물론과 무신론에 잠식되어 있습니다. 반면에 참된 실재를 믿고 확신하는 종교는 물질적이고 경제적인 가치에 비해서 개인이 선택하는 주관적인 '취미' 정도로 밀려나서 우리의 삶에서 필수적인 것이 아닌 부차적인 것으로 전락해 버렸습니다. 종교만이 아니라 예술과 문학도 종종 시간 남는 사람들이나 향유하는 것으로 치부됩니다. 다채로운 음식을 맛보고 다양한 물질적 재화를 소유하는 것은 여유가 된다면 누구나 누리고 싶은 당연한 갈망의 대상인 반면에, 책을 읽고 음악을 듣고 미술품을 감상하는 것은 언제나 마지막 순위에 겨우 남아서, 하면 좋고 안 해도 내 삶에 별로 영향을 주지 않는 부산물과 같은 지위를 점하고 있는 것이 아닌가 하는 인상을 줍니다.

그럼에도 우리는 일상적으로 누리는 물질적 재화에 기반을 둔 가치들이 결국은 우리에게 최종적인 의미를 부여하지 못한다는 사실을 문득문득 깨닫고, 그러한 가치들이 주는 허무함을 통해서 다시 한번 다른 가치를 찾고 추구합니다. 그러한 의미에서 본다면, 우리 인간은 당장 눈에 보이는 가치에 매몰되어 있음에도, 결국은 삶에서 보이지 않고 변하지 않는 가치와 목적을 부여하는 의미를 찾아내려고 애쓴다고 할 수 있습니다. 이런 보편적이고 영원한 의미들은 아름다움, 선함 또는 좋음, 그리고 진리와 같은 보편적인 가치를 담고 있습니다. 사실 우리는 이런 가치를 어느 정도는 우리 삶의 곳곳에서 더하거나 덜한 정도로 발견할 수 있고, 이러한 발견은 우리의 삶을 좀 더 풍요롭게 만들어 줍니다.

이 책에서 저자는 '그리스도교 플라톤주의'가 참된 실재에 대해서 가장 잘 통찰한다는 점을 보여 줍니다. 무엇보다 그리스도교 플라톤주의는 그리스도교에서 믿는 하느님이 참으로 우리가 사는 현실의 원천이고 창조된 모든 피조물에게도 여전히 지속되는 토대라는 점을 말합니다. 하지만 문제는 이러한 신적인 실재를 우리가 이해할 수 있는 어떤 개념이나 이름으로 부를 때 그 본래의 무한한 의미가 제한되고 왜곡된다는 점입니다. 플라톤으로부터 시작되는 이른바 '이데아'에 대한 생각은 이런 점을 끊임없이 경계했고, 이를 종교적으로 수용한 그리스도교 플라톤주의는, 참된 실재는 어떤 '이론'만으로 학문적인 차원에서가 아니라 바로 우리의 '삶의 태도 또는 방식'에서 구현되고 이 실재를 더 뚜렷하게 드러내 준다는 것을 이해했다고 할 수 있습니다.

그러나 불행하게도 그리스도교 플라톤주의가 그리스도교의 신학에서 주류가 아닌 것으로 밀려나면서, 이 사상은 '신비주의 영성'이라는 이름으로, 또는 이 책에서 예를 들 듯이 C. S. 루이스나 톨킨과 같은 문학가와 예술가들에 의해서 대변되면서 뚜렷한 형체를 알아보기 어려워졌습니다. 이러한 배경에서 이 책은 오늘날 우리가 믿는 진정한 신앙 내용과 참된 실재를 온전하게 이해하기 위해서 그리스도교 플라톤주의의 역사적 발전과 쇠락을 살펴보고 이 사상의 실체를 제대로 이해하는 것이 필수적이라고 주장합니다.

이 책의 내용을 이해하고 동의한다면, 우리는 지금보다 훨씬 풍요롭고 다채롭게 우리의 믿음을 이해하고, 이러한 믿음의 내용이 단순히 그리스도교의 외적인 종교적 틀에 제한되어 있지 않고, 본래 종교적인 우리 삶의 모든 곳에 내재되어 있다는 것을 깨달을 수 있으리라 생각합니다. 아무쪼록 이 책을 읽는 독자들이 '실재'가 물질적이고 경제적인 논리에 매몰되거나, 단순히 개인의 종교심으로 축소될 수 없다는 것을 이해하고, 우리 삶의 모든 순간에 함께하는 신적 실재의 의미를 찾아가는 풍요로운 삶을 살아가기를 바랍니다.

서울 혜화동 신학대학에서

김형수 신부

우리 시대를 위한 그리스도교 플라톤주의

우리가 정말로 **믿는 것**과 **이해하는 것**에 대하여

교회 인가 • 2023년 3월 8일
제1판 제1쇄 펴낸날 • 2023년 6월 14일

지은이 • 폴 타이슨
옮긴이 • 김형수
펴낸이 • 원종철
펴낸곳 • 가톨릭대학교출판부

주소 • 03083 서울시 종로구 창경궁로 296-12
전화 • 02-740-9718
전송 • 02-745-9793
전자우편 • cukpress@catholic.ac.kr
홈페이지 • http://press.catholic.ac.kr
인쇄제작 • 가톨릭출판사
등록번호 • 제300-1989-1호(1989년 1월 13일)

ISBN 978-89-7108-364-2 93110

값 27,000원